教育学
Education

时伟 ◎ 主编

北京师范大学出版集团
BEIJING NORMAL UNIVERSITY PUBLISHING GROUP
安徽大学出版社

图书在版编目(CIP)数据

教育学/时伟主编. —合肥:安徽大学出版社,2020.2(2021.1重印)
ISBN 978-7-5664-1988-0

Ⅰ.①教… Ⅱ.①时… Ⅲ.①小学教育－教育学－小学教师－资格考试－教材 Ⅳ.①G620

中国版本图书馆 CIP 数据核字(2019)第 289253 号

教育学
JIAOYUXUE

时伟 主编

出版发行：	北京师范大学出版集团 安 徽 大 学 出 版 社 (安徽省合肥市肥西路 3 号 邮编 230039) www.bnupg.com.cn www.ahupress.com.cn
印　　刷：	安徽昶颉包装印务有限责任公司
经　　销：	全国新华书店
开　　本：	184mm×260mm
印　　张：	24.25
字　　数：	501 千字
版　　次：	2020 年 2 月第 1 版
印　　次：	2021 年 1 月第 3 次印刷
定　　价：	59.00 元

ISBN 978-7-5664-1988-0

策划编辑:刘婷婷　　　　　　　　　　　装帧设计:李　军
责任编辑:刘婷婷　邱　昱　　　　　　　美术编辑:李　军
责任校对:马晓波　　　　　　　　　　　责任印制:陈　如

版权所有　侵权必究

反盗版、侵权举报电话:0551－65106311
外埠邮购电话:0551－65107716
本书如有印装质量问题,请与印制管理部联系调换。
印制管理部电话:0551－65106311

《教育学》编委会

主　编　　时　伟

副主编　　包根胜　郑小云

编　委　　（以姓氏笔画为序）
　　　　　　马媛媛　王文祥　包根胜　时　伟
　　　　　　周　波　郑小云　黄春霞

前 言

进入 21 世纪,国家之间的竞争日趋激烈,国家综合国力之间的竞争也越演越烈,而综合国力的竞争就是科学技术和人才的竞争,人才的竞争归根到底还是教育的竞争,而教育水平的高低最终取决于教师的水平。基于这种认识,国家先后出台了《中华人民共和国教师法》《中华人民共和国义务教育法》《教师资格条例》《教师资格条例实施办法》《关于教育体制改革的决定》等教育法律法规及教育政策。

《教育学》的编写正是贯彻国家教育法律法规和教育政策精神的表现,其立足于教师培养和学生发展的需求,体现当代教育思想、教育实践和教育科研成果,为学习者提供教育理论知识,促使学习者培养专业理论素养和实践技能,形成现代教师意识(特别是教师的职业道德和教育理论素养),成为终身学习学习者。

本书包括教育学的产生与发展、教育的产生与发展、教育与社会的发展、教育与人的发展、教育目的、教育制度、教师和学生等,共十三章。每一章节基本包括名家名言、基本理论、知识窗口和复习思考题等部分。这样的编写安排有助于学生学习和掌握教育学理论知识,又可以让学生通过自查检查学习效果。

本书在编写过程中力求做到以下几点。其一,具有完整的理论体系。教育学是研究教育现象、教育问题,揭示教育规律的一门内容体系完备的科学,有自身的研究内容、研究方法和研究范畴。学习教育学旨在帮助有志从事教育事业的学生,在走出校门之前,掌握扎实的教育学理论知识和一定的教育技能。其二,贴近学生的实际需要。本书既帮助学生掌握教育教学理论知识,又有助于培养学生解决教育问题的实践能力。其三,贴近教育实践和社会生活。教育现象是教育实践和社会现象的缩影,通过本书的学习,除掌握一定专业知识之外,还能了解教育育人的本质,体会到教育理论的实用价值,培养社会责任感和使命感。

本书由教育教学第一线的教师编写。主编时伟,副主编包根胜,郑小云,具体分工如下:时伟编写第十三章,包根胜编写第一、第二章,郑小云编写第九、第十二章,马媛媛编写第三、

第四章,王文祥编写第五、第八章,周波编写第六、第十一章,黄春霞编写第七、第十章。因编写时间仓促、编者水平有限等原因,本教材尚有诸多不足之处,恳请各位读者提出宝贵意见,以便再版时修订提高。

《教育学》编委会
2019 年 10 月

目 录

第一章　教育学的产生与发展 ……………………………………………………〔1〕
　第一节　教育学的产生与发展 …………………………………………………〔3〕
　第二节　教育学的研究对象与方法 ……………………………………………〔18〕

第二章　教育的产生与发展 ………………………………………………………〔27〕
　第一节　对教育的认识 …………………………………………………………〔29〕
　第二节　教育的产生 ……………………………………………………………〔32〕
　第三节　教育的发展 ……………………………………………………………〔37〕
　第四节　当代教育发展趋势 ……………………………………………………〔43〕

第三章　教育与社会的发展 ………………………………………………………〔51〕
　第一节　教育与社会发展的主要理论 …………………………………………〔53〕
　第二节　教育与政治 ……………………………………………………………〔58〕
　第三节　教育与经济 ……………………………………………………………〔63〕
　第四节　教育与文化 ……………………………………………………………〔67〕
　第五节　教育的社会负向功能及其相对独立性 ………………………………〔71〕

第四章　教育与人的发展 …………………………………………………………〔77〕
　第一节　人的发展及其影响因素 ………………………………………………〔80〕
　第二节　儿童身心发展的规律及教育 …………………………………………〔89〕
　第三节　教育的个体发展功能 …………………………………………………〔94〕

第五章　教育目的 …………………………………………………………………〔103〕
　第一节　教育目的概述 …………………………………………………………〔105〕

　　第二节　我国的教育目的 …………………………………………〔111〕
　　第三节　全面发展的教育 …………………………………………〔117〕
　　第四节　素质教育 …………………………………………………〔125〕

第六章　教育制度 ………………………………………………………〔131〕
　　第一节　教育制度概述 ……………………………………………〔133〕
　　第二节　学校教育制度概述 ………………………………………〔137〕
　　第三节　我国教育制度改革的趋势 ………………………………〔143〕

第七章　教师和学生 ……………………………………………………〔149〕
　　第一节　教师职业 …………………………………………………〔151〕
　　第二节　学生 ………………………………………………………〔168〕
　　第三节　师生关系 …………………………………………………〔170〕

第八章　课程 ……………………………………………………………〔183〕
　　第一节　课程概述 …………………………………………………〔185〕
　　第二节　课程的文本表现形式 ……………………………………〔191〕
　　第三节　课程的类型和结构 ………………………………………〔195〕
　　第四节　基础教育课程改革 ………………………………………〔206〕

第九章　教学 ……………………………………………………………〔213〕
　　第一节　教学概述 …………………………………………………〔215〕
　　第二节　教学过程 …………………………………………………〔218〕
　　第三节　教学原则 …………………………………………………〔227〕
　　第四节　教学方法 …………………………………………………〔235〕
　　第五节　教学模式 …………………………………………………〔242〕
　　第六节　教学组织形式 ……………………………………………〔246〕
　　第七节　教学工作的基本环节 ……………………………………〔252〕
　　第八节　教学评价 …………………………………………………〔258〕

第十章　德育 ……………………………………………………………〔263〕
　　第一节　德育概述 …………………………………………………〔265〕
　　第二节　德育的基本原则和方法 …………………………………〔270〕
　　第三节　品德的发展 ………………………………………………〔274〕

第十一章　班级管理 ……………………………………………………〔287〕
　　第一节　班级管理概述 ……………………………………………〔290〕
　　第二节　班主任概述 ………………………………………………〔302〕

第三节　班队活动 …………………………………………………………〔309〕

第十二章　教育科学研究 ……………………………………………………〔317〕

　　第一节　教育科学研究的概述 ……………………………………………〔319〕

　　第二节　教育科学研究的基本过程 ………………………………………〔323〕

　　第三节　教育科学研究的基本方法 ………………………………………〔329〕

　　第四节　校本教研 …………………………………………………………〔335〕

第十三章　教育政策与教育法规 ……………………………………………〔343〕

　　第一节　教育政策与教育法规概述 ………………………………………〔345〕

　　第二节　我国主要的教育政策与教育法规 ………………………………〔354〕

参考文献 ………………………………………………………………………〔376〕

第一章
教育学的产生与发展

在感性与理性之间界定，教育学更多的是一个理性的世界，当中渗透着各种各样的教育思想，包含着教育概念、教育关系、教育人物、教育事件。走进这个理性世界，可以获得教育知识，提升教育能力，培养教育情怀。每一个志在教育的人都需要探究教育学这个理性世界。在学习教育学之前，人们不禁会问：教育学为何物？源自何处？去向哪里？教育学到底是研究什么的？为什么要学习教育学？怎么学习教育学？通过本章的学习，大家不仅能解惑，更能走进绚丽多彩的教育王国。

知识体系

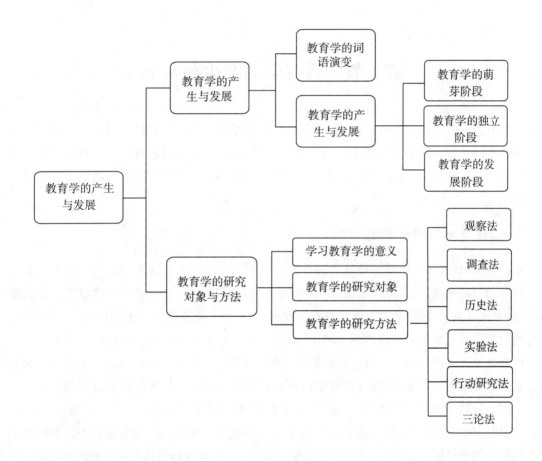

名家名言

诲汝知之乎？知之为知之，不知为不知，是知也。　　　　　　　　——孔子
在所有一切有益于人类的事业中，首要的一件是教育人的事业。　　——卢梭
大学之道在明明德，在亲民，在止于至善。　　　　　　　　　　　——《大学》
爱子不教，犹饥而食之以毒，适所以害之也。　　　　　　　　　　——申涵煜

第一节　教育学的产生与发展

何为教育学？当前在我国教育学界，人们的观点还存在一些分歧。国人对于教育学这门学科内涵的界定更多地借鉴了外国专家的学术观点，从而导致教育学科内涵的认识纷繁多样。因而，我们需要对教育学科的历史发展进行进一步的探究，以更加明确教育科学之内涵。

一、教育学的词语演变

在西方，教育学这个词语最早出现在希腊语的"padagogue"，这个词语是由希腊语的两个词"pad"和"agogie"演化而来的。Padagogue 在希腊语中的原意是教仆的意思。在古希腊，教育被奴隶主垄断，奴隶没有受教育的权利，这些负责陪送奴隶主子弟往返于学校，并帮助他们携带学习材料的奴隶即为 padagogue。因而，起初 padagogue 即为关照、照看、监护、管理和教育儿童的学问。在教育尚处于萌芽和经验阶段，作为总结教育经验、具有一定理论体系的教育学是不可能出现的，教育学还没有成为独立的学科。古代的教育思想常常同哲学、政治、伦理、宗教等思想混在一起。[①] 到了近代，教育学中独立出来成为一门独立的学科。英国哲学家培根于 1623 年发表了名为《论科学的价值与发展》文章，他首次把"教育学"作为一门独立的学科提了出来，并将其与其他学科并列。[②] 他把教师的知识和教授的学问纳入近代学术体系。捷克教育家夸美纽斯于 1632 年出版的《大教学论》被认为是最早的具有完整体系的教育学著作。在此书中，他将教育学科视为"阐明把一切事物教给一切人的全部艺术"的学科。[③] 德国教育家赫尔巴特于 1806 年出版了《普通教育学》一书，他认为："教育学作为一种科学，是以实践哲学和心理学为基础的。前者说明教育的目的；后者说明教育的途径、手段与障碍。"[④] 赫尔巴特的《普通教育学》以伦理学和心理学为理论基础写就的，他被誉

---

① 黄济,劳凯声,檀传宝.小学教育学[M].北京:人民教育出版社,1999:1-2.
② 张道祥.当代普通教育学[M].长春:吉林大学出版社,2006:7.
③ 李尚卫,吴天武.普通教育学[M].北京:北京师范大学出版社,2010:2.
④ 赫尔巴特著,李其龙译.普通教育学·教育学讲授纲要[M].杭州:浙江教育出版社,2002:207.

为现代教育学之父、科学教育学的奠基人。包括康德、特拉普等人在内,他们"抛弃"了教育小说、随笔或政论,开始向学科性的教育知识体系过渡。

到了19世纪和20世纪初,包括法国教育家朱利安、英国教育家贝恩、德国教育家格赖弗林、美国教育家孟禄、瑞士教育家克拉帕雷德等人都提出了教育学和教育学科的概念。因而,当前我们界定"教育学"或者说"教育科学"这个词为所有研究教育的学科体系,是比较符合的。

二、教育学的产生与发展

到底何为教育学?简言之,教育学就是研究教育现象、教育问题,揭示教育规律的一门科学。教育现象和教育问题的研究,以及对规律的探究和揭示,都是为了深化人们对教育的认识,更新人们的教育观念,为指导教育实践和教育的发展提供理论依据。

教育学作为一门独立的学科,是人类社会和教育实践活动发展的产物,是人们对教育经验的科学概括。教育学的产生、发展、壮大经历了萌芽、形成、发展等一系列漫长的历史阶段,有着其自身的诞生、发展过程。

(一)教育学的萌芽阶段(17世纪以前)

自有人类,便有教育。自有教育活动,便有了人们对教育活动的认识,教育思想也就逐渐丰富起来。教育学独立之前的漫长历史过程都可以称作教育学的萌芽阶段,或者叫作前教育学阶段。这一阶段,人们对教育活动的认识还没有形成系统的理性认识,只是停留在经验的水平上。

1. 中国萌芽阶段的教育思想

这一阶段在我国是从春秋战国时期开始的,一直持续到清朝末年,即从公元前6世纪到公元19世纪,经历了约2500年。

(1)孔子及其教育思想

孔子,名丘,字仲尼,鲁国人。生于公元前551年,逝于公元前479年。他是中国古代伟大的思想家、教育家,儒家学派的创始人。他在大约30岁时开始私人讲学,生平大部分时间和主要精力用于聚徒讲学和整理古代文化。孔子一生弟子众多,有三千多人,身通六艺者七十有二。他还整理、编订了《诗》《书》《礼》《易》《春秋》等文化典籍,教育弟子。其言论在他去世后,由其弟子和再传弟子整理辑录而成《论语》一书,也记载了部分孔子门徒的言行,是专门研究孔子教育思想的主要依据,是儒家经典之一。

第一,有教无类。

在教育对象方面,孔子提倡"有教无类",即开展教育,不分贵贱、贫富、等级、种类、国别。这个办学方针一直指导着他的教育实践,是孔子教育思想的重要组成部分,是历史性的进步。

春秋以前的王宫之学是专为王公贵族的子弟而设的,平民是没有资格接受教育的。孔子实行"有教无类"的方针,广泛吸收门徒,"自行束脩以上,吾未尝无诲焉"。意思是,只要本人有学习的愿望,主动奉送十条干牛肉作为师生见面礼,就可以做他的学生了。所以他的弟子来源广、分布散,来自齐、鲁、宋、魏、秦、晋、陈、蔡、吴、楚等国,分布地区较广;出身于不同的阶级和阶层,且大多数出身于平民,如颜回、子路、曾参、原宪、仲弓等。当然,也有贵族出身的,如司马牛、南宫敬叔、孟懿子等;也有个别商人出身的,如子贡。

孔子提倡的"有教无类"的办学方针是其开放包容的教育艺术的体现,打破了贵族垄断、学在官府的格局,满足平民受教育的愿望,开创了平民讲学之风。"有教无类"是顺应历史发展潮流的进步思想,有利于中华民族文化的发展。

第二,因材施教。

因材施教是指针对受教育者的志趣、能力等具体情况进行不同的教育。在《论语·为政》中,子游问孝、子夏问孝。朱熹集注引宋程颐曰:"子游能养而或失于敬,子夏能直义而或少温润之色,各因其材之高下与其所失而告之,故不同也。"孔子对自己的学生十分了解,每个人的个性特点、兴趣爱好、优缺点等都了如指掌,仅用一两个字就可以概括了某个弟子的特点。"由也果","赐也达","求也艺";"柴也愚,参也鲁,师也辟,由也喭"。在教育实践中,孔子根据每个弟子的具体情况,有针对性地实施教育。

知识窗口

有一次,孔子讲完课,回到自己的书房,学生公西华给他端上一杯水。这时,子路匆匆走进来,大声向老师讨教:"先生,如果我听到一种正确的主张,可以立刻去做吗?"孔子看了子路一眼,慢条斯理地说:"总要问一下父亲和兄长吧,怎么能听到就去做呢?"子路刚出去,另一个学生冉有悄悄走到孔子面前,恭敬地问:"先生,我要是听到正确的主张应该立刻去做吗?"孔子马上回答:"对,应该立刻实行。"冉有走后,公西华奇怪地问:"先生,一样的问题你的回答怎么相反呢?"孔子笑了笑说:"冉有性格谦逊,办事犹豫不决,所以我鼓励他临事果断。但子路逞强好胜,办事不周全,所以我就劝他遇事多听取别人意见,三思而行。"

资料来源:https://baike.so.com/doc/3321817-3498673.html

孔子遵循因材施教的教学原则,培养出了一批有才干的人才,其中杰出的有十人:"德行:颜渊、闵子骞、冉伯牛、仲弓。言语:宰我、子贡。政事:冉有、季路。文学:子游、子夏。"孔子在教育实践的基础上创造的因材施教的方法,在其教育实践中取得了成效,他是我国历史上首倡因材施教的教育家。

第三,启发诱导。

"不愤不启,不悱不发。举一隅不以三隅反,则不复也。"孔子是世界上最早提出启发式教学的教育家,比古希腊著名的教育家苏格拉底提出的"助产术"还要早很多年。

孔子的启发式教学主张以学生为中心。他认为,不论学习知识或培养道德,都要建立在学生自觉需要的基础上,充分发挥学生的主动性、积极性,学生必须开动脑筋,做到"举一反三"。教师的启发式教学是建立在学生思考基础之上的,教师要调动学生的积极性和主动性,要了解学生,掌握学生的心理状态。这种启发式教学包含三个基本要点:第一,教师的教学要引导学生探索未知领域,激发学生强烈的求知欲,积极思考问题,并能明确地表达自己的观点;第二,教师的启发工作以学生的积极思考为前提条件,其主要作用就体现在"开其意""达其辞"上;第三,使学生的思考能力得到发展,能从具体事例中概括出普遍原则,再以普遍原则类推于同类事物,从而扩大认识范围。① 孔子循循善诱、启发诱导,使他的学生在学习上不断进步,掌握了广博的知识,更重要的是培养了学生独立思考的能力。颜回说:"夫子循循然善诱人,博我以文,约我以礼,欲罢不能。"

第四,学思结合。

孔子注重"学而知之",强调获得前人间接经验的重要性,特别是古代文化知识、政治知识等,提出了"博学以文""好古,敏以求之"的观点;同时,孔子对通过多见多闻而获得的直接经验也很重视:"多闻,择其善者而从之,多见而识之"。

孔子将学习知识和深入思考相结合,提出了"学而不思则罔,思而不学则殆"的主张。只学习,不思考,只能记诵死的知识,而不能将其消化、吸收;只思考,不学习,不能通晓实际知识,也无助于解决实际问题。学习和思考是相辅相成、不可分割的,抛弃任何一个方面都存在片面性。学与思的关系,即基础和深化的关系,学习是基础,是先决条件,只有在学习了一定知识的前提下,才能抓住事物的主要矛盾和本质、加深认知、深入思考从而进一步培养思维能力。

第五,谦虚笃实。

孔子要求其弟子谦虚好问,不骄不躁,切忌盲目自满,要能够虚心地向比自己社会地位低的人请教,即做到"敏而好学,不耻下问"。在孔子的诸多学生中,颜回就是好学和虚心的典范。"曾子曰:'以能问于不能,以多问于寡;有若无,实若虚,犯而不校。昔者,吾友尝从事于斯矣。'"宋朝陆九渊在《与曹立之》中也说道:"凡有血气,皆有争心,苟有所长,必自介恃。当其蔽时,虽甚不足道者,犹将挟以傲人,岂可望其'以能问于不能,以多问于寡'也?"清朝的刘开在《问说》中说道:"不如己者,问焉以求一得,所谓以能问于不能,以多问于寡也。"说的都是这个道理。

同时,孔子要求学生要诚实守信,实事求是。他认为树立实事求是的态度对学习有着重大意义。"由!诲女知之乎!知之为知之,不知为不知,是知也。"当你对某些问题还存有疑惑时,就不要随意下结论,下结论必须有充分的证据;证据不足时,不要想当然地作出判断,要尊重客观事实,避免主观成见。"多闻阙疑,慎言其余,则寡尤;多见阙殆,慎行其余,则寡悔。"

---

① 孙培青.中国教育史[M].上海:华东师范大学出版社,2009:38.

第六，以身作则。

"其身正，不令而行，其身不正，虽令不从"，"不能正其身，如正人何"。孔子强调以身作则，言传身教。老师是道德的化身，老师需要将合乎道德规范的行为示范给学生，树立榜样。孔子在教学实践中始终严格要求自己，"躬自厚而薄责于人"。凡提倡学生做的，自己必先做到；要求学生不做的，自己首先不做。他要求学生博学多闻，自己首先得是博学多闻之人；他要求学生见利思义，自己必先是见利思义之人。教师的以身作则，身先垂范，具有实际指导意义，对学生具有重大感化作用。同时，孔子在教学中具有无私的奉献精神，将自己的学问毫无保留地传授给自己的学生，做到尽其知而教。"二三子以我为隐乎？吾无隐乎尔，吾无行而不与二三子者，是丘也。"

(2) 荀子及其教育思想

荀子，名况，字卿，又称孙卿，战国末期赵国人，先秦儒家最后一位大师。约生于公元前313年，逝于公元前238年。

第一，化性起伪。

荀子批判孟子的"性善论"，提出了"性恶论"的观点。他认为人性就是人的先天素质、人的自然状态，即人与生俱来的自然属性，而非后天的人为因素所致的。

知识窗口

> 人之性恶，其善者伪也。今人之性，生而有好利焉，顺是，故争夺生，而辞让亡焉；生而有疾恶焉，顺是，故残贼生，而忠信亡焉；生而有耳目之欲，有好声色焉，顺是，故淫乱生，而礼仪文理亡焉。
>
> 资料来源：《荀子·性恶》

荀子认为，人的本能之中不存在仁义礼智等道德品质，如果听之任之，任其发展，而不加以约束和节制，则会生乱。人之所以有善的德行存在，能明辨是非、彰善瘅恶，全靠后天的努力。

"涂之人可以为禹"，"涂之人能为禹，未必然也"。从可能到现实之间需要转化，其中教育起着重要和积极的作用。"我欲贱而贵，愚而智，贫而富，可乎？曰：其唯学乎！……上为圣人，下为士君子，孰禁我哉！""化性起伪"的过程也是"积伪"的过程。"吾尝终日而思矣，不如须臾之所学也；吾尝跂而望矣，不如登高之博见也。登高而招，臂非加长也，而见者远；顺风而呼，声非加疾也，而闻者彰。假舆马者，非利足也，而致千里；假舟楫者，非能水也，而绝江河。君子生非异也，善假于物也。"

第二，环境的作用。

荀子在论述"化性起伪"中注意到个别因素的作用，如环境、教育和个人的努力，其中环境的影响在人的发展中起着重要的作用，"蓬生麻中，不扶自直；白沙在涅，与之俱黑。"有什么样的风俗，就会有什么样的习性，环境在人的发展过程中的某些时候起着决定作用，因而，人要善于选择对自己发展有利的环境。

(3)《学记》的教育思想

《学记》是《礼记》中的一篇,是中国古代,也是人类历史上最早出现的专门论述教育问题的著作,被称为"教育学的雏形"。《学记》第一次从理论上对先秦时期的教育和教学进行了较为全面系统的总结,主要论述教育的具体实施,偏重于说明教学过程的各种关系。

第一,教育作用。

《学记》认为:"建国君民,教学为先","化民成俗,其必由学",即建设国家,统治老百姓首先得靠教育,应把教育摆在优先发展的地位;实现良好政治的最佳途径就是兴办学校,推广教育,通过教育培养人才,达到教化民众以遵守社会秩序,形成良好的风气和习俗。这与儒家思想一脉相承,儒家思想强调德治,主张将教育作为政治教化最好的手段,突出教育的作用。

第二,教学原则。

教学相长:教与学作为教学过程的两个方面是相辅相成、相互依存、相互促进的。

"虽有嘉肴,弗食,不知其旨也;虽有至道,弗学,不知其善也。是故学然后知不足,教然后知困。知不足,然后能自反也;知困,然后能自强也。故曰:教学相长也。"

藏息相辅:有计划的正课学习与课外练习和自习兼顾,要做到张弛结合,相互补充,让学生体验到学习的乐趣,感受到教师的亲切、关爱。

"大学之教也,时教必有正业,退息必有居学。不学操缦,不能安弦;不学博依,不能安《诗》;不学杂服,不能安礼;不兴其外,不能乐学。故君子之于学也,藏焉修焉,息焉游焉。夫然,故安其学而来其师,乐其友而信其道,是以虽离师辅而不反也。"

豫时孙摩:这是《学记》总结出来的教育教学的四条原则。"豫",即预防性原则,"禁于未发之谓豫",事先估计到可能发生的不好的事情,而加以干预,防止其发生。"时",即及时施教的原则,"当其可之谓时",在学习的时候要把握时机,在最佳的时机,适时地学,适时地教,否则,"时过而后学,则勤苦而难成"。"孙",即循序渐进的原则,"不陵节而施之谓孙",教学必须要遵循一定的顺序(内容顺序和年龄顺序)。倘若杂乱施教而没有合理的顺序,教育效果将会适得其反。"摩",即学习观摩的原则,"相观而善之谓摩",学习要相互观摩,取长补短。通过集体环境,借助于集体力量进行学习,否则,就会出现"独学而无友,则孤陋而寡闻"。

启发诱导:"君子之教,喻也。道而弗牵,强而弗抑,开而弗达。道而弗牵则和,强而弗抑则易,开而弗达则思。"教师教学要注重启发,要督促、勉励学生,要善于帮助学生打开思路。懂得启发的教师,才能算是懂得教学的教师。

长善救失:"学者有四失,教者必知之。人之学也,或失者多,或失者寡,或失则易,或失则止。此四者,心之莫同也,知其心,然后能救其失也。教也者,长善而救其失者也。"学生在学习中易存在四种缺点:贪多务得、片面专精、浮躁轻心、畏难不前。学生之所以存在这四种缺点主要因为个人存在差异。因而教师要善于分析,辩证地看待这些问题,坚持正面教育,利用积极因素,克服缺点。

2. 西方萌芽阶段的教育思想

在教育尚处于萌芽和经验阶段之时,具有一定理论体系的教育学还没有出现。而西方教育学的萌芽可以追溯到古希腊。

(1)苏格拉底及其教育思想

苏格拉底(Socrates,公元前469年—前399年),出生于雅典一个普通公民的家庭,他被认为是西方哲学的奠基者。其父亲是雕刻匠,母亲是助产妇。苏格拉底说:"我的母亲是个助产婆,我要追随她的脚步,我是个精神上的助产士,帮助别人产生他们自己的思想。"苏格拉底认为一切知识,均从疑难中产生,愈求进步,疑难愈多,疑难愈多,进步愈大。苏格拉底提出"知识就是美德",他承认他自己本来没有知识,而他又要教授别人知识。这个矛盾,他是这样解决的:这些知识并不是由他灌输给人的,而是人们原来已经具有的;人们已在心上怀了"胎",不过自己还不知道,苏格拉底像一个"助产婆",帮助别人产生知识。苏格拉底的助产术集中表现为他经常采用的"诘问式"的形式,以提问的方式揭露对方提出的各种命题、学说中的矛盾,以动摇对方论证的基础,指明对方的无知;在诘问中,苏格拉底自己并不给予正面的、积极的回答,因为他承认自己无知。这种方式一般被称为"苏格拉底的讽刺"。

在教学方法上,苏格拉底通过长期的教学实践,形成了自己一套独特的教学法,人们称之为"苏格拉底方法",他本人则称之为"产婆术"。他母亲是产婆,他借此比喻他的教学方法。他母亲的产婆术是为婴儿接生,而他的"产婆术"教学法则是为思想接生,是要引导人们产生正确的思想。

"苏格拉底方法"自始至终是以师生问答的形式进行的,所以又叫"问答法"。苏格拉底在教学生获得某种概念时,不是把这种概念直接告诉学生,而是先向学生提出问题,让学生回答,如果学生回答错了,他也不直接纠正,而是提出另外的问题引导学生思考,从而一步一步引导学生得出正确的结论。"苏格拉底方法"为启发式教学奠定了基础。

苏格拉底倡导的问答法对后世影响很大,直到今天,问答法仍然是一种重要的教学方法。

(2)柏拉图及其教育思想

知识窗口

柏拉图有一天问老师苏格拉底什么是爱情?

苏格拉底让他到麦田走一次,要不回头地走,在途中要摘一棵最大最好的麦穗,但只可以摘一次,柏拉图觉得很容易,充满信心地走出去。

谁知过了半天他仍没有回来。最后,他垂头丧气出现在老师跟前,诉说空手而回的原因:"很难得看见一株看似不错的(麦穗),却不知是不是最好的,不得已因为只可以摘一次,只好放弃,再看看有没有更好的,到发现已经走到尽头时,才发觉手上一棵麦穗也没有。"

这时,苏格拉底告诉他:"那就是爱情——爱情是一种理想,而且很容易错过。"

柏拉图有一天问老师苏格拉底什么是婚姻?

苏格拉底让他到杉树林走一次,要不回头地走,在途中要取一棵最好、最适合用来当圣诞树的树材,但只可以取一次。

柏拉图有了上回的教训,充满信心地走出去。

半天之后,他一身疲惫地拖了一棵看起来直挺、翠绿,枝条却有点稀疏的杉树。

苏格拉底问他:"这就是最好的树材吗?"

柏拉图回答老师:"因为只可以取一棵,好不容易看见一棵看似不错的,又发现时间、体力已经快不够用了,也不管是不是最好的(树材),所以就拿回来了。"

这时,苏格拉底告诉他:"那就是婚姻——婚姻是一种理智,是分析判断、综合平衡的结果。"

柏拉图有一天问老师苏格拉底什么是外遇?

苏格拉底还是让他到树林走一次,可以来回走,在途中要取一枝最好看的花,柏拉图又充满信心地走出去。

两个小时之后,他精神抖擞地带回了一枝色彩艳丽但稍稍枯萎的花。

苏格拉底问他:"这就是最好的花吗?"

柏拉图回答老师:"我找了两小时,发觉这是盛开着的最美丽的花,但在我采下带回来的路上,它就逐渐枯萎了。"

这时,苏格拉底告诉他:"那就是外遇——外遇是诱惑的。它也犹如一道闪电,虽明亮,但稍纵即逝;而且,追不上,留不住。"

柏拉图有一天问老师苏格拉底什么是生活?

苏格拉底还是让他到树林走一次,可以来回走,在途中要取一枝最好看的花。

柏拉图有了以前的教训,又充满信心地走出去。

过了三天三夜,他也没有回来。

苏格拉底只好走进树林里找他,最后发现柏拉图已在树林里露营扎寨。

苏格拉底问他:"你找着最好看的花了?"

柏拉图指着边上的一朵花说:"这就是最好看的花。"

苏格拉底问:"为什么不把它带出去呢?"

柏拉图回答老师:"我如果把它摘下来,它马上就枯萎。即使我不摘它,它迟早也会枯萎。所以我就在它还盛开的时候,住在它边上,等它凋谢之后,再找下一朵。这已经是我找着的第二朵最好看的花。"

这时,苏格拉底告诉他:"你已经懂得生活的真谛了——生活是对生命中每一次美丽的追随与欣赏。"

资料来源:[古希腊]柏拉图.对话录[M].北京:商务书馆,1986.

柏拉图(Plato,公元前427年—前347年),古希腊伟大的哲学家,也是全部西方哲学乃至整个西方文化最伟大的哲学家和思想家之一。柏拉图出生于一个较为富裕的雅典奴隶主贵族家庭,他的父亲是阿里斯通,母亲是伯里克提俄涅,他在家中排行老四。

柏拉图是西方客观唯心主义的创始人,其哲学体系博大精深。他的代表作《理想国》系统论述了其教育理论,提出培养哲学王的教育理想,建立完整的教育体系。

柏拉图还是西方教育史上第一个提出完整的学前教育思想并建立了完整的教育体系的人。柏拉图中年开始从事教育研究活动。他从理念先于物质而存在的哲学思想出发,在其教育体系中强调理性的锻炼。他要求3~6岁的儿童都要受到保姆的监护,并聚集在村庄的神庙里,让他们做游戏、听故事和童话。柏拉图认为这些都具有很大的教育意义。7岁以后,儿童就要开始学习军人所需的各种知识和技能,包括读、写、算、骑马、投枪、射箭等。那些对抽象思维表现特殊兴趣的20至30岁的学生就要继续深造,学习算术、几何、天文学与和声学等学科,以锻炼他的思考能力,促使他开始探索宇宙的奥妙。柏拉图指出了每门学科对于发展抽象思维的意义。他主张未来的统治者在30岁以后,要进一步学习辩证法,以洞察理念世界。经过5年后,这个人就可以成为统治国家的哲学王了。

知识窗口

有一群囚犯在一个洞穴中,他们手脚都被捆绑,无法转身,只能背对着洞口。他们面前有一堵白墙,他们身后燃烧着一堆火。在那面白墙上他们看到了自己以及身后到火堆之间事物的影子,由于他们看不到任何其他东西,这群囚犯会以为影子就是真实的东西。最后,一个人挣脱了枷锁,并且摸索出了洞口。他第一次看到了真实的事物。他返回洞穴并试图向其他人解释,那些影子其实只是虚幻的事物,并囚犯向他们指明光明的道路。但是对于那些囚犯来说,那个人似乎比他逃出去之前更加愚蠢,并向他宣称,除了墙上的影子之外,世界上没有其他东西了。

资料来源:[古希腊]柏拉图.理想国[M].北京:商务印书馆.

(3)亚里士多德及其教育思想

亚里士多德(Aristotle,公元前384年—前322年),古希腊人,世界古代史上伟大的哲学家、科学家和教育家之一。他是柏拉图的学生,亚历山大的老师。同时,还是许多学科,如伦理学、政治学、物理学、逻辑学等的创始人,堪称希腊哲学的集大成者,被誉为百科全书式的哲学家。亚里士多德出生在希腊北部色雷斯地区一个叫斯塔吉拉的小城,父亲尼各马可是马其顿国王阿明塔斯的宫廷医生,母亲菲斯逊丝家境十分富有。亚里士多德18岁进入柏拉图的阿卡德谟学园,在那里学习长达20年之久,直到老师柏拉图于公元前347年去世后才离开。

他非常重视教学方法,反对刻板的教学方式,所以,他经常带着学生在学园的林荫大道上,一边散步、一边讨论哲理。正是因为如此,他的学园哲学被称为"逍遥的哲学""漫步的哲学"。

亚里士多德认为理性的发展是教育的最终目的,主张国家应对奴隶主子弟进行公共教育,使他们的身体、德行和智慧得以和谐地发展。在教学方法上,亚里士多德重视练习与实践的作用,他为其哲学学校设立了"百科全书"式的课程。他主张学生在德、智、体、美等方面全面发展,且在不同时期各有所侧重。幼儿期以身体发展(体育)为主;少年期以音乐教育为核心,以德、智、美为主要内容;高年级要学习文法、修辞、诗歌、文学、哲学、伦理学、政治学以及算术、几何、天文、音乐等学科。

亚里士多德肯定了教育与政治的关系,提出了教育应该由国家负责,受国家控制。

(4)昆体良及其教育思想

昆体良(Quintilianus,约35—约100年)是公元1世纪罗马最有成就的教育家。他出生在西班牙,其父在罗马教授雄辩术,颇有名声。昆体良少年时随父亲到罗马求学,受过雄辩术教育。公元70年被任命为一所国立拉丁语修辞学校的主持人。在拉丁语修辞学校工作了二十年左右,大约在公元90年退休。退休后,专门从事著述。经过两年多的努力,写成了《雄辩术原理》(12卷)。这部著作既是他自己约二十年教育教学工作经验的总结,又是古代希腊、罗马教育经验的集大成者;既是一本修辞学教程,又是一部教学法论著。

昆体良看到并提出了过去一直被忽视的教师在教学过程中的重大作用问题。他对儿童心理特点和教师的教学方法进行了研究,认为教师必须以父母般的态度对待儿童,并彻底了解儿童能力的差异和倾向;昆体良坚决反对体罚,认为惩罚、鞭打,乃至嘲讽,只能使幼小的心灵受到创伤,是对儿童的凌辱。他强调,用体罚的方法来驱使学生学习,不但不能调动学生学习的积极性和自觉性,还可能会使学生产生厌学的情绪。

昆体良认为,教学质量的关键在于教师。他对教师提出了很高的要求,认为教师应该是有学识的,他们应该热爱儿童,耐心地教育儿童,注意研究儿童,讲究因材施教。他提出一个极有意义的愿望,希望高等学校的教师抽出一些时间到初等学校去授课,以便研究儿童、研究教育儿童的方法。

(二)教育学的独立阶段(17世纪—19世纪上半叶)

随着资本主义生产的发展和科学技术的进步,教育科学获得了大发展,一大批教育专著相继问世,较为完整的教育理论体系出现两百多年的发展,使教育学逐渐成为了一门独立的学科。这一时期,影响比较大的教育家有培根、夸美纽斯、洛克、卢梭、康德、裴斯泰洛齐、赫尔巴特等人。

英国近代唯物主义哲学家培根(Francis Bacon,1561—1626)在1623年发表的《论科学的价值与发展》中首次把教育学列为一门独立学科,与其他学科并列,为独立形态教育学的出现作出了主要贡献。

捷克教育家夸美纽斯(J. A. Comenius,1592—1670)在教育学的创立过程中作出了巨大贡献,取得了突出成就。他于1632年写成的《大教学论》被称为最早的具有比较完整体系的教育学著作。在该书中,他提出了"泛智教育"思想,探讨"把一切事物教给一切人类的全部艺术",建构了教育学的学科基本框架,提出了系统的教育目的论、方法论、教育原则体系、课程与教学论、德育论以及一些学科教育思想,高度评价了教师的职业,强调了教师的作用。此外,夸美纽斯还著有《母育学校》《世界图解》《语言和科学入门》《泛智学校》等。

英国伟大的思想家、哲学家和教育家约翰·洛克(John Locke,1632—1704)在1693年出版了《教育漫话》一书,提出完整的绅士教育理论体系,对后世影响较大。在西方教育史上第一次将教育分为体育、德育、智育三部分,并作了详细论述。它强调环境与教育的巨大作用,强调在体魄与德行方面进行刻苦锻炼。同时,他还提出"白板说",认为人的心灵如同白板,观念和知识都来自后天,并且得出结论,天赋的智力人人平等,"人类之所以千差万别,便是教育之故"。主张取消封建等级教育,人人都可以接受教育。他的"白板说"对教育的价值给予了高度评价。

法国伟大的启蒙思想家、教育家卢梭(Rousseau,1712—1778)于1762年出版了享誉全球的名著《爱弥儿》,深刻地表达了他在教育领域反封建的理性革命的思想,表达了他的资产阶级教育思想观点,深深地影响了现代教育理论。他倡导自然教育,提出了主观自然主义的教育观念,他降低书面知识的重要性,建议孩子的情感教育先于理性教育。他强调以儿童为中心,强调通过个人经验来学习,强调在实践活动中学习,强调实用主义的观念和发现的方法。卢梭对教育学的最大贡献在于他开拓了以研究个体生长发展与教育的相互关系为主题的研究领域,对后来康德、杜威的教育学说产生了重要的影响,促进了近现代教育思想的变革。

德国作家、德国古典哲学创始人康德(Immanuel Kant,1724—1804)在教育学的创立上作出了不可磨灭的贡献。他于1776年在德国哥尼斯堡大学首次讲授教育学,先后四次讲授教育学,使教育学作为一门课程在大学开设。晚年将自己的教育讲演稿教给学生编校整理后发表。1803年,《康德论教育》出版。在该书中,康德明确认为,教育是一门很难的艺术,其实践必须和"真知灼见"结合起来,否则就会变成"机械的"行为。① 康德认为,"教育一定要成为一种学业,否则无所希望","教育的方法必须成为一种科学"②。

知识窗口

除了日常繁重的教学工作之外,康德的业余生活也十分丰富。他不断被邀参加城里主要家庭的宴会和聚会。他常去拜访凯泽林克伯爵一家,"连续多年,毫不间断"。伯爵一家也很尊敬他,因为康德懂得"高贵的生活方式",而且他每次都坐在贵宾席,正好在伯爵夫人身旁。

有一位地理学家兼天文学家伯努利在1778年访问哥尼斯堡时写道:"我在伯

---

① 全国十二所重点师范大学.教育学基础(第三版)[M].北京:教育科学出版社,2014:18.
② 康德.康德论教育[M].北京:商务印书馆,1930:10—11.

爵家里和一位学者共进午餐,他是哥尼斯堡大学最伟大成员之一,受人尊敬的康德教授。这位著名教授在社交中是如此活泼有礼的人物。他拥有这样一种优雅的生活方式,以致让人很难想象他身上会有这样一颗深深探求的心灵。他的眼睛和面容流露出一种大智大慧,这与达朗贝尔的相似之处确实引人注目……康德先生已很久没有发表哲学著作了,但他保证他不久便会发表一本小册子。"这本小册子当然是指《批判》了。可当时,在1798年夏,康德对这本书的篇幅会有多长还没有概念呢。

跟当时18世纪的习惯一样,康德午餐都到饭馆里去吃,而且很讲究美食佳肴。酒的选择对康德来说也很重要,早年他中意于红酒,而晚年更喜爱白酒。他喜欢不慌不忙地悠然用餐,如果他喜欢某一道特别的菜,他会询问烹饪法以及如何预备,也会随口评判一番。希佩尔后来开玩笑说:"迟早他会写成一部《烹饪术批判》。"

"而且对于和别人共进午餐,康德还有一套学问。他说,如果单独一个人进餐,同时又埋头阅读或思考,那就会产生疾病之感,因为大脑的工作把胃的功能转移了。如果在街头行走时思考问题,那也一样。在这些情况下,只有同别人一起进餐,才能使精力得到恢复,同人们进行毫无拘束的谈话会使人不再想其他的事并使人得到快乐。"

资料来源:康德.康德论教育[M].北京:商务印书馆,1930:10-11.

19世纪瑞士著名的民主主义教育家裴斯泰洛齐(J. H. Pestalozzi,1746-1827),他热爱教育事业,对教育事业具有奉献精神,对教育革新执着追求。他一生中写作了许多教育论著,在教育理论上有许多独创的论述,不仅为世界教育发展作出了重要贡献,而且为一切教育工作者树立了一个令人十分崇敬的形象。他在其代表作之一《林哈德与葛笃德》(1781)中将教育目的规定为全面、和谐地发展人的一切天赋力量和能力。他还提出要素教育论作为中小学教学的理论基础。

近代德国著名的心理学家和教育家赫尔巴特(Herbart,1776-1841)于1806年出版《普通教育学》一书,此书是近代教育理论系统化和科学化的奠基之作,被公认为第一本现代教育学著作。在世界教育学史上,赫尔巴特也被誉为现代教育学之父、科学教育学的奠基人。他在这本书中构建了比较严密的教育学体系,他在伦理学的基础上建立起了教育目的论,在心理学的基础上建立起教育方法论,强调教育者要按照被教育者心理活动规律去制定教学过程和阶段,选择教学手段和方法,形成"传统教育"思想和教学模式。赫尔巴特还在哥尼斯堡大学创办第一所教育研究所和实验学校。这些标志着教育学已从哲学中独立出来,成为科学大家族中的一员了。

(三)教育学的发展(阶段19世纪末至今)

19世纪末,科学技术的发展,社会学、法理学、政治学、人类学、心理学等经验学科的进步,对教育学的发展产生了重要影响,教育学开始采用实证和实验的方法来研究教育问题。此时出现了许多新的教育学流派和教育学著作,教育学在科学化的道路上又前进了一大步。

1. 实验教育学

实验教育学是一种以教育实验为标志的教育思潮。19世纪末20世纪初在欧美国家兴起,反对教育学中的纯粹概念思辨,主张用自然科学的实验法研究儿童及其与教育的关系,其代表人物有德国教育家梅伊曼和拉伊。1901年,德国教育家梅伊曼首先将实验教育思想称为"实验教育学",最早提出实验教育学,并于1914年出版《实验教育学纲要》。1908年,德国教育家拉伊出版了《实验教育学》一书,系统阐释了实验教育思想,完成了对实验教育学的系统论述。他们提倡把实验心理学的研究成果和方法运用于教育研究,通过假设、实验、运用三阶段的教育实验,进而使用统计和比较的方法探索儿童心理发展过程的特点及其智力发展水平,用实验数据作为改革学制、课程和教学方法的依据。

2. 文化教育学

文化教育学,又称精神科学教育学,是19世纪末以来出现在德国的一种教育学说,代表人物有狄尔泰、斯普兰格、利特等人,代表著作有狄尔泰的《关于普遍妥当的教育学的可能》(1888)、斯普兰格的《教育与文化》(1919)、利特的《职业陶冶与一般陶冶》(1947)等。文化教育学认为人是一种文化的存在,教育过程是一种历史文化过程,教育研究必须采用精神科学或文化科学的方法,亦即理解与解释的方法进行,教育的目的就是要促进社会历史的客观文化向个体的主观文化转变,从而培养完整的人格。

3. 实用主义教育学

实用主义教育学是19世纪末20世纪初在美国兴起的一股教育思潮,对20世纪整个世界的教育理论研究和教育实践发展产生了极大的影响。其代表人物有美国哲学家、教育学家杜威和克伯屈等人,代表著作有杜威的《民主主义与教育》(1916)和《经验与教育》(1938),克伯屈的《设计教学法》(1918)等。

19世纪末,"新教育运动"出现,对以赫尔巴特为代表的"传统教育"脱离实际和忽视儿童等缺点给予抨击。他们强调"教育即生活""社会即学校""教育即经验的改造""从做中学"等教育和教学原则,提出以儿童为中心的"活动教学",形成了"现代教育"的教学思想和模式。认为教学过程应重视学生自己的独立发现、表现和体验,尊重学生发展的差异性。

4. 马克思主义教育学

马克思主义教育学是20世纪以来根据马克思主义的基本原理,研究现代教育问题的一种教育学说。代表人物有苏联教育家凯洛夫、马卡连柯,我国的杨贤江等人,代表作有凯洛夫的《教育学》(1939)、马卡连柯的《教育诗》(1935)、杨贤江的《新教育大纲》(1930)等。它认为教育是一种社会历史现象,是人类特有的活动,在阶级社会中具有鲜明的阶级性;是人类特有的一种有意识的活动;是人类社会特有的传递经验的形式,与生产劳动相结合是培养全面发展的人的唯一方法;是有意识地以影响人的身心发展为目标的社会活动,其根本目的在于促使学生个体全面发展。

5. 批判教育学

批判教育学是 20 世纪 70 年代后在西方国家兴起的一种教育思潮。代表人物有巴西的弗莱雷,美国的鲍尔斯、阿普尔、金蒂斯、吉鲁,法国的布迪厄等人,代表作有弗莱雷的《被压迫者的教育学》(1970)、鲍尔斯和金蒂斯的《资本主义美国的学校教育》(1976)、阿普尔的《教育与权力》(1982)、布迪厄的《教育、社会和文化的再生产》(1979)、吉鲁的《批判教育学、国家与文化斗争》(1989)。批判教育学认为在资本主义制度下,教育维护现实社会的不公平和不公正,是社会差别、歧视和对立产生的根源;[①]学校教育的功能就是再生产出占主导地位的社会政治意识形态、文化关系和经济结构;教育现象不是中立、客观的,而是充满利益纠葛的,教育理论研究要采用时间批判的态度和方法,通过真实教育行动揭示具体教育生活中的利益关系,帮助教师和学生对自己所处的教育环境及促使教育环境形成的诸多因素敏感起来,以达到意识"解放"的目的。

20 世纪以来,教育学多元化发展的同时,教育理论研究不断深入。20 世纪 30 年代,苏联教育家维果茨基提出最近发展区理论。1956 年,美国心理学家布鲁姆与他的同事出版了《教育目标的分类系统》,提出了教育目标分类理论和"掌握学习"理论。20 世纪 50 年代,德国教育家根舍因、克拉夫基等人主张优化组合教学内容,提出著名的范例教学理论。1963 年,美国教育家、心理学家布鲁纳出版《教育过程》,提出结构主义教育理论。1975 年苏联教育家赞可夫出版《教学与发展》,强调教学应走在学生发展的前面,促进学生的一般发展。苏联教育家巴班斯基从 1972 年开始陆续出版了《教学过程最优化》等著作,将现代系统论引进到教学论中,提出教学过程最优化理论。蔡元培提出五育并举的"全面发展教育"理论。陶行知在批判杜威"教育即生活"的基础上提出"生活教育"思想,等等。

随着社会政治、经济、文化改革的不断深入,教育学的研究呈现出积极、活跃的特点。自然科学和社会科学的研究方法广泛运用到教育研究之中,教育理论更加多样化,在不同国家形成了不同的风格。

三、马克思主义教育理论在中国的发展

随着教育学的科学化,马克思和恩格斯在批判圣西门、傅立叶和欧文等的空想社会主义教育理论的同时,也站在辩证唯物主义和历史唯物主义的立场上,把人的发展与人类社会历史的发展联系起来,阐发了关于教育的本质、人的个性和社会性的形成,以及人的全面发展等一系列重要的教育基本原理,开启了人类教育思想发展的新纪元。辩证唯物主义和历史唯物主义的理论和方法,特别是马克思主义关于人的全面发展的理论,为我们科学认识教育现象提供了理论武器,的科学化发展提供了重要的哲学基础和思想指引。马克思主义经典作家关于教育的理论,经苏联教育学家的系统阐述,并在教育实践中加以应用后,形成了一个系统完整的马克思主义教育学理论体系。马克思主义教育学经由苏联传入我国后,在中

---

① 郝文武,龙宝新.教育学原理[M].北京:北京师范大学出版社,2012:16.

国化的同时也获得了不少新的发展,并逐渐形成了一定的中国特色。

第一阶段:20世纪初,马克思主义理论传入中国,和中国共产党领导的中央苏区和解放区教育实践相结合,诞生了新民主主义教育思想。1920年起,陈独秀、李大钊、毛泽东、恽代英和杨贤江等都开始用马克思主义来探讨教育理论,探寻中国教育发展的社会主义道路。陈独秀于1920年在《致罗索先生》中就明确提出应当以社会主义来发展中国的教育,他说:"我们中国此时才创造教育、工业,在资本制度还未发达的时候,正好用社会主义来发展教育及工业。"他一直以来重视批判旧教育和倡导"注重在改良社会"的新教育。李大钊在《青年与农村》中号召青年人到农村去普及文化教育,以马克思主义的现代新文明去开启民智。恽代英在《革命运动中的教育问题》《教育改造与社会改造》《学术与救国》《学问与职业一贯论》等著述中,阐述了教育在社会改造中的重要作用,同时也批判了教育救国论夸大教育作用的观点。他认为,情意教育比知识教育更重要,能力教育比理论教育更重要,社会科学教育比科学技术教育更重要,特殊人才教育比一般人才教育更重要。马克思主义教育思想在中国的传播和发展,同样集中体现于毛泽东的教育思想之中。1917年,毛泽东在《新青年》上就论述了德智体"三育并重"、全面发展的教育思想。在《新民主主义论》中,毛泽东明确指出:"现阶段上中国新的国民文化的内容,既不是资产阶级的文化专制主义,又不是单纯的无产阶级的社会主义,而是以无产阶级社会主义文化思想为领导的人民大众反帝反封建的新民主主义。"他深入论述了新民主主义教育的重要特点,认为新民主主义教育以无产阶级社会主义文化教育思想作为指导思想;新民主主义教育是民族的教育,它反对帝国主义殖民的、奴化的教育;新民主主义教育是科学的教育,它反对封建迷信和形而上学思想,倡导实事求是、客观真理和理论联系实际的科学世界观与方法论;新民主主义教育是民主的、大众的教育,它为人民大众服务,要使人民大众享受普及的教育权利。毛泽东的《新民主主义论》是马克思主义教育理论与中国教育实践特别是革命根据地教育实践相结合的重要理论成果,是中国特色马克思主义教育理论的早期纲领性文献。1945年,毛泽东在《论联合政府》中再次重申了新民主主义教育思想。中国这些早期马克思主义的传播者,运用马克思主义的思想、观点和方法,从不同层面和不同角度阐述了中国教育面临的实际问题,探讨了中国教育的社会主义新道路。

第二阶段:新中国成立以来,以毛泽东同志为主要代表的中国共产党人团结带领全党全国各族人民,迅速完成了对旧中国教育制度的"坚决改造",向工农敞开教育之门,保障广大人民群众受教育的基本权利。党的八大以后,新民主主义教育方针转成社会主义教育方针,新中国开始走上社会主义教育事业发展道路。1957年毛泽东指出,"我们的教育方针,应使受教育者在德育、智育、体育几方面都得到发展,成为有社会主义觉悟的有文化的劳动者"。1958年《中共中央、国务院关于教育工作的指示》指出,"党的教育工作方针,是教育为无产阶级的政治服务,教育与生产劳动相结合……教育的目的,是培养有社会主义觉悟的有文化的劳动者"。这标志着新民主主义教育方针转成社会主义教育方针,新中国开始走上社会主义教育事业发展道路。党的十一届三中全会以来,以邓小平同志为主要代表的中国共产党

人团结带领全党全国各族人民,深刻总结我国社会主义建设正反两方面经验,借鉴世界社会主义历史经验,创立了邓小平理论,确立社会主义初级阶段基本路线,制定了到21世纪中叶分三步走、基本实现社会主义现代化的发展战略,成功开创了中国特色社会主义。1983年邓小平同志提出"教育要面向现代化、面向世界、面向未来"的战略思路,对开辟中国特色社会主义教育发展道路定下了重要基调。以江泽民同志、胡锦涛同志为主要代表的中国共产党人团结带领全党全国各族人民,启动实施科教兴国战略和人才强国战略,推动教育改革开放迈上一个个新台阶,为加快社会主义现代化建设和促进人的全面发展提供了有力支持。

第三阶段:党的十八大以来,以习近平同志为核心的党中央更加高度重视教育事业,围绕协调推进"四个全面"战略布局,对全面深化教育改革、全面推进依法治教、教育更好服务全面建成小康社会、加强教育系统党建,努力办好人民满意的教育,相继提出多方位要求。始终坚持立德树人导向,统筹深化教育领域综合改革,推进教育治理现代化法治化。党的十九大报告作出明确坚持和发展中国特色社会主义,总任务是实现社会主义现代化和中华民族伟大复兴,在全面建成小康社会的基础上分两步走,在本世纪中叶建成富强民主文明和谐美丽的社会主义现代化强国。党的十九大报告确定了新时代优先发展教育事业、加快教育现代化、建设教育强国的战略部署,坚持以人民为中心的发展思想,提出办好人民满意教育的新要求新举措,更加重视全面增强教育系统自身实力和服务"五位一体"总体布局的能力。2018年党中央召开新时代首次全国教育大会(改革开放以来第五次全国教育会议),习近平总书记在会上作重要讲话,强调新时代新形势,改革开放和社会主义现代化建设、促进人的全面发展和社会全面进步对教育和学习提出了新的更高的要求,强调教育是国之大计、党之大计,必须加强党对教育工作的全面领导,坚持立德树人,围绕党的教育方针,既坚持一脉相承,又根据新时代新要求作出重要拓展,要求培养德智体美劳全面发展的社会主义建设者和接班人,重申加快推进教育现代化、建设教育强国、办好人民满意教育的总体要求。

第二节 教育学的研究对象与方法

一、学习教育学的意义

首先,学习教育学有利于树立正确的教育观,掌握教育规律,指导教育实践。

教育活动是培养人的活动,是为一定社会培养社会发展所需要的人的事业。教育的发展有其特定的规律,按照教育规律来办教育,将事半功倍;违反了教育规律就会事倍功半,甚至一事无成,而且必将受到惩罚。学习教育学首先可以掌握教育基本理论,以指导教育实践。理论是行动的先导,没有实践的理论是无根基的理论;没有理论的实践是盲目的实践,而盲目的实践是必定要失败的。从宏观层面来说,教育受社会发展的制约;从微观层面来说,教育受到个体人的发展的制约,这些都是不以人的意志为转移的客观规律。学习教育学,有助于我们形成正确的指导思想和方法论,运用马克思主义的辩证唯物主义和历史唯物主义的方法论分析、批判地学习和吸收知识,以树立正确的教育观。

其次,学习教育学有利于树立正确的教学观,掌握教学规律,提高教学质量。

教学过程是由"教"和"学"构成的,两者均有自身的规律,各门学科也具有自己的特点和规律,想要使教学的双边活动发挥高效,必将涉及教学的多种因素,使其发挥整体效应。良好的教育,必须优化教学过程,优化学科教学,减轻学生负担。要求教师在选择教学方法时,通过设置问题情境,激发学生的学习动机;设计符合学生认知规律且生动有效的教学过程;安排必要的教育实践,指导学生独立探索,解决问题,使学生由"能学"向"善学"转变,"学会"向"会学"迁移。

再次,学习教育学有助于掌握学生思想品德发展规律,做好教书育人工作。

教师不仅是学生学习知识的引领者,学生学习能力的培养者和学习活动的促进者、学生发展的评价者,还是学生心灵的沟通者、学生人生的引路人。教师不仅要"教书",还要"育人",只有将两者有机结合起来,才能提高学生的思想道德素质,才能培养出合格的人才,实现教育目标。

第四,学习教育学有利于教师提高教育理论水平和实际技能。

教育理论水平和实际技能是教师必备条件,也是教师走向"专家""教育家"的基础。一名没有深厚教育学基础的教师,很难成为一名出色的教师。随着社会的发展,传统的教学方法和教学模式已不再适合现代的课堂。要构建和谐的师生关系,教师就必须与时俱进地学习现代教育理论,夯实自己的教学基本功,通过自己的教学艺术和教学魅力,与学生之间建立和谐的师生关系。

最后,学习教育学有助于培育创新精神,积极投身教育改革。

教育改革是一种创新,但必须有相应的教育理论做指导。教育理论对于教育改革的推动作用,具体体现在以下三个方面:第一,用理性尺度评价现实,揭露现实教育中存在的种种弊端,使人们认清现实教育中种种不合理的因素;第二,对未来教育进行预测、设计和规划,从对现存教育的评价中和对未来社会的发展中提出未来教育的制度目标、任务、内容、方法、形式等,指明教育改革的方向;第三,依靠理论创造的社会舆论力量来呼吁社会,尤其是使教育工作者参与教育改革,并提高其自觉性、积极性和必胜的信心。①

知识窗口

教学生识字有很多技巧,有一位教师告诉学生如何区别"买""卖"两个字时说:"多了就卖,少了就买。"学生很快记住了这两个字。还有的学生把"干燥"写成"干躁",把"急躁"写成"急燥",老师就教学生记住:"干燥防失火,急躁必跺足。"从此以

---

① 柳海民.教育学概论[M].北京:北京师范大学出版集团,2015:26.

后,学生对这两个字再也不产生混淆了。

资料来源:https://wenda.so.com/q/1374870841061059

二、学习和研究教育学的指导思想

马克思主义作为一种思想方法和行动指南,指导着我们学习和研究教育学。我们要在马克思主义指导下,结合我国教育的实际,以不断创新的马克思主义教育学理论来解释和解决新时期我国教育改革中遇到的新问题,从而推动中国特色的马克思主义教育学理论在新时代有新发展。其具体的指导作用表现在以下几个方面。

第一,马克思主义是我们学习教育学最根本的理论基础。教育问题的研究、教育概念的阐述、教育规律的揭示及运用于教育实践等都必须从马克思主义的基本立场出发。马克思主义是中国特色的马克思主义教育学认识一切教育现象及其内在规律的科学保障。

第二,马克思主义方法论是我们认识教育问题、指导教育实践最基本的方法。我们要用辩证唯物主义的思想方法和历史唯物主义来认识教育现象及其内在规律,在认识过程中要客观、全面的地看待问题,要联系过去和未来,认识当下的教育现象;马克思主义的科学社会主义是建设中国特色社会主义伟大实践重要的理论,教育改革和发展实践是中国特色社会主义伟大实践的一部分。

第三,马克思主义理论是马克思主义教育学的重要行动指南。我们要把马克思主义基本原理与中国教育改革和发展实践相结合,这是我们科学地认识中国特色社会主义教育的基本途径,在运用马克思主义科学理论指导教育实践的同时,要推动中国特色的马克思主义教育学不断创新和发展。

第四,马克思主义是促进学生身心发展的重要科学指南。在具体教育实践过程中,运用马克思主义指导我们认识学生身心发展规律,并运用规律来指导教育活动。

三、教育学的研究对象

简而言之,教育学的研究对象就是教育。"教育学这一学科认识领域的对象是社会的一个特殊职能——教育。因此可以把教育学称为关于教育的科学"。[①] 教育是培养人的一种社会活动,而教育学是一门学科或称为科学。而科学的任务在于研究事物发展的规律、探求客观真理以指导实践。因而,教育学的任务应当是研究教育现象,揭示教育规律,阐明教育工作原理,指导确定教育工作内容、方法和组织。作为一门学科的教育学,虽然与教育方针、教育政策、教育实践经验等密切相关,但却与它们有着明显的区别。教育学不是教育方针、政策的简单汇编和阐释,也不是教育过程、现象的说明书和教育经验的集锦。

"教育学到底是研究什么的?"关于这个问题在教育学界存在着不同的看法,主要可分为

---

① 巴班斯基.教育学[M].北京:人民教育出版社,1986:7.

以下三种。

第一种观点"教育现象说",即认为教育学是研究教育现象的。教育是社会的一个子系统,教育现象融于社会现象之中,但其有其自身的独特性。教育学不是把教育与政治、经济、文化、环境、人口、人生等社会现象一起作为研究对象的,而是把教育作为一种独立的社会现象,对其进行研究的。因而教育学是人们关于教育这种特定社会现象的理论,是研究教育现象的。

第二种观点"教育问题说",即认为教育学是研究教育问题的。有的人认为正是因为教育存在诸多问题,才有了解决这些问题的必要;而要解决这些问题,就必须研究。研究、解决问题,促进教育学的不断发展。也即,无论是教育现象、教育事实还是教育规律,只有当它们成为需要解决的问题时,才有可能成为教育学的研究对象。

知识窗口

> 对于一个未婚的男子来说,天下所有的未婚女子都可能成为他追求的对象,但她们却都还不是他追求的对象,只是可能的对象,而不是现实的对象;只有他认识了其中一个女子,看上了她,想进一步了解她,并想追求她时,即这个问题成了他生活中要解决的一个问题时,她才能成为追求的对象;而当他们已经结婚,他生活中的这个问题已经解决了时,她就不是他追求的对象了。这时她是他追求的结果,而不是他追求的对象。
>
> 资料来源:成有信.教育学的对象及其两个相关问题[J].北京师范大学学报,1992,(6).

第三种观点"教育规律说",即认为教育学的研究对象是教育规律。教育规律是客观存在的教育的必然性,教育现象同其他社会现象或教育现象内部各构成要素之间存在某种固有矛盾,彼此间具有内在联系。而每一门学科都有其特定的研究对象,教育某一现象领域所特有的内在矛盾运动的规律就是教育学的研究对象。

综上所述,教育学的研究对象应是以"教育事实"为基础,在教育价值观引导下产生的"教育问题",其目的在于探索和揭示教育活动的规律性联系,以服务于教育实践。[①] 教育学应当反映教育过程内在的、本质的必然联系,揭示教育规律这一社会现象的客观规律。只有这样,才能指导教育教学实践改革,促进学科理论发展,赋予教育学这门科学以强大的生命力,从而更好地指导实践。目前,我国多数学者都是将上述三种观点综合起来来确定教育学的研究对象,即教育学是一门研究教育现象和教育问题,揭示教育规律的科学。教育学的研究对象就是教育的一切,包含教育现象、教育问题和教育规律。

---

① 柳海民.教育学概论[M].北京:北京师范大学出版社,2015:10.

四、教育学的研究方法

相关资料将教育学概念的界定为：教学的艺术和科学。作为一门艺术，需要方法论的支撑。许多学科都有相同的研究方法，每门学科都不必强求有其独特的方法，只要适合本学科某领域研究的方法即可，教育学也有与其研究领域相适应的研究方法。在教育学的发展历史中，常用的研究方法有观察法、调查法、历史法、实验法、行动研究法、"三论法"等。

（一）观察法

教育观察法是教师在教育教学活动的自然状态下，通过感官或借助于一定的科学仪器，根据研究的问题在一定时间、一定空间内进行的有目的、有计划地考察并描述教育现象的一种方法。教育观察法是教育科学研究中最基本、最普遍的方法，贯穿于教育科学研究的全过程，并在研究中起着十分重要的作用，具有重要功能。

通过教育观察，能了解学生的学习、生活、娱乐等方面的情况，以进一步探寻学生学习、成长过程中的规律，深入研究教育现象、教育规律，改进教育工作；能了解教师的教育、教学活动，帮助我们系统地观察教师在课堂教学中的活动情况，从而探讨与教师教学活动有关的规律；能了解学生与教师的关系，研究教育者与被教育者之间的相互影响，促进学生更好地发展；能了解学生与教师的群体氛围，揭示各项教育因素的作用，使教育过程得到更好的调控，从而产生更好的教育效果；能了解其他教育影响的作用，比如内外环境、教学手段、教材等方面的情况。

教育观察法主要有如下特点：①目的明确，观察是根据研究课题的需要、为解决某个问题而主动进行的活动，目的在于获得直接的经验事实素材；②真实自然，观察是指观察对象在不加干预控制的自然状态下进行的，从而使研究者能够考究被观察者在教育教学活动和日常生活中的自然的、真实的、典型的和一般的心理与行为表现；③直接翔实，观察者和对象共处同一情境，研究者能够直接地、准确地了解到正在发生的教育现象及应采取某种措施而产生的现象，以获得真实、生动而翔实的资料。

观察法可以分为自然观察法和实验观察法两种。自然观察法是在自然状态下，即事件自然发生时，在对观察环境不加改变和控制的状态下进行的观察。实验观察法是在人工控制的环境中进行的系统观察。其具有明确的观察目的和周密的实施计划，对观察对象的行为表现做精确的观测，对影响被观察者的行为的一个或一个以上的因素（自变量）进行控制，并观察这种控制对被观察者的行为表现（因变量）的影响，从而发现这些影响因素与被观察者的行为表现之间的关系。

（二）调查法

调查法和观察法不同，它不是对某种教育现象进行直接观察，而是通过其他有关材料间接了解所要研究的问题。为了达到设想的目的，制定某一计划全面或比较全面地收集研究对象的某方面情况的各种材料,并作出分析、综合,得到某一结论的研究方法。调查法可以不受时间和空间的限制。它的目的可以是全面把握当前的状况,也可以是为了揭示存在的问题,弄清问题产生的前因后果,为进一步的研究或决策提供观点和论据。

调查法的途径和方法多种多样,最常用的调查法是问卷调查法。问卷调查法也称问卷法,是以书面提出问题的方式搜集资料的一种研究方法,即调查者运用统一设计的问卷向被选取的调查对象了解情况或征询意见的调查方法。研究者将所要研究的问题编制成问题表格,以邮寄方式、当面作答或者追踪访问方式让调查对象(被试)填答,从而了解被试者对某一现象或问题的看法和意见,所以又称问题表格法。问卷法的运用,关键在于编制问卷,选择被试和结果分析。

调查还可以通过谈话的方式来进行。研究中许多相关材料可以通过和教育工作者、学生、家长及有关人员进行分组和个别谈话来搜集,有些谈话通常是在听课或参观课外活动后立即进行,以便及时弄清研究者在观察教育过程中未能弄清的问题。谈话法也可以用来讨论事先提出的一些问题。

此外,可以通过查阅有关的文献资料来进行调查。如查阅学生的作业、作文、测验、墙报、美工作品,以及教师的教师教案、教学笔记,班主任工作记录,学校的计划、总结和教育资料等。

(三)历史法

历史研究法是以过去为中心的探究,它通过对已有资料进行深入研究,然后根据这些信息去描述、分析和解释过去的过程,同时揭示当前关注的一些问题,或对未来进行预测,以弄清事物的实质和发展规律。

对某一事物的横向研究,可以更加细致地把握该事物的某些特征。然而事物都是不断发展变化的,我们需要从纵向的发展历程来进一步认识它,只有这样才能全面地认识该事物。所以,人们要了解教育问题,寻找教育发展规律,就必须运用历史法。

历史法的运用要经过三个阶段:第一步是进行史料搜集,史料的搜集要尽可能搜集到原始的第一手资料,第二手资料要查明它的出处;第二步是进行史料的鉴别,由于个人的认识局限性,史料往往会有不可靠甚至错误的成分,在鉴别史料时要注意去伪存真,思考史料的运用价值;第三步是对史料进行整理,对史料进行整理,可以根据需要从不同的角度对其进行分类,例如,可以按时间、区域、民族、问题等进行分类整理。

(四)实验法

实验法是研究者有意改变或设计的在社会过程中了解研究对象外显行为的一种研究方法。实验法是依据自然和社会中现象和现象之间普遍存在着的一种相关关系——因果关系的。实验法有实验室实验法与自然实验法两种。实验室实验法便于严格控制各种因素,并通过专门仪器进行测试和记录实验数据,一般具有较高的可信度。自然实验法比较接近于人的生活实际,易于实施。

教育实验与自然科学中的实验不同,往往是在自然状态下的教育教学活动中进行的实验。教育实验法是依据一定的教学理论假说,在教学实践中创设一定的环境,运用必要的控制方法,变革研究对象,探索教学因果规律的一种科学研究活动。可预见性和可干预性是实验法最显著的两个特点。

目前教育实验法在教育改革中被广泛使用。这种方法的运用有利于教育理论的发展。实验法的一个突出特点是研究者能够主动干预研究对象,通过操纵自变量、控制无关变量、测定因变量而进行变量之间的因果分析,有利于教育理论的发展。实验法的运用还可以促进教育改革的深化。教育实验可以为解决教育实践活动中的现实问题提供理论依据,为改进教育实践提供最优化的互动策略。教育实验法通过探讨教育现象的特点和规律,能直接促进教育改革的深化,提高社会效益。实验方法的运用可以还提高研究人员的素质和能力。教育实验要求研究者提供理论假设、主动干预研究对象、努力控制无关变量、准确测定因变量、科学总结实验结果等。这一切都对研究人员的素质与能力提出很高的要求,促使他们认真学习、刻苦钻研、提高实验技术,充分发挥主观能动性。另一方面,实验的成功又能提高研究者从事教育改革实验的积极性,从而形成良性循环。

(五)行动研究法

行动研究是指在自然、真实的教育环境中,教育工作者按照一定的操作程序,综合运用多种研究方法与技术,以解决教育实际问题为首要目标的一种研究模式。

行动研究法是将纯粹的教育科研实验与准教育科研实验结合起来,将教育科研中人文学科的特点与自然科学中实验的特点结合起来,用教育科学的理论、方法、技术去审视、指导教育教学实践,将教育教学经验上升到理论的高度,但依托的是自身研究有的教育教学实践。

行动研究法是一种适应小范围内教育改革的探索性的研究方法,其目的不在于建立理论、归纳规律,而是针对教育活动和教育实践中的问题,在行动研究中不断地探索、改进和解决教育实际问题。行动研究将改革行动与研究工作相结合,与教育实践的具体改革行动紧密相连。

行动研究内部有比较丰富的方法类型。首先,按照研究的侧重点分类,行动研究可以归纳为:行动者用科学的方法对自己的行动进行的研究、行动者为解决自己实践中的问题而进行的研究、行动者对自己的实践进行批判性反思。其次,从每一个行动研究内部的发展历程来看,行动研究还可以进一步分成试验型、组织型、专业型、赋加权力型四种类型。再次,从对自己的行动所作的反思来看,行动研究还可以分为:内隐式"行动中认识""行动中反思""对行动进行反思"。最后,由于参与研究的成员成分不同,行动研究还可以有合作模式、支持模式和独立模式。

（六）"三论法"

20世纪中期以来,随着控制论、信息论和系统论等"三论"的兴起,人们开始把它们运用到教育研究中来,极大地丰富了教育学的研究方法体系。

控制论是研究动物(包括人类)和机器内部的控制与通信的一般规律的学科,着重关注研究过程中的数学关系。它是综合研究各类系统的控制、信息交换、反馈调节的科学,是跨及人类工程学、控制工程学、通讯工程学、计算机工程学、一般生理学、神经生理学、心理学、数学、逻辑学、社会学等众多学科的交叉学科。这种方法常用于研究人的心理活动、教学过程和学校管理等。信息论是运用概率论与数理统计的方法研究信息、信息熵、通信系统、数据传输、密码学、数据压缩等问题的应用数学学科。运用信息论的方法来研究教育问题,是用一种联系的、转化的观点来研究整个系统的运动过程。系统论是一门研究现实系统或可能系统的一般规律和性质的理论。系统论强调整体的功能不等于各部分功能的总和,在处理问题时要树立全局的观念,要注意系统的动态运行,最终目的是使系统发挥最优的功能。

以上简单介绍了几种教育学研究中常用的方法,这些研究方法在教育学的不同研究领域起着不同的作用,我们在使用时应根据具体情况具体选择一种或几种方法。

拓展阅读

1. 郝文武,龙宝新.教育学原理[M].北京:北京师范大学出版社,2012.
2. 孙培青.中国教育史[M].上海:华东师范大学出版社,2009.
3. 李尚卫,吴天武.普通教育学[M].北京:北京师范大学出版社,2010.

复习思考题

一、单项选择题

1. 教育学的研究目的是揭示(　　)。
   A. 教育现象　　　B. 教育目的　　　C. 教育规律　　　D. 教育事实
2. 《爱弥儿》的作者是(　　)。
   A. 柏拉图　　　B. 卢梭　　　C. 斯宾塞　　　D. 洛克
3. "不愤不启,不悱不发。举一隅不以三隅反,则不复也"的提出者是(　　)。
   A. 孔子　　　B. 孟子　　　C. 荀子　　　D. 墨子
4. 首次把"教育学"作为一门独立的学科提了出来,并将其与其他学科并列的是(　　)。
   A. 夸美纽斯　　　B. 斯宾塞　　　C. 亚里士多德　　　D. 杜威
5. 被誉为现代教育学之父、科学教育学的奠基人的是(　　)。
   A. 夸美纽斯　　　B. 柏拉图　　　C. 杜威　　　D. 赫尔巴特
6. 下列教育学家中不是文化教育学的代表人物的是(　　)。
   A. 狄尔泰　　　B. 斯普朗格　　　C. 梅伊曼　　　D. 利特

二、简答题

1. 简述教育学产生和发展的过程。

2. 简述孔子的教育思想。

3. 学习教育学的意义和方法有哪些?

三、论述题

结合教育学学科发展的现状,谈谈教育理论与教育实践的关系。

第二章
教育的产生与发展

百年大计,教育为本。教育大计,教师为本。教育是关系个人发展、民族福祉、国家命运、人类未来的一项平凡而伟大的事业。作为社会人,人们几乎都受过不同程度的教育,特别是现代社会人,教育已经成为其生存和发展的重要基础和条件。教育产生了"活到老、学到老"的现象,具有终身性的特点。

知识体系

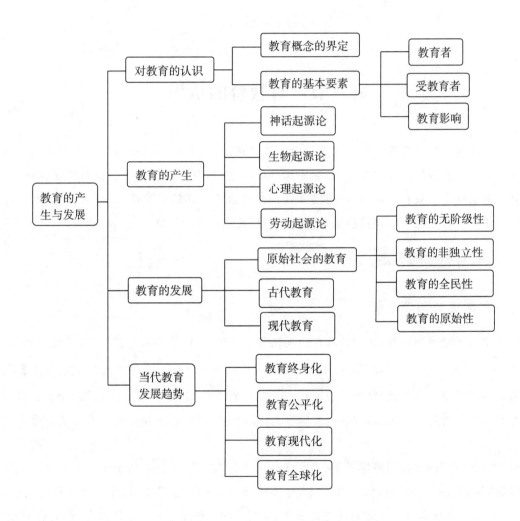

名家名言

教育是知识创新、传播和应用的主要基地,也是培育创新精神和创新人才的摇篮。

——江泽民

我把教育定义如下:人的智慧决不会偏离目标。所谓教育,是忘却了在校学得的全部内容之后所剩下的本领。——(德)爱因斯坦

教育是什么? 就单方面讲,只需一句话,就是要养成良好的习惯。　——叶圣陶

第一节　对教育的认识

教育作为人类社会的一种复杂的社会实践活动,人们对它的认识也是千变万化的。对于未来从事教育工作的我们来说,必须思考这些问题:教育到底是什么? 教育应该是什么? 教育可能是什么? 只有这样,才可能增强我们教育教学工作的自觉性,培育教育智慧,促进我们未来能更快地向"专家型"甚至是"教育家型"教师的方向发展。

一、教育概念的界定

(一)教育的词源分析

想要真正地理解教育,必须从教育的词源开始考察。过去"教育"与"育"两字很少连用,主要是用一个字"教",而"教"最早出现在中国古代的甲骨文中。在甲骨文中"教"是"𡥉",其右是一只手拿了一条教鞭(或是棍子),左下方是个"子"(小孩),"子"上面的两个叉是被教鞭抽打的象征性符号。东汉许慎《说文解字》将其释为"上所施,下所效也。"意即我们今天所说的"教育"。

"教"和"育"两字合用最早见于《孟子·尽心上》:"君子有三乐,而王天下不与存焉。父母俱存,兄弟无故,一乐也;仰不愧于天,俯不怍于人,二乐也;得天下英才而教育之,三乐也。"①得到天下优秀的人才而对他进行教育,是君子的三种乐趣之一。许慎在《说文解字》中将"教""育"解释为"教,上所施,下所效也"。② "育,养子使作善也。"③

在西方,教育的英文和法文是"education",德文是"erziehung",都出自拉丁文"educere"。而"educere"是由"e"和"ducere"构成的,"e"的意思是"出来","ducere"的意思是

---

① 杨伯峻.孟子译注(下).北京:中华书局,1960:309.
② 许慎.说文解字[M].南京:江苏古籍出版社,2001:69.
③ 许慎.说文解字[M].南京:江苏古籍出版社,2001:310.

"引导","educere"也即引导出来或启发的意思。

(二)教育的概念界定

现在一般认为,教育是培养人的一种社会活动,是传承社会文化、传递生产经验和社会生活经验的基本途径,它同社会的发展、人的发展有着密切的联系。人们当前主要从两个角度来定义教育,一是社会的角度,二是个体的角度。

从社会的角度而言,教育概念的界定又有三个层次:广义的教育、狭义的教育和更狭义的教育。在《中国大百科全书·教育》第一页就写到,广义的教育,是指凡是能增进人们知识和技能、影响人们思想品德的活动,都是教育。狭义的教育,主要指学校教育,其含义是教育者根据一定社会(或阶级)的要求,有目的、有计划、有组织地对受教育者身心施加影响,把他们培养成为一定社会(或阶级)所需要的人的活动。教育这个词,有时还作为思想品德教育的同义词使用。

从个体角度而言,教育就是指个体内在发展的过程,侧重于教育过程中个体各种心理需要的满足及心理品质的发展,而不是社会的一般要求。

综上所述,无论从社会角度还是从个体角度来界定教育的概念都是不全面的,应该综合起来界定"教育":教育是在一定社会背景下发生的促进个体社会化和社会的个体化的实践活动。[1]

(三)教育质的规定性

本质是指事物在性质上区别于其他事物的内在的规定性。"教育的本质,应该逻辑地具有统括教育现象的一切方面、一切环节、一切要素之总和的特性。"[2]人之所以为人,是因为人会制造工具、使用工具。人进行生产劳动的过程中,不仅获得了生产经验,也产生了一定的生产关系,进而积累生活经验。随着人类生产经验和生活经验一代一代的传递,教育就诞生了。从教育的产生、发展我们可以看到教育具有以下本质属性。

首先,教育是人类社会所特有的社会现象。教育几乎是与人类社会同时出现的,自有人类便有了教育。教育产生于人类传递生产和生活经验的实际需要,是社会继承和延续、人类生存和发展必不可少的手段。它伴随着人类社会的产生而产生,随着人类社会的发展而发展,教育是同人类社会共始终的。教育的本质就是培养人的活动。

其次,教育是人类社会有意识的实践活动。教育之所以为人类所特有,是因为它是一种只有人才具有的意识活动;教育史是凭借语言文字为载体来传递人类经验的,不会因个体的死亡而消失;而且教育起源于生产劳动,是一种人类特有的有意识的社会实践活动。

最后,教育是一种促使个体社会化和社会个体化的实践活动。个体的社会化是根据一

---

[1] 全国十二所重点师范大学.教育学基础(第三版)[M].北京:教育科学出版社,2014:4.
[2] 胡德海.教育学原理[M].兰州:甘肃教育出版社,1998:259.

定社会的要求,把个体培养成为符合社会发展需要的具有一定态度、知识和技能结构的人。社会的个体化是指把社会的各种观念、制度和行为方式内化到需要、兴趣和素质各不相同的个体身上,从而使他们形成独特的个性心理结构。这两个过程是互为前提、密不可分的。

二、教育的基本要素

教育是由各要素构成的一个相对独立的社会子系统,这个子系统的主要构成要素包括"教育者""受教育者""教育影响"。

(一)教育者

"教育者",简而言之就是从事教育活动的人,是教育活动中以教为职责的人,是教育实践活动的主体和学习者学习实践的对象主体。从广义的角度而言,凡是对学习者在知识、技能、思想、品德方面起到教育影响作用的人,也即任何人,都可以称之为"教育者"。从狭义角度而言,"教育者"主要指学校的"教师",只有教师从事着专门的学校教育工作。从更微观的层面,即思想品德教育这个层面来看,一切有助于提高人们思想政治觉悟的人都是教育者。教育者是教育活动的主体,他以教育为目的把受教育者作为对象,以其自身的活动来促使受教育者身心发展和变化。

(二)受教育者

"受教育者",即"学习者",是相对"教育者"而言的,是指在教育过程中以学为职责的人,是教育实践活动中学习的主体和教育者教育实践的对象主体。从广义的角度而言,指接受终身教育的各类人群;从狭义的角度而言,主要是指学校教育中的学生。学习是一种具有高度个性化的活动,学习者的学习目的不同、学习基础不同、学习境遇不同、学习习惯不同、学习风格不同、学习效率不同,他们的学习具有很强的主观能动性,所以说学习者是一个相对独立的个体。受教育者要接受教育者的教育,但教育者必须根据不同年龄对象的身心发展特点组织教学,保证教学的有效实施。

(三)教育影响

教育影响是置于教育者与受教育者之间一切"中介"的总和,是沟通教育者和受教育者之间的桥梁,主要包括教育内容与教育手段。教育内容是教育者用来作用于受教育者的影响物,如受教育者要学习的知识、经验,是教育过程中传递的信息的主要组成部分,相当于课程内容。教育手段是教育者在教育活动中作用于受教育者而采用的方式方法,以及所借助的物质条件的总和。教育手段有精神层面的手段,也有物质层面的手段,不论哪种形式的教育手段,最终都是为了发挥整个教育功效,达到完成教育的目的。

以上各要素共同构成一个完整的教育系统,它们既相互独立,又相互影响,密切联系。教育者是教育影响与受教育者之间的中介,是联结教育影响和受教育者的中间环节。受教育者是教育者选择和使用教育影响的依据，是教育活动的对象。教育影响是教育者对受教育者施加影响的桥梁，联结着教育者和受教育者，使受教育者在遵循客观规律的前提下，沿着教师意志所规定的方向产生变化。

第二节 教育的产生

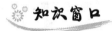

世界上最早的学校——"泥版书屋"

世界上最早的学校诞生在苏美尔，它就是"泥版书屋"。20世纪30年代，法国考古学家安德烈·帕罗特在两河流域上游的名城——马里发掘出的一所房舍，被认为现今发掘的世界上最早的学校。这所房舍拥有一条通道和两间房屋，大间房屋长44英尺、宽25英尺；小间面积为大间的1/3。大间排列着4排石凳，可坐45人左右；小间排列着3排石凳，可坐20人左右，很像一所学校的教室。房中没有讲课用的讲台，但有很多泥版，像是学生的作业。这所房舍靠近王宫，附近还有泥版文书的储存地。因此，考古学家推断，这是一所学校，建造时间在公元前3500年左右，是人类最早的学校。如果这一推断正确，那么美索不达米亚的学校要比于公元前2500年在古埃及诞生的宫廷学校早1000年左右！

其实，早在20世纪初，考古学家在苏美尔的重要城市舒路帕克就发掘出了许多学校的"教科书"。这些泥版"教科书"诞生的时间确定为公元前2500年左右。这也说明，在这一时期，学校已经存在于苏美尔了。

迄今为止，考古学家所发掘的学校遗址，大致包括三种类型：一是王宫附近的学校，包括在拉尔萨、乌鲁克和马里等地发掘的学校遗址，这类学校可能由王宫设立；二是靠近神庙的学校，它们可能是由神庙建立的；三是临近书吏居住区的学校，这类学校遗址主要在尼普尔和基什(今阿尔海米尔)。这三类学校究竟谁占据主要地位，就现有资料来说还无法得出结论。有的学者认为神庙学校可能居于主导地位，但缺乏有力证据。

苏美尔的学校称"埃杜巴"，意思是"泥版书屋"，又可称"书吏学校"。其办学目的主要是为王室和神庙培养书吏或书记员，为统治阶级服务。与此相应，泥版书屋课程设置大体分为三类：语言、科技知识和文学创作。语言是最基础的课程，首先要学苏美尔语，以满足神庙祭祀和宗教活动的需要。苏美尔语是显贵阶层的语言，在古巴比伦时期，懂得苏美尔语被视为有学识、有教养的标志。除此之外，学生还要学习计算、几何以及其他学科知识，以满足管理土地和商业贸易活动的需要。在苏美尔出土的一些教科书的内容涉及植物学、动物学、生理学以及天文、地理等多种学科。

在组织和管理上,"泥版书屋"已经与现代学校有些类似了。在苏美尔,学校最高领导叫"乌米亚",意思是专家、教授,因其学识渊博而受到学生们的顶礼膜拜,他们被称颂为"你是我敬仰的神"。教师在苏美尔语中叫"泥版书屋的书写者",每个教师负责一门学科。助教称"大师兄",负责给学生准备泥版、检查作业等。学校还有一些教辅人员,叫"泥版书屋的管理者",负责图书馆和其他后勤工作。实行奖惩分明的制度来管理学生:表现好的给予表扬;对违反学校纪律的学生则实施处罚,一般是用鞭子抽打或用铜链锁住双脚关禁闭严重的开除学籍。

资料来源:陈晓江,毛锐.失落的文明:巴比伦[M].上海:华东师范大学出版社,2001.

教育是一个复杂的社会实践活动,教育的起源问题既古老又玄妙。古今中外许多学者由于对教育起源的不同认识和理解,对教育的起源作出不同的阐释,而教育的产生又受到许多因素的影响,即产生了关于教育起源的多元认识。目前关于教育起源的观点主要有四种:神话起源论、生物起源论、心理起源论、劳动起源论。

一、神话起源论

神话起源论的观点认为,教育跟其他万事万物一样,都是由人格化的神或上天所创造的,教育的起源是神或上天的意志。教育的目的就是体现神或天的意志,使人皈依于神或顺从于天。"人天生就被上天赋予了'仁义礼智'等本性,但由于个人的发展不同,有的人不能明白并保全自己的这些本性,一旦有聪明睿智并能保全自己本性的人出现,上天就会派他做众人的教师,以帮助众人寻回本性中的东西,这就是伏羲、神农、黄帝、尧、舜等人以及司徒、典乐等出现的原因"。[①] 这种观点强调教师的出现和教育的产生,都是上天意志的反映,不论是在东方还是在西方,都有相同的认识,即认为教育起源于神话,这是一种缺乏科学依据的唯心主义的观点。这种观点也反映了当时人们的认识水平比较低,不能科学地认识包括教育在内的各种问题,往往就把这些不能解释的现象的产生归结于神,如西方的上帝创世、诺亚舟济人,中国的盘古开天创世、女娲补天救世等。

二、生物起源论

教育的生物起源论是19世纪末法国哲学家、社会学家利托尔诺最早提出的,他在《各人种的教育演化》和《动物界的教育》中提出了他对教育的看法。他认为人类的教育就其本质而言与动物没有什么不同,都是以生物竞争作为教育的基础。动物界的生存竞争和天性本

---

① 朱熹.四书集注[M].长沙:岳麓书社,1985:1.

能是教育的基础,动物正是基于生存与繁衍的天性本能才把"知识"和"技能"传授给小动物的,这种行为是教育的最初形式与发端,后来出现的人类教育不过是继承了动物界业已存在的教育形式,使其获得了新的性质而已。此外,英国教育家沛西·能也提出了类似的观点,并发展了利托尔诺的观点。沛西·能在《教育原理》一书中指出:"教育从它的起源来说,是一个生物学过程,不管这个社会如何原始,一切人类社会有教育,甚至在高等动物中也有低级形式的教育",教育是"与种族需要、种族生活相应的,天生的",教育是"扎根于本能的不可避免的行为"。

生物起源学说看到了人类教育与其他动物类似行为之间的相似性,但它没有看到教育的目的性和社会性。它把教育的起源归于动物的本能行为、归结为天生的生物行为,把教育过程看成按生物学规律进行的本能过程,认为教育是一种普遍存在的生物现象而不是社会现象,这就完全否认了人与动物的区别,因而是错误的。

三、心理起源论

教育的心理起源论是20世纪初美国教育家孟禄提出来的,认为教育起源于儿童对成人的无意识的模仿。孟禄在《教育史教科书》一书中,提出"原始社会的教育普遍采用的方法是简单的无意识的模仿,儿童对年长成员的无意识模仿就是最初教育的发展。"①孟禄从心理学观点出发,批判了生物起源论,认为教育过程的基础是儿童对成人的一种出于本能的模仿,模仿是一种教育的手段,也是教育的本质。

教育的心理起源论强调模仿作为一种心理现象,不失为一种学习的手段,在某些方面具有可取性;同时,将教育从动物界拉回到人类社会,也具有一定的合理性。但完全把教育看成无意识状态下产生的模仿行为,而忽略了其是人有意识支配的有目的的行为。这一观点解释成人对儿童指导的作用,夸大了模仿在教育中的地位和作用,否定了教育的目的性和意识性,因而说教育的心理起源论与生物起源论没有本质区别,也是错误的。

四、劳动起源论

劳动起源论的观点于20世纪50年代由苏联传入我国,也被称为社会起源论,是在批判教育的生物起源论和心理起源论的基础上,在马克思主义理论的指导下形成的。劳动起源论的直接理论依据和方法论基础是恩格斯1876年写就的《劳动在从猿到人转变过程中的作用》,其主要观点可以概括为:第一,人类教育起源于生产劳动或以生产劳动保证自身生存的社会需要;第二,教育是人类特有的一种社会活动;第三,教育产生于劳动,并以人类语言的发展为条件;第四,教育从产生之日起,其职能就是传递劳动过程中形成与积淀起来的社会生产和生活经验;第五,教育范畴是历史性与阶级性的统一。② 早在20世纪30年代,苏联学

---

① 吴式颖.外国教育史教程[M].北京:人民教育出版社,1999:211.
② 项贤明主编.《教育学原理》[M].北京:高等教育出版社.2019年1月.第29页.

者就根据恩格斯的《劳动在从猿到人转变过程中的作用》和《家庭、私有制和国家的起源》等著作,认为原始社会早期便产生了教育,教育是人类特有的社会现象,它源于社会生活的需要,归根到底源于生产劳动。教育起源于生产劳动这样一种人类社会所特有的实践活动之中。人类社会与动物界的本质区别就在于劳动,而教育就是从劳动中产生的。① 教育是新生一代的成长和社会生活继承与发展所必不可少的手段,为一切社会所必需。从这个意义上来说,教育是人类社会的永恒课题,与人类社会共始终。并且随着社会的发展,人类积累的知识越来越丰富,教育对社会发展的作用也就越来越显著。恩格斯提出从猿到人的进化是通过劳动得以实现的。劳动和自然界一起构成了财富的来源,自然界为劳动提供材料,劳动转变材料来满足人类生活所需。劳动是整个人类社会生活的第一基本条件。随着自然环境的变化,古猿在自然界中获得生活材料的方式也发生着变化。劳动活动使得古猿手脚的功能区分开来,手从走路的功能中解放出来,从而获得了掌握其他新技能的自由。这种灵活性一代一代地遗传了下来,不能适应新环境的物种在自然演化中逐渐被淘汰。手作为重要的劳动器官,在发展中与劳动相辅相成,为了适应新的劳动,手部肌肉、骨骼、韧带不断发展以满足复杂的劳作需求。随着直立行走引起腿形态结构产生变化,劳动引起手的形态结构陈胜变化,整个人体的形态也在发生变化。劳动拓展了直立人的视野,强化了群居的生活形式,促进了群体之中成员的紧密合作,同时产生了供交流使用的语言。劳动推动了语言的产生,劳动和语言一起推动了大脑和感知器官的发育。

这种观点认识到推动人类教育产生的直接动因是劳动过程中人们传递生产经验和生活经验的实际需要,它克服了心理起源论在社会属性上的缺陷,认识到社会性是教育源起的关键问题。

此外,关于教育起源问题还存在许多其他的观点,例如教育的需要起源说、交往起源说、前身起源说、家庭起源说、社会化影响起源说、超生物经验的传递和交流说等;还有一些学者从教育起源的时间角度,提出"古猿说"和"晚期智人说"等。这些观点都从不同角度论述了教育的起源。

知识窗口

▲ 需要起源说

需要起源说是劳动起源说的逻辑延伸,它包括三种略有区别的主张:生产劳动的需要说,社会生产和生活的需要说,社会生活和人类自身发展的需要说。

生产劳动的需要说的主要代表人物是沙毓英等。沙毓英在《教育是特殊范畴》一文中讲:"教育是在劳动过程中,由于生产劳动的需要而产生的;由于生产劳动的需要产生的教育,从一开始便既与生产力、又与生产关系有密切联系"。社会生产

---

① 南京师范大学《教育学》编委会.教育学[M].北京:人民教育出版社,1984:41.

和生活的需要说的主要代表人物是厉以贤、毛礼锐等。毛礼锐在其主编的《中国教育通史》中指出："人们在根据历史唯物主义基本原理,联系教育发展的史实,深入研究这个问题的过程中,逐渐认识到教育起源不仅和劳动有关,而且还与人类赖以生存的物质生活有关,也就是社会生产和生活的需要产生了教育。"社会生活和人类自身发展的需要说的主要代表人物是孙培青、胡德海等。胡德海在其《教育学原理》中讲道："研究教育的起源问题,不仅要从宏观的角度看到人类教育随人类社会而出现,实出于人类营谋社会生活的需要;同时,还要从微观方面看到,教育实出于发展个体的需要。"孙培青也在其主编的《中国教育史》中讲道："人类社会特有的教育活动起源于人类参与社会生活的需要和人类自身身心发展的需要"。

对需要起源说持有异议的论者认为需要起源说是离开教育起源的本身,从人类教育的发展及其职能上来寻找关于教育起源的解释,因而所得出的结论也是难以令人信服的。

▲ 交往起源说

交往起源说论者认为,教育起源于人类的交往活动,其主要代表人物是叶澜等人。

叶澜在其著作《教育学原理》一书中讲道："教育起源于人类的交往活动,而不是生产劳动,尽管人类社会最初的交往活动大量是在劳动中进行的,但我们依然不取生产劳动为教育的形态起源"。因为教育关系是人与人之间的关系,而劳动中的关系是人与物之间的关系,所以,劳动不是教育的形态起源,教育的形态只能是起源于人与人之间的交往。

瞿葆奎、郑金洲在《教育基本理论之研究》中的"教育起源"一章中认为,交往起源说与其他诸说的不同之处就在于,它强调对教育起源的研究,不能只停留在从历史唯物主义原理出发进行演绎推理、满足于认识一般的水平上,而力求通过特殊来验证、丰富一般。

▲ 超生物经验的传递和交流说

超生物经验的传递和交流说论者认为,教育起源于人类在劳动过程中形成的超生物经验的传递和交流,其代表人物有桑新民等。

他们认为,教育作为人类特有的生活方式,其内容在于传递超生物经验;其目的在于促进个体人的形成,促进整个人类的发展和完善;其特点在于有指导地自觉传授人类已经获得的各种知识、技能、规范;其方式必须借助于抽象思维和语言;其作用在于不仅促进了人类生理、心理和超生物肢体的形成、发展,而且促进了社会关系的形成和发展。有论者认为这是对劳动起源说的进一步阐释和丰富,也有论者认为这种观点存在着在逻辑上立论不清的倾向,在方法论上偏颇于内因的作用,因此无法从根本上找到开启教育起源大门的钥匙。

▲ 家庭起源说

家庭起源说论者认为,教育起源于家庭父母对孩子的抚育即教育,其主要代表人物是法国的教育史学家凯姆佩尔等人。

凯姆佩尔在其名著《教育学史》一书中谈道："无疑，从人类家庭开始出现那天起，从父亲和母亲开始热爱孩子那天开始，教育就存在了。"他认为有了家庭就有了人类教育，教育出现于家庭产生之时。

在原始社会早期，并不存在"家庭"这种形式，这已经得到了证明。如果教育起源于家庭，也就是说，如果家庭起源说成立的话，那么在原始社会早期就不存在教育，但家庭起源论者却无从证明这一点。

资料来源：http://www.docin.com/p-359988.html

第三节　教育的发展

人类的社会实践活动是不断认识世界和改造世界的过程，随着社会生产劳动和社会生活的不断发展，教育也随之发展。自从教育产生以来，教育经历了原始社会的教育、古代社会的教育和现代社会的教育三个阶段。

一、原始社会的教育

原始社会是人类历史中最初的社会形态，是教育产生的初级阶段。原始社会是一个漫长的历史阶段，从原始人群居到原始社会末期，大约经历了一百万年之久。最初，社会生产和社会生活具有明显的原始性质。在原始公社制度建立以后，人类才开始从事有组织的社会生活。在原始社会里，教育还没有从社会生活和生产劳动中分离出来，且教育的水平十分低下。原始社会的社会生产状况和社会生活方式决定了原始教育的原始特性，表现出了以下的特点。

（一）教育的无阶级性

原始社会生产力水平极其低下，是一个人人平等，没有私有制、没有阶级压迫和剥削的社会。人们共同生产、共同生活、没有阶级，人人平等。部落中人与人关系的平等性决定了原始教育没有阶级性。公养公育是整个原始社会的基本教育现象，具体表现为每个社会成员都有享受教育的权利，人人接受教育的机会均等，都由氏族抚养和教育。

（二）教育的非独立性

由于原始社会生产力水平很低，原始社会的教育还没有从生产劳动和社会生活中分化出来，也没有专职的教师和专门的教育场所，教育活动是在共同的劳动和社会生活中进行的。原始社会的生产力水平低下，为了满足人们基本的物质需求，原始教育主要围绕着生产劳动进行,为生产劳动服务,原始社会的教育与生产劳动和社会生活紧密结合在一起。而且还同其他上层建筑如政事、宗教、艺术等活动紧密结合。原始的教育活动主要是在生产实践中以及政事、宗教、艺术等活动中进行的。

(三)教育的全民性

由于原始社会没有私有制,没有阶级,因而原始社会的教育是没有阶级性的,在原始社会里全体社会成员无论男女老少都接受教育,都享有同样受教育的权利,而绝不仅仅只对年轻一代施加教育。我国《礼记·礼运》中记载:"天下为公,选贤与能,讲信修睦。故人不独亲其亲,不独子其子。使老有所终,壮有所用,幼有所长,矜寡孤独废疾者皆有所养。"而在我们的传说中,燧人氏教民取火,神农氏教民稼穑,这里所说的"民",指的都是社会全体成员。

(四)教育的原始性

原始社会的教育目的、内容、方法都很简单。原始社会的教育目的主要是使青少年在生产劳动和日常生活中学习制造工具,从事渔猎耕牧以及同自然灾害搏斗的知识,学习祭祀、礼仪、艺术(原始歌舞)和军事(部落间的斗争)知识。原始社会文字还没有出现,语言也是处于萌芽状态,原始社会也还没有形成正规的教育机构,没有专职的教师和专门的教材。当时的教育主要是以年长一代或有经验的人的口耳相传,身教示范,在实践中进行为主要教育手段和模式,教育的方法以观察、模仿、实践等掌握直接经验的方法为主。

二、古代教育

古代教育是指存在于古代社会的教育,包括奴隶社会和封建社会两种社会形态。古代教育的重要标志是随着社会生产力的发展,社会中形成了对立的阶级,原始教育的基本特征产生变化,学校教育出现并逐渐发展。虽然奴隶社会的教育和封建社会的教育有所不同,但它们有许多共同的特点,因而这两个时期的教育合称为古代社会的教育。

(一)学校教育的产生

学校到底是什么时候出现的,目前仍不能准确界定。有的专家认为学校出现在原始社会末期,当时有一种养老和教育兼顾的机构——青年之家,他们认为这是学校教育的萌芽。有考古资料和史料记载充分证明的学校教育诞生在奴隶社会。在我国,根据文献记载,早在四千多年前的夏代,中国就有了学校教育的形态——"庠"。《孟子》记载"设庠、序、学、校以教之,庠者养也,校者教也,序者射也。夏曰校,殷曰序,周曰庠,学则三代共之,皆所以明人伦也"。而对"庠"字的考察,从字形来看,就是饲养牛羊的地方。据推测,饲养牛羊是由老年人承担的。他们边管理牛羊,边照料小孩,久而久之,"庠"就变成了养老和教育儿童的场所。

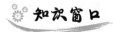

青年之家(house of youth)

  青年之家是原始社会末期社会教育机构的胚胎形式。苏联教育史家沙巴耶娃在《论教育的起源和学校产生的问题》一文中依据人类学、考古学的材料推断:菲得利岛上原始居民中未成年的男孩住在单独的房舍里,一些部落的少年达到一定年龄(通常7至9岁)即与成年人分开居住;老年人在他们的居住地对他们进行口耳相传的教育,内容包括生产知识、技能,本部落的光荣业绩和祖先的战功等。文字产生后,亦教授文字。年轻人到一定年龄参加青年礼后,成为社会的正式成员。这一机构随着社会分裂为对立的阶级而分化为两种,即为普通人设立的和为特权者设立的,后者为学校的萌芽,后发展为学校。据传,青年之家附属于男子之家。许多地区原始居民的男子之家常具有秘密会社和宗教迷信的性质,其存在、性质、活动内容及其与青年之家的关系尚属推断,有待进一步研究和考证。

  资料来源:赵荣昌,单中惠.外国教育史教学参考资料[M].上海:华东师范大学出版社,1991.

学校的出现、学校教育的产生不是偶然的,有其存在的必要性和可能性。

1. 社会生产力水平的提高,为学校的产生提供了必要的物质基础

随着社会的进步,生产力水平的发展,剩余产品和社会分工的出现为学校教育提供了可以脱离生产劳动的教育者和受教育者,从而使作为广义社会文化组成部分的教育逐渐演变为专门的、固定的行业,为学校教育的产生提供了可能性。

2. 脑力劳动和体力劳动相分离,为学校的产生提供了专门从事教育活动的知识分子

社会分工从生产领域扩大到整个社会,导致脑力劳动和体力劳动分工的出现,这就使得一部分人从生产劳动中脱离出来,专门进行管理或传递生产和生活经验,专门的教师就出现了,并逐渐成为一种固定的职业。

3. 文字的创造与知识的积累,为学校教育活动的开展提供了有效的教育手段和丰富的教育内容

文字的产生和知识的记载与整理达到了一定的程度,使人类间接经验的传递成为可能。随着人类社会的发展,人类已经积累了丰富的生产和生活经验,同时系统化、抽象化的学问出现,一门一门的学科形成了,如哲学、神学、建筑学、医学等。日常实践的非正规教育已经满足不了这些学科化学问的传承需要,客观上必须要求正规的学校教育来承担这一工作。同时,文字的创造和日趋复杂化为正规学校教育的实施提供了有效的教育手段。

4. 国家机器的产生,需要专门的机构来培养官吏和知识分子

随着剩余产品的积累、脑力劳动和体力劳动分工的出现,社会上出现了阶级和国家。国家机器的产生,也就产生了为维护本阶级利益的官员、军人、文士等专门人员。需要对这些专门人员进行专门的训练,也即需要专门的机构来培养官吏和知识分子来为统治阶级服务。因而学校教育的产生也有其必要性。

(二)奴隶社会的教育

随着生产力大发展和剩余产品的出现,社会上出现了脑力劳动和体力劳动分工,形成了对立的阶级——奴隶主和奴隶,此外,还有自由民等。人类社会进入了文明社会,也是第一个阶级社会,教育从社会中分化出来,出现了专门从事教育活动的教师,学校教育出现。此时,学校教育为奴隶主阶级所享用,奴隶不被当做人看待,奴隶只是会说话的工具,更谈不上接受学校教育了。

我国奴隶社会夏、商、西周时,已经有"学在官府"之说了。在夏朝,我国已经有了"庠""序""校""学"等级别和名称不同的学校形式。在殷商时期,出现了"瞽宗""泮宫"的大学教育形式,在层次和类别上也有了明确的区分。到了西周,我国已经建立起了比较完备的学校教育制度,学校分为国学和乡学,建立了"政教合一""学在官府"的教育体制。在学校教育中教育内容主要是"六艺",即礼、乐、射、御、书、数,这些教育内容专为奴隶主阶级服务,培养奴隶主子弟进行国家管理和镇压奴隶。而奴隶及其子女,无权接受学校教育,只能在繁重的劳动中学习生产经验和劳动技能。

古希腊文明源远流长,在人类文明史上占有十分重要的地位,更是西方奴隶制国家完整而典型的代表,其奴隶社会的教育主要以斯巴达和雅典的教育为代表。斯巴达位于希腊半岛南端的伯罗奔尼撒半岛,四周群山环绕,交通阻塞。斯巴达是农业奴隶制国家,是以农业为基础的城邦。斯巴达国家崇尚武力,全民皆兵,奴隶主为了镇压奴隶的反抗,其教育非常重视军事训练。奴隶主的男孩从7岁到20岁间要接受骑马、使用武器、跳跃、角力、游泳等训练,奴隶主力图把他们培养成效忠国家、镇压奴隶的武士。[①] 所有这些都决定了尚武是斯巴达国家的灵魂,单纯的军事训练及性格教育成为斯巴达人教育的特征,培养性格坚强、英勇善战的军人以确保其对奴隶和平民的统治,并支持对外的掠夺或防御战争成为斯巴达教育的唯一目的。[②] 雅典位于希腊半岛南端的阿提卡半岛,从事着橄榄和葡萄等经济作物生产,矿产资源丰富,海岸线曲折漫长,航路便捷,海外贸易发达,工商业发达。雅典与其他国家的文明,尤其是东方文明频繁接触,促进了雅典科学文化的发展。雅典的教育内容比较丰富,不仅注重军事训练,而且重视青少年德、智、体、美的全面发展,注重受教育者身心的和谐发展。雅典奴隶主子弟从7岁开始到文法学校和弦琴学校去学习,十二三岁再加上体操学校的学习,既接受了军事训练,又接受了音乐、文法等方面的教育。[③] 因此,培养优良的公民

[①] 全国十二所重点师范大学.教育学基础(第三版)[M].北京:教育科学出版社,2014:17.
[②] 徐宝良.中外学前教育史[M].北京:教育科学出版社,2012:149.
[③] 徐宝良.中外学前教育史[M].北京:教育科学出版社,2012:150.

才是雅典教育的目的。

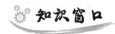

关于《伊索寓言》

公元前4世纪与公元前3世纪之交,雅典哲学家德米特里厄斯编辑了第一部伊索寓言集,据介绍,书中包含早期的伊索寓言故事约200则。现在常见的《伊索寓言》是后人根据拜占庭僧侣普拉努得斯搜集的寓言以及后来陆陆续续发现的古希腊寓言传抄本编订的。《伊索寓言》大多讲叙的是动物故事,以动物为喻,教人处世和做人的道理,少部分以人或神为主。它形式短小精悍,比喻恰当,形象生动,对后代影响很大。

《伊索寓言》内容来自民间,所以社会底层人民的生活和思想感情得到了较突出的反映。如对人贪婪自私的揭露;对恶人残忍本性的鞭挞;对劳动创造财富的肯定;对社会不平等的抨击;对懦弱、懒惰的讽刺;对勇敢斗争的赞美。还有许多寓言教人如何处世,如何做好人,怎样辨别是非好坏,怎样变得聪明、智慧。《伊索寓言》是古希腊人生活和斗争的概况、提炼和总结,是古希腊人留给后人的一笔精神遗产。其中《农夫和蛇》《狐狸和葡萄》《狼和小羊》《龟兔赛跑》《乌鸦喝水》《牧童和狼》《农夫和他的孩子们》《蚊子和狮子》《公鸡与宝石》《北风与太阳》等已经成为家喻户晓的故事。

资料来源:徐宝良.中外学前教育史[M].北京:教育科学出版社,2012:153.

(三)封建社会的教育

随着社会生产力的发展,社会上出现了新的生产关系和新的阶级(地主和农民阶级),封建社会替代了奴隶社会。封建社会的教育比奴隶社会发达得多,教育内容日益拓展和丰富,教育手段日趋多样化,学校类型和规模也发生很大变化。

我国封建社会历史漫长,随着生产力的发展,社会主要矛盾演化为地主和农民之间的矛盾。封建教育也具有明显的等级性,教育制度呈现出多样化的形式,既有官学、私学,还有书院。如唐朝的官学体系就是由中央的"六学二馆"和地方的"州府县学"组成。"六学"包括国子学、太学、四门学、书学、算学、律学,分别招收不同级别的官员子弟,国子学招收文武三品以上官员子弟;太学招收文武五品以上官员子弟;"四门学"招收文武七品以上官员子弟;书学、算学、律学招收八品及以下官员子弟及庶族子弟。"二馆"包括崇文馆和弘文馆,专门招收皇亲国戚和宰相大臣的子弟。私学体系主要是由地方设立的州学、府学和县学构成的,虽然没有严格的等级限制,但招生名额有限,并且需要交学费,因而很多农民子弟没有机会接受教育。书院是我国古代特有的一种教育形式。它起源于唐代,发达于宋代,至清代达到顶峰。书院一般为私人创立,与官学相对应,书院也是要交束脩的,因而不是每个人都可以到书院接受教育的。从察举制到科举制,我国封建社会选拔人才的制度是寒门子弟晋升的主要门路。中国封建社会长期发展,封建文化高度发达,教育内容主要为"四书"(《大学》《中庸》《论语》和《孟子》)和"五经"(《诗》《书》《礼》《易》《春秋》)。

西罗马帝国的灭亡标志着西欧进入封建社会,15世纪末到17世纪中期是封建制度解体、资本主义制度形成的时期。欧洲的封建社会主要指罗马衰落至文艺复兴之前的这段历史,又称为欧洲中世纪。这个时期封建割据势力战争频繁,造成科技和生产力发展停滞,人民生活困苦,是历史发展中的黑暗时代。西方封建社会的教育主要是教会学校和骑士教育。这个时期的文化教育为教会和僧侣所垄断,教育的目的是培养僧侣,教育的内容是神学,主要内容为文法、修辞、辩证法、算术、几何、天文和音乐,也称为"七艺"。在欧洲中世纪,除了进行宗教教育的教会教育外,也存在欧洲中世纪世俗封建主的教育——"骑士教育"(也称为"武士教育")。教育的内容为"骑士七技"(又称为"武士七技"),包括骑马、游泳、投枪、击剑、打猎、下棋和吟诗。当然,骑士教育还包括宗教教育的一些内容,目的是为了培养效忠封建领主和善于作战的武士。

从以上分析可知,古代社会教育的主要特点是:①出现了专门的教育机构和专职的教育人员,即专门的学校教育出现了;②具有鲜明的阶级性与严格的等级性;③与原始社会比较,丰富了教育内容,提高了教育职能,但教育内容根据统治需要而定,比较单一,且与生产劳动相分离;④教育方法比较机械,崇尚书本,呆读死记,强迫体罚,使用棍棒教育;⑤官私并行的教育体制,个体施教或集体个别施教的教学组织形式等教育经验为后世教育的发展打下一定的基础。

三、现代教育

现代教育是以科学技术的广泛运用和大工业为标志的现代社会教育。从18世纪后半叶一直到19世纪前半叶,从英国到整个欧美国家兴起了以机器大生产为代表的世界产业革命浪潮,即资产阶级工业革命,人类社会进入了现代社会。在世界近现代史上,主要存在两种社会制度,即资本主义社会和社会主义社会。在此基础上,产生了全新的教育类型,现代学校教育形成,包括资本主义教育和社会主义教育。

(一)资本主义的教育

文艺复兴时期是资本主义发展的启蒙阶段。在资本主义社会,资产阶级占有生产资料,掌握国家政权,无产阶级和其他劳动人民处于被统治和被剥削的地位。在资本主义社会初期,无产阶级在教育上同样被剥夺了受教育权。随着资本主义社会生产力的发展,以及科学技术的不断进步,资产阶级为了维护自己的统治和攫取高额利润,逐渐重视教育的作用,即学校教育的目标发生了质的变化,不仅要培养统治人才,而且要培养和训练工人。在教育上,对制度、内容和形式都提出了新的要求,如普及义务教育,实施班级授课制,利用现代教学内容和手段等。诚然,资本主义教育经历了几百年的发展,其范围大大扩大了,学校的形式也多样化了,但是资本主义内的资本家与工人之间矛盾的不可调和性,导致其固有矛盾越来越尖锐,种族歧视现象越来越严重,贫富差距越来越大,学校教育的阶级性表现得越来越突出,文化教育的不平等仍然是一个十分突出的现实问题。资本主义社会从法律上废除了封建社会教育的等级性,学校为劳动人民打开了大门,受教育权表面上是平等的。但是,由于经济及其他条件的不平等,受教育权实际上还是不平等的。

(二)社会主义的教育

俄国十月革命一声炮响人类社会历史上诞生了第一个社会主义国家,社会主义制度正式走上历史舞台。在列宁的领导下,俄国建立了世界上第一个社会主义国家。社会主义公有制的确立,打破了教育上的阶级限制,为实现教育平等创造了条件。社会主义教育的目标是要培养有社会主义觉悟的,有科学文化知识的,为实现共产主义而奋斗的各种人才。社会主义社会的教育权掌握在人民手里,以马克思主义为指导,传授现代化的先进科学知识,实现教育的科学性;加强国家对教育的领导,实现教育的统一性;使学校完全脱离宗教的控制,实现教育的非宗教性。社会主义国家通过教育改造旧社会,建设新社会,通过颁布各项法令、政策和规定,教育方针、学制、培养目标,使学校教育始终沿着社会主义方向不断地向前发展。当前我国正处于社会主义初级阶段,党和人民正在探索建立中国特色的社会主义教育体系。

通过以上对资本主义和社会主义教育的分析,这两种不同生产关系基础上建立的国家在教育上各有特点,但其面临着许多共同的问题,存在许多共同的利益,因而其教育也有共同的特点。如教育制度普及化,教育对象全民化,教育过程民主化,教育内容变革化,教育形式多样化,教育理念终身化。

第四节 当代教育发展趋势

当今世界教育的发展与现今的经济、政治、社会发展密切相关,随着当代世界经济的快速发展,各国教育的发展呈现出新的发展趋势,教育理念、教育目标、教育内容、教育手段等都出现新的特点。

一、教育终身化

终身教育思潮最初形成于 20 世纪 50 年代末 60 年代初的欧洲。法国 1956 年议会立法文件中则首次使用了"终身教育"这一概念。[①] 把终身教育理论推为一种国际教育思潮的是法国著名的成人教育家保罗·朗格朗。1965 年联合国教科文组织主持召开的成人教育促

---

① 吴式颖. 外国现代教育史[M]. 北京:人民教育出版社,1997:642.

进国际会议期间,联合国教科文组织成人教育局局长保罗·朗格朗正式提出"终身教育"这一术语。保罗·朗格朗说:"终身教育所意味的,并不是指一个具体的实体,而是泛指某种思想或原则,或者说是指某种一系列的关系与研究方法。概括而言,也即指人的一生的教育与个人及社会生活全体的教育的总和。"国际教育发展委员会的报告《学会生存——教育世界的今天和明天》中对终身教育作了定义:"终身教育这个概念包括教育的一切方面,包括其中的每一件事情,整体大于部分的总和,世界上没有一个非终身而非割裂开来的永恒的教育部分。换而言之,终身教育并不是一个教育体系,而是建立一个有体系的全面的组织所依据的原则,这个原则又是贯穿在这个体系的每个部分的发展过程之中。"对于终身教育比较普遍的看法是,认为教育是"人们在一生中所受到的各种培养的总和",它指开始于人的生命之初,终止于人的生命之末,包括人发展的各个阶段及各个方面的教育活动。既包括纵向的一个人从婴儿到老年期各个不同发展阶段所受到的各级各类教育,也包括横向的从学校、家庭、社会各个不同领域受到的教育,其最终目的在于"维持和改善个人社会生活的质量"。

终身教育的特点比较明显。首先,终身性。这是终身教育最大的特征。它突破了正规学校的框架,把教育看成个人一生中连续不断的学习过程。终身教育是人一生中所受到的各种培养的总和,实现了从学前期到老年期的整个教育过程的统一;既包括正规教育,又包括非正规教育。它包括了教育体系的各个阶段和各种形式。

其次,全民性。终身教育的全民性,是指接受终身教育的人包括所有的人,无论男女老幼、贫富、种族性别。联合国教科文组织汉堡教育研究员达贝提出终身教育具有民主化的特色,反对教育知识为所谓的精英服务,目的是使具有多种能力的一般民众能平等地获得教育机会。而事实上,当今社会中的每一个人,都要学会生存,而要学会生存就离不开终身教育。因为生存发展是时代的主流,要生存必须会学习,这是现代社会给每个人提出的新课题。

再次,广泛性。终身教育既包括家庭教育、学校教育,又包括社会教育。可以这么说,它包括人的各个阶段,是一切时间、一切地点、一切场合和一切方面的教育。终身教育扩大了学习天地,为整个教育事业注入了新的活力。

最后,灵活性和实用性。现代终身具有灵活性,表现在任何需要学习的人,可以随时随地接受任何形式的教育。学习的时间、地点、内容、方式均由个人决定。人们可以根据自己的特点和需要选择最适合自己的学习。

保罗·朗格朗提出的终身教育理念,受到各国的普遍重视,构建终身教育体系已成为各个国家教育改革的发展趋势。目前许多国家都把终身教育作为本国教育改革的总目标,努力把终身教育纳入规范化渠道,并以终身教育的原则来改组、设计自己的国民教育体系,试图建立一个从幼儿园到老年大学、从家庭教育到企业教育全面实施终身教育的终身教育大系统。

终身教育的提出和实施,对于当代世界教育改革和发展具有十分重要的意义。

首先,它使教育获得全新的诠释,主张教育应该贯穿于人的一生,彻底改变了过去将人的一生截然划分为学习期和工作期两个阶段的观念。

其次,它促进了教育社会化和学习型社会的建立,改变了将学校视为唯一的教育机构的陈旧思想,使教育超越了学校教育的局限,扩展到人类社会生活的整个空间。

再次,它引发了教育内容和师生关系的革新。教育不是单纯的知识传递,而应贯彻人的全面发展精神。学习者不仅要学习已有的文化,更要培养个人对环境变化的主动适应性。传统的师生关系也将发生根本变化,代之以一种新型民主开放式关系。

最后,它的多元化价值标准,为学习者指出了一条自我发展、自我完善的崭新之路。

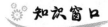

保罗·朗格朗的终身教育原则

* 要保证给予(的教育)的连续性以防止知识过时;

* 使教育计划和方法适应每个社会的具体要求和创新目标;

* 各个教育阶段都要努力培养新人,使之能适应充满进步、变化和改革的生活;

* 在大规模地调动和利用各种训练手段和信息,这种训练和信息超出了对教育的传统定义和组织形式上的限制;

* 在各种形式的行动(技术的、政治的、工业的、商业的行动等)和教育目标之间建立密切的联系。

在这些原则的基础上可以建立多种多样的教育模式,但这些模式都要服从同一个条件,即使教育成为生活的工具,成为使人成功地履行生活职责的工具。

资料来源:柳海民.教育学概论[M].北京:北京师范大学出版社,2015:43.

二、教育公平化

教育公平是指国家对教育资源进行配置时所依据的合理性的规范或原则。这里所说的"合理"是指要符合社会整体的发展和稳定,符合社会成员的个体发展和需要,并从两者的辩证关系出发来统一配置教育资源。

进入 21 世纪后,西方学术界便提出了"给每一个人平等的机会,并不是指名义上的平等——机会平等,而是要肯定每一个人都能受到适当的教育,而且这种教育的进度和方法是适合每个人的特点的"的观点,这也就意味着教育公平是使学生最大限度地获取知识,并突出学生作为个体所具有的个性。

在 2007 年经济合作与发展组织(OECD)有关教育公平的报告中,教育公平的定义为:"教育公平有两个含义。第一个含义是公正(fairness),就是要保证性别、社会经济地位和种族等个人和社会因素不妨碍人达到其能力所允许的教育高度。第二个含义是覆盖(inclusion),就是要保证每个人都受到基本的、最低标准的教育,例如,每个人都应该能读、写和做简单的算术。"这也就意味着教育公平一是要做到"因材施教",二是要保证每个人都受到最低标准的教育。

教育公平的观念源远流长,追求教育公平是人类社会古老的理念。从历史上看,古希腊的大思想家柏拉图最早提出教育公平的思想,亚里士多德则首先提出通过法律保证自由公民的教育权利;在两千年前我国古代的大教育家孔子也提出"有教无类"的朴素教育民主思想。近代西方资产阶级致力于寻求教育公平,18世纪末,教育公平的思想已在一些西方国家转化为立法措施,在法律上确定了人人都有受教育的平等机会。而我国自古代隋朝建立的科举考试制度同样也体现了一种教育公平的理念。到了近现代的西方社会,又在不同的时期大致出现了三种不同的教育公平观,即保守主义的教育公平观、自由主义的教育公平观和激进主义的教育公平观。1949年中华人民共和国成立之后,《中国人民政治协商会议共同纲领》便确定了"民族的、科学的、大众的"新民主主义的教育方针,体现了国家重视社会公平、教育公平的基本价值。《国家中长期教育改革和发展规划纲要(2010—2020年)》提出"把促进公平作为国家基本教育政策"。

因此,我们可以说,教育公平是一个历史范畴,在不同的国家和不同的历史时期有着不同的含义。它既是对社会现实的一种反映,又是对社会现实的一种超越,是社会现实与教育理想的统一,具有特定的历史意义。教育公平既有历史合理性又有历史局限性。

教育公平体现在三个层次:第一个层次,确保人人都享有平等的受教育的权利和义务;第二个层次,提供相对平等的受教育的机会和条件;第三个层次,教育成功机会和教育效果的相对均等,即每个学生接受同等水平的教育后能达到一个最基本的标准,包括学生学业成绩上的实质性公平及教育质量公平、目标层面上的平等。其中,"确保人人都有受教育的机会"是前提和基础,"提供相对平等的受教育机会和条件"是进一步的要求,也是"教育成功机会"和"教育效果相对均等"的前提。而通常,这三个层次被概括为:起点公平、过程公平和结果公平。

此外,对教育公平的正确认识还包括:教育公平的发展有一定的相对性和追求教育公平与追求教育效率是统一的这两个方面。

在我国,教育公平是建设和谐社会的基石,树立科学发展观,统筹城乡发展、统筹区域发展、统筹经济社会发展、统筹人与自然和谐发展、统筹国内发展和对外开放。要做到这几个统筹,就需要依靠教育这一重要支柱,而教育公平又是其中一个重要的条件。在现阶段,促进基础教育均衡发展成为当前实现教育公平的主要内容,要切实做到缩小校际差距、加快缩小城乡差距、努力缩小区域差距。

知识窗口

从有学上到上好学——怎么实现教育公平

袁贵仁:促进公平、提高质量,是教育事业科学发展的两大战略重点。教育公平的基本要求是保障每个公民接受教育的权利,教育部负有重要的指导、设计、推进的责任。要坚持以加快发展促公平、资源配置促公平、完善资助促公平、规范管理促公平,有效解决择校问题、上学难上学贵问题,切实实现教育的起点公平。

资料来源:从有学上到上好学——怎么实现教育公平.人民日报,2011-08-22.

三、教育现代化

2010年7月13日至14日,中共中央、国务院召开的全国教育工作会议在北京举行。胡锦涛强调,要全面贯彻党的教育方针,培养德、智、体、美全面发展的社会主义建设者和接班人。各级党委和政府要按照优先发展、育人为本、改革创新、促进公平、提高质量的工作方针,切实落实《国家中长期教育改革和发展规划纲要(2010—2020年)》,确保到2020年我国基本实现教育现代化,基本形成学习型社会,进入人力资源强国行列。

教育现代化是用现代先进教育思想和科学技术武装人们,使教育思想观念、教育内容、方法与手段以及校舍与设备,逐步提高到现代的世界先进水平,培养出适应参与国际经济竞争和综合国力竞争的新型劳动者和高素质人才的过程。教育现代化是一个国家教育发展水平较高的状态,一种教育整体转换运动,是对传统教育的超越,是传统教育在现代社会的转化。教育现代化的核心是实现人的现代化,具体包括教育观念现代化、教育装备现代化、师资队伍现代化、教育内容现代化、教育管理现代化等。

教育现代化具有以下特征:①教育的普及化,教育的普及化要求有较高的教育普及率和较高的平均受教育年限;②教育的终身化,教育的终身化要求具有终生教育的体制和条件;③教育的个性化,教育的个性化强调要培养既全面发展又有个性特长的创造型人才;④教育的国际化,教育的国际化要求加强与各国的教育交流,具有教育国际交流的能力;⑤教育的信息化,教育的信息化要求在教育领域中充分运用现代信息技术,以保证扩大教育规模,为教育终身化、个性化和国际化提供保证。

教育现代化强调教育与生产劳动相结合,重视科学教育与人文教育的有机结合。现代化的教育观认为,教育能生产出人的劳动能力,教育是现代化大生产的必要组成部分,教育投资是生产性投资。因此,现代化教育无论在数量上(发展规模和速度),还是在质量上(培养规格、课程设置和教材内容),都要和现代生产的要求相适应。同时,现代化教育是一个多样的、开放的大系统。现代化的教育向全体劳动者开放,打破小学—中学—大学这种单一纵向的学校教育体系。各级、各类教育更多地向企业、向社会招生,更多地通过纵横交织的渠道来扩大教育市场。现代化教育对受教育者的考核方式和评价标准向实践效益开放,向社会经济效益开放。另外,教育经费来源从国家财政单一渠道向多渠道开放。

四、教育全球化

全球化是20世纪80年代以来在世界范围内日益凸现的新现象,是当今时代的基本特征之一。教育全球化是一种社会存在,是人类社会的教育不断跨越空间障碍和制度、文化等社会障碍,在全球范围内实现充分沟通(物质与信息的)和达成更多共识和共同行动,同时不断获取一致和深化现代性的过程。

当今世界,教育信息化、全球化的国际新形势日趋突出,重视教育已经成为全球的潮流;教育的全球化日趋明显,跨国留学学生数量增长成为新的趋势;教育与互联网的结合越来越紧密,同时给教育带来深层次的改革;教育阶段化被教育终身化代替。

教育全球化就是在世界经济全球化、贸易自由化的推动下,在国际教育贸易市场开放的前提下,教育资源在国际间进行配置,教育要素在国际间加速流动,教育国际交流与合作日益频繁,世界各国教育相互影响、相互依存的程度不断提高,各国教育相互交流、相互竞争、相互包容、相互激荡,共同促进世界的繁荣和发展,各国在人才培养目标的确定、教育内容的选择以及教育手段和方法的采用等方面不仅要满足来自本国、本土化的要求,而且要适应国际间产业分工、贸易互补等经济文化交流与合作的新形势。教育全球化的核心或者本质,说到底就是在经济全球化、贸易自由化的大背景下,各国都想充分利用国内和国际两个教育市场,优化配置本国的教育资源和要素,抢占世界教育的制高点,培养出在国际上有竞争力的高素质人才,为本国的最高利益服务。

教育全球化既能满足社会中竞争日益激烈的个体对知识的渴望与追求,也能满足国家在世界环境中生存和发展的需要,也就是说教育全球化是实现满足个体和国家双重需要的价值形式。因而,各国政府在教育全球化背景下纷纷采取相应的教育改革措施来应对当下人们对于教育的需求,当然我国的教育也不例外。

当前,随着我国经济的快速发展,经济全球化正向广深领域发展,中国参与全球化的程度也越来越深。在我国经济上了一个大台阶以后,社会对于教育的需求发生了重大变化。但是现在的突出问题是我们的教育还没有办法满足社会的需求。这就要求我们需要对教育进行深刻的再反思,即我们到底要培养什么样的人,应该怎么培养人。面对当前我国飞快发展的经济,应该怎样办教育?面对竞争激烈的"地球村",在全球化背景下,中国教育该怎么办?总而言之,面对教育全球化的挑战,我们必须以全球主义的精神进行教育观念和制度上的创新。过去我们已经习以为常的东西,必须加以重新审视,决定取舍,种种不能适应社会变化的观念、制度、内容、方法等都要进行变革。

拓展阅读

1. 柳海民.教育学概论[M].北京:北京师范大学出版社,2015.
2. [法]保罗·朗格让(朗).终身教育导论[M].北京:华夏出版社,1988.

复习思考题

一、单项选择题

1. 认为教育起源于儿童对成人无意识的模仿,这种教育起源论被称为( )。
   A. 劳动起源论　　　B. 心理起源论　　　C. 生物起源论　　　D. 神话起源论

2. 对终身教育提出系统阐述的是( )。
   A. 利托尔诺　　　B. 杜威　　　C. 沛西·能　　　D. 保罗·朗格朗

3. 下面著作中不属于"四书"的是( )。
   A.《五经》　　　B.《中庸》　　　C.《论语》　　　D.《孟子》

4. 提出"把促进公平作为国家基本教育政策"的文件是( )。
   A.《中国教育改革和发展纲要》
   B.《国家中长期教育改革和发展规划纲要(2010—2020年)》
   C.《中共中央关于教育体制改革的决定》
   D.《中共中央国务院关于深化教育体制改革,全面推进素质教育的决定》

5. 下列不是原始教育的特点的是( )。
   A. 无阶级性　　　　　　　　　　　B. 原始性
   C. 与生产劳动相脱离　　　　　　　D. 没有专用教科书

二、简答题

1. 简要回答古代教育的特点。

2. 简要回答现代教育的特点。

3. 教育心理起源论的主要观点是什么?

三、论述题

1. 阐述教育的生物起源论的主要观点,并做出简要评价。

2. 当代世界教育发展呈现出何种趋势?

第三章
教育与社会的发展

　　教育作为人类普遍存在的一种社会活动,与社会共存、共发展,其发展与社会发展之间具有本质的必然的联系。一方面,人类社会是一个由许多复杂因素构成的庞大系统,各因素之间既紧密联系,又相互制约。教育作为社会大系统中的一个子系统,它的发展必然会受到社会其他各因素发展的制约。另一方面,教育又通过对人的培养、对科技和文化发展的推动促进社会的不断发展,成为社会得以维持和发展的基本手段。

　　随着知识经济时代的到来,教育在社会发展中的作用日益凸显,各国开始把教育放在优先发展的战略地位。通过发展教育,试图解决社会发展中的挑战和困境也成为世界教育发展的基本潮流。

知识体系

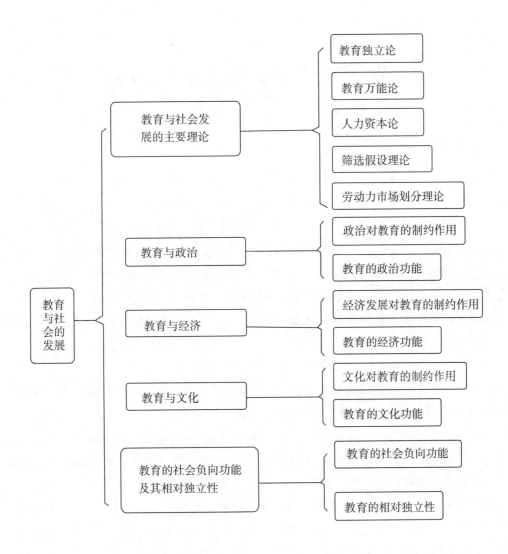

名家名言

> 教化立而奸邪皆止者,其堤防完也;教化废而奸邪并出,刑罚不能胜者,其堤防坏也。古之王者明于此,是故南面而治天下,莫不以教化为大务。　　——董仲舒
>
> 在教师手里操着幼年人的命运,便操着民族和人类的命运。　　——陶行知
>
> 教育工作中的百分之一的废品,就会使国家遭受严重的损失。　　——马卡连柯

第一节　教育与社会发展的主要理论

一、教育独立论

教育独立作为一种思潮,在我国萌芽于"五四"之前,发展兴盛于20世纪20年代。在这一时期,中国军阀混战,经济凋敝,政府不重视教育,教育经费奇缺。1920年的国家预算中教育经费仅占国家经费预算总额的1.2%,且常被挪用。教育事业发展步履艰难;"五四"前后拖欠教育经费和教员薪金情况较为严重,广大师生请愿、罢课、罢教风潮迭起,要求教育经费独立,进而要求教育全面独立,并成立了"全国教育独立运动会";当时西方教会教育对中国文化教育也有许多制约和不良影响。教育独立论的主张就是在这种背景下被提出来的。

教育独立论是指主张教育超越于政党斗争和宗教教派斗争而处于独立地位的教育观点。1922年3月,蔡元培发表在《新教育》上的《教育独立议》提出:"教育事业当完全交与教育家,保有独立的资格,毫不受各派政党或各派教会的影响。"

蔡元培认为教育可以帮助被教育者发展能力,完善人格,也可以对人类文化尽微薄之力,而不能将受教育者塑造成一种特别的机器,为那些抱有他种目的的人使用。因此,教育应以人为本,而政党以事业为本;教育求远效,而政党求近功,二者在方向上就有矛盾。再加上由于执政党的更换以及党内政策的变幻不定,教育不得不跟着变来变去,无法办出成效,所以教育应摆脱政党的控制。教育讲究尊重个性,而宗教总是要人盲从;教育追求前进,而宗教趋于保守,尤其是教会学校借办学诱使青年信奉宗教更是害人不浅,所以教育要摆脱宗教的影响。因此,他提出"教育独立"的主张,他说:"教育是帮助被教育的人,让他能发展自己的能力,完成他的人格,于人类文化上能尽一分子的责任;不是把被教育的人,造成一种特别器具,给抱有他种目的的人去应用的。所以,教育事业当完全交与教育家,保有独立的资格,毫不受各派政党或各派教会的影响。"[1]

教育独立应该包括五个方面内容:第一,经费独立,要求政府划出某项固定收入,专作教

---

[1] 高平叔.蔡元培全集(第四卷)[M].北京:中华书局,1984:177.

育经费,不能移用;第二,行政独立,专管教育的机构不能附属于政府部门,要由懂得教育的人担任,不能因政局而变动;第三,思想独立,不必依从某种信仰或观念;第四,内容独立能自由编辑、自由出版、自由采用教科书;第五,以传教为主的人,不得参与教育事业。

蔡元培关于教育脱离政治、脱离政党的主张,是一种历史唯心主义的观点。但他提出的教育脱离政党、教会而独立的思想,要求把教育交给教育家办理的主张,反映了资产阶级民主派要求摆脱军阀政府对教育的控制,反对帝国主义国家的文化侵略,在中国独立、自由地发展教育事业的愿望。

二、教育万能论

"教育万能论"的历史可以追溯到古希腊的客观唯心者柏拉图,教育万能论形成于西欧封建社会末,资本主义崛起的时期,由18世纪法国的唯物主义者爱尔维修正式提出。教育万能论集大成者则是19世纪英国的空想主义者欧文。

英国著名的哲学家、教育思想家洛克(J. Locke)全面系统地批驳了当时广泛流行的天赋观念论,提出了著名的"白板说"。他认为人在获得感觉经验之前,"如同一张白纸或一块蜡,可以任人模铸";人人生而有相同的智力,有享受教育的平等权利。人的发展,取决于他从环境中获得多少经验,受到多少教育。他说:"我敢说我们日常所见的人中,他们之所以或好或坏,或有用或无用,十分之九都是由他们的教育决定的。人类之所以千差万别,便是教育之故。"①这就是人们通常说的洛克的"教育万能论"。

严格说来,完整的、系统的"教育万能论"是由法国启蒙思想家和哲学家爱尔维修(C. A. Helvetius)提出的。爱尔维修认为,人们在生下来的时候,或者根本没有任何倾向,或者带有各种趋于一切对立的罪恶和美德倾向。因此他们只是教育的产物。"教育使我们成为现在这个样子。"在爱尔维修看来,人们种种好的和坏的品质,都不是世袭继承得来的,它们是人在成长和接受教育环境对他们施加影响的结果。爱尔维修说:"人是环境的产物,他一生的每一时刻所处的环境和他的天生品质使他成为怎样的人,他就是什么样的人。""我们在人与人之间所见到的精神上的差异,是由他们处于不同的环境,由于他们所受的不同教育所致。""要是我证明了人果然只是他的教育的产物,那就毫无疑问是向各国昭示了一项重大的真理。他们将会知道,自己手里掌握着强大和幸福的工具,要使自己幸福和强大,问题只在于改善教育的科学"。因此,为了对人进行教育和改造,使他们具有更好的思想品质,就必须改变他的生活条件,改变他所处的环境。

英国著名的空想社会主义者欧文(R. Owen)是教育万能论集大成者,他完全接受爱尔维修关于"人是环境的产物"的学说,并反复地加以申述。他说:"人是环境的产物,他一生的时刻所处的环境和他的天生品质使他成为什么样的人,他就是什么样的人。"所以,"人在过去、现在和将来,永远是他一生所处的好的或坏的、有利的或有害的环境的产物。""人类在过

---

① 洛克.教育漫话[M].北京:北京人民教育出版社,1979:4.

去、现在和未来都始终是他出生以前和降生以后的周围环境的产物。"很明显,欧文也与爱尔维修一样,极力主张"教育万能"。

三、人力资本论

人力资本理论最早起源于经济学研究。人力资本理论的核心概念是人力资本,是指凝聚在劳动者身上的知识、技能及其所表现出来的可以影响从事生产性工作的能力。它是人的资本形态,因为它体现在人身上,属于人的一部分。人力资本是相对于物质资本而言,它是一种生产要素资本,对生产起促进作用,是经济增长的源泉,在现代经济活动中和物质资本相较而言,其对经济增长的贡献更大。

舒尔茨(Thoedore W. Schults)是人力资本理论的奠基者。1960年12月,舒尔茨在美国经济协会年会上所作的"人力资本投资"的演讲被称为人力资本理论创立的标志。舒尔茨认为,人力资本的积累是社会经济增长的源泉,人们使用的时间也是人力资本的一部分;他特别指出教育是经济增长的重要途径,以及人力资本的回报率大于物资资本投资的回报率。一般认为,无论在哪个领域,它的回报率高都说明该领域的投资不足,需要追加投资。这就是说,政府应致力于增加人力资本的投资,进一步说,政府应该致力于教育方面的投资。舒尔获还具体指出,教育对经济增长的促进是通过人们处理不均衡状态的能力来实现的,教育还可以促进社会分配平等。根据舒尔茨的人力资本理论,教育经济学者开始研究教育对经济增长的促进作用并认为教育可以产生一定的经济张力,促使社会经济发展,给投资者带来倍加的经济收入和益处。特别是有关教育与收入分配关系的研究指出,个人教育投资是个人获得较高收入的最佳途径。因此,国家通过平均性的教育发展政策减少国民受教育水平的差别,从而相应地缩小国民收入分布的方差,最终促进社会平等。

知识窗口

  1979年诺贝尔经济学奖获得者舒尔茨是公认的人力资本理论的构建者。1960年,他在美国经济学会的年会上以会长的身份作了题为"人力资本投资"的演说,阐述了许多无法用传统经济理论解释的经济增长问题,明确提出人力资本是当今社会促进国民经济增长的主要原因,认为"人口质量和知识投资在很大程度上决定了人类未来的前景"。

  1945年第二次世界大战结束以后,战败国德国和日本受到重创。很多人认为,这两个国家的经济恐怕要很久才能恢复到原有的水平。但实际上,大约只用了15年左右的时间,德国和日本的经济就奇迹般地恢复了,而且20世纪60年代以后,这两个国家继续以强劲的发展势头赶超美苏,并最终使经济实力上升到世界第二和第三的位置。这其中的原因让许多人感到困惑不解,人们开始探究传统经济学的不足。

  一般而言,国民财富的增长与土地、资本等要素的耗费应该是同时进行的,但统计资料却显示,"第二次世界大战"以后,国民财富增长速度远远大于那些要素的耗费速度,这是一个难解之谜。

经济领域中这些难以解释的特殊现象的出现,引起了西方经济理论界的高度重视,经济学家们纷纷提出自己的观点。舒尔茨的人力资本理论就是在这样的背景下应运而生的。他提出了著名的观点:在影响经济发展诸因素中,人的因素是最关键的,经济发展与否主要取决于人的质量,而不是自然资源的丰瘠或资本的多寡。以此来解释上述经济领域的疑难问题就很简单了。

关于德国和日本经济奇迹的问题。他认为,两国战后之所以出现经济复兴的奇迹,最主要就是因为人力资本。战争虽然破坏了这两国的物质资本,但并未破坏其充裕的人力资本;再加上这两国悠久的文化传统和重视教育的现代国策为经济发展提供了大量高素质的劳动力,这使两国的经济发展得以建立在高技术水平和高效益基础之上。

在人力资本的形成过程中,投资是非常关键的。舒尔茨指出,区分消费支出和人力资本投资支出,无论在理论还是在实践上都是很困难的。但大概可以将人力资本投资渠道划分成几种,包括营养及医疗保健费用、学校教育费用、在职人员培训费用、个人和家庭为适应就业机会的变化而进行的迁移活动等。这些投资一经使用,就会产生长期的影响,也就是说,投资所形成的劳动者素质的提高将在很长的时期内对经济增长作出贡献。

人力资本投资与其他方面的投资比较起来,是一种投资回报率很高的投资。舒尔茨对1929年至1957年美国教育投资与经济增长的关系作了定量研究,得出如下结论:各级教育投资的平均收益率为17%;教育投资增长的收益占劳动收入增长的比重为70%;教育投资增长的收益占国民收入增长的比重为33%。

资料来源:https://baike.so.com/doc/3816413—4007907.html。

四、筛选假设理论

20世纪70年代,西欧出现了严重的经济危机,很多发达国家和发展中国家受此影响,经济开始萧条,这些国家把资金投入教育,希望通过教育带动经济的复苏,但是并没有取得成功。不景气的经济状况与教育的不断扩张之间产生矛盾,出现了种种人力资本理论不能揭示和解决的问题,人们逐渐认识到人力资本理论的局限性并试图摆脱它的束缚,提出了不同的学说或观点,采用了不同的研究方法及途径去分析教育与经济的关系。1972年,迈克尔·斯宾塞(Andrew Michael Spence)在博士毕业论文中提出的一个全新的人力资本市场理论——筛选理论。

筛选理论把教育过程看成根据个人先天能力进行排序的过程,把教育水平看成反映个人能力或未来生产率高低的有效信号。他由此认为,在当代社会,教育制度扮演着一种起信号作用的过滤器角色,个人受教育程度的高低既是求职者表达个人能力的信号,又是雇主鉴定求职者能力的装置。雇主总是希望从众多的求职者中选拔出有适当能力的人去填补空缺岗位,但是他与求职者在劳动力市场上相遇时,并不了解这些人的能力如何,尽管他不能直接了解求职者的生产能力,却可以了解到求职者的一些看得见摸得着的个人属性和特点。人的属性和特点有两点:一类是天生而不能改变的,如性别、种族、家庭背景、出生日期(决定了年龄)等;另一类是后天获得、可以改变的,如兴趣爱好、教育程度、婚姻状况、个人经历等。雇主可以凭借这些标志和信号,特别是教育信号了解求职者的能力,从而对具有不同能力的人进行筛选。

教育作为一种筛选工具,对个人和雇主都是有价值的。对于个人来说,个人投资教育实际是向劳动力市场发出个人具有何种能力水平的信号。如果因为教育的信号作用而使得能力高的人和能力低的人之间的工资差异大于教育的成本,那么,纯粹为信号价值而进行的教育投资就产生了净的个人收入。对于雇主来说,在市场缺乏这种信号的情况下,雇主录用雇员很难准确地了解和预测他们未来的生产率,因此,有可能加大解雇低素质雇员的数量,提高雇用成本。如果教育作为一种信号能准确地向雇主传达员工未来的生产率,雇主就愿意按照教育的信号来选择员工并支付相应的工资。

总的来说,筛选理论是从分析在劳动力市场上雇主选聘求职者的过程去说明教育的经济价值的。它承认教育与工资正相关,指出这种正相关是通过筛选作用而实现的。但其认为教育只反映了个人的能力,并没有增加个人的能力。由于这种理论强调教育文凭的重要性,故亦被称为"文凭理论"。

五、劳动力市场划分理论

劳动力市场划分理论是 20 世纪 70 年代初出现的。它是通过阐明劳动力市场的产生、特点和作用及其与教育的相互关系,分析经济和教育关系的一种理论派别,其主要代表人物有皮奥里(Pior)、戈登(Gordon)、多林格(Doeringer)、卡诺伊(Canoy)等。他们认为,筛选假设理论关于教育与工资关系分析的基本前提不正确,关于教育水平与个人收益成正相关的论断不全面,因为它没有考虑劳动力市场的内部结构。

劳动力市场理论采用制度经济学的观点,指出劳动力市场由于种种制度性力量的影响而被划分为不同的部分。在劳动力市场的不同部分里,教育与工资的关系是不同的。该理论认为劳动力市场是由主要劳动力市场和次要劳动力市场两个不同部分组成的。不同背景的人将进入不同的劳动力市场从而享受不同的待遇。主要劳动力市场提供的是大公司、大企业和大机构中的职业岗位,雇员工作稳定,工资较高,晋升前景良好,自主性大;次要劳动力市场提供的是小公司、小企业的职业岗位,雇员工作不稳定,工资较低,工作条件差。两个市场之间具有相对的封闭性,它们的人员很少相互流动。

按照劳动力市场理论的观点,教育与个人收入之间的关系和个人的生产力本身并不相关;一个人的工资水平主要取决于他在哪一个劳动力市场工作,而此人在哪一个劳动力市场工作又与他的性别、年龄、种族及教育程度有显著的关系。一般来说,能进入主要劳动力市场的基本上是男性、年纪较大的人、白人及教育水平较高的人,进入次要劳动力市场的主要是女性、年轻人、有色人种及教育水平较低的人。在这里,教育只是决定一个人在哪一个劳动力市场工作的重要因素之一。因此,在其他因素相同的情况下,男性、年龄大的人、白人的平均工资高于女性、年轻人、有色人种的平均工资。劳动力市场理论认为人力资本理论和筛选假设理论关于教育与工资显著正相关的结论,只在主要劳动力市场中成立,而在次要劳动力市场中是不成立的。

劳动力市场划分理论揭示了教育在资本主义国家劳动力市场划分中的作用,解释了教育的扩展未能改变各阶级、集团间收入不平等的现实,从而形成了一个较完整的理论体系,但它对教育与经济关系的论述是不够全面的。

第二节 教育与政治

政治是上层建筑领域中各种权力主体维护自身利益的特定行为以及由此结成的特定关系。一般认为,政治作为一种社会现象和上层建筑,出现在产生阶级对立和产生国家的时候,并总是直接或间接地同国家相联系。政治对社会生活各个方面都有重大影响和作用,而且政治随着社会从低级到高级的进程发展而发展,社会成员参与政治生活的深度和广度也随之向前发展。任何社会成员或社会组织都以一定的方式与政治产生关系,教育也不例外。教育作为一项社会事业,深受政治的制约,任何社会的教育都体现着该社会的政治特征。教育作为一种政治的工具,在影响社会政治生活、维护社会稳定、促进社会发展方面起着不容忽视的作用。

教育与政治的关系错综复杂,弄清它们之间的交互影响与交互作用的方面、程度、方式及途径,将有助于认识和解释许多教育现象,有助于剖析和解决一些教育问题或事件。

一、政治对教育的制约作用

教育可以说是国家的一个重要的政治领域。教育领域中,政治色彩最为浓厚或者说受政治影响最大的范畴有教育目的、教育制度、教育财政和受教育权力等。下面从这四个方面来阐述政治对教育的影响。

(一)政治制约着教育的领导权

社会的统治阶级出于巩固政治、培养合乎本阶级要求的人才需要,一般都会利用其在政治、经济和思想等方面的统治地位,控制文化教育机构,掌握教育的领导权,按照本阶级的利益和意愿来兴办教育,主要通过立法人事管理、主导思想教育、控制财权等方式来领导教育,行使教育的支配权,以更好地培养所需的人才。

首先，政治通过一定的组织手段对教育实行控制，政府机关对教育机构从组织上进行直接领导。不管是中央集权制领导，还是地方分权制管理，实质上都是一种控制。其次，政治通过政府、政党制定一系列方针、政策，作用于教育。用法令形式规定办学宗旨和方针，以强制的手段督促执行，同时各级机关有权任免教育机构的领导人和教师。再次，政治通过思想上的优势控制教育。由于统治阶级在政治经济上居统治地位，因而它的思想也必然是社会的统治思想。统治阶级通过教科书的编写与发行、各种宣传媒体的渗透以及教师思想的影响，实际上左右了教育工作的方向。特别是在培训和选择师资方面，各国政府、各阶级历来都重视政治态度问题。而当政府需加强政治和思想控制时，对此提出的要求显得更重要。因为教育行政人员和教师在政治方面所扮演的角色是政府和政党的方针政策在教育领域内的具体执行者，他们能对学生产生直接的或潜移默化的影响。最后，政治还通过经济力量来控制教育，如通过财政拨款、捐献等方法制约教育。

（二）政治制约着教育目的及教育内容

教育目的是教育实践的出发点和归宿，它指导和支配着整个教育过程，人们总是按照一定的教育目的去选择教育内容、教学方法和手段，乃至确定相应的教育制度。教育目的作为支配教育实践的"魂"，决定着教育的性质，一切教育过程都是实现一定教育目的的过程。

具体来说，教育目的是关于培养什么样人的问题，它集中体现了一定社会统治阶级的利益和要求。培养什么样人，具有什么样的思想意识和政治方向，都是由政治来决定的。教育家们所提出的教育目的，总是自觉或不自觉地代表一定阶级的利益。不同社会的政治经济决定该社会的教育目的。例如我国封建社会的教育，其目的是把统治阶级的子弟培养成为官吏和士大夫，把"四书""五经"列为教育内容，向受教育者灌输"三纲""五常"等封建伦理观念。欧洲的封建社会教育，教会学校培养教士，以维护封建秩序；世俗学校则培养忠诚、英勇善战的武士。1980年，日本明治天皇颁布敕谕：要求把青少年培养成具有皇道主义思想和近代技艺的顺臣良民。这些都体现了统治阶级的利益。由于教育目的受社会政治经济影响，因而某些教育内容也受此影响。社会科学，特别是思想政治的教育内容，直接反映一定阶级的信念和要求。我国封建社会的教育内容集中体现封建统治阶级利益，自然科学在教育内容中仅占微乎其微的部分。美国的思想政治教育和道德教育的着眼点是培养公民的"民主""自由"观念，守法观念和效忠祖国观念，为此，学校开设了"社会研究""公民""国家管理""民主问题""时事"等课程，从资产阶级利益出发，以培养资产阶级民主主义思想。

（三）政治制约着教育制度

教育制度是指国家各级各类教育机构与组织的体系及其管理规则。与它相互联系的有两个基本方面：一是各级各类教育机构与组织的体系；二是教育机构与组织体系赖以生存和运行的整套规则，如各种各样的教育法律、规则、条例等。一个国家的教育制度直接关系到教育目的能否顺利实现，各种教育制度的形成和变化都有其历史根源和时代背景。一个国家的政治发展对教育制度有着决定性的作用。

在阶级社会里,统治阶级的利益与要求总是集中反映在政治制度中,然后通过政治制度对其他制度产生决定性的制约作用。综观世界教育史,我们可以清楚地发现,国家有什么样的政治制度就必然具有与之相适应的教育制度。政治上实行中央集权制的国家,在教育管理体制也不大可能有完全的地方分权;在政治上实行地方分权的国家,在教育管理体制上也多强调地方自主。在中央集权国家中,一般都设有通常被称作教育部或教育委员会的中央政府机构,它既掌握各地区教育的组织、行政、经费和监督大权,又对全国性的教育法令、学校课程编制、人事安排以及教材和教学法的审核具有很大的决定权。如在我国,尽管改革开放以来教育制度实行了不少权责下放的举措,但教育事业发展与改革进程及步骤由中央统一领导的性质并没有也不会从根本上发生变化。只是在中央统一领导之下,地方被授予比以往较多的发展教育的权责,有更多的参与具体政策制定的权力和机会。而与地方分权式的政治制度相对应的便是地方分权式的教育制度。在地方分权的国家中,教育则由各个行政区分别管理。美国和加拿大就属于这种地方分权制的类型。

政治体制改革制约着教育体制改革。政治的统帅与支配地位,一方面决定了政治制度对其他各种制度有制约作用,另一方面也决定了它的变革必然会带来其他方面的变革,自然也包括教育体制的改革。从我国古代大大小小的教育体制改革来看,教育体制改革总是与政治改革紧密相连。汉武帝为了建立政治大一统的封建帝国,在教育上采取了兴太学、重选举与独尊儒术三大改革措施;隋末农民大起义,不仅打垮了魏晋以来的士族制度,也打垮了维护士族利益的"九品中正"选士制,从而为唐朝学校制度的完善与考试制度的建立奠定了基础;清朝末年,废科举、兴学校以及新学制的颁布也是维新运动推动的结果。近代世界史上的一些进步的政治革命与改革,如日本的明治维新、法国的大革命、苏联的十月革命、第二次世界大战后许多社会主义国家的建立与新中国的成立等,无不直接地推动了教育体制的改革与发展。

(四)政治制约着受教育权

政治也决定着教育机会和受教育的权利。不同阶级在政治、经济上的不平等,反映在教育中,便形成了不平等的受教育权。社会成员中哪些人能够享受学校教育,受到什么程度的教育,受教育机会怎样分配,这些都由社会的政治制度所决定。在政治上占据统治地位的阶级出于巩固统治秩序、培养本阶级所需人才的需要,会利用其在政治、经济和思想等方面的统治地位来获取更多受教育的机会。尽管这种差别随着社会民主化进程的发展和社会文明程度的提高而不断缩小,但在阶级社会里则始终存在。

例如,在奴隶社会中,学校专为奴隶主子弟开设学校,接受教育是他们的特权。我国西周规定,只有国子和贵胄之才才能入学;古代印度,就曾以法律形式规定,谁若让低贱的首陀罗接受文化和教育,就可立即被处以死刑。

在封建社会中,森严的等级制决定了受教育权利上的等级性,不仅广大下层子弟被排斥在校门之外,在统治阶级内部也有严格规定的等级差别,如在中国唐代,对进入学校的学生家庭的品级也作了明文规定:皇亲国戚及宰相等高级官员的子弟进弘文馆、崇文馆三品以上官吏子弟进国子学,五品以上官吏子弟进太学,七品以上官吏子弟进四门学,八品以上官吏子弟进书、算、律学等。在日本奈良时代京城里设了一所大学,规定有五品以上准予上殿觐见的贵族官员子弟才有资格入学读书。

资本主义社会,废除了封建教育的等级性,法律明确规定受教育权利平等,同时由于工业化、都市化的需要以及要求社会平等(包括受教育机会均等)的民主运动的压力,各国资产阶级政府先后实施了义务教育制度。目前,在欧洲各国、美国和日本等资本主义发达国家,义务教育都已延长到中等教育阶段,为一切人提供中等教育已成为国家发展的重要目标。尽管如此,由于资本主义社会中各阶级或集团经济收入以及其他各种条件上的不平等,资本主义社会中的受教育权力仍然存在严重的不平等。

在社会主义国家不仅法律规定受教育权利平等的,并且为实现这一目标,创造了有利的社会条件。比如,生产资料的公有制、缩小各阶层间的工资差别等都有助于减少社会中受教育权利不平等现象。更值得称道的是,社会主义社会往往自觉地采取种种措施来努力减少和消除受教育机会不均等的社会现象,比如我国,一直采用减免学费和提供助学金的办法资助家境贫困的学生接受各种教育;努力提供大量资金发展老、少、边、穷地区的教育事业等,诸如此类的办法和措施确实起到了减少社会受教育机会不均等的现象的作用。

二、教育的政治功能

教育不仅受政治的影响和制约,同时也能动地作用于政治的发展,发挥着巨大的政治功能。教育的政治功能主要表现在维护社会政治稳定和促进社会政治变革。

(一)教育具有维护社会政治稳定的功能

教育的政治功能首先表现在它对维护社会政治起着十分重要的作用。任何国家、任何社会,为维护其社会统治和政局的稳定,无一不利用教育的教化功能。教育的这一功能主要体现在两个方面:

其一,为社会培养各种政治人才。人不仅是生产力的因素,而且是一切社会关系的体现者。社会的发展是一个个具体的人共同活动的结果。而教育是培养具有一定政治素养和能力的领导者和管理者的基本途径,高等教育更是承担了培养现代社会国家统治人才的重任。教育将培养出的大批人才输送到社会的各个领域中去,承担各方面的组织领导、管理工作,促进经济基础和上层建筑的巩固与发展。他们在维护一定社会统治阶级利益中起着十分重要的作用。我国古代教育家颜元曾指出:"人才为政事之本,而学校尤为人才之本也。"可以说,自隋唐建立起来的科举选士制度,在一定程度上确保了中国封建传统政治的稳定与发展。早期资本主义社会更是重视通过学校教育培养具有较高文化水平和资产阶级思想意识的统治人才;同时还注重通过学校教育向劳动人民灌输资本主义所有制和政治制度是神圣、

永恒的观念,以使资产阶级所需要的大批熟练技术工人和农业生产者服从资本主义的秩序和纪律,维护资本主义政治、经济制度。社会主义社会的教育是通过学校向受教育者灌输共产主义的道德观念,培养具有较高文化水平和思想素养的社会主义建设所需要的各方面人才。

其二,为社会培养具有一定政治素质的公民。社会统治阶级不仅要为自己培养各级政治人才,而且需要它的普通民众具备与其政治制度相符合的政治理想和观念,形成强大的民意基础。学校教育主要是通过开设政治理论课、思想教育课以及在相关学科中渗透有关政治教育、公民教育的内容,以促进受教育者的政治化。例如许多国家的高等教育越来越重视通识教育,其目的就是使学生在具备专业知识技能的同时,还使其具备一定的政治、文化和科学素养。"通识教育"的思想起源于古希腊的"自由教育",包括古典学、文学和科学方面的有关课程内容,是一种尽可能综合的教育。如在20世纪80年代,哈佛大学通识教育采用核心课程的方式,开设文学与艺术、科学、历史研究、社会分析、道德思考和外国文化,目的是要克服近代以来大学教育的功利主义倾向,使所培养的人从只是"有用的机器"转变为具有政治素质和社会责任感、并走向国际化的公民。

(二)教育具有促进社会政治变革的功能

从历史发展的进程看,社会政治的发展是一种动态的进步。伴随着经济的发展与变革,社会政治也会发生相应的变革,而教育则是促进社会政治变革的主要因素之一,主要体现为以下几点。

其一,教育的普及化、民主化促进社会政治的民主化。教育的普及化与大众化,表明了社会政治的平等、民主与开放,是社会政治变革的重要标志,同时也是推进社会政治变革的重要力量。教育的大众化可以为更多的人提供各种发展的机会,进而促进经济和社会平等,推进整个社会民主政治的发展。广大人民群众没有一定的文化教育水平,是难以参与政治活动、行使对国家的管理权的。列宁在强调对工农的教育问题时就说过:"文盲是站在政治之外的",所以他主张把提高工农群众的文化和教育水平,同实现苏维埃民主联系在一起。当今社会,我国要建设社会主义民主政治,真正实现人民当家做主的权利,让人民群众参与选举、监督、管理等政治活动,也必须大力提高广大群众的文化教育水平。

其二,教育通过传播先进的思想、弘扬优良的道德促进社会政治变革。在现代社会,教育通过传播科学真理,弘扬优良道德,形成正确的舆论,同时产生进步的政治观念,来促进社会发展和进步。学校常常是形成政治舆论的重要场所,尤其高等学校,是知识分子和青年聚集的地方,政治敏锐性很强。从历史上看,许多政治事件常常从高等学校发端,如1960年日本学生团体发起反对"日美安全保障条约"运动,反美示威导致美国总统取消访日和日本首相被迫辞职。我国的"五四"运动,最初都是由学生组织、发起,最终发展成为全社会的运动并对政治时局产生了重大影响。高等学校往往是社会政治安定的晴雨表,对社会政治舆论的形成和传播起着助推的作用。总之,高等教育的政治能动性就在于它能张扬社会政治、思想、道德领域中的正面因素，抵制腐朽、落后的消极因素，从而有助于社会政治的先进化。

第三节 教育与经济

　　经济是人类社会生活的基础。随着社会的发展，人们的物质生活水平大大提高，教育与经济的关系也越来越密切，越来越复杂。两者的关系，总的说来，是经济决定教育，教育反作用于经济。一方面，经济是教育发展的基础，任何教育活动的进行都是以在一定的时间里所投入的一定的人力、物力、财力等条件为基础的，经济发展为教育发展提供了越来越雄厚的物质条件，同时对教育的要求也越来越高；另一方面，教育对经济发展的能动作用也更加强大，教育作为影响人类社会经济生活特别的重要因素，通过再生产劳动力，提高劳动者生产能力，发展创造新的科学技术以及提高生产管理水平而推动经济发展。

一、经济发展对教育的制约作用

　　教育作为一种社会现象，直接受制于经济。经济对教育的影响具体表现在以下几个方面。

（一）经济发展水平制约着教育发展的规模和速度

　　经济发展对教育的制约作用，主要表现为经济发展为教育提供物质基础。

　　教育事业的发展必须有一定的物质条件作保证，一个社会能够办多少学校，有多少人可以接受教育，要以社会经济发展所提供的剩余产品和剩余劳动力的量为前提，所以，教育发展的规模和速度直接受制于经济发展水平。在古代社会中，由于生产落后，社会无法拿出更多的物质财富来办教育，同时，由于社会经济发展水平有限，使得社会大多数成员必须直接从事物质资料的生产，客观上也不可能有较多的人接受学校教育和从事教育工作。这种情况下，教育发展速度缓慢，规模也很小。进入现代社会，随着生产力的发展，机器大工业的出现使得整个国民经济收入大大增加，社会提供的物质条件越来越充足，有可能拿出更多的钱来办教育，以此为前提，教育事业的总体规模迅速扩大，取得了长足的发展和进步。资本主义国家根据各自的情况，规划普通教育的规模和速度。从19世纪后半期起，美、英、德、法等发达国家均普及六至八年的义务教育，并逐年延长教育年限，教育普及率大大提高。义务教育年限的长短、普及率的高低归根到底都取决于生产力的发展，取决于国家的经济实力。一般来讲，生产力发展水平与教育发展水平成正相关关系。生产力发展水平制约了教育事业发展的规模与速度。

　　教育发展的规模和速度与社会的教育需求息息相关。在古代社会，由于生产力发展水平低下，生产中的技术含量很少，人从事生产所需的劳动技术在直接的劳动实践中即可获得，无须接受更多的正规教育，所以，这一时期学校教育的发展缺乏社会需求的推动。现代社会,由于生产中的科技含量越来越高,对劳动者的素质提出了更高的要求。在这种情况下,教育的社会需求必将大幅度增加,从而推动教育事业规模和速度的快速增长。

总之,任何一个社会、国家的各级各类学校的办学规模,不是由人们的主观决策或善良的愿望决定的,而是由经济发展可能提供的物质基础和社会生产的客观需要共同决定的,是两者的有机结合。

(二)社会经济发展制约人才培养的规格和质量

社会物质生产对劳动力数量和质量有一定的客观需求。在社会生产力发展的不同水平下,这种要求有很大差别。在古代社会,由于生产力发展水平低下,生产中的技术含量很少,人从事生产所需的劳动技术在直接的劳动实践中即可获得,无须接受更多的正规教育。所以,这一时期学校不担负培养劳动者的义务,它所培养的主要是进入上层建筑领域的统治人才和知识分子。现代社会,由于大工业生产的出现,科技广泛应用,这要求每个生产者都要掌握一定的文化科学知识和生产技能。只有这样才能适应机器大工业生产的需要。从这时起,社会生产力开始直接向学校教育提出它的要求。18世纪至19世纪,蒸汽机的发明与使用,要求生产者具有小学文化水平。19世纪至20世纪,电动机的使用,标志着第二次产业革命到来,要求生产者具备初中文化水平;而20世纪50年代,原子能、电子计算机的发明与使用,要求生产者具备高中乃至大学文化水平。而在当前,由于生产力的迅猛发展、科学技术的突飞猛进、知识经济的到来,人才的培养规格明显提高,新的人才质量观形成了。这一时期,学校教育的培养目标发生了质的变化,与生产劳动密切联系的工程师、技术人员、管理人员被列入培养目标之中,而不仅仅是培养统治人才和知识分子。总之,教育目的不仅反映社会的经济基础和统治阶级的利益,同时也受社会经济发展水平制约。

(三)经济的发展制约着课程的设置及教学内容的选择

教育内容总是随着社会经济的发展不断地被充实和更新。学校所传授的知识必须反映所处的历史阶段的经济发展水平,教育才能适应生产力发展,满足经济发展的需要。

古代落后的生产力与自然科学间没有直接联系,人文科学占主导地位,生产技术只是作为一种直接的生产经验被劳动者本人所掌握,体现在直接的生产方法中,而这种生产方法的习得完全可以靠"学徒制"来实现。因此,古代的学校教育内容中很少反映生产技术。随着生产力的不断发展,生产的机械化、自动化水平提高,劳动者不掌握一定的生产技能就无法进行生产。因此,与之相适应的教学内容门类增多了,内容也丰富了。

在古代教育阶段,学校教育主要涉及政治、哲学、伦理、宗教、音乐等人文学科的一部分内容及语言、文字等工具性课程,自然科学在学校教育中所占的比例甚微。14世纪仅有算术、几何、天文,而且带有浓厚的宗教色彩;到了文艺复兴时期,增加了地理和力学;欧洲产业革命后,增加了代数、三角、动物、植物、物理和化学;19世纪后,学科不断更新,但更新速度仍跟不上生产力发展速度。当今社会科技广泛运用,生产力迅猛发展,不仅要劳动者具有一般的科学知识,还要求劳动者具有较高的文化科学技术素养和管理才能。因此,许多国家正不断调整课程设置,更新教学内容,使之与高速发展的生产力相适应。

(四)经济的发展影响着教育结构、教学手段、教学方法等的变革

经济发展同时还引起社会产业结构和各种产业内部结构的变化。与此相适应,许多国家对教育结构进行了改革,除了重视普通教育外,还大力发展职业教育、成人教育和特殊教育,中等教育和高等教育结构也相应发生变化。办什么样学校、设什么样专业、各级各类学校之间比例如何,均受生产力发展水平和产业结构所制约。在基础教育中,生产力对熟练工人和初、中级技术人才的需要,使职业训练逐渐升格,各国越来越重视职业教育。随着生产力高速发展,高等教育的层次结构和专业结构也发生变化。各国根据生产力发展水平和各行业对高级人才的需求,调整专业比例,建立了许多反映新科技的新专业,如自动化控制系统、电子计算机机器人技术系统、遗传工程等专业。

随着经济的发展、生产力水平的提高和科学技术的进步,教学仪器设备不断优化与更新,不仅使教学内容不断更新,同时也促进教学方法和教学手段的不断改革。先进的科技成果,如幻灯机、电影唱片、电视机、录音机和语言实验室等先后被引入教学中。20世纪60年代以来,由于电子工业、信息技术的发展,又引入了闭路电视教学、电子计算机辅助教学和卫星通讯教学。而当前,伴随着数字化时代的到来、"第四媒体"的冲击,电子计算机已成为现代教育不可缺少的技术手段,正日益影响着教育的全方位发展。也正是由于社会生产力的飞速发展,过去那种呆读死记、僵化机械、压抑个性的教学方法难以培养新型人才,因而随之出现了彰显学生个性,拓展学习潜能,培植学生能力的方法。发现法、问题教学法、学导式教学法、情景教学法等新的教学方法,均以培养学习能力为宗旨,以使受教育者成为社会所需要的人才。

二、教育的经济功能

(一)教育是劳动力再生产的主要手段

劳动力是人进行劳动的能力,是人在生产过程中使用价值所运用的体力和智力的总和。劳动力是社会经济建设的主体,劳动力的数量和质量直接关系到社会经济的发展。虽然人的体力和智力都与人的生理有关,但要使人掌握一定的生产知识和劳动技能,就必须依靠教育和训练。当人还没有掌握任何生产知识和劳动技能时,他只能是一种潜在的、可能的劳动力,只有通过教育和训练使人掌握一定的文化知识和技能,才能使这种可能的、潜在的劳动力转化为现实的、直接的劳动力。

现代生产的发展主要通过提高劳动生产率来实现的,教育能够提高劳动力的科学知识素养与劳动技能素养,从而提高其工作效率。教育还可以改变劳动力的形态,如把一个体力劳动者培养成一个脑力劳动者。教育可以提高劳动者的道德素养,尤其是职业道德素养。

现代劳动需要劳动者具有极高的职业精神和道德素养,如团队合作精神、自强拼搏精神、诚实守信精神等。教育还可以提高劳动力学习知识和技能的能力,缩短学习新知识或掌握新技术所需的时间。随着知识的不断更新、科技的高速进步,劳动者要不断地学习新知识、掌握新技术,而教育通过提高人的一般学习能力以促使劳动力适应生产力高速发展的变化。

(二)教育是科学知识再生产的重要手段

科学知识是一种生产力,而这种生产力的再生产,也要通过教育来实现。教育在科学知识再生产方面所发挥的作用,首先表现在它的继承性上。教育把已有的科学知识不断地传授给受教育者,使一代又一代人掌握并继承下去,通过继承,有限的认识逐步积累为无限的知识,而继承和积累同时又为新的科学发现做好了知识上的准备。科学正是通过经验这一中间环节而合乎规律地前进。

通过学校教育所进行的再生产又是一种扩大的再生产。一方面,学校教育可以使原来为少数人掌握的科学知识被更多的人所掌握,并通过教育的普及,不断地扩大传播范围。另一方面,学校教育是有目的、有组织、有计划的,教育者以系统、概括的形式,对已有的科学知识进行加工,使之成为简约化的科学知识和科学方法,并在较短的时间里把人类社会几千年积累下来的科学知识同时传授给众人。

(三)教育是创造新的科学技术的重要手段

学校的主要职能是传递人类已经积累的知识,也即进行科学知识的再生产。但是我们还应该看到,学校特别是高等学校通过科学研究也担负着推进创造新的科学技术、新的生产力的任务。

高校是知识分子集中的场所,学科领域较为齐全,科研设备比较完备,后备力量充足,是科技创新的主体力量。高校与科研的紧密结合,学校在科研方面力量的加强,是近现代教育发展的新特点。如英国的剑桥大学著称于世,原因之一就是它有卡文迪许实验室。德国从威廉·洪堡创立柏林大学起,就明确提出"科学研究与教学统一","第二次世界大战"后,西德重建大学的过程中,仍然保持"洪堡式"大学的传统。我国的高校也是科学研究的一个重要基地,充分发挥学科综合、人才汇聚的优势,不断创新参与产学研结合的实践模式,为构建国家创新体系服务。

(四)教育是提高生产管理水平的重要手段

管理活动是人类活动的特殊形式,主要涉及对人、财、物等资源进行严密而精确的计划、预测和控制,从而刺激生产积极性,提高生产效率。生产经营单位的兴衰,很大程度上取决于生产管理的成功与否。制约着管理质量和水平提高的首要因素是人的素质,也就是说要保证现代化生产的顺利、高效进行,就必须通过教育培养管理人员,丰富生产管理者、组织者的管理知识,提高管理水平,培养高素质的管理人才队伍;通过教育培养被管理者的职业精神、团体意识、纪律观念、敬业态度,挖掘他们的发展潜力,充分发挥出劳动者的积极性、主动精神和创造意识,使管理工作产生最佳的效果。从这个意义上说,教育是提高生产管理水平的重要手段。

第四节　教育与文化

一般认为,文化是指人类创造出来的全部物质和精神财富的总和。它涉及人类社会生活的各个领域、各个方面。教育是一种特殊的文化现象,是人类文化的重要组成部分,社会文化对教育的影响是广泛而直接的。教育以培养人为最终目的,以文化为载体,相较于政治、经济与教育的关系,文化与教育间的关系更具基础性、广泛性和持久性。

一、文化对教育的制约作用

每一个社会成员都生活在一定的文化氛围中,其思想、观念、行为等会受其所处的文化氛围的影响。文化与教育有着紧密的联系,文化是教育的内容,教育是传播文化的工具。具体来说,文化对教育的制约作用表现在以下方面。

(一)文化影响教育目的的确立

任何社会的教育目的都与统治阶级的利益密切相关,反映着统治阶级的意志。人的意志和决断取决于人的需要和价值取向,所以,教育目的中的主观成分越多,受文化的影响也就越大。历史上,社会文化类型不同,教育目的便不相同。从历史上的情况看,中国古代社会的政治文化是官本位文化,统治者都强调"建国君民,教学为先",重视统治人才的培养,流行于民间的私学也主张"学而优则仕"。而西方古代社会,政治文化最初是神本位,故主张教育的目的是培养僧侣。文艺复兴之后,人本位的思想逐渐成为社会文化的主流,故主张教育的目的在于发展人的个性。

(二)文化影响教育内容的选择

文化是教育的基础,人类世世代代积累起来的文化知识是教育内容的直接源泉。教育离开了文化,就没有传递的内容,也就不复存在。学校教育的内容一般来源于社会文化,是从人类文化总体中精选出来的,成为学生学习的对象。处于不同文化背景中的教育内容是显然不同的。比如农业文化和商业文化,它们对教育内容的要求显然不同,学校教育所开设的内容也显然不一样。再比如大陆文化和海洋文化两种文化,后者教育内容中的科技文化、航海文化显然多于前者。

文化对教育内容的影响还体现在文化制约教育内容选择的偏好上,比如,我国的传统文化自春秋以来,几乎一直是以儒家思想为主体,注重调和人与社会关系的思想也一直制约着教育的内容的选择。它所造就的重人伦及"学而优则仕"的教育传统,体现在教育内容的选择上,就是我国历来重视伦理道德教育,"四书五经"成为主要的教育内容。英国一向崇尚人文精神,即使在今天,古典人文课程仍占有相当大的比例。

（三）文化影响教育观念的形成

文化观念指长期生活在同一文化环境中的人们逐步形成的对自然、社会和人本身比较一致的观点和信念。教育观念指存在于人脑中的对教育现象和教育问题的认识、观点和看法。任何教育家的教育思想都是在一定的社会文化背景下孕育出来的,是其世界观和价值观的反映。比如,中国近现代教育史上黄炎培的职业教育、陶行知的平民教育思想是他们所处时代社会需要的反映。

西方教育史上夸美纽斯、卢梭、裴斯泰洛齐的"自然教育"原则,是资产阶级上升时期要求肯定人性、削弱神性的社会潮流的反映。今天,我们主张人的全面发展,是社会主义现代化"两个文明一起抓"对教育提出的客观要求的反映,也是和平、稳定的社会文化环境下关于人的发展的理想价值追求。

（四）文化影响教育方法的使用

在中国的传统文化里,把读书和求教看成获得知识、增长才能的最佳途径,所谓"书读千遍,其义自见""听君一席话,胜读十年书"就是对读书和聆听先生教诲的具体写照。这种文化传统反映到教育上便体现为学校便把教师的系统讲授看成学生获得知识的根本方法,把读书视为获得真知的唯一源泉,故而倡导"多教多得、少教少得、不教不得"。教师讲、学生听的灌输式教学也成为学校教学的主要形式。[①]

现代教育在强调教育的社会价值的同时,更强调其个体价值,主张教育的"人性化""个性化",人成为现代教育关注的重心。在这种文化背景的指引下,教育内容和教育方法都有着很大的灵活性,强调从人本身出发,引出知识,并引导个体主动建构自己的认识,并给予最大限度的自我表现和自我选择的机会。

二、教育的文化功能

教育是人类所特有的文化行为,它主要指在教育者的引导下,受教育者与一定文化环境之间的双向互动与交往行为。这种互动与交往行为一方面促使人在文化活动中自我创造和自主生成,即文化创造着人;另一方面,它又促使人主动地去影响、改造、建构文化,即人也创造着文化。可以说,任何一种文化如果不借助教育的传递和深化,那都将影响它存在的质量或缩短它存在的历史长度。

---

① 王彦才,郭翠菊.教育学[M].北京:北京师范大学出版社,2010:103.

（一）教育的文化传承与保存功能

文化是一种社会性信息，独立于个体之外，不能依靠遗传的方式去获得，只能通过社会传承，特别是教育的方式来延续、发展以及传播。因此，教育成为文化传承的主要手段。首先，教育通过教育者和受教育者的共同活动来实现文化的传承。在教育过程中，教育者总是通过一定的经过慎重选择和加工了的人类文化对受教育者施加影响，经过受教育者的理解、掌握，文化被传递到年轻一代，并得到传播和普及。其次，教育使人类掌握文化传递的手段和工具实现文化的传承。通过教育，受教育者掌握语言、文字等工具，从而能够在教育过程之外获得文化、继承文化甚至发展文化。

在通过教育实现文化传承的过程中，文化也得以保存。文化的表现形式有多种，包括物质文化、制度文化和精神文化。前两种文化可以借助物质实体，如各种名胜古迹、语言符号等，将人类的精神以外在化的方式保存。但只有这种方式是不够的。一方面是因为这些文化的承载还离不开人的理解；另一方面，作为人类文化核心的精神文化，尤其是民族的文化传统、思维方式等，是不能通过物化的形式体现出来的。所以，无论哪一种文化的保存，都离不开教育对人的培养。教育成为文化保存的主要手段。

（二）教育的文化选择与整理功能

教育是有目的、有计划、有系统地培养人的过程。这一过程离不开确定的教育内容。而确定教育内容的过程，实际上就是对文化进行选择与整理的过程。通过这种文化的选择和整理，教育可以改造、净化文化。随着时代的发展，任何文化都包容着"精华"与"糟粕"。而学校教育，作为一种有目的的文化价值的引导工作，它需要撷取文化的精华形成学校教育的内容，提供给受教育者需要的适应社会生活发展变化的观念、态度、价值、行为方式以及知识与技能。教育的基本价值是向善的，是保持理性的。所以，教育尤其是制度化教育必然要对各种文化进行选择，筛选出有利于人发展的部分，同时，使不符合教育价值的文化对人的影响尽量降到最低。文化选择的结果，在直接意义上表现为经过培养的人能够接受先进文化、主流文化，同时，当学校向社会输出产品——学生的时候，社会文化可以得到不断的更新，对社会文化的净化亦是有利的。教育的文化选择功能十分重要，它体现了教育对文化发展的积极引导和自觉规范的作用。

蔡元培先生任北京大学校长时，实行"学术自由""兼容并包"的办学方针。因而，当时的北大，既有讲授马克思主义的，也有宣传资产阶级学说的，还有鼓吹中国传统儒家学说的。这实质上就是教师在利用教育对文化进行选择。教育对文化的选择，在多种文化观念相冲突的历史时期表现得尤为明显和重要。如我们今天的社会文化观念中，除了占主导地位的社会主义、共产主义文化观念外，还有封建主义的文化观念，西方的文化观念，半殖民地、半封建的文化观念，资本主义的文化观念。传播、传递什么样的文化观念，我们教育的选择功能就更加突出和重要。

(三)教育的文化更新与创造功能

文化的生命不仅在于保存和积累,更在于更新与创造。文化不是自然的馈赠,而是人通过实践活动逐步积累和创造的,文化创新是文化保持生命力和不断增值的必然要求,而文化的更新、创造离不开教育。教育对于文化的更新和创造功能主要表现在两个方面。一是通过培养具有创新精神和创造能力的人来发挥其文化更新与创造的价值。人既是文化的产物又是文化的创造者,但只有那些掌握大量文化知识又具有创新精神、创造能力的人,才有可能对文化的创新有所贡献。二是教育要创造和生产一种新的文化,直接参与文化创新。新的文化包括新的作品、新的思想和新的科学技术等。当代,学校往往成为新思想、新文化的发源地,在文化的更新和创造中发挥着越来越重要的作用。在现代社会中,教师即是研究者,不仅承担着传授知识、培养大量创新人才的任务,还在自己的教育教学岗位上通过科学研究,不断创造新知识、新技术,成为创造新文化的重要力量。

(四)教育的文化交流与融合功能

文化是一定时期特定地域人们的思想、行为的共同方式,在这个意义上,文化具有地域性和封闭性。然而,现代社会生产力的发展和市场经济的形成,使政治、经济、文化各方面打破了封闭性而走向开放,文化的交流成为必然。不同文化的交流不仅可以开阔人的视野,增进文化间的相互理解,在文化的碰撞中还会诞生新的观点、智慧和理论。文化的融合是文化交流的产物,它表现为不同文化的相互吸收、借鉴。全球化时代教育的开放性,也使文化在传递的过程中不断地交流、融合。

教育从两个方面促进文化交流和融合。一方面,通过教育的交流活动,如互派留学生、教师出国访问、进行国际学术交流等,促使不同文化相互吸引、相互影响;另一方面,教育过程本身通过学习不同的文化,如引进国外教材、介绍国外的学识研究和理论,对这些异域的文化进行判断、选择,对本土文化进行改革、改造,进而融合成新的文化,促使文化的不断丰富和发展。文化的融合,不是不同特征文化的简单相加,也不是一方对另一方的取代,而是要以某种文化为主,吸收其他文化的有益成分,引起原质文化的变化。

知识窗口

孔子学院,即孔子学堂(Confucius Institute),是中国国家汉语国际推广领导小组办公室在世界各地设立的推广汉语和传播中国文化的机构。它并非一般意义上的大学,而是推广汉语和传播中国文化的交流机构,是一个非盈利性的社会公益机构,一般都是下设在国外的大学和研究院之类的教育机构里。孔子学院最重要的一项工作就是给世界各地的汉语学习者提供规范、权威的现代汉语教材;提供最正规、最主要的汉语学习渠道。孔子是中国传统文化的代表人物,选择孔子作为汉语教学品牌是中国传统文化复兴的标志。为推广汉语文化,中国政府在1987年成立了"国家对外汉语教学领导小组",简称为"汉办",孔子学院就是由"汉办"承办的。它秉承孔子"和为贵""和而不同"的理念,推动中国文化与世界各国文化的交流与融合,以建设一个持久和平、共同繁荣的和谐世界为宗旨。

全球首家孔子学院2004年在韩国首尔正式设立。至2018年9月中国已在149个国家和地区建立530所孔子学院和1113个中小学孔子课堂。"一带一路"沿线64个国家中的53个国家建立了144所孔子学院和134个中小学孔子课堂。

孔子学院帮助一带一路沿线各国建立健全从幼儿园到大中小学从基础汉语到高端翻译,以及商务、旅游、职业培训等特色汉语教学体系,累计培养各类学员204万人,为"一带一路"建设提供了大批掌握汉语、了解中国,同时兼具专业和职业特长的人力资源。

孔子学院大力开展汉语教学,积极促进文化交流互鉴,成为巩固和发展中国与沿线国家友好关系的"民心桥"。

资料来源:孔子学院总部/国家汉办官网 http://www.hanban.edu.cn/.

第五节 教育的社会负向功能及其相对独立性

教育是人类一项有意识的活动,一切教育实践都是人有目的、有计划、有步骤进行的。人们运用教育的根本目的就是要发挥其正向功能,但是,人类有目的的教育活动在作用于受教育者后,并不能完全如愿地实现预期目的。有时,教育结果并不与教育者的目的预设相一致,这一后果既非教育者有意为之,亦非教育者早先知晓的,这就是教育的负向功能。

一、教育的社会负向功能

根据美国社会学家默顿(R. K. Merton)的结构功能理论,我们所指称的教育的负向功能是指,教育这一系统和文化活动在作用于社会和人(环境)时,其对人和社会发展起促进作用即产生正向功能,对社会和人(环境)产生的消极作用。在这里,需要特别指出的是,教育对社会和人(环境)的消极作用及对社会和个人(环境)的积极作用是同时发生、相伴产生的。

简括地说,教育的负向功能不在预料之中,它隐含于教育的最后结果之中,它是教育活动之后的连带产物。教育负向功能所展露出来的巨大的不可把握性即是其非目的性质的表现。教育的负向功能正以其非目的性的性质深刻地影响着我们的教育结果。在以往的历史中,由于教育的积极作用常常大于消极作用,并且在主观上我们更关心教育的积极作用,因而我们忽视了教育的消极作用,从而未能将教育的负向功能置于我们的研究视野中,这还有待于我们继续深入研究。

教育对社会发展的负向功能,是教育活动或教育系统出现的偏移和失调状态。教育的社会负向功能有些是整体的,有些是局部的,这取决于社会的性质。

当社会发展处于负向时,教育对社会产生总体的负向功能。发展是一个矢量,具有方向性。当社会处于倒退状态、反动势力得势之时,对个体发展的影响也是消极的,这时教育发挥的是负向功能。此时代是一个反动的、复辟的时代,教育培养了野心家式的人物和他的顺民,给人类社会带来了倒退和灾难。欧洲中世纪和我国封建宗法统治时期都是如此。

当社会发展处于正向时期,教育对社会的发展功能总体上是正向的,但也由于某种因素的影响,使得教育与社会的外部关系失调,局部的负向功能也会出现。

(一)传递保守的文化传统

教育的基本使命是传递人类以往的智慧结晶,人类社会得以进步的重要原因便是教育可以使人类新生代接纳前人的经验智慧,进而在前人的基础上获得进一步发展。但是,教育在向人类新生代传递以往智慧结晶的同时,也不可避免地向后人传递着保守的文化因素,跟不上时代的发展。例如,由于受传统文化的影响,经过长期的历史积淀,功利主义思想在我国教育中已经根深蒂固,政治上、经济上的功利主义使得教育偏离其本质,对整个社会文化也产生了消极的影响。

(二)教育的封闭性

教育由于具有相对独立性,很容易造成社会生活自我封闭而脱离现实。尤其是学校教育系统,在实现正规化、系统化和相对独立的同时,也逐渐产生了封闭性,使教育与社会之间出现壁垒,出现了在某种程度上与社会相脱离的现象。当社会处于落后状态时,教育的封闭性是有其积极意义的,但随着社会的发展,这种封闭性就会对社会发展产生消极影响。如同家庭教育的封闭性使许多独生子女难以适应社会生活一样,学校教育的封闭性也造成学生难以适应社会生活,这无疑对社会发展不利。例如,许多大学毕业生难以适应工作岗位和难以调适人际关系等,这在很大程度上是由教育的封闭性造成的。

(三)滞后于社会发展

从发展的角度看,教育往往落后于社会各子系统的发展,因为教育系统内部是一个相对稳定的系统,培养人才需要一个较长的周期,同时教育又是以社会发展的已有水平为基础的。这种教育的滞后性会给社会发展带来不利的影响。例如,学校教育有时跟不上社会的需求,某些专业培养出过多的毕业生,造成人力、物力的浪费,还给就业带来力。

(四)强化种族中心主义

迄今为止,各个独立民族国家的教育无不以塑造下一代的民族自豪感为己任,爱国主义教育成为各独立国家教育的基本法则。这种教育的结果是,西方民族因其技术和富裕普遍认为他们处于优越地位,而非西方民族因其悠久的历史和特殊的智慧认为自己才是真正优越的特定的政治集团和独立的民族国家则固执地强调自身的文化价值和道德准则。毫无疑问,各个国家都在试图充分发挥教育对于培养民众爱国精神的作用,然而教育的这一正向功能在充分发挥作用时,却也明白无误地表明了种族中心主义倾向。其产生的后果是,民族国家得以巩固的同时,人类社会也走向逆向发展方向。

(五)在特定的范围和地区内阻碍社会经济的发展

发展中国家大力发展普及教育,其本意是提高全民文化素质,促进经济发展,而结果却导致大量的农村人口外流,使落后地区经济更趋落后。不仅如此,发展中国家还在财力有限的状况下投入大量的资金发展高等教育,结果出现了非常奇怪的现象:一方面极需人才,另一方面又出现了教育过度和大量的教育浪费。这一由教育引起的负向效应严重地阻碍了经济的发展。

教育的负向功能是不可避免的,但只要正确认识并遵循教育规律,合理安排教育活动,协调教育与社会的关系,就可以最大程度减少负向功能,增强正向功能。

二、教育的相对独立性

教育的相对独立性是教育的基本属性之一,意指教育在一定范围内、一定程度上具有独立于政治、经济等其他社会现象的固有特性。虽然教育具有强烈的社会制约性,受社会、经济、文化等各种因素的制约,但教育又具有自身的特点和发展规律,具有自身质的规定性,这就是教育的相对独立性。如果教育失去了相对独立性,就难以发挥它应有的社会功能,教育存在的价值在很大程度上会被削弱。同时,教育作为一种社会实践活动,具有一定的主体意识和主体能力,这也为教育保持相对独立性提供了可能。

(一)教育相对独立性的表现

1. 教育具有自身质的规定性

教育质的规定性在于教育是培养人的活动,它以影响和促进人的发展为直接目的,这是教育区别于其他社会现象的根本特征。尽管教育目的、教育内容等受社会政治、经济、文化的制约,但人的发展及教育教学过程都有其自身的规律性,这些规律不以社会某些因素的变化而变化有着自身的特殊性,与社会发展的规律有着本质的区别。由此,教育成为一个自成体系的相对独立的系统。这也是教育不同于其他社会活动的根本所在。

2. 教育与社会发展之间存在不平衡性

教育虽然受社会制约,但它与社会政治、经济、文化的发展又往往存在着不同程度的不同步性。这种不同步性表现在以下两种情况中:一种是教育发展落后于社会发展水平。如旧的政治经济制度消亡之后,与之相适应的教育思想、教育制度并不会因旧的政治经济制度灭亡而随之消亡,还会留存相当长的一段时间,会对社会发展起阻碍作用。如在社会主义初级阶段的社会里,还残存有封建社会的教育思想。另一种情况是,由于认识了社会发展规律,根据社会发展的趋势,预见到教育发展的方向,教育的发展还可能会超前于社会的发展。当前世界各国普遍坚持教育优先发展战略,认识到人的现代化是实现现代化的前提,教育是发展科学技术和培养人才的基础,在现代化建设中具有先导性、全局性作用。总之,教育虽受一定社会政治、经济和文化等的制约,但其本身也具有一定的独立性,对其他各要素也起着一定的反作用。

3. 教育具有历史继承性

教育具有历史继承性。每一时代的教育,包括教育思想、教育制度、教育内容和教育方法等,都会受当时政治、经济、文化的深刻影响,会与以往历史时期的教育有明显的区别。但任何一种教育都是在整个教育历史发展中产生的,都必然要吸收和利用以往历史阶段的教育成果,与以往各个时代的教育有着继承关系。有些教育思想、观念因为反映了教育运行和发展的基本规律,所以会一直保留下来,比如产生于中国古代的启发教学、因材施教、教学相长等,到现在仍然是指导教育教学工作的重要原则。正是由于教育发展具有连续性、继承性,因此,无论是办学校、发展教育事业,或是进行教育改革,都要重视借鉴教育的历史经验,在原有的基础上积极改进,稳步发展。

(二)坚持教育相对独立的必要性

教育的相对独立表明,我们不能仅仅从社会政治、经济、文化方面去考察教育问题,还必须从教育内在的、特有的规律性去考察、研究教育问题,教育有其自身独立的价值追求,这是教育持续发展的内在要求,也是教育育人功能和社会功能有效发挥的前提。

1. 教育必须坚持自己独立的品格

教育有其自身质的规定性,不能等同于其他社会活动。教育质的规定性是培养人,所以教育的核心价值在于关注并潜心促进人的发展。人是现代教育的出发点和归宿,不管社会因素有多么纷繁复杂,教育都要坚持自己的专业性,坚守自身的价值追求。教育适应社会不等同于盲目顺从社会,或依附于政治、经济。

2. 教育对社会的适应应有所选择

教育是要服务社会的,但由于社会构成和社会组织的复杂性以及社会层次的多样化,社会对教育的需求是多元化和多变化的,其中有合理的与不合理的、正确的与错误的、短期的与长远的、高层的与低层次的。因此,教育对社会需要应有所选择,有所为,有所不为,主动地满足合理的和正确的社会需要,以促进社会的健康、全面、持续发展。此外,社会的发展不可避免地夹杂着偏差、错误乃至倒退,这就要求教育对社会要有敏锐的判断力和独立的批判性,充分发挥教育对社会的引领、教化作用。

3. 现代教育必须面向未来

把发展教育的参照系由现实转向未来,是现代教育发展的重大战略转变。未来不是命中注定的,而是由人类创造的,在遵循客观规律的前提下未来又是可以选择的。教育不仅创造着自身的未来,而且孕育着未来世界的创造者,今日教育塑造出的人才在很大程度上决定着明日世界的风貌。这一特点决定了在对未来的选择与创造中,教育负有特殊而重大的使命。就此意义来说,有学者提出现代教育的功能已从接受现实、传承文化发展到选择未来,为社会的明天培养人才。科学地预测和把握教育的未来,正是为了创造和选择更符合人类理想和需要的世界的未来。没有相对独立性,教育就不会对未来有准确的判断,也就无法完成其"选择未来"的社会使命。

当然,教育的独立性毕竟是相对的,所以我们既要反对抹杀与教育相对独立性相对而言的形而上学的机械论,又要反对把这种独立性绝对夸大化的历史唯心主义。也就是说,教育与社会既有紧密联系,又必须与社会保持恰当的距离。

拓展阅读

[1] 瞿葆奎. 教育学文集:教育与社会发展[M]. 北京:人民教育出版社,1989.

[2] 王道俊,王汉澜. 教育学[M]. 北京:人民教育出版社,1989.

[3] 鲁洁,吴康宁. 教育社会学[M]. 北京:人民教育出版社,1990.

[4] 教育——财富蕴藏其中国际 21 世纪:教育委员会报告[M]. 北京:教育科学出版社,1996.

[5] 钱穆. 文化与教育[M]. 北京:生活·读书·新知三联书店,2009.

[6] 钟启泉,崔允漷,张华. 为了中华民族的复兴 为了每位学生的发展《基础教育课程改革纲要(试行)》解读[M]. 上海:华东师范大学出版社,2001.

[7] 叶澜. 教育概论[M]. 北京:人民教育出版社,1991.

[8] 扈中平等. 现代教育学[M]. 北京:高等教育出版社,2005.

复习思考题

一、单项选择题

1. 认为教育不单是一种消费活动,也是一种投资活动,具有提高劳动生产率、促进生产的理论是(　　)。

　　A. 教育万能论　　　　B. 教育独立论　　　　C. 人力资本论　　　　D. 筛选假设理论

2. 以下哪项不是教育的经济功能?(　　)。

　　A. 完成劳动力的社会再生产　　　　B. 知识再生产

　　C. 更新知识与社会生产技术　　　　D. 决定教育的规模和速度

3. 在同一社会文化共同体内将文化从这一代传到另一代,这种功能称之为(　　)。

　　A. 教育传递——保存文化功能　　　　B. 教育传播——交流文化功能

　　C. 教育选择——提升文化功能　　　　D. 教育创造——更新文化功能

4. 科学知识再生产最主要的途径是(　　)。

　　A. 社会科研机构的科研活动　　　　B. 生产领域的应用

　　C. 学校教育　　　　D. 市场推广

5."建国君民,教学为先"反映了教育与(　　)的关系。
A.政治　　　　　　B.文化　　　　　　C.经济　　　　　　D.科技

二、简答题

1.简述经济对教育的制约作用。

2.怎样理解教育的文化制约性和教育的文化功能？如何充分发挥教育在我国社会主义先进文化建设中的作用？

3.运用教育社会功能的相关理论,分析我国教育改革的必要性及其主要任务。

三、论述题

当前社会,各种类型的私立学校和校外教育培训机构如雨后春笋般出现,并表现出勃勃生机,且这些私立学校和培训机构收费较高,请用本章所学的知识分析这一社会现象。

第四章
教育与人的发展

　　教育与人的发展是教育学的一个基本问题。教育的对象是人,教育的直接作用是影响人的身心发展,教育的价值与功能最终主要通过受教育者的变化来实现。人的发展是社会发展的基础,社会发展就其根本而言,是人的发展。没有人的解放和发展,就没有社会的发展和进步,因此,教育作为一种培养人的社会活动,就必须关注作为社会个体的人及其发展问题。

知识体系

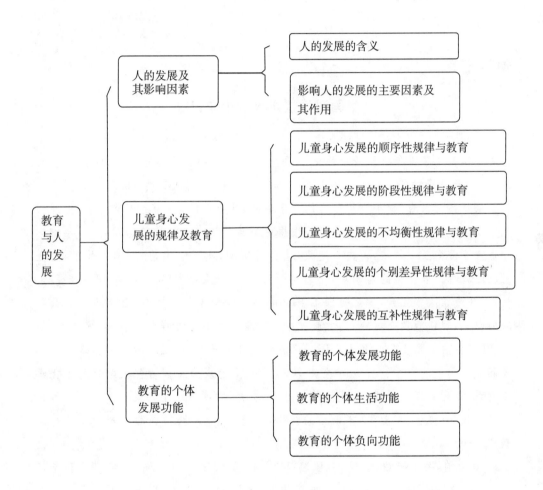

名家名言

> 玉不琢,不成器;人不学,不知道。
> ——《礼记》

> 书籍是在时代的波涛中航行的思想之船,它小心翼翼地把珍贵的货物运送给一代又一代。
> ——培根

> 要教育好孩子,就要不断提高教育技巧。要提高教育技巧,那么就需要家长付出个人的努力,不断进修自己。
> ——苏霍姆林斯基

知识窗口

中国科学技术大学少年班

2008年3月8日,中国科学技术大学少年班迎来了30岁生日。3月17日该校向外界公布了少年班毕业生的跟踪调查结果:30年来,少年班招收31期学生共1220人,已毕业的1027人中,有935人考取研究生,占总人数的91%。

从总体上来看,少年班毕业生的升学率高,就业面广,获国际大奖者多,出国深造率高,回国服务的人也越来越多。根据中国科学技术大学的跟踪调查,少年班毕业生主要流向三个领域:国内一流大学、科研机构;国际学术前沿;国内外工商、金融、IT领域。毕业生的名单中,不难发现一些"闪光"的名字:当年以11岁年龄入校的78级学生张亚勤,曾是美国IEEE(电气与电子工程师协会)百年历史上最年轻的会士,现任微软全球副总裁、微软中国董事长。像他这样年龄在40岁左右、毕业20年左右的学生,有18人在国外一流研究型大学中任教授,他们中出现了众多国际知名大奖的得主。87级学生庄小威在34岁时成为美国哈佛大学化学与化学生物系、物理系双聘教授,也是获得美国"天才奖"的第一位华人女科学家。像她这样年龄在30多岁、毕业10年以上的学生,已有70多人获得国际一流大学的终身教职……

30年前,关于宁铂、干政、谢彦波等"神童"的故事频现报端,少年班的孩子们也几乎成为全民偶像。30年后,当年的"神童"们如今的境况却大不相同。几年前,"神童"宁铂出家为僧、干政"自我封闭"、谢彦波"有心理问题",引起舆论一片哗然。

资料来源:吴云鹏.教育学综合案例教学[M].北京:中国人民大学出版社,2010.

第一节 人的发展及其影响因素

教育是一种培养人的社会活动,它通过培养人,促进人的发展,并与其他社会现象相互影响,相互作用,从而发挥自己的功能。教育的对象是人,主要是正在成长的年轻一代,他们的身心发展有其内在的规律。为了保证教育目的的顺利实现,教育还必须遵循年轻一代身心发展的规律。

一、人的发展的含义

发展,从哲学意义上讲,是自然、社会、人类思维的共同属性,它是一种连续不断地由低级向高级运动变化的过程,是一个不断地从量变到质变的运动过程。作为集自然、社会、思维属性于一身的人,他的成长也必然需要经历一个复杂的运动变化发展的过程。

(一)人的发展

人的发展,包含着人类发展和个体发展两个密切相关的层面不同的发展,根据本学科的研究意义和对象,我们主要讨论的是个体的发展。个体发展是指个体从出生到死亡的整个生命历程中身心诸方面不断发生变化的过程,特别是指个体的身心特点向积极的方面变化的过程,是人的各方面潜在力量不断转化为现实个性的过程。

个体发展是整体性的发展,主要包括三个方面:一是生理发展,包括有机体的正常发育、生理功能的逐步完善和体质的增强;二是心理发展,主要包括心理过程和个性心理的发展;三是社会性发展,主要表现为掌握社会经验和文化知识,习得社会关系和行为规范,形成人生态度和社会意识,提高社会实践能力,成长为能够适应并促进社会发展的现实的社会个体。个体发展的这三个方面,既有一定的相对独立性,又十分密切地联系在一起,在个体发展过程中形成相互制约、相互促进的关系。

个体发展的现实过程是十分复杂的。概括地说,个体发展是发展主体在与周围环境积极相互作用中,通过主体能动的社会实践活动实现的,其实质是个体生命多种实现的潜在可能转化为现实个性的过程。个体发展贯穿于生命的全过程,沿着一定的程序前进,表现出一定的阶段性和规律性,但不同个体的具体发展过程是连续性与非连续性的统一。这一过程是一个生命力不断涌动、消长,与外界环境不断相互作用,从而使人生不断构建、不断推陈出新的过程。

(二)个体身心发展的动因

个体发展的过程比较复杂,影响个体发展的因素也比较多。因此关于人的身心发展的动因,不同的研究者有不同的见解。其中最主要的分歧即人的发展究竟是先天生理成熟的表现还是后天环境影响的结果。围绕这一问题,出现了"内发论"和"外铄论"两种相互对立的观点。

1. 内发论

内发论强调人的身心发展的力量主要源于人自身的内在需要,身心发展的顺序性也是由身心的成熟机制决定的。内发论强调遗传在人的身心发展中的决定作用,后天环境和教育只是为人的发展创造条件,却不能改变和决定人的发展。因此人的发展过程也就是人的先天遗传素质自我发展和自我表露的过程。

孟子是我国古代主张内发论的代表,他提出"性善论"。他认为人的本性是善的,"万物皆备于心""仁义礼智非由我外铄也,我固有之"。人的本性中就有恻隐、羞恶、辞让、是非四端,这是仁义礼智四种基本品性的根源;人只要善于修身养性,向内寻求,这些品性就能得到发展。

奥地利心理学家弗洛伊德认为性本能是最基本的自然本能,它是推动人发展的潜在的、无意识的、最根本的动因。

英国遗传学家高尔顿(F. Galton)1869年在《遗传的天才》一书中说:"一个人的能力,乃由遗传得来,其受遗传决定的程度,如同一切有机体的形态及躯体之受遗传的决定一样。"他把人的发展完全归因于遗传素质,甚至认为人的智力,乃至人的道德善恶是在胚胎中形成的。他坚持以遗传的观点来解释个体的差异。

美国心理学家霍尔(G. Stanley Hall),从生物发展来看心理发展,将个体的心理发展过程视为复演物种进化的过程,心理发展是按预先形成了的生物学形式,即按遗传程序进行的,他把生物的发展规律机械地搬到人的发展上来。比如,他认为儿童的追逐打闹等活动是狩猎本能的复演,少年期打猎、捕鱼、爬山、游泳、划船等活动是祖先野外生活的复演。霍尔说过"一两的遗传胜过一吨的教育",他把人的发展完全归结为生物学上的成熟,强调遗传的作用,而认为后天的教育影响对于人的发展是无足轻重的。

内发论者强调人的内在因素具有不可替代的作用,人的身心发展是先天因素成熟的结果,完全否定后天学习及经验在其中的作用,忽略了外在因素对人的影响。人的发展是一个极其复杂的过程,遗传因素是其中一个不可缺少的因素,但不是决定性因素。内发论的贡献在于引导人们去认识人的内在力量,研究人的发展需要和内在的发展机制。

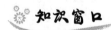

高尔顿名人家谱调查法

高尔顿采用名人家谱调查法进行研究,他从英国分别选取了两组人群作为调查对象,一组为名人组,包括英国部分著名的科学家、艺术家、文学家、政治家、法官、军官等共977人;另一组为对照组,包括人数相等的普通人。之后调查这两组人群的亲属中有多少人成名。结果发现,名人的亲属中有332人具有名声,而对照组普通人的亲属中只有1个人具有名声。由此,他得出结论:非凡的才能主要是由遗传决定的。

然而,对于这一次的研究结果,许多教育家、心理学家都提出了反对意见,认为调查过程由于没有排除一些包括环境在内的干扰因素,把能力上的差距归结为遗传因素是没有说服力的。高尔顿为了证明自己的观点,随后又进行了一个比较调查。这一次高尔顿选取的调查对象分别是名人的孩子和教皇的养子,结果发现教皇的养子成名的比例不如名人之子多,而这两者的生长环境相仿。高尔顿认为之所以有这种结果,是因为人的发展是由遗传而不是由环境决定的。

资料来源:桑标.当代儿童发展心理学[M].上海:上海教育出版社,2003.

2. 外铄论

外铄论认为在人的发展中起绝对影响作用的是生活环境和后天获得的教育引导,环境决定人的发展水平与形式。

我国墨子说:"染于苍则苍,染于黄则黄,所入者变,其色亦变。"荀子说:"蓬生麻中,不扶自直;白沙在涅,与之俱黑。"这些说法都夸大了环境的作用。

美国行为主义心理学的创始人华生(J. B. Watson)就是主张外铄论的代表人物,他在《行为主义》一书中写道:"给我一打健康的婴儿,一个由我自由支配的特殊的环境,让我在这个环境里抚育他们,不论他们祖辈的才干、爱好、倾向、能力和种族如何,我保证能把其中的任何一个训练成为任何一种人物——医生、律师、美术家、商人或乞丐、盗贼。"[①]这是典型的"环境决定论"观点,这种观点片面夸大和机械地看待环境的作用,把人看作环境的消极适应者。事实却并不如此,人对待环境的主观态度不同,就会有不同的发展和成就,在良好的环境中,有的人却没有什么成就,甚至走向与环境所要求的相反的道路;在恶劣的环境中,有的人却出污泥而不染,成为很有作为的人。因此,我们要正确认识环境在人的发展中的作用。

外铄论者极端重视环境在人的发展中的作用,忽视了遗传素质和儿童年龄特征的作用,认为人后天的生活经验和教育环境决定了人的发展。与内发论相比,外铄论更关注儿童生长的后天环境条件、成人的教养内容和教育方法。就这一点而言,外铄论发现了对儿童发展影响力更大的一项变量,有进步意义。但不足的是,它走向了另一个极端,也是一种片面的人的发展观。

3. 多因素相互作用论

这种观点认为,人的发展既不是纯粹的外界环境刺激造成的,也不是纯粹内在的自发的需要导致的。人的发展是个体的内在因素(如先天遗传的素质、机体成熟的机制)与外部环境(社会发展的水平,个体的文化背景、教育环境等)在个体活动中相互作用的结果。这一观点肯定先天遗传因素和后天环境对儿童的发展都有重要影响,而且两者的作用各不相同,不

[①] 伍德勤,杨国龙.新编教育学[M].上海:华东师范大学出版社,2009:52.

能相互替代。

德国心理学家施太伦(W. Stern)在《早期儿童心理学》一书中，明确提出儿童心理的发展是受环境和遗传两个因素共同影响的"合并原则"："心理的发展并非单纯地依靠天赋本能的逐渐显现，也并非单纯地接受或反映外界影响，而是其内在品质与外在环境合并发展的结果"，"发展等于遗传与环境之和"。

美国心理学家武德沃斯(R. S. Woodworth)提出"相乘说"。他认为一个人的发展并不等于遗传和环境之和，而等于遗传和环境的乘积。个人的发展依赖于遗传和环境，就像矩形面积大小依赖于宽也依赖于长一样。目前，在西方的心理学家和学者中，持这种观点的人比较多。

遗传决定论、环境决定论都片面地把影响人发展的某一方面的因素作为决定性或唯一的因素，这都不科学。那么把遗传因素和环境因素简单相加或相乘就能真正解释人的发展的动因吗？当然不是，人的发展是一个极其复杂的过程，其中影响人身心发展的因素很多，各因素间的关系和作用也不能用简单相加或相乘加以说明。

二、影响人的发展的主要因素及其作用

人是一个复杂的社会存在物，人的发展更是一个复杂的过程。影响人的发展的因素是多种多样的，这些因素之间又是错综复杂地交织在一起的。在教育学上，通常把这些因素总结为遗传、环境、教育和人的主观能动性。

（一）遗传素质是个体发展的物质前提

遗传是一种生理现象，也称遗传素质，是指人们从先代那里继承下来的生理解剖方面的特点。生理解剖特点是指结构特点，如机体的构造、形态、肤色、感官特征、神经系统的结构和机能等。在遗传下来的生理解剖特点中，生理特点指功能特点，如出生后感觉的灵敏度、知觉的广度、注意的持久性、记忆的强度、思维的灵活性等。

1. 遗传素质为人的发展提供了可能性

遗传是个体身心发展的物质前提，为人的发展提供了可能性。个体发展总是要以遗传所获得的生理组织和一定的生命力为其发展前提，如果没有这些前提条件，人的发展就无法实现。一个先天无脑儿，无论教育条件多么优越，都无法使他得到正常人应有的心理发展；一个先天失明的人难以成为画家；生来就失聪的人难以成为歌唱家。如果遗传有缺陷，人的身心则难以正常发展。只有具备正常遗传的儿童，才具有正常发展的可能性。但是传承的不是现成的知识、才能、思想、观点、性格、爱好、道德品质等，它不能决定人的发展。如果离开了后天的社会生活和教育，遗传所给予人的发展的可能性便不能变为现实。人们在职业上的不同，在思想意识和道德品质方面的不同，是因社会分工的不同、社会生活和所受教育的不同以及个人努力的不同而产生的。在不同的社会生活和教育的影响下，人的遗传素质可以向着肯定或否定的方向发展。一个天赋智力比较好的儿童未必会成为一位科学家，一

个天赋音乐才能比较高的儿童也未必会成为一位音乐家。如个人想要获得肯定和发展,除需遗传给他们的可能性外,还要看他们所拥有的社会条件、所受的教育和个人努力。

2. 遗传素质的成熟程度制约着人的身心发展过程

人的遗传素质是逐步成熟的,人的身心发展的各个阶段受遗传素质的成熟程度制约。成熟是某种行为和能力产生的必要条件,是人的身心发展的一种准备状态。从生理学来讲,人的身体各个器官及其机能,在初生时是很不完备的。人类个体在遗传提供的物质前提下,经历成长过程,各个器官及整个人体系统的构造、机能逐渐成熟。"成熟"是指个体的器官由于生长发育到一定程度,其机能达到可以发挥某种功用的程度。人的身心发展和年龄特征都受制于遗传的成熟程度,即在不同年龄阶段人身体各种器官的构造及其机能不断发展变化,人的发展呈现出不同的生理和心理特征。遗传的成熟程度,为一定年龄阶段的身心特点的出现提供了可能和限制,制约着个体身心发展。这些年龄特点也为某个年龄阶段施行的教育影响提供了可能和限制。

如从人的思维的发展与脑重发展的关系看,据研究,人脑的平均重量发展的趋势是:出生时脑重约为390克(约占成人脑重的25%),2~3岁的婴儿脑重990~1011克(约占75%),6~7岁的幼儿脑重1280克(约占90%),12~13岁的少年儿童大脑平均重量达到1400克,已和成人差不多。所以,小学的入学年龄定为6周岁是比较合适的。如果让6个月的婴儿学走路,让4岁的儿童学高等数学,只会徒劳无益。这是由于他的大脑皮层的生理机制还未成熟到具备学习高等数学能力的程度。只有身体的发展具备了一定的条件,才为学习一定的知识技能提供可能。心理学家和教育学家都认为:早于成熟期的学习或迟于成熟期的学习,都无助于发展。

可见,遗传素质的成熟程度对教育有着重要的制约作用,遗传素质的发展过程制约着年轻一代身心发展的过程和阶段。

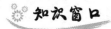

格塞尔双生子爬梯实验

美国心理学家格塞尔曾做了一个著名的双生子爬梯实验。被试是一对出生才48周的同卵双胞胎T和C,先让T每天进行40分钟的爬梯训练,而C不进行训练。6周后对T和C进行测试,发现T爬5级梯只需26秒,而C则需要45秒。从第7周开始,格塞尔对C连续进行了2周的爬梯训练,结果C超过了T,只用了10秒钟就爬上了5级梯。格塞尔认为个体的身心发展是按照其基因规定的顺序有规则、有秩序地进行的。成熟是某种行为和能力产生的必要条件,是人的身心发展的一种准备状态。所谓准备,是指由不成熟到成熟的生理机制的变化过程。只要准备好了,学习自然就会发生,所以在个体生理机能未成熟之前进行学习和训练是没有意义和没有成效的。

这个实验给我们的启示是：教育要尊重孩子的实际能力水平,在孩子尚未成熟之前,要耐心地等待,不要违背孩子发展的自然规律,不要违背孩子发展的内在"时间表",人为地通过训练加速孩子的发展。

资料来源：桑标.当代儿童发展心理学[M].上海：上海教育出版社,2003.

3. 遗传素质的差异是造成人的发展个体差异产生的原因之一

正常的儿童都具有人类的遗传素质,这是遗传素质的共性,但不同个体之间在遗传素质上是存在着客观差异的。人的遗传素质的差异,不仅表现在体态、感觉器官方面,也表现在神经活动的类型上。如刚出生的婴儿在气质上就有不同的表现,有的爱哭爱动,有的就比较安静。每个儿童的智力水平、个性特征等都在一定程度上受先天遗传素质的影响,世间没有完全相同的事物,即使是同卵双生子,在机体的构造和机能上也有不尽相同的地方,如感觉器官、神经系统等的构造和机能都会具有不同的素质差异。

遗传的差异,对于个体发展是有一定影响的。个体从出生到青年初期,身心发展逐步成熟,逐渐成为一个有知识、有道德、有个性的社会人。在这一过程中,年龄差异导致的发展差距在逐步减少,而个体差异的显著程度在明显增加。个体差异的存在,虽然是环境、教育的直接结果,但不可否认的是,还是受到了遗传的明显影响。遗传素质的差异性,是造成人的个体差异产生的原因之一。

4. 遗传素质具有可塑性

遗传是个体发展的物质前提,为个体发展提供了可能性,但这种可能性不等于现实。人能否发展、发展质量的优劣和水平的高低,不仅取决于遗传,还取决于环境和教育的影响以及个人的主观努力。人可以随着环境和人类实践活动的改变而改变。如一个人长期从事某一方面的实践,多接触某一方面的事物,就能更好地把握某一方面的规律。这是由于长期进行某一方面的特殊训练,使大脑两半球的有关部位的暂时联系高度完善,脑的反应能力随之充分提高。因此,儿童的神经系统,不仅被生来属性所制约,而且它本身具有极大的可塑性。在不同教育和环境的影响下,遗传素质可以向着肯定或否定的方向发展,某一神经活动的特征可以得到发展或抑制。同时,即使是某些低能或弱智儿童,在特殊教育的作用下,也能获得一定的发展。如天才指挥家——周舟舟,他是一个先天愚型儿,但他从小在歌剧院长大,耳濡目染的影响及合理的教育和培养,使其成为一名指挥家。

（二）环境是个体发展的外部条件

环境是指人生活于其中,能直接或间接影响人的发展的全部外部条件的总和,包括自然环境和社会环境。

个体的发展无时无刻不受到环境的制约和影响。自然环境是人出生后直接或间接影响人生存与发展的自然条件、地理位置,如阳光、空气、水土、饮食营养等。自然环境在为人的发展提供了物质生活条件的同时,也对人的生理结构和行为性格产生一定的影响,如我国北方多山,北方人的身材就比较高大,性格也显得刚毅耿直;南方多水,所以南方人的身材就相对娇小,性格也显得比较温和机灵。

社会环境是在自然环境基础上人类创造和积累的物质文化、精神文化和社会关系的总和,如经济条件、政治制度、文化传统、科技水平等。环境对人的影响,主要是通过社会环境实现的。任何人的发展,都超越不了他所处的社会历史时代,如古今中外的名人、伟人,他们的思想观点、道德品质以及个性特征等,都带有他所处的时代和阶级的烙印,都具有时代和阶级的局限性。

1. 环境使遗传提供的可能性变为现实性

人是社会的人,人的发展永远不能离开社会环境。儿童的机体和脑的发展是在同周围世界的接触过程中产生内部矛盾运动而发展起来的,是在不断相互影响的过程中实现的。事实证明,人的成长脱离了社会环境,不仅不能正常发展,就连人的发展的基础也会遭到破坏,如印度狼孩的故事。另外,人们生活在其中的复杂的社会关系也给人的思想和行为打上烙印。人与人之间在相互交往中互相影响,产生各种联系。无论是社会、家庭、学校,还是父母、老师、同学、邻居之间的联系,无一不是在复杂的社会关系下建立起来的,体现着社会环境对人的影响。

2. 环境制约着身心发展的水平、方向,影响人的身心发展的进程和速度

人的发展离不开人类生存的环境,环境是人发展的必要条件,而人又具有个别差异,这种差异性一方面表现在个体生长环境的不同以及环境对个体发展的影响与制约上。一般来说,良好的社会生活条件,可以加速年轻一代身心发展的进程;相反,不良的社会生活条件,可以阻碍年轻一代身心发展的进程,也即环境对个体发展的影响有积极和消极之分。"昔孟母,择邻处""近朱者赤、近墨者黑"说的就是这个道理。在现代社会,许多家长也非常注意给子女创造一个良好的学习环境。在同一环境中,我们会受到多种不同因素的影响,这些影响有积极和消极之分,我们必须正确认识和利用环境。教育者不仅要认识到环境中有什么、其作用力的强弱程度,更要认清其作用性质,并努力增强环境中各种积极因素对人的影响力,消除消极因素,促进个体发展。

知识窗口

舟舟的故事

舟舟,原名胡一舟。先天愚型儿、天才指挥家,是他为人所熟知的两个标签,也是他身上矛盾又特殊的地方。

舟舟的父亲胡厚培是武汉交响乐团低音提琴手,从两三岁起,他就随父亲"泡"在排练厅里,他对老指挥家张起先生观察得相当细微。4岁的某一天,爬上了指挥台,举起了指挥棒,舟舟惟妙惟肖地把张起先生的动作都表现出来,甚至把左手推眼镜架看谱的动作模仿得十分到位。舟舟煞有介事地敲了敲谱台:"预备,开始!"

乐手们看到舟舟的动作很有感觉,并纷纷随着他的指挥棒演奏起来。舟舟将这首《卡门》指挥完毕,转过身认真地鞠了一躬。

1997年,一部纪录片《舟舟的世界》改变了这个智障少年的命运。他无师自通,透过镜头用指挥和表演征服了观众,也在媒体的争相报道中成为人气骤升的明星。随后,舟舟受邀参加残联在京举行的新春晚会。他和施瓦辛格、刘德华等一线演员同台表演,还收到了前美国总统肯尼迪的妹妹的邀请。

时隔数年,舟舟还是舟舟,但他已不像从前一样声名大噪。一眨眼,当年的"年轻指挥家"舟舟已经40岁。"时光或多或少地改变了他的容貌,却没有改变他孩子一样的心智和对舞台的热爱。"

资料来源:胡厚培.从弱智到天才:舟舟的故事[M].北京:中国和平出版社,2003.

(三)教育在人的发展中起主导作用

从广义上说,教育是社会环境的一部分,但它是社会环境中有目的选择和提炼的特殊环境,这就决定了它的特殊作用,即在人的身心发展中起主导作用。"主导"主要是指方向上引导,教育的主导作用指:学校教育能调控青少年儿童的发展方向和内容,制约青少年发展的范围和程度,影响青少年未来发展的质量和水平。之所以说学校教育在人的身心发展中起主导作用,主要由于以下原因。

1. 学校教育是一种专门培养人的社会活动,具有明确的目的性和方向性

学校教育作为一种有目的、有计划的以培养人为目的的活动,与环境中的自发影响相比,具有巨大优势。它能根据一定社会政治、经济制度的要求和生产力发展的需要,按照一定的方向,选择适当的内容,采取有效的方法,利用集中的时间,有计划、有系统地向学生传授各种科学文化知识,并进行一定的思想品德教育。但环境因素对人的影响错综复杂,方向也不一致,既有积极影响,也有消极影响;既有正面作用,也有负面作用。而学校教育可以协调和优化各种环境因素对人的自发影响,充分发挥个体遗传上的优势,限制和排除一切不良环境因素的干扰,充分利用和发挥一切积极因素的作用,以确保个体发展的方向,保证个体沿着社会规定的轨道前进。

2. 学校教育具有较强的计划性、系统性以及组织性

学校教育不仅要为个体发展营造适宜的环境,还为个人发展组织大量的教育活动,这些教育活动是在各种严格的规章制度的制约下进行的。学校教育把人的发展所需要的一切时间和空间全部纳入可控的程序之内,保证教学工作得以顺利进行,而且又根据社会政治经济发展对人才规格的要求,根据知识的逻辑顺序和学生的年龄特征与接受能力科学合理地安排系统的教育内容。因此,学校教育给人的影响是全面的、系统的和深刻的,这些优势是自发的、偶然的、片面的环境因素所无法具备。

3. 学校教育工作由经过专门训练的教师来承担

学校教育培养人的工作由教师来承担。教师是受一定社会的委托，履行教育教学职责的专业人员。他们"闻道在先、学有专攻"，受社会的委托来教育学生，有责任教育好学生。而且他们受过专门训练，明知教育目的，懂得教育规律，熟悉教育内容，掌握教育艺术，运用恰当的教育方法，并自觉地按照学生的身心发展规律培养学生、教育学生，促使学生按照一定的方向去发展。正是由于教师多年在德、智、体、美诸方面的系统地、持续地工作，个体的身心发展大大加速了。同时，教师还可协调学校、家庭、社会的教育力量，形成教育合力，共同对受教育者实加深远而持久的影响。

学校教育在人的发展中的主导作用，在现代社会表现得更为突出。但我们要客观辩证地认识这一点，不能片面扩大其作用。综观历史和现实，可以看到，教育并不是在任何时代、对任何人、在人的发展的任何方面与任何阶段都起主导作用。教育的主导作用不是绝对的，而是相对的、有条件的，它受到多方面因素的制约。制约教育主导作用发挥的条件主要有以下几方面。

第一，受教育者自身的主观能动性。人与动物不同，自觉的能动性是人类的特点。环境和教育对人的影响作用的大小与人的主观能动性有着直接的关系，人的主观能动性是人的一种内在需要和动力，是一种积极的学习动机和渴望。当受教育者具有强烈的学习动机时，环境和教育的外因才能发挥相应的作用，学习者的学习积极性越高，教育的作用就越大，只有教育者和受教育者两个积极性之间在发生共鸣时，教育过程中的"教学相长"才会产生。所以，教育过程中只有充分调动学生的主观能动性，教育的主导作用才能充分发挥。

第二，教育的自身条件。教育主导作用发挥的程度和能力的大小，与教育自身的条件也有很大的关系。这些条件包括教育的物质条件、教师的素质、管理水平以及相关的精神条件等。

第三，家庭环境的影响。从家庭条件方面来讲，教育主导作用的发挥首先要考虑家庭的环境因素。学生要具备适当的家庭经济条件、良好的家庭氛围，父母要有科学的育儿观念和正确的教育方法。其次，家庭要与学校密切合作、相互联动，形成育人合力，使学生积极主动参与教育活动，教育才能发挥主导作用。如果家庭教育和学校教育不能很好地合作、联动，甚至相左，或者家庭在子女教育上不履行应尽的义务和承担相应的责任，那么学校教育的主导作用至少也是要大打折扣的。

第四，社会发展状况。教育主导作用的充分发挥首先与社会的发展状况相关，包括经济发展水平、社会政治制度、文化传统等。其次，社会影响和学校教育要保持一致。如果两种影响相互冲突，学校教育的主导作用是很难实现甚至无法实现的。因此，要净化社会环境，给年轻一代的成长创造好的物质条件和精神文化氛围。

教育的主导作用不可以无条件发挥，它要受到多方因素的制约。教育应努力争取各方面条件的积极配合，充分发挥它在促进人的发展中的独特作用。

（四）主观能动性是人的发展的内部动力

人不仅是社会历史活动的主体，还是自身发展的主体。环境和教育只是影响人的发展的外因，这些外因只有通过人的个体活动才能起作用。没有个体的活动作为中介，环境、教育和个体之间就不可产生相互作用，也就谈不上发展。

主观能动性是指人的主观意识和活动对于客观世界的积极作用，包括能动地认识客观世界和能动地改造客观世界，两者统一于人们的社会实践活动中。可以说，自觉的能动性是人类的特点，这种能动性主要表现为以下两点：一是主体通过亲自参与实践活动接受客观事物产生的影响，从而获得主体自身的发展；二是主体按照自己的认识、经验以及需要、兴趣来对客观事物作出反应，并为实现自己的意向，自觉地、有目的地开展自我控制和自我调节的活动。

主观能动性是人对社会环境和教育影响的主观态度和对自身发展的主观努力，它是在环境和教育的影响下形成的。随着人自我意识的提高和社会经验的丰富，人的主观能动性也随之逐渐增强，使人能有目的地去发展自身。人的主观能动性表现在能自觉地、有选择地作出抉择，控制自己的行为，还表现在能为自身发展预定目标，并自觉地为实现目标而奋斗。人的这种积极态度和主观努力，是个体得到发展的内在动力，它极大地推动人的发展。主观能动性的强弱直接关系到学习的效果和质量，在现实生活中，常有这种情况产生，同一个教室里的学生，学习状况千差万别，究其原因，除了受遗传素质、家庭教育等因素影响外，最主要的是学生个体主观能动性的发挥程度。

人对社会环境和教育的影响，从来就不是消极的、被动的，也不是全盘接收、机械反应的。人在与环境、教育产生关系的过程中，能根据自己的认识作出选择，按照个体的观念、态度和行为方式作出反应，促进个体发展，同时也能动地影响环境和教育。也就是说，遗传素质、环境和教育的影响，只有通过受教育者的活动及其在活动中所显示的积极性、能动性的作用，才能成为人的发展的因素。在特定的社会条件和教育影响下，在将个体发展的可能性转化成为现实性，个体的活动及其在活动中表现出来的主观能动性，是个体发展的决定性因素，是人的发展的内部动力。

第二节　儿童身心发展的规律及教育

教育与人的发展是相互促进、相互制约辩证统一的关系，教育在人的身发展中起主导作用，但教育作用的实现，还要受到个体身心发展的一般规律的制约。在教育工作中，只有从儿童身心发展的实际水平出发，教育才能达到预期的效果。个体身心发展的一般规律，是指不同个体在身心发展过程中表现出来的共同方面，这是由个体自身的成熟规律和外部社会发展状态相互作用所决定的，是不以人的意志为转移的。

一、儿童身心发展的顺序性规律与教育

(一)儿童身心发展的顺序性

人从出生到长大成人,身心的发展是一个从低级到高级、从简单到复杂的连续不断的发展过程。儿童身心发展的顺序性是指儿童的身心发展具有一定的方向性和先后顺序的特性。在正常情况下,个体之间的发展速度会有差异,但发展顺序不会颠倒,也不会逾越发展阶段,更不会逆向发展。

身体的发展是最基础的发展。儿童身体和运动机能的发展遵循着下述基本法则:第一,自上而下法则(头尾法则)。身体各部分的发展是从头部延伸到身体下半部的。发展次序是:头部→颈部→躯干→下肢。婴儿刚出生时头围为34厘米左右(约为成人头围的60%),12个月时头围为46~47厘米,24个月时头围为48~49厘米,此后增长速度变慢,10岁时头围才达52厘米。[①] 婴儿出生后,他的头是重点发展部位,当头的发展得到保证后,然后躯干生长,腿和手臂开始生长;头先于颈发育,颈先于躯干发育,最后是腿的发展。这种发展顺序被称为首尾发展方向。而运动机能也和身体成长保持一致,一般由卧→坐→爬→站→走。婴儿出生几周后就能抬头,直到第一年末才能站立。第二,自中心向边缘法则(近远法则)。发展是从身体的中心逐步发展到边缘,即从中央部分发展到外周部分。如,躯干和肩先发展,然后是手臂,上臂比前臂先发展,前臂又比手先发展。身体发展的这种模式也反映在运动机能方面。婴儿抓东西时,为了调动手的方位,就得移动整个身体,后来才能逐步发展到能独立地移动臂和手,再后来手指才能掌握比较精细的动作。

人的心理机能的发展也有一定的顺序性,如儿童思维的发展总是遵循从具体动作思维到形象思维,再从形象思维到抽象逻辑思维顺序;记忆发展的顺序是从机械记忆发展到意义记忆;注意发展的顺序是从无意注意到有意注意;情感发展的顺序是从喜、悲等一般情感发展到道德感、理智感、美感等高级情感。瑞士心理学家皮亚杰有关发生认识论的研究,揭示了个体认知发展的一般规律,即按照感知运算水平、前运算水平、具体运算水平、形式运算水平顺序发展的特征。美国心理学家科尔伯格的研究证明,人的道德认知遵循着从前世俗水平再到后世俗水平的发展过程。

(二)教育要遵循儿童身心发展的顺序性规律

个体身心健康的顺序性决定了我们的教育活动必须循序渐进地进行。无论是知识、技能的学习还是思想品德的发展,都应由浅入深、由简到繁、由易到难、由具体到抽象、由低级到高级,循序渐进。"拔苗助长""凌节而施"都是违背身心发展的规律的。例如,现代人越来越重视早期教育,但是应引起注意的是,任何有效的教育都要建立在儿童身心发展规律的基

---

① 林崇德.发展心理学[M].北京:人民教育出版社,1995:144.

础之上。因此,早期教育并不是越早越好,也不能把早期教育绝对化和神秘化。早期教育的意义在于为个体以后的全面发展提供多方面的基础与可能,过早地进行教育,从发展的观点来看是不利的,甚至可能使儿童产生厌学等教育的负效应。

过早的教育是没有意义的,但这绝不意味着教育应该跟在学生发展的后面缓慢地进行,消极保守,延误发展良机;更不能等待迁就,听其自然;应根据儿童发展的顺序性规律,逐步走向儿童的"最近发展区",从而全面提高儿童的身心发展水平。

二、儿童身心发展的阶段性规律与教育

(一)儿童身心发展的阶段性

身心发展的阶段性是指个体在不同的年龄阶段表现出某些稳定的、共同的典型特点。这些特点无论从表现方式上、发展速度上,还是发展的结构方面,与其他阶段相比较,会具有不同特征。人们常说"三翻、六坐、八爬叉、十个月会喊大大,"就属于儿童发展的阶段性表现。我国通常根据人的生理和心理的发展阶段性特征,把人从出生到成年划分为六个阶段:乳儿期(0~1岁)、婴儿期(1~3岁)、幼儿期(3~6岁)、童年期(6、7岁至11、12岁)、少年期(11、12岁至14、15岁)、青年初期(14、15岁至17、18岁)。人生各个阶段在身心发展方面,都有其明显的典型特征,如童年期无意注意占优势,有意注意不稳定、不持久。思维具有具体形象性,抽象思维能力弱,对抽象事物不易理解;少年期抽象思维逐渐发展占据主导地位,能进行理论逻辑推断。

人的发展的前后两个阶段之间又有紧密的联系和有规律的更替,即各个阶段之间既相互关联又有区别。主要表现在:一是发展的主要方面在各阶段都是相同的,都包括身心两大方面。只不过身心各方面的发展,在不同阶段上有大小、强弱、多少等数量和程度的区别。二是前一阶段的发展水平对后一阶段的发展有直接影响,前一阶段是后一阶段身心发展的基础,后一阶段是前一阶段发展的必然趋势,但相邻的两个阶段并无截然清晰的界限。每个阶段的发展都需要一定的时间,并表现为量的变化,当量变达到一定程度时产生质变。但是前后不同的两个阶段并不能有明确的划分,并不能判定说哪个学生今天处于童年,明天就是少年。所以,前一个阶段的后期和后一个阶段的前期的界限是非常模糊的。

(二)教育要遵循儿童身心发展的阶段性规律

个体身心发展的阶段性决定了教育工作必须根据不同年龄阶段的特点分阶段地进行。一方面,我们在依据教育目的组织教育内容和选择教育方法时都必须从个体身心发展的规律出发,根据受教育者身心发展的不同阶段表现出的特点开展教育教学工作。另一方面,儿童不同的发展阶段之间是相互关联的,上一阶段影响着下一阶段的发展,所以,人生的每一阶段对于人的发展来说,不仅具有本阶段的意义,还具有人生全程性的意义。我们的教育工作也要考虑到这种衔接性和过渡性,做好从幼儿园与小学的衔接工作、小学与初中的衔接

工作等。

三、儿童身心发展的不均衡性规律与教育

(一)儿童身心发展的不均衡性

儿童身心发展的不均衡性是指个体从出生到成熟并不是匀速、直线发展的,个体身心发展的速度、成熟水平是不均衡的。这种不均衡性表现在两个方面:一是人的身心同一方面的发展,在不同的年龄阶段发展速度是不均衡的。例如,儿童的身高、体重有两个增长高峰,第一个高峰出现在出生后的第一年,第二个高峰出现在青春发育期。在这两个高峰内,身高体重的发展较其他年龄阶段更为迅速。又如,人的大脑发展最迅速的时期是在出生后的第5个月到第10个月。新生儿的脑重量约为390克,相当于成人的1/3(成人脑重量平均为1400克),新生儿九个月的时候,脑重量增加到660克,约增加一倍。比较起来,婴儿期是脑重量增加最快的时期。二是不同方面发展的不均衡性。有的方面在较早的年龄阶段已经发展到较高的水平,如感知觉;有的则要到较晚的年龄阶段才能发展到较为成熟的水平,如思维能力。再比如,人的身心两方面的发展是不均衡的。从总体上看,人的生理成熟是先于心理成熟的。人的生理成熟以性机能成熟为标志,现代女性的性成熟一般自十二三岁开始,至16~18岁止,男性一般比女性的起始年龄推迟2~3年;心理上的成熟则以独立思考能力、较稳定的自我意识和个性的形成为标志。此外,个体社会性方面的成熟,以独立承担社会职业和家庭的义务为标志。在现代,由于社会对个体要求的提高,学习年限延长,独立生活和工作的期限也后推,这使人的心理成熟、社会性成熟时间也向后推移。然而由于食物营养和社会文化的影响,个体生理成熟的年龄却提前了,这样就使本来就存在的身心发展的不平衡性表现得更为突出。

(二)教育要遵循儿童身心发展的不均衡性规律

由于人的身心发展的不均衡性,说明个体身心发展在某些方面存在快速发展期。由此,心理学家提出了发展关键期的概念。所谓发展关键期是指身体或心理某一方面的机能和能力最适宜于形成的时期。在这一时期,对个体某方面的教育可以获得最佳成效,并能充分发挥个体在这方面的潜能;一旦错过这个时期,就需要花费几倍的努力才能获得最佳成效,甚至永远无法获得最佳成效,永远无法弥补。正如《学记》所言:"当其可之谓时……时过然后学,则勤苦而难成。"当代许多心理学家、教育家一致认为,在智力发展的关键期内,环境和教育对智力发展1年的影响超过其他时期8~10年的影响。美国心理学家布鲁姆为了寻找个体智力发展的关键期,曾对上千名婴幼儿进行跟踪研究,得出了结论:5岁以前是儿童智力发展最迅速的时期,他的研究得到国际的公认。心理学的研究还提出,1~3岁是学习口头语言的关键期,4~5岁是开始书面语言学习的关键期,学习外语从10岁以前开始,学习乐器在5岁左右开始为最佳。

认识个体身心发展的不均衡性,教育工作者要正确把握儿童身心发展的关键期,促进儿童更好地发展。

四、儿童身心发展的个别差异性规律与教育

(一)儿童身心发展的个别差异性

儿童身心发展的个别差异性是指个体发展之间的差别性,虽然个体的发展具有普遍的规律和模式,须经历共同的发展阶段,但在正常发展的范围内,由于遗传素质、环境、教育和自身主观能动性不同,同一年龄阶段儿童的身心发展存在着显著的差异。

儿童身心发展的个别差异具体表现在:第一,不同儿童的同一方面发展的速度和水平各不相同,比如,就身高来说,有的长得早,有的长得晚;就体质来说,有的身强,有的体弱;就性格来说,有的内向,有的外向;就智力来说,有人早慧,有人"大器晚成";就思维来说,有的在小学时抽象思维已有很好的发展,有的要到十四五岁抽象思维才有显著表现。国外一个大规模的研究报告中曾经作出这样的估计:当一年级的教师遇到他班上年龄差不多都是6岁的孩子时,他事实上面对着一群能力不同的儿童,从他们准备状况的差异方面来说,这群儿童的年龄跨度实际上是从3岁到11岁。第二,不同儿童不同方面发展的相互关系不同。如有的儿童第二信号系统发展较弱,第一信号系统发展占优势,其数学能力较强,但绘画能力却很差;而一些儿童则相反,绘画水平很高,数学却不及格。第三,不同儿童具有不同的个性心理特征。如同一年龄的儿童,却具有不同的兴趣、爱好、特长和性格特征等。有的人兴趣广泛,有的人兴趣专一;有的人爱好文学,有的人喜欢运动;有的人擅长音乐,有的人擅长美术;有的人喜欢安静,有的人喜欢热闹……世界上没有两个完全相同的人,同卵双生子也不例外。

(二)教育要遵循儿童发展的差异性规律

教育工作不仅要认识学生发展的共同特征,还要重视每个学生的个体差异。人的发展的个别差异要求教育必须坚持因材施教,即根据一定的教育目标,根据受教育者个别差异和具体特点,采取不同的教育措施。坚持因材施教要求教育者要全面深入地了解每个学生,在集体教学中,要善于兼顾个别学生,针对学生的个性特点,提出不同的要求,分别设计出有针对性的教学方案,选择最有效的教育方法,使每个学生都能获得最大程度的发展。

五、儿童身心发展的互补性规律与教育

(一)儿童身心发展的互补性

儿童身心发展的互补性反映个体身心发展各组成部分的相互关系,它首先指机体某一方面功能缺陷受损甚至缺失后,可通过其他方面的超常发展得到部分补偿。如失明者通过

听觉、触觉、嗅觉等方面的超常发展补偿视觉方的缺失。机体各部分存在着互补的可能,使人在自身某些方面缺失的情况下依然与环境协调,从而为能继续生存与发展提供了条件。

其次,互补性也存在于心理机能与生理机能之间。人的精神力量、意志、情绪状态对整个机体起到调节作用,帮助人战胜疾病或残缺,使身心依然得到发展。我们身边有很多这样出色的人物。相反,如果一个人的心理承受能力太差,缺乏自我调节能力和坚强的意志,那么,即使不是很严重的疾病或磨难也会把他击倒。

(二)教育要遵循儿童发展的互补性规律

儿童身心发展的互补性告诉我们,发展的可能性有些是直接可见的,有些却是隐现的。在教育工作中,我们自身首先要树立信心,相信每一个学生,特别是某些方面有缺陷或暂时落后的学生有能力发展自己,通过教育促进其其他方面的补偿性发展,使个体身心发展达到一般水平;其次要掌握科学的教育方法,善于发现学生的优势,扬长避短,激发学生自我发展的信心和自觉性。只有这样,教师才能帮助儿童实现更好的发展。

第三节 教育的个体发展功能

人的存在有自然性、精神性、社会性三个基本维度,这也体现了人类的天性和基本需求。刚出生的婴儿只是一个生物学意义上的自然人,依靠后天的学习才逐渐发展成一个真正意义上的个体的人,这个过程也是人内在的天性或基本需求不断发展或获得满足的过程。因此,人真正成为一个人,具体讲应该包括三个方面的内容:一是使人由自然人成为社会人,即人的社会化;二是使人成为他自己,使自我的人格和才能得到充分的发展,即人的个性化;三是使人学会生存、得到享受、获得幸福。教育的个体功能也就是教育在促进人的社会化、个性化以及使个人获得幸福等方面产生积极的影响。

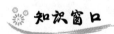

为天鹅助跑

欧洲中世纪的贵族喜欢在自己的池塘中养天鹅,用以炫耀自己的高贵。但一般的天鹅被捉来后还是会飞走的,于是他们想出了三种方法使天鹅飞不走。

一是把天鹅羽毛剪掉一边,使天鹅失去平衡。二是绑住天鹅的翅膀,使它无法张开翅膀。三是由于天鹅起飞需要很大的湖泊助跑,如果缩小池塘的面积,天鹅就飞不起来了。

前面的两种方法会伤害天鹅优美的姿态,所以贵族们普遍地使用了第三种方法,久而久之,天鹅就失去了飞的能力,甚至忘记自己也会飞翔。这种原本能飞越高山大海的大鸟就乖乖地成为贵族们的宠物了。

最近还看过一篇报道,说的是一位母亲为了圆儿子的画家梦,不惜辞职,告别丈夫,远离家乡,在京城陪儿子读了10年书。最终,儿子如愿考上了美术学院,她却丢了丈夫,丢了工作,丢了除儿子之外的一切。然而,儿子却不感激母亲,他认为,自己和母亲一样是可悲的人,而且比起母亲来自己更可悲。他已经不知道自己喜欢的究竟是什么了,母亲的付出,让他感受到了巨大的压力,自己的爱好给母亲带来了太多的苦难,画画给他带来了罪恶感和压抑感。他现在只能像一名画工一样机械地画画,根本找不到灵感和激情。

他在给母亲的信中这样写道:"你赌博式地陪读,把所有的希望都压在我的心头,而我已承受不了这一切。我看过心理医生,医生说我有忧郁症,需要心理调整。现在,我最害怕你说把一切希望都寄托在我身上,这让我实在受不了!"

看完儿子的信,母亲呆住了……

是呀,我们该为孩子们做些什么呢?

资料来源:吴云鹏.教育学综合案例教学[M].北京:中国人民大学出版社,2010.

一、教育的个体发展功能

现实生活中的人,既是社会的人,又是个体的人。作为社会的产物,人具有社会性;作为个体的人,人具有个性。前者寻求个体的共同性,后者寻求个体的独特性。社会性和个性是相互对立而又辩证统一的,人是社会性和个性的矛盾统一体。从本质上说,个体发展是一个包含着两个矛盾变化而又不断整合和系统化的过程,其一是社会化,其二是个性化。教育就是通过个体的社会化和个性化,促使一个生物体的自然人成为一个现实、具体的社会人。因此,教育的个体发展功能就表现为教育的个体社会化功能和教育的个体个性化功能。

(一)教育促进个体社会化的功能

教育是一种培养人的社会活动,是教育者对受教育者施加影响的过程,它意味着对儿童身心发展进行引导、促进,本质上就是个体社会化的过程。社会化是指个体由"自然人"转化为"社会人"的过程。个体从幼年开始,受家庭、学校、同辈群体、社会文化等的影响,逐步习得在社会中生存发展所必备的知识、技能以及行为规范等,并扮演一定的社会角色,承担一定的社会责任,成为合格的社会成员。教育在个体发展中的主导作用突出地表现为教育能促进个体的社会化。

1. 教育促进个体思想观念的社会化

人的思想观念是人对周围世界的看法和在社会生活中所形成的思想。个体的思想观念是人脑对周围事物及社会活动的反映,是社会的产物。个体由"自然人"发展成为"社会人",

就是人生活于社会中并接受周围环境的影响,学习和掌握社会文化并将这种文化进行内化的过程。学校教育具有目的性和方向性,它代表了一定社会的要求,通过学校有计划、有组织地系统地施加影响,教育者将社会的价值规范和主流文化传播给受教育者,使他们形成完整的思想观念体系,促进其思想观念的社会化。人在社会中所获得和形成的思想观念往往与其所接受的教育相关,不同的思想观念是接受不同教育的结果。

2. 教育促进个体行为的社会化

人自身有了什么样的思想就会产生什么样的行动,人的思想观念的社会化和人的行为的社会化是紧密联系的。社会规范总是规定着生活于其中的人们应该做什么和不应该做什么,教育通过传递社会规范,使人们认识社会规范的意义和内容,从而规范人的行为,防止个体行为偏离社会的轨道。同时,教育还具有生活指导的功能。它给予人所必需的知识和技能,帮助人们学会协调理想和现实之间的冲突,使人们首先学会生活、适应生活。

3. 教育促进个体职业、角色的社会化

个体在社会中要扮演一定的社会角色,主要通过个体从事某一职业或处于社会结构中的某一等级体现出来的。职业是社会化的集中体现。人要在现代社会中生存,就需要从事一定的职业,这就使个体为了就业和生活而接受教育,从而促进个体的职业化。职业技术教育、高等教育和成人教育的核心要求就是培养人的职业角色意识和技能。

(二)教育促进个体个性化的功能

人是社会性和个性的矛盾统一体,人的发展过程是社会化和个性化的对立统一的过程。个体的社会化必然伴随着个性化,同时也需求个性化。个性主要体现为个体在社会实践活动中形成的自主性、独特性和创造性。个性化就是个体在社会活动中形成自主性、独特性和创造性的过程。个体个性化的形成与实现依赖于教育的作用,教育具有促进个体个性化的功能,教育的这种功能主要表现为以下几个方面:

1. 教育促进个体主体性的发展

人的主体性是个体面对客观世界的主观能动性,主体意识和主体能力是人的主体性的表现。主体意识是人作为认识和实践活动的主体的自觉意识,包括主体的自我意识和对象意识。主体能力是主体认识、改造外部世界的能力。主体意识是主体性观念的表现,主体能力是主体性的外在表征。无论是主体意识的形成还是主体能力的获得都要通过教育。教育通过对人的道德、智力、能力的培养而唤起人将自己视为自然界主体的意识,提高人对自我的认识,形成道德观念,增长知识,发展能力,从而达到能动地适应且不断变革客观世界的目的。同时,教育的过程是一种不断提升自我、完善自我的过程,是激发和形成个体主体性的过程,教育使个体素质不断得到提高,自我能力不断增强。

2. 教育促进个体独特性的形成

个体的独特性是人的个性心理的表现,包括兴趣、爱好、理想、信念、世界观等个性倾向性和能力、气质、性格等个性心理特征。人的遗传素质具有差异性,如神经过程的强度平衡性、灵活性等,这是造成个性心理差异的生理基础。个体的遗传素质不同,后天的生活环境、教育影响不同,生活的经历不同,会形成不同的发展结果。教育作为有目的的活动,要在培养良好的个性心理方面发挥主导作用,根据学生的不同特征因材施教,帮助不同的学生充分开发其内在潜力,形成自己的优势和特长,以使其成为高质量的、专业化的人才。

3. 教育促进个体创造性的开发

创造性是人的个性的核心品质,是个体独特的自我意识的体现。一般说来,个体的创造性包含两层含义:一是个体对外在事物的超越,即个体通过变革和改造旧事物,促使新颖的、独特的新事物产生;二是个体对自身的超越,即个体在改造外部客观世界的同时,也改造了自身,使"旧我"转变为"新我",从某种程度上来讲,创造是人与生俱来的本能和禀性。但人的创造本能是非常脆弱的,如果不加以保护、激发和培育,就慢慢地丧失。在当今社会,人们已充分认识到创造对于社会和个人的价值,培养人的创造意识、能力和精神已成为当代教育的重要主题。在教育过程中教育者可以通过启发、引导受教育者的内心需求,创设宽松、民主、探究的教育环境,有目的、有计划地组织、规范各种教育活动,从而把他们培养成为能够自主地、能动地、创造性地进行认识和实践活动的主体。

二、教育的个体生活功能

(一)教育的个体谋生功能

教育是通过传递知识经验来促进人的发展的,促进人的发展是教育的基本使命,也是教育功能的直接指向。发展本身就将是个体获取将来谋生本领的基本形式和必要环节,在此意义上讲,教育已经成为个体生存的一种基本途径和必要手段。教育的个体谋生功能由此突显。

对于个体而言,发展是直接的本质性的需要,发展是为了更好地生存,而生存是个体存在的基础和前提,是现实性的需要。生存既是个体发展的前提,也是个体发展的目的。教育要满足个体发展的需要,教育也要满足个体生存的需要。对于社会个体的现实存在而言,生存之需比发展之需往往更为迫切、更为直接。从教育产生的早期阶段来看,在认识自然和改造自然的实践过程中,原始人类的智力和体力逐步得到了发展,同时也积累了一定的生产经验,为了使生产劳动能够代代存续下去,也为了年轻一代能够更好地生存,年长一代意识到,必须把积累的这些知识经验传递给年轻一代,而教育正是传递这些知识经验的一种有效的方式。因此,从起源上看,教育的产生首先是为了满足人类生存的需要,也是为了满足个体更好地生存的需要,教育成为了个体获取谋生本领的一种手段、一种有效途径和方式。在此意义上,教育的个体谋生功能是更为现实和直接的。

(二)教育的个体享用功能

教育的个体谋生功能指向外在社会的要求,个体把教育作为一种生存手段和工具。而教育的个体享用功能，使教育成为个体生活的需要，受教育过程是满足需要的过程。在满足需要的过程中，个体可以获得自由和幸福，获得精神上的享受。

人从父母那里遗传而获得的自然生命只是做人的物质基础，人要成为人还要经历第二次成长，并且必须讲求为人之道，只有在自觉做人中才能真正成为人。因此，人必须学习做人，教育教人做人，是满足人的生命需要的最基本形式。这样，受教育对人来说，是生命中最基本的需要。教育满足人生存的需要，主要是为了实现人类保存自身和个体谋生的价值。而后，随着人类的进化、社会的进步、物质的丰富，人类对于教育的需要，才开始从以生存价值、功利价值为主转化为以精神价值为主，人们逐渐把精神的完善作为追求的目标，从而获得精神上的满足与享受。教育，尤其是学校教育，主要是通过知识的教化来帮助受教育者走向自由、走向幸福。知识的获得有外在和内在两种不同的价值，知识的外在价值在于知识可转化为一种力量或一种生产力而成为谋生的手段，知识的内在价值在于知识可促进人的身心和谐发展，造就完满的自由人格，使人成为自由之人、幸福之人。由此可见，教育的享受功能是教育个体发展功能的必然延伸。

三、教育的个体负向功能

教育在人的身心发展过程中起着极大的促进作用，但这种作用的发挥是有条件的，并非所有的教育都能发挥正向的促进作用。正如《学会生存》所指出的，"教育既有培养创造精神的力量，也有压抑创造精神的力量"，甚至有的教育还在摧残儿童。在应试教育下，为了追求高分数，教育特别强调标准化教学。标准化的教学、考试如同温柔的陷阱，过于追求客观化、规范化而束缚了人的想象力和创造力，成为扼杀创新精神的最大凶手。有人评价中国教育，说学生进学校是个"问号"，但出学校成了"句号"。西方学者认为，中国学生可以很好地回答教师提出的问题，但自己却不会提问题，或提不出问题，这不能不说我们的教育不但没有发展他们的想象能力和思维能力，反而使他们的思维更加僵化了。这种对客观化、规范化的过度追求成为扼杀学生个性潜能和创新精神的罪魁祸首，教育过度的工具化阻碍了受教育者的全面发展，主要表现为出现主体意识淡漠、个性被压抑、功利思想严重、素质发展不全面等现象，这在很大程度上是由教育对个体发展的负向功能所导致的。

现代教育对个体发展的负向功能主要体现在以下几个方面。

（一）过重的学业负担、唯"智"是举的做法，摧残了学生的身心健康

过重的学业负担、唯"智"是举的做法，不仅可能会带来身体问题（如近视、心理问题等），还可能导致道德品行不健康、社会适应性不良（如青少年犯罪率不断上升、学生产生厌学情绪等）产生。

（二）严格的学校管理，不利于学生主体性的发挥和创造性的培养

在现存的学校管理和班级管理中，大部分学校对学生进行刚性的规范管理，重视教育者

的权威,运用各种规章制度,告诉学生应该做什么、应该怎样做,而不管学生是否心服口服。更有甚者,采用体罚和变相体罚等简单粗暴的方式对待学生。这样做只能使学生变得规规矩矩,学生富有活力的生命在规范的框架中受到压制,限制了人的主体性的发展。

(三)追求教育效率的最大化,不利于个性发展

随着工业化的深入,社会政治、经济发展需要大量人才,个体受教育的需求也日益增加。于是,为了最大限度地满足个体受教育需求和社会发展的要求,教育走上了效率化的道路,最为典型的表现是班级授课制、讲授为主的教学模式成为学校教育教学的主要形式。然而,学习者的素质基础、个性特长、认知能力是有差异的,用一种统一的教育模式运用于千差万别的个体身上,在提高教育效率的同时免不了对受教育者的个性产生压制。

(四)较强的功利性使教育丧失了对人的关怀

现实的教育把生命工具化,受教育是为了获取某种外在的利益,而不是回应生命发展的需要。学生在教育中感受到的不是幸福和欢乐,而是痛苦和恐惧。比如面对当下高考"千军万马过独木桥"的局面,很多学校纷纷开设"实验班""火箭班",高度重视优等生,对差生不闻不问;教学也只重知识传授,轻能力培养。这种做法使得学生只重视死记硬背,轻视灵活运用;重应试学科,轻视其他学科。这种教育思想和教育方法,使各种教育因素之间产生不协调,导致学生负担重、学得死,甚至走向畸形发展之路。

(五)教育者自身局限直接导致消极影响产生

教育者是教育的主导,是受教育者内化知识、提高素质的设计者和引导者,对受教育者的影响极大,因而也是最容易压制个体发展的人。由于教育发展迅速,教师队伍素质参差不齐,许多教师的教育观念、教学水平、敬业精神等跟不上时代的发展和个体成长的要求,不能深刻地把握教育的规律,这样必然对个体发展产生消极影响。

针对当前教育的负向功能,我们要认真分析原因,采取积极措施去克服和矫正弊端。克服教育负向功能的关键是,树立"以人为本"的教育理念。以人为本的教育,首先是指要把人看作目的,而不是手段;把学生的个性发展看作教育的唯一出发点和归宿,而不是为了外在的目的而迫使学生接受教育。以人为本的教育,把人看作具体的、能动的人,尊重他们的人格和生命,以积极的目光看待他们、赏识他们。

四、促进个体发展的条件

(一)"育人为本"是教育工作的根本要求

党的十七大报告提出教育改革必须要"坚持育人为本、德育为先、实施素质教育,提高教育现代化水平,培养德智体美全面发展的社会主义建设者和接班人,办好人民满意的教育"。

党的十八大报告提出"把立德树人作为教育的根本任务,培养德智体美全面发展的社会主义建设者和接班人",继续深化育人为本的教育理念。党的十九大报告提出"要全面贯彻党的教育方针,落实立德树人的根本任务,发展素质教育,推进教育公平,培养德智体美全面发展的社会主义建设者和接班人"。人既是教育的出发点,也是教育的目标。"育人为本"不是空洞的理念,它的实质就是坚持以人的全面进步和发展为本,把人作为社会的主体和中心,在社会发展中以满足人的需要,提升人的品质,实现人的全面发展为终极目标(项贤明主编.《教育学原理》.高等教育出版,2019年版.第111页)。"育人为本"要做到以下四个方面。

把立德树人作为教育的根本任务。坚持德育为先,把社会主义核心价值观体系融入教育全过程,渗透于教育教学的各个环节,贯穿发展素质教育于学校教育、家庭教育和社会教育过程中,引导和教育学生自觉践行社会主义核心价值观;着力提升学生服务国家、服务人民的社会责任感、勇于探索的创新精神和善于解决问题的实践能力;要努力提升学生的核心素养,发展关键能力。

第二,坚持全面发展,能力为重。坚持德智体美劳全面发展,优化知识结构,丰富社会实践,强化能力培养。着力提高学生的学习能力、实践能力、创新能力,教授学生学会求知、学会生存、学会做事、学会与人共处。

第三,面向全体学生,以育人为根本。教育要面向每一个学生,尊重学生个性,看到学生的个体差异,办好适合每一个学生需求的个性化教育,全面推进全体学生的素质教育,要坚持为人的终身发展和终身学习服务。

第四,促进教育公平,办人民满意的教育。育人为本,不仅要以个体发展为本,而且要以人民为本,以满足人民群众的需要为本,特别是要满足人民群众渴望接受公平而有质量的教育的需要,切实保障人民群众及其子女接受良好教育的权益,推进教育公平,促进教育优质均衡发展,努力办好让人民满意的教育,办好让人民满意的学校,让教育发展的成果惠及全体人民。

(二)学生是教育活动和发展的主体

第一,确立学生在教育活动中的主体地位。在教育过程中,教师要充分体现"以生为本"的观念,将教师引导与学生的自主建构充分结合;要对学生放手,让他们自主发展,又要积极引导,充分调动学生学习的主动性和自觉性既要体现在知识技能的获得上,又要体现在价值观的引导上。

第二,把发展的主动权还给学生。必须为学生提供主动学习的时间、空间和机会,使学生由被动的接受者转变为主动的学习者,让学生通过主动探索和发现,重新理解知识、整合知识,体验成长。

第三,培养学生的主体性。在马克思看来,主体性不仅表现在"他们对自然界的一定关系中",还包括不同的主体在一定的社会条件下为变革某一客体而进行的相互交往的特性[①]。

---

① 袁贵仁.马克思主义人学理论研究[M].北京:北京师范大学出版社,2012:107.

因此,培养学生的主体性,就是要培养其交往主体性。所以在教育中要培养学生的主体性,必须要强调主体间的平等对话、理解和交往。

(三)坚持教育创新

教育创新的目标是不断提高国民素质,培养社会需要的人才,所以教育创新核心在人,培养人。《国家中长期教育改革和发展规划纲要(2010—2020年)》指出,要创新人才培养体制、办学体制、教育管理体制,改革质量评价和考试招生制度,改革教学内容、方法、手段,建设现代学校制度,以利于创新人才的培养。教育创新可以体现在教育观念的创新、教育模式的创新和教育制度的创新等层面的整体性变革上。

拓展阅读

[1]金一鸣.教育原理[M].北京:高等教育出版社,2002.

[2]桑标.当代儿童发展心理学[M].上海:上海教育出版社,2003.

[3]林崇德.发展心理学[M].北京:人民教育出版社,1995.

[4]王彦才,郭翠菊.教育学[M].北京:北京师范大学出版社,2010.

[5](德)卡尔·威特.卡尔·威特的教育[M].杭州:浙江教育出版社,2016.

[6]王东华.发现母亲[M].北京:中国妇女出版社,2014.

复习思考题

一、单项选择题

1."孟母三迁"的故事反映了( )对人的重要影响。
　　A. 教育　　　　　B. 环境　　　　　C. 遗传　　　　　D. 家庭教育

2.个体身心发展的某一方面的机能和能力最适宜于形成的时期是( )。
　　A. 关键期　　　　B. 机能期　　　　C. 发展期　　　　D. 差异期

3.下列哪一种做法不利于教育发挥促进儿童发展的主导作用?( )。
　　A. 教育在成熟的基础上引导发展
　　B. 教育始终在整体发展的基础上促进个性发展
　　C. 教育始终要顺应儿童的成熟度,反映儿童的发展现状
　　D. 教育过程中始终要尊重和发挥儿童的主体性

4.学生发展的个别差异性要求教育要坚持( )。
　　A. 全面发展　　　B. 循序渐进　　　C. 因材施教　　　D. 统一要求

5.教育中"拔苗助长"的现象违反了人的身心发展的( )规律。
　　A. 阶段性和顺序性　　　　　　　　B. 整体性
　　C. 稳定性和可变性　　　　　　　　D. 不均衡性和差异性

二、简答题

1. 如何理解影响人的身心发展的因素及其相互关系？

2. 为什么说教育对人的发展起主导作用？如何充分发挥教育的主导作用？

3. 为什么说只有通过其自身的活动才能真正实现人的发展？

三、论述题

分析我国中小学教育的现状，列举教育对学生起负向功能的表现，找出原因并提出对策。

第五章
教育目的

把受教育者培养成什么样的人是教育学的核心问题，是教育的目的，是教育工作的核心，也是教育活动的出发点、依据和归宿。教育本质上是一种培养人的社会实践活动，教育为谁培养人？培养什么样的人？我国社会主义教育目的建立的理论基础是什么，为什么是全面发展的教育和素质教育？这是本章所要研究的主要问题。

知识体系

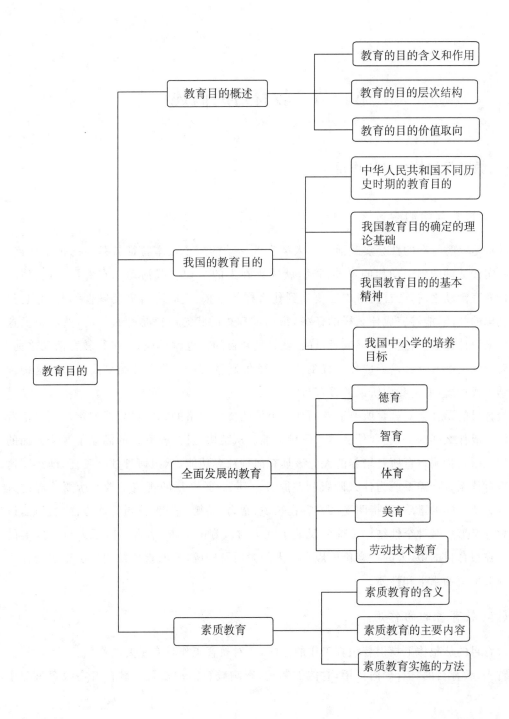

名家名言

只有在集体中,个人才能获得全面发展其才能的手段,也就是说,只有在集体中才可能有个人自由。
———马克思

教育的目的在于能让青年人毕生进行自我教育。
———哈钦斯

第一节 教育目的概述

一、教育目的的含义和作用

(一)教育目的的含义

教育是人类特有的社会实践活动。人类实践活动的一个根本特征就是目的性很明确。人类的实践活动区别于动物的本能活动,就体现在人的一切实践活动都有着目的或目标。在进行教育活动之前,会首先考虑需要达到什么样的效果,受教育者需要掌握哪些知识,具备什么样的技能,能够完成什么样的任务,预期或理想的状态应该是什么样的,然后根据这一目标来设计课程,而这一目标或者目的,就是教育目的。也就是说,在进行教育活动之前,人们对于要把受教育者培养成什么样的人,已经在观念上有了预期的结果或理想。这种预期的结果或理想,就是我们所说的教育目的。

教育目的是社会对教育所要造就的社会个体的质量规格的总的设想或规定。它决定着把人培养成什么样的人,达到什么样的质量标准。从结构上讲,教育目的涵盖了两个方面的要求:其一,它指明教育所要培养的人应该具有何种社会功能,承担何种社会责任,即指明这种人符合什么社会需要或为什么阶级利益服务。其二,教育目的规定了教育所要培养的人应当具有什么样的素质,即指明受教育者在知识、智力、品德、审美、体质等诸方面的发展,以期受教育者形成某种个性结构。前者反映了社会对教育的要求,后者反映了人自身发展的需要。在教育目的中,人的社会价值规定了人的素质及构成,人的素质结构又决定了他发挥自身社会价值的水平和性质。

(二)教育目的的作用

教育目的从整体上指引着教育工作的方向,它对教育工作具有重要的作用。

首先,教育目的具有导向作用,它能够制约、影响教育活动过程。教育者在教育过程中要以社会总的教育目的为出发点和最终归宿来整合自己的从教目的、自己的教育理想等。教育政策的制定、教育制度的确立、教育内容的取舍、教育方法和手段的选择、教育效果的评价，都是以教育目的为依据和前提的。另外，教育目的具有引导受教育者发展方向、制约受教育者的发展进程的作用，使受教育者的发展服从于社会需要，改变了人自然盲目的发展趋向。

其次，教育目的具有激励作用。目的反映人的需要和动机，是人们在一起共同活动的基础。因此，共同的目的一旦被人们认识和接受，不仅能指导整个实践活动过程，而且能够激励人们为实现共同的目标而努力。教育目的不仅为教育的发展指明了方向，而且对教育过程的实施者与参与者起到了激励的作用。如果教育者能够认识实现教育目的的意义，教育目的便能激发他们的工作动机，增强他们工作的动力，就会使他们从实现教育目的、培养合格人才中得到极大满足，从而积极地投入教育事业中。

再次，教育目的具有评价作用。教育活动的得与失、质量的高与低、目标达到的程度等，主要依据教育目的来进行判断。一所学校好与坏与否，关键是看培养出来的学生是不是按照教育目的的要求在德、智、体、美等方面得到全面的发展。检查教育效果、评价教育质量必须以教育目的和培养结果为准绳。教育目的作为对教育结果的预期，可以作为评价教育结果和现实教育过程的依据。

二、教育目的的层次结构

教育目的的层次结构大体上是由教育目的、各级各类学校的培养目标和教师的教学目标构成。

（一）教育目的

宏观的教育目的是国家关于教育培养人的质量和规格的总体设想和规定，体现了国家对教育培养人的系列要求。国家总的教育目的，是关于整个国家教育体系，特别是各级各类学校教育体系要把教育对象培养成为什么样的人的设想和规定。无论初等教育、中等教育，还是高等教育，都要按照这个总的要求培养人，它一般以成文的形式表现，通常是从哲学的高度提出的。

在教育教学中，"教育目的"概念容易与"教育方针"概念相混淆。教育方针是国家或政党根据一定时期的总路线、总任务规定的教育工作的发展思路和发展方向。教育方针是教育工作的宏观指导思想。它一般包括三个组成部分：教育性质和方向；教育目的，即培养人的质量和规格要求；实现教育目的的基本途径和根本原则。概括地说，教育方针和教育目的都是由国家规定的，都是对教育的基本要求，都是全国统一执行的。但"教育方针"是上位概念，教育目的是下位概念，教育方针包含了教育目的，教育目的是教育方针的核心和基本内容。

(二)培养目标

培养目标即各级各类学校根据国家总的教育目的制定的某一级或某一类学校或某一个专业的人才培养的具体要求,是国家总体的教育目的在不同教育阶段或不同类型学校、不同专业的具体化。各级各类学校的培养目标是由特定的社会领域(如工、农、医、师等各个领域)和特定的社会层次(如工程师、专家、科学家;小学教师、中学教师、大学教师)的需要决定的;也因受教育者所处的学校级别(如初等、中等、高等学校)而变化。为了满足各行各业、各个社会层次的人才需要和不同年龄层次受教育者的学习需求,就要建立各级各类学校,各级各类学校要完成各自的任务,培养社会需要的合格人才,就要制定各自的培养目标。

教育目的与培养目标是普遍与特殊的关系。教育目的是针对受教育者提出的,而培养目标是针对特定的教育对象提出来的,各级各类学校的教育对象有各自不同的特点,制定培养目标要考虑各自学校学生的特点和要求。

(三)教学目标

教学目标是教育目的和培养目标在教学活动中的具体化。教育者在教育教学过程中,在完成某一阶段(如一节课、一个单元或一个学期)工作时,希望受教育者达到的要求或产生的变化结果。教学是学校的中心工作,是实现教育目的的基本途径。学校培养人的工作是长期的、复杂而又细致的,学校实现教育目的和培养目标不是一蹴而就的,对学生的培养需要长期的辛勤工作。各学科课程的教学目标和教育活动的目标,都是学校培养目标在学科课程教学和各具体教育活动上的具体化。这种具体化还可以更明确于某一阶段内,教授一门学科或组织各种活动时,促使学生在认知、情感、行为和身体诸方面达到具体的目标。

教育目的、培养目标和教学目标可以看成教育目的三个不同的层次。教育目的是人才培养的总要求,是最高层次;培养目标是各级各类学校培养人才的具体要求,是中观层次;教学目标是教学过程中要达到的预期结果,是微观层次。教育目的是总目标,它指导着培养目标的制定,而教学目标又是培养目标的具体体现。教育目的、培养目标和教学目标的关系是抽象与具体、一般与个别的关系,它们彼此相关联,但不能相互取代。目的与目标不同,我们能够测量目标,但不能测量目的。教育目的只有通过具体的培养目标和教学目标的实现,才能得以真正的实现。

知识窗口

蔡元培论五育并举的资产阶级教育方针

蔡元培一生志在振兴民族文化,追求民主自由,是近代杰出的大教育家。1912年4月,蔡元培在《对于教育方针之意见》中,提出军民国教育、实利主义教育、公民道德教育、世界观教育和美感教育"皆今日教育所不可偏废"的"五育并举"的教育思想。

军国民教育即体育,只有推行军国民教育,才能外抗强兵,内破军阀用兵独霸的局面;实利主义教育即智育,要向学生传授发展事业的知识与技能,其目的在于富国强兵;公民道德教育即德育,要向学生传递资产阶级自由、平等、博爱的道德观念和中华民族的传统美德;世界观教育是一种哲理教育,意在培养学生具有高远的目光和高深的见解;美感教育即美育,目的是陶冶性情,使人具有高尚的情操、美好的情感,最终达到意志的自由——乐观、高超和进取。蔡元培还提出以美育代宗教,具有很重要的现实意义。蔡元培的五育并举思想是以公民道德教育为核心的德智体美和谐发展的思想,在中国近代教育史上是首创,他适应了辛亥革命后资产阶级改革封建教育的需要,为资产阶级建立新的教育体制提供了思想上的武器,顺应了时代的发展潮流,具有重大的意义。

资料来源:柳海民.现代教育原理[M].北京:中央广播电视大学出版社,2002.

三、教育目的的价值取向

教育目的的价值取向是指教育目的的提出者或从事教育活动的主体,依据自身的需要对教育价值作出选择时所持有的一种倾向。人们对教育活动的价值选择,历来有不同的见解和主张。争论最多的、影响最大的就是教育活动究竟是满足人的个性发展需要,还是应该满足社会发展需要?对这个问题的回答,就形成了教育发展史上的两大派别:"个人本位论"与"社会本位论"。

(一)个人本位论

个人本位论主张教育目的应以个人价值为中心,根据个人自身完善和发展的精神性需要来制定教育目的和建构教育活动。个人本位论具有强烈的人道主义特色,最早的提倡者是古代希腊的智者派。他们否定一切社会制度的权威,反对社会的束缚,强调个人的自由权利,认为人是万物的尺度,主张教育的根本不在于谋求国家的利益和社会的发展,而在于发展人的个性和造就个人,个人价值高于社会价值。个人本位论在18世纪盛行于西欧,其价值取向主要反映在自然主义和人文主义的教育思想中,强调尊重和爱护儿童善良的天性,让儿童摆脱社会制度的束缚和社会偏见及恶习的影响,自然地、自由地成长。个人本位论的主要代表人物是法国思想家卢梭、英国的洛克、美国的罗杰斯、德国的福禄贝尔、捷克的夸美纽斯、瑞士的裴斯泰洛齐、德国的康德、美国的马斯洛和法国的萨特等。

个人本位论是以个人为本位,根据个人发展的需要来确定教育目的和进行教育的理论,主要有以下特点:首先,人生来就具有健全的本能,教育的职能就在于使这种本能不受影响地得到完善和最理想的发展,因此,他们否定社会制度的权威,反对社会对个人的约束,强调个人自由权利至高无上,认为按照社会的要求培养出来的人,其本性就会被抹杀。他们主张教育的首要目的不在于谋求国家利益和社会发展,而在于发展人的理性和个性,使人真正成为人。其次,个人的价值高于社会的价值。他们认为,有利于个人发展的教育就一定有利于社会发展,但有利于社会发展的教育不一定有利于个人发展,评价教育价值也应当以是否有利于个人的发展为标准。

个人本位论虽然具有强烈的人道主义色彩,但它掩盖了自己的阶级属性,看不到人的社会制约性,抽象地谈论人的先天本性。

(二)社会本位论

19世纪下半叶,西方出现一种社会学派,他们主张教育目的应根据社会要求来确立,我们把这种观点称为社会本位论。社会本位论与"个人本位论""儿童本位论"相对,社会本位论认为人的本性是社会性;国家、社会是绝对优先的价值实体,社会是确定教育目的的首要要素,要根据社会或国家的整体需要来造就个人;教育目的在于促进个体的社会化,个人的使命是为国家、社会献身;教育的最终目的是为国家培养合格公民"智慧王",强调个人对社会规范或社会权威的服从。主要代表人物有法国的孔德、德国的那托尔卜、法国涂尔干等。法国实证主义哲学家孔德就认为:"真正的个人是不存在的,只有人类才存在,因为不管从哪方面看,我们个人的一切发展,都有赖于社会。"社会学家那托尔普:"事实上,个人是不存在的,因为人之所以为人,只是因为他生活在人群之中,并且参加社会生活。"以涂尔干为代表的"社会学派"认为,社会才是真正的存在,"人实际上因为生活在社会中才或为人",因此,社会的价值高于个人的价值,教育应以满足社会发展需要为首要目的,教育的一切都应服从于社会的意志。

德国教育家凯兴斯泰纳的社会本位论比较极端,认为国家的教育只有一个目的,那就是造就公民。首先,他认为个人的发展依赖于社会,受社会制约。真正的个人是不存在的,只有人类才存在;人之所以为人,只因他生活于人群之中,参与社会生活。人的身心发展的各个方面都靠社会提供营养,人的一切都从社会得来。其次,他认为教育目的就是使个人社会化。个人不过是教育的原料,不具有任何决定教育目的的价值。教育目的在于使个人适应社会生活,成为公民,为社会作贡献。教育过程就是把社会的价值观念或集体意识强加于个人,把儿童从不具有社会特征的人,改造成为具有社会所需要的个人品质的"社会的新人"。

社会本位论的观点打破了人生来就天然地具有真善美品质的神话,认为个人的发展都是后天社会化的结果。但是这种观点存在国家功利主义,只看到教育对象存在的条件,而对教育对象自身的需要没有给予足够的关注,在某些方面割裂了人的发展与社会的内在联系,一味强调个人发展是社会化的结果,忽视了社会要求还必须通过个体的认知和内化才能真正转化为个体的社会素质这一事实。

由上述可见,个人本位论和社会本位论在处理社会和个人的关系问题上各执一端,都有片面性。只有将社会发展需要和个人发展需要正确地结合起来,才是唯一科学的观点。教育是发展人的一种特殊手段,教育目的所指向的就是个体的发展离开了人自身的发展,教育就无从反映和促进社会的发展,教育本身也就不会存在。但是个人的生存、发展也离不开社会,一个人只有与其他人相结合,成为社会中的一员,才能获得生存发展的机会。

另外,美国教育家杜威提出一种教育无目的论的观点,主张教育即生长,教育即生活,教育本身除生长以外没有其他目的。认为教育就是人天赋本能的一种自发的、自然生长的过程,与植物生长一样,不是为了实现一定目的而生长的。杜威反对家长和学校为儿童确定教育目的,认为强加给活动过程的目的是固定的、呆板的,不能在特定情境下激发智慧。认为教育不仅要使个人能维持生活,还应尽其所能为社会服务,把儿童培养成为美国社会的合格公民。

杜威的"教育无目的"论并非指教育过程中不存在着任何目标,而是他用来反对教育的外部目的,借以提倡教育的内在目的的论点。他对"教育目的"有关理论的阐释,虽然能为我们提供一定程度的理论和实践指导,展现一个认识教育目的的新视角,但其理论论证存在自相矛盾之处并且缺乏实践指导价值。

知识窗口

教育目的确定的依据

历史上出现的不同的教育目的观证明教育目的具有强烈的主观性,教育目的的确定首先要反映一定的价值取向和教育理想。但是教育目的的主观性又以客观性为存在的前提,恰当的教育目的的制定必须考虑到社会发展的现实和要求,依据受教育者身心发展的规律。所以确定教育目的的基本依据可以概括为主观和客观两个方面。

1. 确定教育目的的主观依据

从主观方面看,教育目的首先是教育活动中人的价值选择。教育目的既然是对培养对象规格的设计,就不能不与人格理想相联系。故教育目的的设定会受到主体有关理想人格之观念的影响。在社会主义国家,马克思主义经典作家关于全面发展的人格理想是教育目的确定的重要依据。

2. 确定教育目的的客观依据

确定教育目的的客观依据首先是指教育目的的制定必须考虑到一定的社会历史条件。与价值取向相比,社会历史条件对教育目的的制约更具有基础和决定的作用。同时教育对象的身心发展实际及规律也是教育目的制定的重要制约因素。首先,教育目的的确定受社会生产和科学技术发展水平的制约;其次,教育目的的确定受到一定社会经验和政治制度的制约;再次,教育目的的确定必须考虑历史发展的进程;最后,教育目的的确定一定要依据受教育者身心发展的规律。

资料来源:劳凯声.教育学[M].天津:南开大学出版社,2001:163—168.

第二节 我国的教育目的

一、中华人民共和国不同历史时期的教育目的

中华人民共和国成立以来,随着社会的巨大变革和教育的不断变化,我国教育目的也处于不断的修正之中,在不同的阶段有着不同的表述。

1949年,"中华人民共和国的教育是新民主主义的教育,它的主要任务是"提高人民文化水平,培养国家建设人才,肃清封建的、买办的、法西斯的思想,发展为人民服务的思想。"这种新教育是民族的、科学的、大众的教育,其方法是理论与实际一致,其目的是为人民服务,首先为工农兵服务,为当前的革命斗争与建设服务。"

1957年,毛泽东根据社会主义政治经济和生产建设对人才的需要,在最高国务会议上作了题为《关于正确处理人民内部矛盾的问题》的报告,报告中指:"我们的教育方针,应该使受教育者在德育、智育、体育几方面都得到发展,成为有社会主义觉悟的有文化的劳动者。"

1958年,中共中央、国务院发布《关于教育工作的指示》,其中第三条指出:"党的教育工作方针,是教育为无产阶级的政治服务,教育与生产劳动相结合;为了实现这个方针,教育工作必须由党来领导。"

1978年,我国的教育目的在第五届全国人民代表大会通过的宪法中被表述为:"我国的教育方针是教育必须为无产阶级政治服务,教育必须同生产劳动相结合,使受教育者在德育、智育、体育几个方面都得到发展,成为有社会主义觉悟的有文化的劳动者。"

1981年,《关于建国以来党的若干历史问题的决议》对教育目的有新的表述:"坚持德智体全面发展,又红又专,知识分子和工人农民相结合,脑力劳动和体力劳动相结合的教育方针。"

1982年,《中华人民共和国宪法》第四十六条中对教育目的作了这样的规定:"国家培养青年、少年、儿童在品德、智力、体质等方面全面发展。"这是中国当代历史上第一个以法律形式出现的教育目的。

1985年,《中共中央关于教育体制改革的决定》中,根据新的历史条件下教育的任务,对我国的教育目的作出了如下概括和规定:教育要"面向现代化、面向世界、面向未来."

1993年,中共中央和国务院印发的《中国教育改革和发展纲要》(以下简称《纲要》)总结了新中国成立40多年来的教育改革和发展的经验,提出了20世纪90年代我国教育改革和发展的目标、方针、政策和措施。《纲要》指出:"教育改革和发展的根本目的是提高民族素质、多出人才、出好人才。各级各类学校还要认真贯彻'教育必须为社会主义现代化建设服务,必须与生产劳动相结合,培养德智体美等方面全面发展的建设者和接班人'的方针,努力使教育质量在90年代上一个新台阶。"

1995年,《中华人民共和国教育法》进一步确认了《纲要》中提出的教育方针,将其重新表述为:"教育必须为社会主义现代化建设服务,必须与生产劳动相结合,培养德、智、体等方面全面发展的社会中主义事业的建设者与接班人。"

1999年,《中共中央、国务院关于深化教育改革,全面推进素质教育的决定》则指出"实施素质教育,就是全面贯彻党的教育方针,以提高国民素质为根本宗旨,以培养学生的创新精神和实践能力为重点,造就有理想、有道德、有文化、有纪律的德智体美等全面发展的社会主义事业建设者和接班人"。

2002年,党的十六大报告提出了新的教育方针"全面贯彻党的教育方针,坚持教育为社会主义现代化建设服务,为人民服务,与生产劳动和社会实践相结合,培养德智体美全面发展的社会主义建设者和接班人。"这一教育方针充分体现了"以人为本"的理念,进一步明确了教育与生产劳动、社会实践相结合的实现途径。这一方针更是21世纪指导教育工作的总体方针。

2007年,党的十七大报告提出了"科学发展观",其核心是以人为本。"要全面贯彻党的教育方针,坚持育人为本、德育为先、实施素质教育,提高教育现代化水平,培养德智体美全面发展的社会主义建设者和接班人,办好人民满意的教育。"

2010年,《国家中长期教育改革和发展规划纲要(2010—2020年)》,再次明确我国现阶段的教育方针实"坚持教育为社会主义现代化建设服务,为人民服务,与生产劳动和社会实践相结合,培养德智体美全面发展的社会主义建设者和接班人",并强调"要促进学生全面发展,着力提高学生服务国家服务人民的社会责任感、勇于探索的创新精神和善于解决问题的实践能力"。

2012年,党的十八大报告提出,"立德树人"是教育的根本任务。"全面贯彻党的教育方针,坚持教育为社会主义现代化服务、为人民服务,把立德树人作为教育的根本任务,培养德智体美全面发展的社会主义建设者和接班人",并提出积极"培育社会主义核心价值观"。

2015年,新修订的《中华人民共和国教育法》规定:"教育必须为社会主义现代化建设服务、为人民服务,与生产劳动和社会实践相结合,培养德、智、体、美等方面全面发展的社会主义事业的建设者和接班人",并提出"教育应当坚持立德树人,对受教育者加强社会主义核心价值观教育,增强受教育者的社会责任感、创新精神和实践能力"。

2017年,十九大报告指出:"要全面贯彻党的教育方针,落实立德树人根本任务,发展素质教育,推进教育公平,培养德智体美全面发展的社会主义建设者和接班人。"

2018年9月10日,全国教育大会召开,习近平强调坚持中国特色社会主义教育发展道路,培养德智体美劳全面发展的社会主义建设者和接班人。这次会议强调了劳动教育,把"劳"育与其他四育相并列,还指出把当前劳动教育指导纲要提出的自主服务、生产劳动与公益活动作为主要内容。

二、我国教育目的确定的理论基础

马克思、恩格斯关于人的全面发展理论,是我国确定教育目的的理论基础。马克思、恩格斯关于人的全面发展理论,是我国确定教育目的的理论基础。马克思和恩格斯主要从以下两个层次谈论人的全面发展的。

人的全面发展一是指劳动能力的全面发展。"全面发展"是指在劳动过程中实现体力和智力的充分运用和发展,实现体力和智力在充分发展基础上的完整结合,而"片面发展"则指劳动过程中体力和智力的分离和对立。马克思指出:"我们把劳动力和劳动能力理解为人的身体即活的人体存在的,每当生产某种使用价值时就运用的体力和智力的总和。"全面发展的人就必须要克服由于旧的社会分工造成的智力和体力的分离的缺陷,避免出现身体上或智力上的畸形化的发展。在现代社会,人的全面发展的过程已经开始,但这个过程的完成有待于社会生产更高度的发展和社会制度更高水平的完善。

二是指克服人发展的一切片面性,实现人的个性的真正全面和自由的发展。马克思认为,在共产主义社会,由于社会生产的高度发展,迫使个人奴隶般服从分工的状况已经消失,体力劳动和脑力劳动的差别也已不再存在的情况下,社会成员能够自由和全面地发挥他所拥有的各方面的才能。这种人通晓整个生产系统,可以根据社会需要或个人爱好在生产部门之间转换。马克思对于人的个性自由和全面发展的憧憬虽然是指向共产主义阶段的,但是马克思同时坚定地认为人类的特性恰恰就是自由的、自觉的活动。所以不同历史阶段应当理解为人的个性全面、自由发展的逐步实现过程。个性自由和全面发展是马克思主义关于人的全面发展学说的灵魂。

马克思主义关于人的全面学说内容主要有以下几点。

一是人的全面发展是指人的体力和智力的全面、和谐、充分的发展,此外,也包括人的道德的发展。人的全面发展与片面发展是相对而言的,旧式分工导致人的片面发展,全面发展的核心内涵是脑力和体力的高度融合,而且通过提升体力劳动者的脑力活动水平来实现的。

二是机器大工业为人的全面发展提供了基础和可能。资本主义机器大工业的出现与发展,为人的全面发展开辟了道路。首先,机器大工业生产对人的全面发展提出了客观需要。机器大工业生产的技术基础是现代科学技术,这就要求工人要懂得机器操作的一般原理,要掌握一定的科学技术知识,要从事一定的脑力劳动,把体力劳动和脑力劳动尽可能地结合起来。机器大工业生产也为人的全面发展提供了可能和条件。因为机器大工业生产创造出较高的劳动生产率和丰富社会财富,缩短了劳动时间,使工人有物质条件、时间和精力去学习,发展自己。

三是教育与生产劳动相结合是培养全面发展人的唯一途径。马克思在《资本论》中指出:"未来教育对所有已满一定年龄的儿童来说,就是生产劳动同智育和体育的结合,它不仅是提高社会生产的一种方法,而且是造就全面发展的人的唯一方法。"因为只有实行教育与生产劳动相结合,才能把体力劳动和脑力劳动结合起来,使人的体力与智力协调统一地发展。所以,马克思把教育称为"造就全面发展的人的唯一方法"。另外,教育与生产劳动相结合是现代生产和现代教育相互制约、协调发展的一个普遍原理。可见教育与生产劳动相结合是培养全面发展的人的必由之路。

三、我国教育目的的基本精神

(一)坚持社会主义方向

教育目的具有社会制约性,教育目的的方向性是教育性质的根本体现。任何教育都会有自身的政治方向、政治追求。我国教育目的的社会主义方向性是极为明显的,这在中华人民共和国成立后每一个时期所制定的教育目的中都有明确体现,每一次的教育目的都规定了我国各级各类学校的办学方向和培养的各级各类人才最基本的要求。我国教育培养的人是社会主义事业的建设者和接班人,这种社会主义教育的性质指明了我国教育培养的人必须坚持社会主义方向、拥护社会主义制度,这是我国教育目的和其他阶级社会教育目的的本质区别。坚持社会主义方向,培养社会主义事业的建设者和接班人是我国教育目的的根本性质。

(二)要求学生德智体美劳等方面全面发展

我国的教育方针要求学生在德智体美劳等方面全面发展,要求坚持脑力与体力两方面和谐发展。德智体美等方面全面发展,是对人才培养的素质要求。马克思关于人的全面发展学说揭示了人的全面发展的必然性,我国教育在社会主义阶段要尽可能促进人的全面发展,为构建和谐社会提供理论基础。马克思和恩格斯在考察社会物质生产与人的发展关系时,提出了关于人的发展问题的基本原理,是马克思主义教育思想的重要组成部分。其中马克思主义关于人的全面发展的学说是我国教育目的制定的基本指导思想。

(三)注重学生的个性和特长的发展

培养学生的个性和特长,就是说要使学生的个性自由发展,增强学生的主体意识,培养学生的创新精神和实践能力,提高学生的个人价值。承认学生在教育目的确定中的主体地位,维护学生的独立人格,尊重学生的个人价值,把培养学生当作主要目的——使学生成为全面发展的理想的完人,从而满足个人自身完善的需要。教育目的强调全面发展的同时考虑个性化,因为全面发展的基础是"每一个人全面而自由的发展",人的全面发展与培养个性和特长是统一的,也就说人的全面发展肯定是人的个性充分自由的发展。个人的独特个性与才能构成社会的丰富多彩。只有具有"自由个性"的独特的人,才可能是具有创新精神和实践能力的人才。

四、我国中小学的培养目标

根据《中华人民共和国义务教育法法》及有关规定,小学和初中的培养目标是:按照国家对义务教育的要求,对学生实行全面的基础教育,注重学生独立思考能力、创新能力和实践能力的培养,使他们在德智体美等方面得到全面发展,为提高民族素质,培养社会主义现代化建设的各级各类人才奠定基础。

(一)我国小学阶段的培养目标

初步具有爱祖国、爱人民、爱劳动、爱科学、爱社会主义的思想情感,初步养成关心他人、关心集体、认真负责、诚实、勤俭、勇敢、正直、合群、活泼向上等良好品德和个性品质,养成讲文明、讲礼貌、守纪律的行为习惯,初步具有自我管理能力以及分辨是非的能力。

具有阅读、书写、表达、计算的基本知识和基本技能,了解一些生活、自然和社会常识,初步具有基本的观察、思维、动手操作和自学能力,养成良好的学习习惯。初步养成锻炼身体和讲究卫生的习惯,具有健康的身体。具有较广泛的兴趣和健康的审美情趣。初步学会生活自理,会使用简单的劳动工具,养成爱劳动的习惯。

(二)我国初中阶段的培养目标

具有爱祖国、爱人民、爱劳动、爱科学、爱社会主义的思想情感,初步了解辩证唯物主义、历史唯物主义的基本观点,初步具有为人民服务和集体主义的思想,具有守信、勤奋、自立、合作、乐观进取等良好品质和个性品质,遵纪守法,养成文明礼貌的行为习惯,具有分辨是非和自我教育能力。掌握必要的科学文化技术知识和基本技能,具有一定的自学能力、动手操作能力,以及运用所学知识分析和解决问题的能力,初步具有实事求是的科学态度,掌握基本的科学方法。初步掌握锻炼身体的基础知识和正确方法,养成讲究卫生的习惯,具有健康的体魄。具有初步的审美能力,形成健康的志趣和爱好。学会生活自理和参加力所能及的家务劳动,初步掌握一些生产劳动的基础知识和技能,了解一些择业的常识,具有正确的劳动态度和良好的劳动习惯。

(三)我国普通高中的培养目标

根据《中华人民共和国义务教育法》及有关规定,高中阶段的培养目标是:进一步提高学生的思想道德、科学文化、劳动技能和身体心理素质,发展学生的个性和特长,有侧重地对学生实施升学预备教育或就业预备教育,为高等学校输送合格的新生,为社会各行业输送素质较高的劳动后备力量,为培养社会主义现代化建设所需的各类人才奠定基础。

具体的培养目标是:培养学生热爱祖国、热爱人民,热爱中共共产党、热爱社会主义,具有正确的政治方向,初步树立正确的世界观、人生观和价值观。使学生具有社会责任感和事业心,树立为人民服务的思想,具有为祖国社会主义现代化建设甘于奉献的精神;具有良好的思想品德和文明礼貌行为;具有分辨是非和自立自律的能力。

培养学生掌握现代社会所需要的普通文化科学基础知识和基本技能,具有自觉的学习态度和自学能力,掌握基本的学习方法,具有创新精神和分析问题,解决问题的基本能力。

培养学生自觉锻炼身体的习惯,使他们具有健康的体魄和身心保健的能力;具有健康的审美观念和一定的审美能力;具有良好的意志品质和一定的应变能力。

培养学生树立正确的劳动观点,具有基本的技术意识和初步的择业能力,具有一定的劳动技能和现代生活技能。

随着我国社会和经济的发展,中学办学模式的多样化,中学的培养目标也出现了地方化、多样化的趋势。

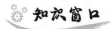

联合国教科文组织提出的教育目的

一、学会学习

1996年国际21世纪教育委员会向联合国教科文组织提交了报告"教育——财富蕴藏其中",提出了很多重要的思想,最核心的思想是教育应使受教育者学会学习,即教育要使学习者"学会认知""学会做事""学会共同生活"和"学会生存"。这一教育目的思想是面向21世纪的未来发展态势、面向全社会提出的带有目标性质的思想,很快被全球各国所认可,并被称为教育的四大支柱。

总之,学会认知、学会做事、学会共同生活、学会生存是相互联系、相互渗透、不可分割的一个整体。如果说前两者强调更多的是在传统的教育中充实了新的内容,那么后两者则是着眼于21世纪以人为中心的可持续发展而提出的全新的教育目标。这四个"学会"共同构成未来学习化的四大支柱,共同构成了21世纪"学会学习"的教育目的。

二、培养完人

1972年5月,以埃德加·富尔为首的国际教育发展等委员会经过一年多的努力,完成了题为"学会生存—教育世界的今天和明天"的研究报告。报告中指出当代教育所面临的危机和挑战,提出了培养完人的教育目的,并围绕这一基本思想提出了终身教育、走向学习化社会的教育等理念,其最终目的是使人"学会生存"。

培养完人,是针对现代社会青年人的培养被割裂得支离破碎、残缺不全的现象而提出的,提出人的发展和培养应包括"体力、智力、情绪、伦理等各方面"的综合因素,使"他成为一个完善的人"。

具体地说,完人的培养包括以下四个方面:

第一是复合态度;

第二是情感方面的品质;

第三是美感方面的品质；

第四是重视身体健康。

完人培养的实现途径是终身学习。1994年在罗马召开的首届全球终身学习大会提出了一个重要的观点：终身学习是21世纪的生存概念，学习化社会是终身教育在全社会范围内的展开。

资料来源：联合国教科文组织国际教育发展委员会.学会生存——教育世界的今天和明天[M].北京：教育科学出版社，1999；教育——财富蕴藏其中：国际21世纪教育委员会报告[M].北京：教育科学出版社，1996.

第三节 全面发展的教育

全面发展的教育由德育、智育、体育、美育和劳动技术教育构成。它们相互依存、相互促进、相互制约，构成一个有机整体，共同促进人的全面发展。

一、德育

（一）德育的含义

德育是教育者按照一定社会或阶级的要求，有目的、有计划、有组织地对受教育者施加系统的影响，把一定的社会思想转化为个体的思想意识和道德品质的教育。广义的德育包括社会德育、社区德育、学校德育和家庭德育等方面。狭义的德育则指学校德育，学校德育由政治教育、思想教育、法纪教育和道德品质教育四个部分构成。其中政治教育是方向，思想德育是基础，道德品质教育是核心，法制教育是保障，它们共同塑造完整、健全的新人。

第一，德育工作是社会主义精神文明建设的重要组成部分。

社会主义精神文明建设与社会主义物质文明建设相辅相成，是社会主义现代化建设的重要内容。道德建设是社会主义精神文明建设的重要内容，为社会主义现代化事业提供了道德支持和道德保障。德育是社会道德建设的主渠道和主阵地，德育工作的效果直接影响社会的道德状况。

第二，德育工作是保障青少年一代健康成长的需要。

对于青少年来说，道德需要与理智需要、审美需要一样，是他们人生的基本需要。道德需要能否得到满足及满足的方式和类型，在相当程度上决定了他们成年后的道德素质和道德素养，决定了他们的社会性发展程度和社会性接纳程度，决定了他们发展空间的大小和发展方向的正确与否。良好的德育工作能够满足、引导和提升他们的道德需要，为他们的道德发展以及全面发展打下坚实的基础，使他们拥有一个充实的、有意义的、有尊严的和幸福的人生。

第三,德育是人的全面发展教育的重要组成部分。

德育与智育、美育、体育、劳动技术教育有着密切的联系,德育与其他教育相互渗透,相辅相成,并为其他教育提供精神动力和价值方向,它们共同服务于教育目的,促进受教育者全面发展和丰富个性的形成。

(二)德育的任务

1. 促使学生形成正确的人生观和世界观

科学的人生观、世界观即马克思主义的辩证唯物主义和历史唯物主义人生观、世界观,它们的形成需要一个长期的过程。中小学生正处于人生观、世界观形成的过程中,对他们加强辩证唯物主义和历史唯物主义教育,帮助学生初步了解马克思主义的基本观点和中国特色社会主义理论,建立民主和法制的意识,养成实事求是、追求真理、独立思考、勇于开拓的思维方法和科学精神;培养学生实事求是的作风,养成尊重科学的态度,正确地认识世界,在积极改造客观世界的同时,自觉地改造主观世界。要教育学生正确认识人生价值,树立全心全意为人民服务、为社会主义服务的思想。

2. 培养学生形成正确的政治方向和高尚的道德情操

政治方向是指一个人对待社会中的阶级、政党、国家的基本观点和态度,是一个人思想品德的核心内容。中小学要教育学生热爱党,热爱人民,热爱祖国,热爱劳动,热爱科学,拥护党的领导,形成社会主义的现代文明意识和道德观念,初步树立为人民服务的思想和为建设中国特色的社会主义而奋斗的理想和志向。

3. 促使学生养成良好的道德行为习惯

引导学生进行实际的道德锻炼和规范行为的训练,不仅要使他们能自觉地运用社会主义道德规范调节自己的行为,而且要使他们的道德行为在反复的实践活动中,达到自觉的程度,即形成道德的行为习惯,养成个人的品德。

4. 促使培养学生良好的个性心理品质

个性心理品质与人的思想品德有着密切的联系。要培养学生具有诚实、谦虚、勇敢、果断、正直、坚毅、勤劳、简朴、热爱集体等品性,同时要教育学生克服自私、虚伪、奢侈、懦弱等不良品质。

德育把社会意识和道德转化为个体的思想品德,也就是培养、造就出一定社会要求的道德行为主体。通过德育,使受教育者形成正确的人生观、世界观和价值观,使学生获得道德判断能力、评价能力和控制能力,成为一个高尚的人,有德行的人;通过德育,使学生形成正确的政治观念,并有参与政治的意识与能力,真正投入现代文明生活中。

二、智育

(一)智育的含义

智育是向受教育者传授系统的科学文化知识,形成技能技巧,发展受教育者的智力和与学习有关的非认知因素的教育。

就智育的社会价值而言,智育是促进人类社会进步的不可缺少的条件。智育通过向年轻一代传授知识技能,启迪他们的智慧,使他们获得认识客观世界、适应客观世界和改造客观世界的基本知识和能力,促进人类社会的进步。人类在认识和改造自然的过程中,在生产物质财富的过程中,也生产了大量的科学知识。将人类在实践中获得的知识成果,一代代地传递下去,并使每一代在继承前人知识成果的基础上进一步丰富和发展人类的精神财富,推动整个社会文明不断进化。

就智育对个体发展的作用来说,智育可以为人的全面发展提供知识和智力基础。如果离开了智育所提供的知识和智力基础,人的全面发展将是不可能的。人的世界观、道德观、审美观等方面的发展,都需要相应的知识和智力作为前提条件。我们可以把智育的实质看成一种人类科学文化知识和人类智力的再生产过程,在这个过程中,人们把人类已经物化的知识和智力转化为受教育者个体活动的智力。正是在这个过程中,学生掌握了解知识,启迪了智慧,发展了智力,进而为德智体美劳和个性自由而充分的发展奠定了知识和智力的基础。

(二)智育的任务

智育的根本任务是发展学生的智力。通过向学生传授系统的文化科学基础知识,让他们习得基本技能,发展智力。此外,要充分发展学生的智力,还需要努力培养他们的自主性和创造性。

1. 传授知识

知识是人类的认识成果,来自社会实践,其初级形态是经验知识,其高级形态是系统科学理论。人类文明的发展、社会的延续,要求把这些经验知识和系统的科学理论传授给下一代,使后一代在前人认识的基础上更好地认识和改造客观世界。现代认知心理学认为,知识可以分为陈述性知识和程序性知识。陈述性知识也叫描述性知识,是个人能用语言进行直接陈述的知识。这类知识主要用来回答事物"是什么""怎么样"的问题,可用来区别和辨别事物。这种知识与人们日常使用的知识概念内涵较为一致,也称为狭义的知识。程序性知识也叫操作性知识,是个体难以清楚陈述、只能借助于某种形式间接推测其存在的知识。这类知识主要用来回答"怎么想""怎么做"的问题。就基础教育而言,智育主要向学生传授系统的科学文化基础知识。

2. 发展技能

培养学生掌握必要的技能也是智育的重要任务。技能是指个体运用已有的知识经验，通过练习而形成的一定的动作方式或智力活动方式，它包括初级技能和技巧性技能。前者借助于有关的知识和过去的经验，经过练习和模仿而达到会做某事或能够完成某种工作的水平时才能获得。后者则要经过反复练习，完成一套操作系统以达到自动化的程度时才能获取。根据技能的性质和特点，又能可分为运动技能和心智技能。技能与能力不同，技能是个体身上固定下来的复杂的动作系统，而能力则是个体顺利完成活动任务的直接有效的心理特征；技能是对动作和动作方式的概括，而能力则是对调节认识活动的心理活动过程的概括，是水平较高的概括。学校教育的任何一个教学科目，不仅要教给学生系统的知识，同时还要促使学生习得一定的技能，知识和技能都属于具体的教学内容，而能力则是教育所要达到的目的。知识、技能的掌握，并不意味着能力高。在学校教育中，"高分低能"现象的出现，说明在教学过程中，反映学生掌握知识、技能程度的分数可能很高，而他们分析问题和解决问题的能力却仍有可能很低。

3. 发展智力

智力是指个人在认识过程中表现出来的认知能力系统，它包括观察力、想象力、思维力、记忆力、注意力等，其中思维能力是其核心。为什么要把发展学生智力作为智育的重要任务？这首先是出于人才培养的需要。我们要培养的人，是能够用知识分析问题、解决问题的人。培养这样的人，不开发智力是不行的。其次是出于处理信息的需要。现代社会是信息社会，科学技术飞速发展，各种信息急剧增加，在这种情况下，试图掌握所有的知识是不可能的。因此，这就需要培养学生加工和处理信息的能力，必须开发学生的智力。

三、体育

（一）体育的含义

体育是指身体运动教育，它指向受教育者教授有关健康的知识、技能，使其掌握增强体质的本领，培养其道德品质，锤炼其意志品质，培养其自觉锻炼身体的能力与习惯，培养其终身参加体育锻炼的意识。

发展体育是促进一个人健康成长和全面发展的需要。首先，体育能促进人身体正常地成长。儿童和青少年时期是长身体的关键期。人的体形、体能等身体素质在这一时期奠定基础，而且表现出较高的可塑性。虽然身体发展要依据一定的自然规律，有一个从不成熟到成熟的渐进过程，但是适量而科学的体育运动，可以使个体身体形态的发展更趋于协调，使身体技能的潜力发挥得更充分，甚至使发展的速度也有所加快。同时，体育运动可以提高人的身体素质、增强人的免疫力和抵抗疾病的能力、使人保持旺盛精力。

其次，体育能促进人的全面发展。体育运动的完成，不仅仅要求有相应的知识和技能，还需要有相应的心理品质。因此，开展体育运动也为学生良好心理品质的形成提供了训练机会。

体育与智育的关系很密切,科学的体育运动能使学生保持旺盛的精力和良好的思维状态,从而提高学习效率。同时,体育运动还能提高人的注意力和感知能力等。体育运动还能促进人发展形体美、体态美和改善人的精神风貌等。

发展体育是促进国家建设和发展以及世界和平的需要。国家和民族的生存与发展,不仅有赖于国民的智力,也有赖于国民的体质。国民的体质、健康水平在一定程度上也反映出国家的强弱和民族的兴衰。健康的国民是国家建设和发展的一个重要的前提。体育,不仅有利于社会的物质文明建设,更有利于社会的精神文明建设。体育运动水平高低,人民的健康状况,直接反映国家民族的精神面貌,是民族兴旺发达的标志之一。国际性的体育竞赛还可以振奋民族精神,增强民族的自信心和凝聚力。学校体育活动的广泛开展,不仅是提高国民体育运动水平的基础工程,也是培养国家优秀运动员的重要基地。另外,体育还有利于促进国际交流和世界和平。由于体育运动既有竞争性的一面,又有交流的一面,这种交往不局限于运动员之间,还能在运动员之外的人民群众之间搭起交往的桥梁。

(二)体育的任务

1. 锻炼学生身体,增强学生体质

体育运动可以增强学生的体质,促进学生体格健壮、全面发展体能,提高有机体对环境和疾病的抵抗能力。

2. 使学生学习和掌握体育运动的基本知识和基本技能

学会科学锻炼身体的方法,养成经常锻炼身体的良好习惯

参加体育运动。使学生了自己身体,了解体育运动知识,获得运动技能,增强他们的体质,促进生长发育和身体机能的发展;通过开展体育运动,还能向学生传授必要的卫生知识,促使学生养成良好的卫生习惯,增强对疾病的抵抗力。

3. 对学生进行思想品德教育

具体地说,通过开展体育活动,可以培养学生关心集体、团结协作、遵守纪律、顽强拼搏的精神和品质。

4. 向国家输送优秀体育运动员,提高我国体育水平

学校要选拔身体素质好的学生进行某些项目的专门训练,让他们参加各种体育竞赛,把他们培养成优秀运动员,输送给国家和地方的运动队。

四、美育

(一)美育的含义

美育就是指审美教育,又称美感教育、美学教育,它指运用自然美、社会生活美和艺术美去培养学生感受美、鉴赏美、创造美的能力,使受教育者形成一种正确的审美观,陶冶审美精

神的教育活动。

社会发展得越快,物质文明越丰富,精神文明程度越高,美育对社会发展就越会显示出广泛的作用和深远的影响。美育有助于提高社会物质产品的质量,满足社会消费需求。人作为消费的主体,与消费对象之间不仅仅是实用功利关系,还有审美关系。因此,社会物质产品只有具备了实用价值和审美价值的统一,才能满足消费者的需要。美育还能够充实人的精神世界,促进社会稳定。在人的精神世界中,艺术修养是一个非常重要的方面,美育可以使人的音乐的、文学的、绘画的、工艺的、电影的等方面的艺术素养得到提高,精神就可以变得充实,情趣就可以变得高尚,举止就可以变得文明。另外,美育还有助于发展精神生产,提供社会享受。精神产品的生产方式,除科学研究以外,最根本的就是艺术产品的生产。所有的艺术作品,都是为满足人们的精神需要而生产的。

忽视美育,教育就不能成为全面发展的教育;忽视美育,教育也难以培养全面发展的人。美育是全面发展教育的重要组成部分,它渗透在全面发展教育的各个方面,对学生身心积极、和谐发展有重要的促进作用。

美育可以传递审美知识,提高学生感受美的能力——不仅是用感官去感知,更是用生命去体验;美育可以培养学生鉴赏美的能力和审美的情趣,使学生在面对对象时能领悟其所表达的意蕴和意境;美育可以发展学生创造美的能力,使学生有言说的冲动与能力,能够在社会生活和日常生活中自觉地体现美,能通过艺术欣赏和艺术创造活动去发现美和追求美。美育不仅仅是艺术教育,也不仅仅局限于运用各种美去进行教育,美育更可以把美学精神渗透于整个教育、教学中去,使教育、教学过程成为一种审美过程。

(二)美育的任务

1. 培养学生正确的审美观念,提高审美能力

审美观是审美意识的集中表现,具有时代性、民族性等特点。由于人们的生活境遇、实践经验、世界观和文化修养等的不同,审美观又因人而异,具有个性化的特点。审美观是人们从审美角度对事物的美与丑的一种基本评价定向。只有树立了正确的审美观,人们才可能确立科学、客观的审美标准,养成健康的审美情趣,树立崇高的审美理想,自觉按照"美的规律"去改造主观世界和客观世界。正确的审美观不是自然形成的,而是通过接受审美教育、学习美学理论知识而获得的。一个人要辨别美丑,最基本的要求就是要有审美能力。审美感受能力是指审美主体凭借自己的感觉器官感受美,并获得美感的能力。它是人们进行一切审美活动的出发点,是整个审美能力中最初始、最基本的能力,是审美鉴赏能力、审美表达能力和创造能力得以萌生和发展的前提和基础。审美能力是人类在长期的社会实践过程中形成和发展起来的,如果缺少对美的敏锐的感受能力,就不可能获得丰富多彩的审美感受。

2. 培养学生表现美和创造美的能力

美育不仅要教育学生善于鉴赏自然美、社会美和艺术美,还要引导学生进行创造性活

动。美育一方面要求学生在社会生活和日常生活中处处体现美;另外一方面,学校要组织学生参加艺术欣赏、创作活动,在艺术实践中发展表现美和创造美的能力。对于中小学生来说,艺术教育并不意味着他们以后要从事与艺术有关的职业,而是通过参加艺术活动,全面发展每个学生的个性和禀赋,形成艺术创作的才能,使他们可以享受到完满的精神生活。并且,使他们有机会把审美趣味创造性地应用到学习、劳动和日常生活中去,形成爱美的习惯,陶冶情操,培养健康的思想、文明的举止、开朗的性格,实现心灵美、语言美、行为美。

五、劳动技术教育

(一)劳动技术教育的含义

劳动技术教育是传授基本的生产技术知识和生产技能,培养劳动观点和劳动习惯的教育活动。劳动技术教育包括劳动教育和技术教育两个方面。

劳动技术教育有利于学生身心的全面发展。劳动技术活动是一种适应儿童身心发展特点,并能够促进他们身心健康发展的一种活动形式。劳动技术教育对于开发学生的智力,培养他们的实际操作能力和创新能力具有特殊的意义。在实践中,学生手脑并用,把直接经验和间接经验结合起来,可以激发学生的思维能力和想象能力,有利于智力发展。劳动技术教育可以通过多种形式的体力劳动来进行,它有助于学生身体各系统与功能的协调发展,有助于促进神经系统、骨骼系统和肌肉系统的正常发育和成熟,并能增强体质、预防疾病。

劳动技术教育是培养学生创新精神和创造能力的有效途径。学生在生产劳动实践中会遇到各种问题,劳动技术教育可以激发他们探索问题的热情,进而在教师指导下逐步掌握和运用技术开展创造性活动,从而促进其创造能力提高。

(二)劳动技术教育的任务

1. 培养学生劳动的观念,养成正确的劳动态度和劳动习惯

首先,要培养学生劳动的观念,使学生对劳动的本质和价值有正确的认识,认识到劳动是人类社会存在和发展的动力和基本条件,是人类文明的基础。其次,在形成正确的劳动观念的基础上,养成热爱劳动、热爱劳动人民,珍惜劳动成果,认真对待工作和劳动等基本态度和习惯。

2. 教育学生初步掌握一些基本生产知识和劳动技能

在劳动教育过程中,使学生掌握基本的生产知识和劳动技能,学会劳动。要不断根据社会的发展来调整生产知识和劳动技能的具体内容来开展劳动技术教育。

3. 培养创新精神和创新能力,开发创造潜能,培养创新能力

要使学生在创造性劳动中养成良好的创造品质。创造品质是创造性劳动成功的关键,它集中体现为强烈的创造动机、顽强的创造意志和健康的创造情感,它反映出创造主体良好的思想面貌和精神状态。创造品质具体包括创新意识、创新精神、创造人格和创造能力等方面。

我国教育目的规定德育、智育、体育、美育和劳动技术教育是全面发展教育的有机组成部分,各部分的相互关系是辩证的,它们之间相互渗透构成一个整体。德育对学生的思想灵魂、个体行为倾向、身心活动产生影响,因此德育是其他部分的思想基础,对其他可分起着保证方向和动力的作用;智育向学生传授系统的科学知识,促使学生习得基本技能,是学生自身发展的认知条件,因此智育是其他部分的知识和智力基础,其他部分都包含智育的成分,各育的实施都离不开智育;体育促进学生身体的发展,使学生具有良好的身体素质,因此体育是其他各育顺利开展的基础,是各育得以实施的保证;美育对其他各育都会产生影响,会影响学生对各育内容的美感体验,缺少美育的教育是不完整的教育。劳动技术教育使学生的素质在劳动中得以体现和检验,促进脑力和体力劳动结合,使学生手脑并用,理论与实践相结合。

知识窗口

教育是"工业"还是"农业"?

教育究竟是工业还是农业呢?著名教育家叶圣陶先生说过:"教育是农业,不是工业。"重温叶老的这句话,首先激起我们的思考就是:工业与农业的根本区别究竟是什么?答案是,农业的生产对象是生命,工业的生产对象是材料和产品。

但凡生命,都有它自身的生命力。这种生命力来自它自身的意志和精神,来自它自身的生长特点和生活习性,来自它自身的本性和内在力量。对于生命的这种本性和内在力量,外部环境不能彻底改变它,只能顺应它、保护它和发展它,此所谓古人云:"能顺木之天,以致其性。"教学的工作对象恰恰就是生命。正因如此,教学需要的是能真正了解生命的农人,而不是流水线上技术熟练的工人;教学需要的是保护和引导,而不是强制和塑造。

但凡生命,都有它的独特性和差异性。与农业不同,工业可以使产品的型号保持统一,使产品的性能保持一致。然而,"世界上没有两片完全相同的树叶",不同的农作物有其不同的生活习性和生长特点,需要不同的栽培方式;既不能拔苗助长,也不能压制它生长。每个学生都是一个独立的生命个体,他们都有不同的生活经历、认知特点、学习风格和发展方式。这意味着,差异是教学的逻辑起点,教学应该从差异开始,以差异结束,而不是强制每个学生都按照相同的方向,以相同的方式发展。今日学生严重缺乏个性的状况,是否就是教育过度"工业化"所造成的恶果?

但凡生命,都是一个有组织的整体。构成这个整体的各个部分必须得到均衡的满足和发展,否则就会被扭曲成畸形和陷入病态。在农人那里,需要同时培育农作物的根、茎、干、果等部分,任何一个部分失去滋养,农作物要么就不丰满,要么就失去生命。同理，学生是一个完整的生命体，他需要在身体、知识、智慧、情感、精神等方面得到均衡、全面的发展，否则就会失去健康，成为不健全的人。工业则不同，它可以将材料和产品分解和拆卸，可以将材料和产品任意地组装和还原。倘若我们非要将学生身体的整体加以分解，单纯突出某些部分的教学和训练，这无异于工业的基本做法，自然会造成学生片面发展或畸形发展。

但凡生命，都是一个渐进的自然生产过程。农作物的生长都需要经历一个周期，而不能像工业一样加班加点，批量生产。同时，农作物的培育是一个复杂的过程，需要农人精心地培土、浇水、施肥、除草，才能结出丰硕的果实。正因如此，农人习惯于耐心、细心地守护和等待，而不会快字当头，拔苗助长。苏霍姆林斯基说过："我们教师与之打交道的，是自然界中最娇嫩、最精细、最敏感的东西，是小孩子的大脑。当你想到大脑时，就要想象这是一朵挂着露珠的、娇嫩的玫瑰，要做到摘下花朵而又不使露珠跌落，需要多么的小心谨慎。"但不知从什么时候开始，我们的教学变得急功近利，忘记了"十年树木，百年树人"的道理，失去了耐心、宽容、鼓励和等待，恨不得立刻将学生变成钢。因为恨铁不成钢，我们越俎代庖，过度训练和批评指责学生。

既然如此，教育的目的应当从农业中去追寻。教育是为了人的发展，教育的对象是一个个独立的、整体的、活生生的生命，教育的对象是一个个具有自主性、能动性与创造性的人，教育的对象是一个个具有发展潜力和内在力量的学生。

资料来源：李松林 巴登尼玛. 新课程教学设计原理与方法[M]. 北京：人民教育出版社, 2014.

第四节　素质教育

一、素质教育的含义

素质教育是指依据人的发展和社会发展的实际需要，以全面提高学生的基本素质为根本目的，以尊重学生主体性和主动精神，注重开发人的智慧潜能，注重形成人的健全个性为根本特征的教育。

素质教育是我国教育界在 20 世纪八九十年代末提出的一个概念。素质教育作为一种教育价值理念，是针对应试教育而言的，它以提高国民素质为根本宗旨。1999 年 6 月，中共中央、国务院作出了《关于深化教育改革，全面推进素质教育的决定》，对素质教育的含义给予全面的说明和阐述，其内容主要有以下几点。

1. 素质教育是以提高国民素质为根本宗旨的教育

实施素质教育，就是要全面贯彻党的教育方针，以提高国民素质为根本宗旨。我国把教育、科技摆在优先发展的战略地位。因为发展教育，对提高中华民族的整体素质、促进经济和社会发展具有战略性、先导性、全局性的作用。

2. 素质教育是面向全体学生的教育

素质教育是面向全体学生的教育，是一种使每一个人都得到发展的教育，它使每个学生在原有的基础上有进步、有发展。素质教育追求教育的公平与平等，"全体性"是素质教育最本质的规定、最根本的要求。世界上绝大多数国家把素质教育与义务教育联系在一起，其原因就在于义务教育从立法上保证了教育机会的均等化与受教育权利的公平性，以保证素质教育的实施。

3. 素质教育是促进学生全面发展的教育

素质教育是综合素质教育，它要求学生全面发展和整体发展，要求全面注重德智体美等素质的，要求全面发展学生的思想道德素质、文化科学素质和身体心理素质。全面发展既要讲共同性，又要讲个别性，它决不排斥有重点地发展个人特殊的方面，允许个体之间有差别地得到发展，全面发展也决不能被理解为平均发展。全面发展实际上就是最优发展，最优化不等于理想化，而是力求取得发展的最佳效果。只有这样，每个学生才能有信心根据自己的特点找到发展的"突破口"或"生长点"，打破"千人一面"的格局。

4. 素质教育是促进学生个性发展的教育

人与人之间的基本素质大体相同，但是每个人由于遗传素质、环境、教育等方面存在诸多差异，形成了一个个千差万别、个性独特的学生。素质教育强调尊重学生的个性特征和主体意识，培养学生形成健全个性和获得精神力量，促进学生个性化发展。

5. 素质教育是以培养学生的创新精神和实践能力为重点的教育

创新能力是一个民族进步的灵魂，是国家兴旺发达的不竭动力。素质教育要着眼于培养学生掌握自我学习、自我教育、自我发展的知识与能力，真正把学生的重心转移到启迪心智、孕育潜力上来，发展学生的创新精神和实践能力。

基于上述对素质教育内涵的理解，可以概括为"一个宗旨、两个重点、三大要义"，即素质教育是以提高国民素质为根本宗旨的教育，以培养学生的创新精神和实践能力为重点，面向全体学生，促进学生全面发展，使学生生动活泼、积极主动地得到发展。

二、素质教育的主要内容

素质教育主要包括内在素质和外在素质。根据素质结构的特征，素质教育主要包括以下三个方面的内容。

（一）思想道德素质教育

思想道德素质教育包括政治素质教育、思想素质教育和道德素质教育。其中，政治素质教育为方向，思想素质教育为基本内容，道德素质教育为基础。

政治素质教育是有关受教育者的政治立场、政治观点和政治信仰等根本性问题，良好的政治素质使受教育者掌握社会发展及其规律的基础知识,忠于国家、忠于民族、忠于人民。

良好的思想素质有利于受教育者提高他们的思想水平和理论水平,树立正确的人生观、科学的世界观和方法论。

（二）文化科学素质教育

文化科学素质教育包括文化素质教育和科学素质教育,它们相互支持、相互渗透,共同形成受教育者的文化素质和科学素质。

文化素质教育是通过设立一种理想的人格目标和典范,引导受教育者思考人生的目的、意义、价值,去追求人的完善,塑造受教育者高尚的精神境界、具有民族特色的高尚情操和公正纯洁的灵魂。

科学素质教育主要培养受教育者崇尚科学、追求科学的正确的科学观和培养受教育者的创新能力、培养受教育者的科学精神。

（三）身体心理素质教育

实施身体心理素质教育是为了培养受教育者具有健康的交往心理、职业心理、较强的心理承受能力、自控能力、适应环境的能力以及健康的体魄,身体心理素质包括身体素质教育和心理素质教育。

身体素质教育主要是有计划、有目的地组织受教育者学习增强体质的知识和技能,培养他们健康的体魄和坚强的意志,提高身体活动机能,提高力量、耐力和速度,增强肌体的灵敏度、协调性和应激反映能力,养成健身技能和卫生习惯。

心理素质教育主要目的是使受教育者具有健康的情绪、正确的自我意识、良好的人际关系、健全的人格、较强的社会适应能力和高雅的气质和性格。

三、素质教育实施的方法

（一）深化教育改革,确立素质教育理念

国家要对现行基础教育进行包括教育体制、教育内容、教育途径、教育方法等加大全面改革力度,实施素质教育首先必须解决人们的认识问题,各级教育领导、教师和家长都必须彻底摆脱应试教育的影响,树立正确的观念。一要树立正确的人才观,素质教育的人才观指社会主义现代化建设需要全面发展的各级各类人才的观念。二是树立全面发展的教育观,包括学生个体的全面和谐发展、全体学生的全面发展和建立全面的教学质量观。

（二）改革评价制度和劳动人事制度

在教育活动中,评价起着导向、激励和强化的作用。改革评价制度就是要改革以考试为唯一方式,以考分为唯一指标的评价制度,要从德智体美等方面全面评价学生,对教师既要评价教学工作,又要评价育人工作,还要评价其知识、能力和态度。对学校工作要从办学方向、管理体制、工作作风、领导水平等方面作出综合评价。改革人事制度就是要把学历和能力共同作为选才用人的标准,消除应试教育的社会根源,为素质教育创造外部条件。

(三)提高教师队伍的素质

素质教育的实施离不开具有优良素质的教师队伍。《中国教育改革与发展纲要》指出:"振兴民族的希望在教育,振兴教育的希望在教师。建立一支具有良好的政治业务素质、结构合理、相对稳定的教师队伍,是教育改革和发展的根本大计。"教师是素质教育的实施者,由教师的思想、职业道德、知识和教学能力等构成的综合素质关系到素质教育的成败。因此,提高教师队伍的整体素质是推行素质教育的重要环节。

(四)改革课程和教材

课程和教材是实施全面发展教育的依据,也是全面推行素质教育改革的重要环节。课程和教材的改革,首先要力求课程的多样化,使学科课程、活动课程、潜在课程和综合课程各有侧重,相辅相成。其次教材内容的选择,要依据基础教育的任务、教育基本规律和学生身心发展规律,考虑学生终身学习和发展所需要的基本素质,结合各门类课程特点,促进学生全面发展、个性发展与创新精神实践能力的发展。

(五)改革教学方法

改革教学方法本着使学生主动学习、积极思考的原则,在掌握知识的同时,充分发展智力以及动手能力。素质教育对课堂教学最基本的要求是把教育目的的实现落实到每一节课和教学的每一个环节。教学不能仅仅注重理解知识、培养思维品质、培养学习能力,还要重视对学生学习兴趣的激发、学习动机的培养、学习需要的满足和学习方法的指导上。

(六)教育要以学生为主体

素质教育的主体是学生,要全方位调动学生的主动性和积极性。在教育中要大力鼓励学生自己活动、自主活动,把教育的方式方法、教育的评价交给学生,把教育的主动权还给学生。教育教学中充分尊重和重视个体差异,教师对每个学生的指导、帮助、启发、诱导,必须在充分尊重和重视个性差异的基础上进行,寓共性教育于个性教育之中。让学生在活动中学习,从做中学,倡导学生主动参与、乐于研究、勤于动手,培养学生搜集和处理信息的能力、获取新知识的能力、分析和解决问题的能力以及交流与合作的能力。

拓展阅读

[1](美)约翰·杜威著.民主主义与教育[M].北京:人民教育出版社,1990.
[2](法)卢梭.爱弥儿[M].北京:商务印书馆,2017.

[3](美)布鲁巴克.教育问题史[M].济南:山东教育出版社,2012.

[4]柳海民.现代教育原理[M].北京:中央广播电视大学出版社,2002.

[5]黄济,王策三.现代教育论[M].北京:人民教育出版社,2004.

复习思考题

一、单项选择题

1. 教育目的包括三个层次,分别是国家的教育目的、各级各类学校的培养目标和(　　)。
   A. 教师的教学目标　　B. 课程目标　　C. 培养目标　　D. 课程计划

2. (　　)是全部教育活动的主题和灵魂,是教育的最高理想。
   A. 教育方针　　　　　　　　B. 教育政策
   C. 教育目的　　　　　　　　D. 教育目标

3. 马克思关于人的全面发展学说指出,促使人全面发展的唯一方法是(　　)。
   A. 脑力劳动与体力劳动相结合　　B. 智育与体育相结合
   C. 知识分子与工人农民相结合　　D. 教育与生产劳动相结合

4. 在教育目的的价值取向问题上,主张教育是为了使人增长智慧,发展才干,生活更加充实幸福的观点属于(　　)。
   A. 个人本位论　　　　　　　　B. 社会本位论
   C. 知识本位论　　　　　　　　D. 能力本位论

5. 德国教育家凯兴斯泰纳认为,国家的教育制度的设置只有一个目标,那就是造就公民,这种教育目的观的价值取向是(　　)。
   A. 社会本位　　　　　　　　B. 科学本位
   C. 伦理本位　　　　　　　　D. 个人本位

二、简答题

1. 什么是教育目的?教育目的在教育工作中的意义和作用是什么?

2. 如何理解马克思关于人的全面发展学说?

3.新时代我国全面发展教育的组成部分是什么？如何理解劳动教育的内容与价值？

4.什么是素质教育？简述素质教育的内涵和实施方法？

第六章
教育制度

　　教育制度是一个国家或地区各级教育机构与组织的体系及其运作规则的总称。它是一个国家或地区教育活动的重要依据，没有教育制度的制约和保障，教育活动就不可能有目的、有计划、有组织地开展。因此，教育制度的制定就成为教育规范中一项非常重要的工作。本章我们就要了解一下教育制度、学校教育制度以及我国的教育制度改革。

知识体系

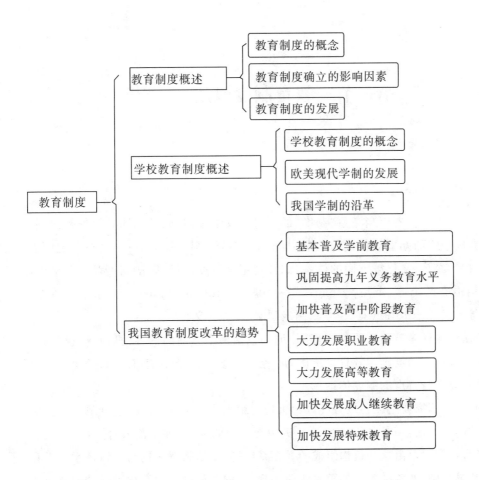

名家名言

行政制度在教育上也有特别意义,因为每一个学生没有地位与位置的差别,都必须习惯于参加这种制度,使他可以成为社会中一个有用的人。
——赫尔巴特

学校的每个人都在追求主动发展,学校才能焕发生命活力。
——叶澜

我们的现代教育应该是以人文主义为基础,关心生命、关心人格、关心人类、关心和平,并且可为持续发展承担责任的。
——顾明远

第一节 教育制度概述

一、教育制度的概念

要界定"教育制度",首先应当考察"制度"的含义。汉语中,"制度"一词有两种意思:一是指要求成员共同遵守的办事规程或行动准则,如工作制度、财政制度等;二是在一定历史条件下形成的政治、经济、文化等方面的体系,如社会主义制度、封建宗法制度等。英语中,表示"制度"的词语有两个:一个是 system;另一个是 institution。system 有"系统""体系""制度""体制"等含义;institution 有"建立""制定""制度"等含义。

因此,无论从汉语还是英语来看,"制度"一词都包括两个方面的内容:机构或组织的系统;机构或组织系统运行的规则。教育系统作为社会大系统中的子系统,有其自身运行的规则,逐步形成了具有自身特点的制度体系。

教育制度是一个国家或地区各级各类教育机构与组织的体系及其运行规则的总称。它包括相互联系的两个方面:一是各级各类教育机构与组织的体系,如学前教育机构、学校教育机构、社会教育机构以及由这些机构组成的教育系统等;二是教育机构与组织体系赖以存在与运行的一整套规则,如各种各样的教育法律法规、章程条例等。教育学教科书通常仅关注前者。

二、教育制度确立的影响因素

教育制度是一个国家或地区教育活动的重要依据,没有教育制度的制约和保障,教育活动就不可能有目的、有计划、有组织地开展。因此,教育制度的制定就成为教育规范中一项非常重要的工作。教育制度能否真正地发挥作用在于它的制定是否科学完善、是否符合国情。教育制度的建立总是受到多种因素的影响和制约,时代不同,民族不同,教育制度也会不同。

(一)社会政治经济制度

教育制度与国家政权有着紧密的联系,可以说教育制度总是为一定的、政治经济制度所制约并为之服务的。不同的政治经济制度确定了不同国家和不同历史时期教育制度的特色。社会政治经济制度划分了不同的社会阶级和等级,居于权力中心和具有经济优势的阶级和阶层能够享受到更多的教育,他们在入学、求学过程和进入社会的各个环节都比弱势群体更加具有优势,因此,在奴隶和封建社会,教育制度同样体现出明显的等级差别和阶级压迫性。在古希腊雅典设立的各种文法学校、弦琴学校、体操或体育学校,都严格禁止奴隶入学。在我国汉代和唐代,由封建国家设立的各级各类学校,在入学条件上作出了严格的等级上的规定。同时,教育制度为各级各类学校设定的任务,也体现了一定的政治需求。奴隶社会和封建社会的学校主要是为统治阶级培养各级从政的士大夫和为他们服务的专门人才。

(二)社会生产力和科技的发展水平

教育制度还在一定程度上受社会生产力和科学技术发展水平的制约。古代社会生产力水平较低,科学技术还不发达,劳动力从事劳动并不需要经过专门的培训,所以教育制度基本上把教育机构的功能规定成为上层建筑服务,而不是为社会生产力服务。此时,学校的教育内容多是些伦理、宗教方面的内容。在欧洲文艺复兴前,自然科学也还没有从哲学中分化出来,当然也就不可能出现如煤炭、电力、冶金、机械、航空等专业学校。到了资本主义社会,当社会生产的发展再也不能简单地依靠经验,而是需要依靠系统的知识传授的时候,劳动人民开始享有一定的受教育的权利,他们的教育被纳入学校教育制度之中。现代社会,随着知识经济时代的到来,各国义务教育年限的不断延长,新型高科技产业对劳动者的要求越来越高,使教育制度也要不断地发展和变革。

(三)教育对象的身心发展规律

不同的政治经济制度和生产力发展水平决定着教育制度的变化。而受教育对象的身心发展特点对于教育制度的决定作用具有明显的恒定性。人从初生婴儿到成长为成熟青年,经历了不同的发展阶段。这些阶段是连续的,同时又是有区别的。认知心理学的研究为我们了解人的不同发展阶段的特征作出了重要贡献,人的身心发展的这种客观规律成为制定教育制度的重要依据。人在五至六岁时,脑的结构已相当成熟,从这一年龄起,儿童即可进行书本和文字等方面的学习。之后,随着脑结构的发展,脑的工作机能通过多种活动逐步地增强。六岁至十六七岁时,脑接受和存储事物的能力变得非常强。十六七岁以后,人开始全面成熟。从人的生理发育、成长的自然规律来看,五六岁至十六七岁正是人接受与存储各种科学文化知识与全面接受德智体教育的最佳时期。因此,教育制度的制定必须适应受教育者的身心发展规律。

(四)本国教育制度的历史和外国学制的影响

原有教育制度以及对国外教育制度的积极学习和借鉴,是影响教育制度制定的重要因素。一个较好的教育制度总是不能脱离本国教育制度发展的历史沿革而吸取原有制度中合理的部分,因而教育制度具有继承性。对国外教育制度的积极学习和借鉴也是一个重要的影响因素。

三、教育制度的发展

教育制度是社会发展到一定历史阶段的产物。随着社会的发展,教育从简单到复杂、由无固定规则的原始形态到学校这种制度化的教育组织形式出现,再到学校体系的建立及至当今社会以学校教育制度为主体包括其他机构在内的更为完整的教育制度,经历了一个长期的演变过程。随着社会进一步发展,教育制度还会不断地变革自身,以适应社会发展的需要。

(一)古代教育制度的发展

原始社会教育还没有从生产活动中分化出来成为专门的活动。无论是生产经验的传授,氏族公社的历史、习俗以及习惯法的传递,还是道德品质的培养,依靠的都是口耳相传、观察模仿,带有很大的随机性和偶然性。最早可以称得上带有制度性质的教育活动方式是各种仪式,比如成人仪式,但这些仪式只是具有教育意义的非专门的教育活动。

学校的出现标志着教育活动从无固定规则的原始形态发展成具有固定规则的制度化的形态。在奴隶社会时期,教育逐渐与生产劳动和日常生活相分离,出现了专门的教育场所——学校。在整个古代社会,学校教育作为一种教育制度,其制度化程度不断提高,教育行为方式逐渐规范,比如有固定的教育内容,规定了定期的学业考查制度,形成了规范化的教学组织形式等。但是,古代社会没有建立上下衔接的学校系统,尽管一些古代文献也记载了这方面的信息,但其真实性有待考察。比如,关于西周的学校,史料记载分国学和乡学两种,国学又分为小学和大学两个阶段。关于西周的乡学,《周礼》说:"乡有庠,州有序,党有校,闾有塾。"《学记》又说:"家有塾,党有庠,术有序。"《学记》还记载了西周国学里的定期的学业考查制度:"比年入学,中年考校。一年视离经辨志;三年视敬业乐群;五年视博习亲师;七年视论学取友;谓之小成。九年知类通达,强立而不反,谓之大成。"这是后人根据传说记载下来的,如果据此认为西周已有普遍的学校网,并建立了一套学校制度,似乎不大可信。根据后世所说的"学在官府",大体可以推断,在当时,针对贵族子弟的"官学"已形成了一些较规范的教育行为方式。

中国自秦代以来就建立了大规模的中央集权的国家政权,拥有严格的统治机构和庞大的官僚队伍,为培养施政的官僚,国家在中央和地方开办学校。在唐代,学制和录用官吏的科举制度都已十分完善。以中央和地方的官学论之,中央官学属性质的有崇文馆、弘文馆、国子学;属普通性质的有太学、四门馆、广文馆;属专科性质的有律学、书学、算学、医学、崇玄学;还有初等教育性质的小学。地方官学则分直系和旁系两个系列,直系的学校有府学、州学、县学、市镇学;旁系的有府、州的崇玄馆。官学系统还有一定的升迁序列:县学→府州学→四门学→太学→国子学。可见,唐代的官学系统已比较发达,但是唐代官学系统与现代意义的学制仍有较大差距。事实上,在唐代许多被称为"学"的机构主要是官吏选拔机构,并非现代意义上的学校。官学的数量也十分有限,各学校之间无严格的分工。从学校层次上来看,学校只有大学和蒙学,缺乏中间环节。

整个欧洲古代社会的教育制度亦呈现同样特征,尤其是中世纪的欧洲,没有像中国这样拥有强大的国家政权,其教育权力集中在教会手中。出于宗教教育的目的,教会开办了一定数量的学校,但是这些学校并无层次差别,也无衔接关系。中世纪后期,欧洲出现了大学和注重实用知识和技能学习的城市学校。中世纪的大学,管理相当松散,修业年限无规定,学生年龄亦无规定,而且学校与学校之间处于游离状态,没有形成现代意义上的学制。

(二)现代教育制度的发展

现代教育制度诞生于19世纪的欧洲,它以国家教育制度的出现为标志。国家教育制度是法制型教育制度,不同于教会和行会自发形成的教育制度,其诞生和发展的基本标志是,国家建立相对统一的教育管理体制和学校系统,承担部分教育经费,颁布教育法令,对教师培训、课程内容和教育目标实施控制。

17世纪以后,欧洲各国国家教育制度开始缓慢地成长。最初,国家为初等学校提供部分教育经费,颁布初等教育法令,实施免费和强制的初等学校教育;接着,中等教育逐步走出狭小的哲学和宗教的框架,拓展活动空间,吸收现代科技教育内容;其后,职业技术学校出现,以便满足工业、经济和整个社会发展的需要。在这一过程中,国家逐步强化对教育的管理和控制,以往教会、行会垄断教育的格局渐渐瓦解、淡化直至消失。英、法、美和德国大约都在19世纪建立起资本主义教育制度。

进入20世纪以后,尤其是第二次世界大战之后,随着幼儿教育、成人教育的发展,以及各种社会教育机构的建立,现代教育制度已由原来的学校教育制度发展成为以学校教育制度为主体的包括其他教育机构在内的更为完整的形态,学校教育制度也逐步由封闭走向开放。随着学习型社会的到来,正规教育和非正规教育将会相互融合,现代教育制度将向终身教育制度迈进。

我国现代教育制度是在清末民初通过废除科举考试制度,引进西方学制而逐步建立起来的。历经一个世纪的发展,目前我国已建立了比较完整的教育制度。它以包括学前教育、初等教育、中等教育、高等教育在内的学校教育制度为核心,辅之以义务教育制度、职业教育制度、成人教育制度、教育考试制度、学业证书制度、学位制度、教育督导制度、教育评估制度以及教育人事制度和教育财政制度等。这些制度具体体现为各种教育政策和教育法律,共同规范和调节着教育的基本关系。

第二节 学校教育制度概述

一、学校教育制度的概念

在现代教育制度形成和发展的过程中,学校教育系统是率先形成和完善起来的,可以说,学校教育制度即为早期的教育制度。学校教育制度,以下简称"学制",指一个国家各级各类学校的系统,规定着各级各类学校的性质、任务、培养目标、入学条件、修业年限、管理体制以及各级各类学校的关系等。其中,"级"表示学校实施教育程度的高低,"类"表示同一级学校中入学对象、培养目标、办学形式等方面内容。

学校教育制度是教育制度体系中最严密、最有效的基本制度,是国家实现教育目的的基本制度保证,对社会的政治、经济、文化等各个领域的发展具有重要影响。学制是国家通过立法作出规定而建立起来的,从而保证一个国家学制的统一性、稳定性和完整性。

学校教育制度是一个国家教育制度的主体部分,集中体现了国家教育制度的精神实质。

关于教育制度的含义,也有学者提出,可以从广义和狭义来理解,广义的教育制度指国民教育制度,是一个国家为实现其国民教育目的,从组织系统上建立起来的一切教育设施和有关规章制度的总和。狭义的教育制度则特指学校教育制度。

二、欧美现代学制的发展

(一)欧美现代学制的类型

现代学制主要由两种结构构成,一是纵向划分的学校系统,二是横向划分的学校阶段。不同类型的学制仅是学校的系统性和阶段性的不同组合。纵向划分的学校系统占绝对优势的学制结构就是双轨学制;横向划分的学校阶段占绝对优势的学制结构就是单轨学制。原来的西欧学制是前者,美国学制属于后者。介于纵向学校系统占绝对优势的学制结构和横向学校阶段占绝对优势的学制结构两级之间的学制结构,属中间型,叫分支型学制。苏联的学制是最早出现的分支型学制。

1. 双轨学制

双轨学制以英国的双轨制为典型代表,法国等欧洲国家的学制都是这种学制。这种学制是古代等级特权在学制发展过程中留存的结果。一轨(自上而下)为非群众性的特权阶层子女所占有,以最早的中世纪大学及后来大学为顶端,向下延伸,产生了大学预科性质的中学,逐步形成了现代教育的大学和中学系统,属学术性的一轨。另一轨(自下而上)是为劳动人民的子弟所开设的新学校,学生在接受一定的基础教育之后,便升入职业技术学校,并上延至今天的高等职业学校,学习从事劳动生产的技术,属生产性的一轨。两轨之间互不相通,互不衔接。这种学制显然不利于普及教育。在现代社会的发展过程中,随着特权阶层被削弱,学术性一轨已逐渐向劳动人民子女开放,但普通劳动者子女入学人数仍然不多,原因在于这类学校学费昂贵,劳动人民子女不能承受。

2. 单轨学制

单轨学制以美国学制为代表。美国的现代学制最初也是双轨制,但是美国的发展历史与欧洲资本主义国家的发展历史不同,不存在像英国皇室这样的特权阶层。在这样的历史传统下,学术性的一轨没有得到充分的发展,而群众性的新学校迅速发展起来,从而形成了从小学直至大学、形式上任何儿童都可以入学的单轨学制。这种学制有利于普及教育,其特点是教育质量参差不齐,同级学校教育教学水平相差较大,许多学校的教育教学水平不高。

3. 分支型学制

帝俄时代的学制属欧洲双轨学制。十月革命之后,苏联制定了单轨的社会主义统一劳动学校系统。后来在发展过程中,又恢复了帝俄文科中学的某些传统和职业学校单设的做法,于是就形成了既拥有单轨学制特点又拥有双轨学制某些因素的苏联型学制。苏联型学制不属于欧洲双轨学制,因为它一开始并不分轨,而且职业学校的毕业生也有权进入对口的高等学校进行学习。少数优秀生毕业时就可直接升入对口高等学校,其余学生工作三年后也可升学。但它和美国单轨学制也有区别。因为苏联型学制在基础教育阶段实行的是公共义务教育,中等教育阶段实行教育分流,一支是学术教育,一支是职业教育。它是属于介于双轨学制和单轨学制之间的分支型学制。

苏联型学制有其自身的特点。首先,它是社会主义性质的学制,其次它吸收了西欧双轨制中的一些积极因素,如单独设立职业技术学校。再次,这种学制既有上下级学校间的相互衔接,又有职业技术学校横向的相互联系,形成了立体式的学制。这种学制既有利于教育的普及,又使学术保持较高水平。但由于课时多、课程复杂,教学计划、教学大纲和教科书必须统一而使教学不够灵活,地域性较强的课程得不到很好的发展。

(二)欧美现代学制的发展

随着学校教育在国家经济与社会发展中的地位和作用日益凸显,许多国家十分重视发展教育。近几十年来,许多国家掀起了一轮又一轮的教育改革浪潮,都在不断完善本国的学制。

1. 重视学前教育,并将其纳入学制系统

20世纪以来,由于学前教育的独特功能和巨大效益,当前教育在许多发达国家逐渐发展成公共事业或准公共事业,已经或正在被纳入学制系统,并成为义务教育的组成部分。从学前教育的性质来看,发达国家主要存在三种基本类型:一是学前教育具有公共事业性质且完全免费,如法国的学前教育;二是学前教育具有准公共事业性质并实行一定形式的免费措施,如美国、英国、澳大利亚和韩国的学前教育;三是学前教育具有准公共事业性质,政府大量、持续的政府教育补助与家长缴费相结合,但不直接实行免费政策,如日本的学前教育。

可见,将学前教育作为公共事业或准公共事业,是发达国家发展学前教育的根本特征。

从学前教育的地位来看,英国、美国、法国等许多发达国家都将学前教育作为学制系统的第一阶段,将学前教育作为或基本等同于义务教育进行普及发展。在一些发达国家,学前教育已达到普及水平,4至5岁儿童的入园率已近100%;许多国家则将小学前一两年的学前教育定为义务教育的组成部分,实施免费或部分免费教育。

2. 大力发展基础教育,义务教育年限延长

随着生产力与科学技术的进步,作为基础教育发端的小学教育不再是结业教育,而成为普通文化科学基础教育的初级阶段。当代儿童生理、心理的变化,科学技术的高速发展,教师素质的提高,以及人们对教育认识的变化等,这一切都促使当代许多国家的小学教育结构有了一系列的变化:很多国家取消了小学的初高级之分;小学入学年龄提前到6岁甚至5岁;小学教育年限在缩短,如法国的小学缩短到5年,德国缩短到4年;小学和初中直接衔接,取消了初中的入学考试。小学教育结构变化又直接导致初中阶段的教育结构发生了一系列变化:初中教育年限延长,并同小学阶段共同作为普通文化科学基础教育的一个完整阶段,担负着对人的基本素质进行全面培养的任务。

进入现代社会,对义务教育的普遍重视成为世界各国大力发展基础教育的重要标志,而义务教育年限的不断延长则是当前各国学校教育制度的主要发展趋势。据联合国教科文组织《1960—1982年世界教育统计概览》介绍,世界上已有168个国家和地区宣布实行义务教育,约占国家和地区总数的84.4%,其中实行4~6年义务教育的国家和地区占29.7%,实行7~9年义务教育的国家和地区占43.5%,实行10~12年义务教育的国家和地区占26.8%。20世纪80年代以后,各国义务教育年限进一步延长,全世界义务教育的平均年限是9.24年。在世界发达国家的义务教育年限中,德国为12年,英国、俄罗斯为11年,美国、法国、加拿大为10年,日本为9年,其中俄罗斯与日本在近年来相继提出义务教育年限要延长至12年。

3. 重视职业教育,加强普通中等教育与职业教育的联系

职业教育是为适应某种职业的需要而对人所进行的技能培养教育,它也是一种专业技术教育。随着现代经济发展对专门职业技术人才需求的增长,职业教育日益受到各国政府的重视。德国称之为"经济发展的柱石",全国85%16岁以上的青年被纳入职业技术教育体系,并在学制上保证普通中学与职业技术学校相通。在高中教育阶段,德国、日本等国职业教育所占的比重在20世纪60年代即已分别达到57.7%、43.3%和60%。

现代职业教育最初是在小学阶段进行,后来依次发展到在初中、高中和初级学院。职业教育在哪个阶段进行,完全依赖于现代生产所应用的科学技术基础的状况。学生过早专业化,容易缺乏坚实的知识基础,既影响高等学校的新生质量,又缺少适应工种变化的能力。因此,不少国家重视职业技术教育和普通中等教育的相互渗透,即普通教育职业化、职业教育普通化。在普通中学增加职业性课程,为其毕业作就业做准备;在职业学校增加普通教育课程,增进学生对未来职业的适应能力。在当代,有的发达国家的职业教育已出现向高中后移动的明显趋势。如美国高中职业教育缩小而社区学院职业教育的比重却在增大；日本相当于短期大学的"专门学校"数量远远超过相当于高中程度的"专修学校"。这些变化都是为了使当代职业教育建立在更高的文化科学基础知识之上，使其培养出来的人更有适应性。除上述发展变化外，职业教育在层次和类型方面也更加多样化。

4. 高等教育多层次化、多类型化、产学合作化

第二次世界大战以后，为不断满足经济社会发展的需要和民众接受高等教育的需求，提高高等教育毛入学率是世界主要发达国家发展高等教育的主要趋势。世界主要发达国家的高等教育普遍从"精英化"阶段过渡到"大众化"阶段，美国、日本等国家在20世纪70年代后又逐步发展到"普及化"阶段。根据美国学者马丁·特罗的研究，毛入学率在15%以下时，高等教育处于精英化阶段，高等教育在毛入学率为15%～50%时处于高等教育大众化阶段，高等教育在毛入学率达到50%以上处于普及化阶段。

在高等教育规模得到迅猛扩张的同时，高等学校的层次和类型也不断发生变化。在层次上，大多数国家形成了高等教育的三级体制。学习2～3年的初等层次的专科教育，美国称之为初级学院或社区学院，日本称之为短期大学或高等专门学校，德国称之为高等专科学校，法国称之为短期技术大学，英国称之为专科技术学院。其学制短、投资少、发展快、职业性强，开设课程符合实际，注重培养操作能力，颇受社会欢迎。中级层次指本科教育，即学习时间为4～5年的综合大学和文、理、工、商、医等各种学院，是高等教育的基本组成部分，培养科技与学术类的专门人才。高级层次指大学的研究生院，设置硕士、博士等学位课程，培养从事科学研究的高级人才。在类型上，大多数国家的高等学校也愈加多样化。除了存在传统的全日制普通高等学校和开放大学、网络大学等办学形式的基本分类外，还有研究型大学、教学型大学和教学研究型大学等类型的高等学校。

同时，高等学校和社会、生产、科学技术以及社会生活各个方面的联系也越来越紧密，大学开始走向社会，以进一步满足经济社会发展的需要。许多发达国家都把大学作为经济发展的主要后盾，大学与新兴产业建立起形式多样的联系，推动产学一体化。如建成联合协调机构或互设研究与教学实体；通过合作进行某些研究或技术开发；大学向企业转让先进的科技成果；大学为社会和企业提供定期咨询与技术指导；大学为企业输送毕业生或提供继续教育，进行学术交流等。

5. 建立终身教育体系成为教育制度改革的重要方向

终身教育是人一生各阶段当中所受各种教育的总和。它具有民主性（普及性）、形式多样性、所受教育的连贯性与一致性、尊重个人发展的自主性等特点。显然，终身教育并非是终身学校教育。在时间和空间上，它承认社区中所有的学习机构、过程和人员。它强调的是学习者在一生的任何阶段、任何场合都可以接受教育。人类进入20世纪中期以来，人们面临着社会加速变化、科学与技术的进步、人口的增长及其寿命的延长、闲暇时间的增多等诸多挑战。这些挑战在一定程度上改变了人的生存条件和社会命运，同时也危及了人们认识外部世界和自身行为的传统方式，对已有的教育制度产生了强烈的变革要求。终身教育作为一种有影响力的教育思潮逐渐引起世界各国的注意,并为拥有不同社会制度的国家所接受。许多国家制定了保证终身教育实施的法律,结合本国国情把终身教育从原则和政策转向实际的应用,并把终身教育体系纳入学习型社会的建设中。终身教育对当代世界教育的实践影响正越来越强,教育正越来越多地向终身教育方向迈进。

三、我国学制的沿革

(一)新中国成立之前的学制

学制是学校教育发展到一定历史阶段的产物。我国古代的学制,萌芽于西周,如最早设立的"庠、序、校"等形成于西汉,到唐宋时期才比较完备。但由于古代学校教育不发达,因此,这一时期的学制还没有形成完整的体系。

具有完整体系的学制是以现代学制的出现为标志。我国现代学制比欧美现代学制建立得晚,到清朝末年"废科举,兴学校"时才出现。

1902年,由清政府管学大臣张百熙主持首次制定了现代学制《钦定学堂章程》,史称"壬寅学制"。"壬寅学制"以日本学制为蓝本,是我国颁布的第一个现代学制,虽然该学制未能实行,但从此形成了现代学制。

1903年,清政府颁布了由张之洞、张百熙、荣庆等人制定的《奏定学堂章程》,史称"癸卯学制",1904年1月颁布执行。这个学制体现了张之洞"中学为体,西学为用"的思想,明确规定教育目的是"忠君、尊孔、尚公、尚武、尚实"。它吸收了日本明治维新时期的学制形式,也保留了一定的封建科举制度的残余,如规定不许男女同校、轻视女子教育。该学制分为三段:初等教育、中等教育与高等教育,其最大的特点是修业年限长,从小学堂至大学堂要21年,至通儒院要26年。"癸卯学制"是我国第一次以法令形式颁布并实施的学制。

辛亥革命后,蔡元培任教育总长,南京临时政府于1912年对学制进行修订,颁布《学校系统令》,称为"壬子学制"。次年又陆续颁布了各级各类学校令,补充《学校系统令》,合称"壬子癸丑学制"。该学制首次规定男女可以同校,废除在受教育权方面的性别和职业限制,在法律上体现教育机会均等。废除读经,充实自然科学教育的内容,将学堂改为学校,反映了资产阶级在学制方面的要求。"壬子癸丑学制"是我国教育史上第一个具有资本主义性质的学制。

1922年,在北洋军阀统治下,由当时留美派主持的教育联合会,参照美国的"六三三制"(小学六年,初中三年,高中三年),颁布了"壬戌学制",又称新学制。该学制首次规定,根据学龄儿童和青少年身心发展的规律划分学校教育阶段。从小学到大学新学制比"癸卯学制"缩短了5年,为16年,并在小学实行四二分段,高中阶段增加职业科,大中学校课程采用学分制、选科制,兼顾青少年的个性发展和不同需求。这些改革对当时的社会发展十分有利,体现了"五四"以来教育发展的基本方向。后虽几经修改,但都没有重大变动,一直沿用到建国初期。

(二)新中国的学制

1. 1951年的学制改革

解放初,我国实际上存在着两种学制:一种是老解放区的学制,另一种是国民党统治区原来实行的学制。随着政治经济制度的根本变革和国民经济的恢复与发展,为使教育更好地为社会主义建设服务,改革旧学制、建立新学制已成为必然。

中央人民政府政务院于1951年10月颁布了《关于改革学制的决定》,指出我国原有学校存在的许多缺陷,其中最重要的是工人、农民的干部学校、各种补习学校和训练班,在学校系统中未享有应有地位;技术学校没有制定一定制度,不能适应国家培养建设人才的要求等。为此规定我国当时的学制为:幼儿教育,幼儿园招收3~7周的幼儿;初等教育,包括儿童和成人的初等教育,儿童初等教育招收7岁儿童,修业年限5年,施以全面的基础教育;中等教育,包括普通中学、工农速成中学、业余中学和中等专业学校;高等教育,包括普通大学、专门学院、专科学校、大学和专门学院附设的研究部;此外还有各级政治学校和训练班。

2. 1958年的学制改革

1958年9月,中共中央和国务院《关于教育工作的指示》提出了学制改革"两条腿走路"的办学方针和"三个结合""六个并举"的具体办学原则。"三个结合":统一性与多样性相结合;普及与提高相结合;全面规划与地方分权相结合。"六个并举":国家办学与厂矿企业、农业合作社办学并举;普及教育与职业(技术)教育并举;成人教育与儿童教育并举;全日制学校与半工半读、业余学校并举;学校教育与自学(包括函授学校、广播学校)并举;免费教育与收费教育并举。

3. 1985年颁布《中共中央关于教育体制改革的决定》

这一决定的主要内容有:①教育体制改革的根本目的是提高中华民族素质,多出人才,出好人才;②实行九年义务教育;③中等教育改革的目标主要是调整中等教育结构,大力发展职业技术教育;④高等教育改革的目标主要是改革高校招生计划和毕业生分配制度,扩大高校办学自主权;⑤对学校实行分级管理,加强领导,保证改革的顺利进行。

4. 1993年颁布《中国教育改革和发展纲要》

这一纲要有关教育制度的内容有:①确定了20世纪末教育发展的总目标——基本普及九年义务教育和基本扫除青壮年文盲;全面贯彻党的教育方针,全面提高教育质量;要重点建设好一批重点学校和一批重点学科;②调整中等教育结构;③改革办学体制;④改革高校的招生和毕业生分配制度;⑤改革和完善教育投资体制。

5. 2010年颁布《国家中长期教育改革和发展规划纲要(2010—2020年)》

2010年6月通过的《国家中长期教育改革和发展规划纲要(2010—2020年)》(以下简称《纲要》)是指导当前教育改革和发展的纲领性文件。它提出今后一个时期内我国教育事业改革发展的工作方针是:优先发展,育人为本、改革创新,促进公平,提高质量。到2020年,我国教育事业改革发展的战略目标是"两基本、一进入",即基本实现教育现代化,基本形成学习型社会,进入人力资源强国行列。

在学制方面,《纲要》按照完善现代国民教育体系、形成终身教育体系的要求,明确了今后一个时期内我国学制方面的发展任务:①积极发展学前教育,重点发展农村学前教育;②巩固提高九年义务教育水平,重点推进均衡发展;③普及高中阶段教育;④把职业教育放在更加突出的位置;⑤全面提高高等教育质量;⑥发展继续教育,努力建设学习型社会;⑦关心和支持特殊教育,完善特殊教育体系,健全特殊教育保障机制。

(三)我国现行的学校教育制度

新中国成立以来,党和国家一直高度重视发展教育事业,以有限的财力建立了一个结构合理、级别健全、类别完善、形式多样的庞大的学校教育系统,学校教育规模位居世界各国之首。《中华人民共和国教育法》第十七条规定:"国家实行学前教育、初等教育、中等教育、高等教育的学校教育制度。"由此规定了我国学校教育制度的基本内容。了解我国现行学校教育制度纵向和横向结构,有助于我们充分认识我国学校教育系统的发展现状。

(1)从纵向结构上来看,我国现行学校教育包括学前教育、初等教育、中等教育和高等教育。

(2)从横向结构上来看,我国现行学校教育包括基础教育(国民基础教育)、职业技术教育、高等教育、成人教育和特殊教育。

(3)从教育对象的学习时间上来看,我国现行学校教育形式包括全日制学校、半工半读学校和业余学校。

(4)从学校办学主体和体制上来看,我国现行学校教育形式包括公办学校和民办学校。

目前,我国基础教育学校实行地方政府管理、以县为主的制度;高等学校实行中央和省级政府两级管理制度。我国中小学实行校长负责制,国家举办的高等学校实行中国共产党高等学校基层委员会领导下的校长负责制。民办学校设立学校理事会、董事会或者其他形式的决策机构,由他们聘任校长管理学校。认真贯彻2016年12月习近平总书记在全国高校思想政治工作会议上的讲话精神,我国高等教育要为民服务、为改革开放和社会主义现代化建设服务、为巩固和发展中国特色社会主义制度服务,为改革开放和社会主义现代化服务。坚持和完善高校党委领导下的校长负责制,以章程为基础的依法治校,不断推进治理体系与治理能力现代化。

第三节 我国教育制度改革的趋势

改革开放以来,我国教育事业取得了巨大成就,为建设人力资源强国奠定了基础。以邓小平同志做出恢复高考及对外派遣留学生的重大教育决策为起点,通过《中共中央关于教育体制改革的决定》《中国教育改革和发展纲要》《中共中央、国务院关于深化教育改革,全面推进素质教育的决定》《面向21世纪教育振兴行动计划》《2003—2007年教育振兴行动计划》和《国家中长期教育改革和发展规划纲要(2010—2020年)》等一系列国家教育政策文件的出台和一系列教育法律法规的颁布实施,推动了教育制度改革不断深化。

一、基本普及学前教育

学前教育对幼儿习惯养成、智力开发和身心健康具有重要意义。当前我国的学前教育发展严重滞后,三年毛入园率低于世界平均水平,远远落后于发达国家,学前教育已成为我国国民教育体系中最薄弱的环节之一。《国家中长期教育改革和发展规划纲要(2010—2020年)》(以下简称《纲要》)体现了国家对学前教育前所未有的重视,明确提出了基本普及学前教育的发展目标:到2020年,全面普及学前一年教育,基本普及学前两年教育,有条件的地区普及学前三年教育。为此,《纲要》进一步规定了政府发展学前教育的责任,即把学前教育纳入城镇、新农村建设规划;建立政府主导、社会参与、公办民办并举的办园体制;实施成本合理分担机制,制定学前教育办园标准和收费标准,对家庭经济困难幼儿入园给予财政补助;建立幼儿园准入和督导制度,加强学前教育管理,规范办园行为;同时还提出要重点发展农村学前教育。

二、巩固提高九年义务教育水平

义务教育即依照法律规定,适龄人口必须接受的,国家、社会、学校、家庭必须予以保证的国民教育。[①] 经过多方面的努力,我国在世纪之交先于其他发展中人口大国基本普及了九年义务教育,目前接近全面普及九年义务教育,并已逐步实现了免费义务教育。到2009年年底实现"两基"验收的县(市、区)累计达到3052个,占全国总县数的99.5%,"两基"人口覆盖率达到99.7%。国际比较表明,我国小学毕业生升学率在世界发展中人口大国中位居第一,中小学入学水平已达到或超过中等发达国家平均水平。尽管我国义务教育已取得举世瞩目的成就,但巩固和提高义务教育的任务依然艰巨,义务教育发展不均衡问题依旧突出。《纲要》明确提出要巩固提高九年义务教育水平,全面推进义务教育均衡发展,并确立了义务教育发展目标:到2020年,全面提高普及水平,全面提高教育质量,基本实现区域内均衡发展,确保适龄儿童少年接受良好义务教育。

三、加快普及高中阶段教育

高中阶段教育是学生个性形成、自主发展的关键时期,对提高国民素质和培养创新人才具有特殊意义。近年来,我国高中阶段教育快速发展,为更多的青少年提供了完成义务教育后接受教育的机会。2009年,全国初中毕业生升学率从2000年的51.2%提高到了85.6%,提高了34.4个百分点;全国高中阶段教育毛入学率达到79.2%,比2000年上升了36.4个

---

① 夏征农,陈至立.辞海[Z]上海:上海辞书出版社,2010:2253.

百分点。在普通高中和中等职业教育规模均实现或接近实现翻一番增长的同时,区域发展差距明显,中西部农村地区学校发展整体薄弱;经费投入保障机制不明确,学校办学经费紧张;学校办学缺乏特色,人才培养模式单一,片面追求升学率等问题一直困扰着高中阶段教育。《纲要》明确提出要加快普及高中阶段教育,推动普通高中多样化发展,并确立了高中阶段教育发展目标:到2020年,普及高中阶段教育,全面满足初中毕业生接受高中阶段教育的需求。

四、大力发展职业教育

国家经济社会发展不但需要一大批科学家、工程师和经营管理人才,而且迫切需要数以千万计的高技能人才和数以亿计的高素质劳动者。大力发展职业教育,是推进我国工业化、现代化的迫切需要,是促进社会就业和解决"三农"问题的重要途径,也是完善现代国民教育体系的必然要求。改革开放以来,国家从社会主义现代化建设全局出发,把职业教育确立为经济社会的重要基础和教育工作的战略重点。国务院先后六次召开全国职业教育工作会议,并于1991年、2002年和2005年三次做出关于大力发展职业教育的决定,采取了强有力的措施,推动职业教育又好又快发展。尽管如此,我国职业教育在规模、结构、质量和效益等方面仍然存在诸多问题,仍需加大改革力度。《纲要》明确提出要大力发展职业教育,并确立了职业教育发展目标:到2020年,形成适应发展方式转变和经济结构调整要求,体现终身教育理念、中等和高等职业教育协调发展的现代职业教育体系,满足人民群众接受职业教育的需求,满足经济社会对高素质劳动者和技能型人才的需要。

五、大力发展高等教育

高等教育是培养高素质人才的摇篮、科技进步的主阵地和精神文明建设的重要基地,它对于提高全民素质、提升国家的综合国力和核心竞争力,都具有极其重要的战略意义。新中国成立以来,特别是改革开放以来,高等教育事业取得了巨大的成就。我国建立了比较完备的高等教育体系,高等教育实现了跨越式发展,毛入学率从1980年的3.7%提高到2009年的24.2%,在校生人数达到2979万人,规模位居世界第一,为国家经济社会发展提供了强有力的人才和智力支撑。但是,在新的历史条件下,与国家发展战略的新挑战相比,与我国科技进步和经济社会发展的新需要相比,与人民群众对高等教育的新需求相比,与国际高等教育发展的新趋势相比,我国高等教育在体制机制、结构布局和质量效益等方面还存在较大差距。《纲要》提出,①全面提高高等教育质量:到2020年,高等教育结构更加合理特色更加鲜明,人才培养、科学研究和社会服务整体水平全面提升,建成一批国际知名、有特色、高水平的高等学校,若干所大学达到或接近世界一流大学水平,高等教育国际竞争力显著增强。②提高人才培养质量:确立人才培养在高校工作中的中心地位,加大教学投入;深化教学改革,推进和完善学分制,实行弹性学制;加强就业创业教育和就业指导服务,创立高校与科研院所、行业企业联合培养人才的新机制;全面实施高校本科教学质量与教学改革工程;严格教学管理,健全教学质量保障体系,改进高校教学评估制度;大力推进研究生培养机制改革。③优化结构,办出特色:在优化结构方面,优化学科专业和层次、类型结构,重点扩大应用型、复合型、技能型人才培养规模,加快发展专业学位研究生教育;优化区域布局结构,设立支持地方高等教育专项资金,加大对中西部地区高等教育的支持,鼓励东部地区高等教育率先发展。在办出特色方面,建立高校分类体系,实行分类管理,引导高校合理定位,在不同层次、不同领域办出特色;以重点学科建设为基础,继续实施"985 工程"和优势学科创新平台建设,继续实施"211 工程"和启动特色重点学科项目,加快建设一流大学和一流学科。

六、加快发展成人继续教育

大力加强和发展成人继续教育是广大社会成员不断丰富和更新知识、提高能力和促进自身全面发展的迫切要求,也是构建我国终身教育体系和学习型社会的关键性因素。改革开放以来,成人小学毕业生人数累计超过 1 亿人,成人中学毕业生人数累计达到 2591 万人,成人中专毕业生人数累计超过 187 万人,成人高等教育毕业生人数累计超过 2342 万人,农民中专和农民技校所进行的培训累计达 114274.4 万人次,为提高国民素质、劳动者技能水平和培养人才作出了巨大贡献。但是,面对我国 7.69 亿的从业群体,2 亿左右需要逐年转移到第二、第三产业的农村富余劳动者,每年数以千万计的新增和需再就业的劳动者以及 14.4 亿的老龄人口,我国的成人继续教育的发展不仅数量不足,在质量上也很不能适应社会和学习者发展的需求。

《纲要》提出,①加快发展继续教育:加大投入力度,以加强人力资源能力建设为核心,大力发展非学历继续教育,稳步发展学历继续教育,广泛开展城乡社区教育,加快各类学习型组织建设。到 2020 年,努力形成人人皆学、处处可学、时时能学的学习型社会。②建立健全继续教育体制机制:成立跨部门继续教育协调机构,统筹指导继续教育发展;将继续教育纳入各行业、各地区总体发展规划;加快继续教育法制建设;健全继续教育激励机制;鼓励个人多形式接受继续教育,支持用人单位为从业人员提供继续教育;加强继续教育监管和评估。③构建灵活开放的终身教育体系:大力发展教育培训服务,统筹扩大继续教育资源。鼓励学校、科研院所、企业等相关组织开展继续教育;加强城乡社区教育机构和网络建设,开发社区教育资源;大力发展现代远程教育,建设以卫星、电视和互联网等为载体的远程开放继续教育及公共服务平台,为学习者提供方便、灵活、个性化的学习条件。

七、加快发展特殊教育

特殊教育是促进残疾人全面发展、帮助残疾人更好地融入社会的基本途径。针对我国特殊教育资源匮乏,教育水平亟待提高的现状,《纲要》提出,①关心和支持特殊教育:各级政府要加快发展特殊教育,把特殊教育事业纳入当地经济社会发展规划,列入议事日程。②完善特殊教育体系:到 2020 年,基本实现地市和 30 万人口以上、残障儿童较多的县都有一所特殊教育学校。鼓励和支持各级各类学校接受残疾人入学,不断扩大随班就读和普通学校特教班规模;全面提高残疾儿童少年义务教育普及水平,加快发展残疾人高中阶段教育,重视职业教育,加快推进残疾人高等教育发展;因地制宜发展残疾儿童学前教育;大力开展面向成年残疾人的职业培训。③健全特殊教育保障机制:国家制定特殊教育学校基本办学标准、地方政府制定生均公用经费标准;加大对特殊教育的投入力度;鼓励和支持接收残疾学生的普通学校为残疾学生创造学习生活条件;加大对家庭经济困难残疾学生的资助力度;实施残疾学生免费高中阶段教育。

拓展阅读

推荐视频《盗火者:中国教育改革调查(2013)》

《盗火者:中国教育改革调查(2013)》记录着一群理想主义者关于教育改革的探索、实践与思考。他们来自30所大中小学,包括50位一线教师、20位学者教授;他们有一个共同的特点,那就从教育直接参与者角度来寻找教育的出路与希望;而恰恰是这种方式能为各方参与者提供践行理念的平台。

复习思考题

一、单项选择题

1. 不同国家的学制存在着差别,但在入学年龄、中小学分段等方面具有较高的一致性。这说明学制的建立要依据(   )。
   A. 社会政治经济制度   B. 生产力发展水平
   C. 青少年身心发展规律   D. 民族和文化传统

2. 通常把一个国家各级各类学校的总体系称为(   ),它也是教育制度的主体。
   A. 国民教育制度   B. 学校教育度
   C. 教育管理体制   D. 学校结构制度

3. 英国政府1870年颁布的《初等教育法》中规定,一方面保持原有的转为资产阶级子女服务的学校系统,另一方面为劳动人民的子女设立国民小学、职业学校。这种学制属于(   )。
   A. 双轨制学制   B. 单轨学制   C. 中间型学制   D. 分支型学制

4. 在"中学为体,西学为用"思想的指导下,我国从清末开始试图建立现代学制。在颁布的诸多学制中,第一次正式实施的是(   )。
   A. 壬戌学制   B. 壬子癸丑学制   C. 癸卯学制   D. 壬寅学制

5. 在我国近现代学制改革中,明确规定将学堂改为学校,实行男女教育平等,允许初等小学男女同校的学制是(   )。
   A. 壬寅学制   B. 癸卯学制   C. 壬子癸丑学制   D. 壬戌学制

6. 在学校教育制度的发展变革历程中,义务教育制度产生于(   )。
   A. 原始社会   B. 奴隶社会   C. 封建社会   D. 资本主义社会

7. 当前我国九年义务教育学制年限划分采用的是（　　）
   A. "六三制"　　　　B. "五四制"　　　C. 九年一贯制　　　D. 多种形式并存的学制

二、简答题

1. 一个国家学制建立的主要依据有哪些？

2. 简述学校教育制度的发展趋势。

三、论述题

面对学习化社会的到来，现行学校教育制度存在哪些局限？其改革方向是什么？

四、材料分析题

"在某种意义上，我们的学校就是工厂。原始产品（儿童）被制成成品以满足各种生活需要。20世纪的文明对产品制造的规格提出了要求，根据有关规格的规定来塑造学生是学校的职责。"试用所学过的教育学知识对这段话作分析。

第七章
教师和学生

　　教师和学生是学校教育的主体,是学校教育活动的主要承担者。在学校教育活动中,教师作为学生学习活动的指导和辅助者的角色出现,而学习活动的主体则是学生,师生关系是教育活动中最重要、最基本的特殊的社会人际关系。教师的职业与其他的职业有哪些不同?要做一名合格的人民教师,我们要具备哪些基本素养?人民教师应该树立什么样的学生观?作为学校中重要的人际交往,师生之间应该建立什么样的人际关系?怎样去建立这种良好的人际关系呢?

知识体系

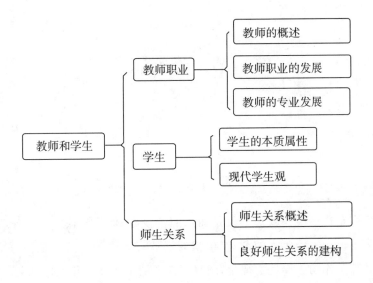

名家名言

太阳底下再没有比教师这个职务更高尚的了。　　——夸美纽斯
无贵无贱，无长无少，道之所存，师之所存也。　　——韩愈
春蚕到死丝方尽，蜡炬成灰泪始干。　　——李商隐

第一节　教师职业

一、教师的概述

（一）教师的概念

美国心理学家布鲁纳说："教师不仅是知识的传授者，而且是模范。"我国人民教育家陶行知说："在教师手里操着幼年人的命运，便操着民族和人类的命运。"他们分别从教师的基本职业素养和教师工作的重要性的视角，阐释了教师的工作性质和工作意义。

教育学上对教师概念的界定，一般有广义和狭义之分。广义的教师与教育者同义，指的是把知识、技能和技巧传授给别人的人，他们都可以称之为教师。狭义的教师指学校的专职教师，指经过专门训练、在学校从事教育教学工作的专门人员。而在本书中"教师"主要采用狭义的概念。

我国《中华人民共和国教师法》第一章第三条对教师的概念作了全面、科学的界定：教师是履行教育教学职责的专业人员，承担着教书育人，培养社会主义事业建设者和接班人、提高民族素质的使命。这一界定，包含了三层含义。

(1)教师是专业人员，这是就教师的身份特征而言的。

(2)教师的职责是教育教学，这是就教师的职业特征而言的。教师必须直接承担教育教学的工作职责，这是教师的根本任务。

(3)教师的使命是教书育人，培养社会主义事业的建设者和接班人，提高民族素质，这是就教师工作目的而言的。教师是教育者，教师的职责是促进个体社会化，进而提高全民族素质，促进社会的进步。

（二）教师的角色

莎士比亚说："世界是一个舞台，所有的男男女女不过是一些演员，他们都有上下场的时

候。一个人在一生中扮演着好几个角色。"那么,教师职业又有哪些角色呢？教师职业的最大特点就在于职业角色的多样化(即"角色丛")。教师承担着多方面的角色,具体表现在以下几个方面。

1. 传道者

教师肩负传递社会传统道德和价值观的使命,对学生的"做人之道""为业之道""治学之道"等都有引导和示范的责任。

2. 授业、解惑者

韩愈说："师者,传道授业解惑也。"教师是社会各行各业建设人才的培养者,除了"传道"之外,就是把自己所学尽数传给学生,并在学生的学习过程中,解答他们的困惑,启发他们的智慧,帮助他们掌握一定的知识经验和技能技巧。

3. 榜样示范者

教师的言行是学生学习和模仿的对象,教师的言行举止、为人处世的态度、人格特征等都会对学生起着潜移默化的作用。

4. 教育教学活动的设计者、组织者和管理者

教学活动是一种有目的、有计划和有组织的活动,需要教师提前准备,精心设计,全面把握教学内容、学生和教学方法等要素,以保证教育教学活动的顺利进行。

5. 朋友

孔子说："三人行,则必有我师焉。""师不必贤于弟子,弟子不必不如师。"师生之间如朋友一样,相互学习,平等相待。

6. 研究者

我国著名的教育家叶澜先生说,在新基础教育中,教师是学习者、研究者、实践者、反思者、群体合作者和自我更新者。教师要以一种变化发展的眼光对待自己的工作和教育对象,需要不断地学习、反思和创新。

7. 学生心灵的培育者

教育的目的是让学生变得更聪明、更高尚、更成熟。"一日为师,终身为父",教师还扮演着"学生的父母"或"学生家长的代理人"等传统角色。

在新课改的背景下,教师还扮演着适应新课改要求的新角色,即,学生学习的引导者、帮助者、促进者、合作者、对话者、终身学习者、课程开发者等。

(三)教师的地位

教师的地位一般是指教师的社会地位,它是由教师在社会中的经济地位、社会地位和文化地位构成的。

1. 经济地位

经济地位主要是指教师职业在社会各职业中的经济收入的地位,它决定了教师的职业声望、职业吸引力和教师从事该职业的积极性和责任感。

2. 社会地位

社会地位是指社会对教师职业的评价以及教师在社会上应享有的各种待遇。1985年，第六届全国人大常委会第九次会议通过了国务院关于建立教师节的议案，会议决定将每年的9月10日定为教师节。1985年9月10日为中国的第一个教师节。

3. 文化地位

文化地位体现了教师在掌握、传承和展现文化中的地位。从历史的角度看，社会对教师的工作都相当尊重。一方面，教师在社会经济、政治和文化生活中扮演着重要的角色，他们不仅为社会培养所需的人才，还为社会政治经济和文化制度的合理化、合法化作出重要的贡献；另一方面，教师群体中也有相当数量的人员直接服务于经济、政治，并创造着文化，是社会的中流砥柱。从现实的角度上看，提高我国中小学教师的社会地位对于稳定教师队伍、加速普及义务教育、提高素质教育的水平都具有极其重要的意义。因此，我们应该从根本上解决中小学教师的社会地位问题。

具体可以从以下几个方面入手。

首先，从社会和政府的角度看，应确保教师的收入"不低于或高于国家公务员的平均工资水平，并逐步提高"教师收入。

其次，从学校和教育行政的角度看，应确保教师能够有效地参与学校的教育教学管理，同时加强教师的培训，以充分地发挥教师的积极性，使教师能够获得正常的晋升和学习提升的机会。

再次，从教师自身的角度看，教师应该努力提高自身的素质，加强自身的教育能力，以自己的专业素质获得社会的认同。

（四）教师的作用

当今国家间的竞争，是人才的竞争，而人才的培养，离不开教师。那么，教师的作用，可以归纳为四个方面：教师是人类文化的传播者，在社会的发展和人类的延续中起桥梁和纽带的作用；教师是人类灵魂的工程师（加里宁语），在塑造年轻一代的品格中起着关键作用；教师是人的潜能的开发者，对个体发展起促进作用；教师是教育工作的组织者、领导者，在教育过程中起主导作用。

总体来说，教师是学校教育工作的主要实施者，其根本任务是教书育人。

知识窗口

一位教师去世后，和上帝喝茶。上帝认为他太能说了，改变不了职业习惯，会打扰天堂的幽静，于是就把他打入了地狱。刚过了一个星期，冥王就满头大汗找上门来说："上帝呀，赶紧把他弄走吧"。上帝问："怎么回事？"冥王说："地狱的小鬼们都被他激活了，天天写教案，填表格，搞教研，交论文，谈教育创新，科教兴冥，他还要我开展学科建设,实施名师工程,搞班主任培训,当学生导师,兼任辅导员,实施绩效考核,当青年教师导师,当家长学校校长,让所有人满意。"上帝大怒:"让他上天堂,看我怎么收拾他"。一个月后,冥王遇见上帝,问:"亲爱的上帝,那个喋喋不休的老师被您收拾得怎么样了?"上帝停住脚步,回答说:"你这样同我说话,犯了三个错误。首先,你应该先导入,回顾上次我们的谈话概要,再开始今天的谈话!其次,这个世界根本就没有上帝,只有学生才是上帝!再次,我没有时间和你闲聊,我还有一节公开课、两个课题、一份中考模拟卷没完成呢。最后,我警告你,和我谈话的时候,必须有教案!"就在冥王目瞪口呆之时,上帝的秘书小声地提醒说:"刚才还漏了一点,还要开发选修课程。"

佚名.一个中国教师与上帝的谈话[EB/OL].http://bbs.xxyw.com/forum,2005-1-14.

二、教师职业的发展

(一)教师职业的发展阶段

1. 非职业化阶段

教育是与人类的产生同步的,自从有了人类便产生了教育工作者,如原始社会的燧人氏"教民熟食",神农氏"教民农作"。"长者为师,能者为师",原始社会和奴隶社会时期的教师往往不是专门从事教育工作的人,他们往往是"兼职"的,如中国奉行"学在官府""以吏为师"的官师一体原则,西方社会的教师则是由僧侣兼任等。

2. 职业化阶段

随着生产力的发展,脑力劳动和体力劳动有了分工,有些人开始专门从事教育工作,但他们的专业化程度普遍较低,从业人数也有限。中国教师的职业化阶段可以追溯到春秋战国时期开办私学的诸子百家,西方可以追溯到古希腊时期的智者派。

3. 专门化阶段

为了改变教师素质低和人数少的问题,对教师进行专门培训提上了日程。1681年,法国"基督教兄弟会"神甫拉萨儿在兰斯创立了世界上第一所师资训练学校,这也是世界范围内独立的师范教育的开始。我国近代最早的师范教育机构,是近代著名的实业家和教育家盛宣怀于1897年4月在上海开设的南洋公学,他在这所学校中设立了"师范院",这标志着我国师范教育正式发端。

4. 专业化阶段

随着社会对人才素质的要求越来越高,师范教育逐渐被教师教育代替。教师教育的层次也从中等师范教育升级为大学教师教育,独立的师范院校走向了开放的综合大学。1966年,联合国教科文组织在《关于教师地位的建议》中,明确提出把教师工作视为一种专门职业,是一种必须要经过严格训练和进行持续的研究才能获得并维持专业知识和专业技能的职业。1993年,我国颁布了《中华人民共和国教师法》,把教师界定为"履行教育教学工作的专业人员"。因此,要从事教师职业,不仅要接受专业的教师教育,还需要取得教师资格,从此,教师职业走上专业化发展道路。

(二)教师劳动的特点

1. 复杂性

教师的劳动不仅需要体力,还需要脑力,是复杂的脑力劳动。教师劳动的复杂性主要表现在以下几点。

(1)劳动目的的全面性

一方面教师要用自己的知识、能力、品质、智慧、情感、意志和世界观等去教育影响学生,另一方面教师劳动的目的是促进全体学生在德、智、体、美、劳方面全面发展。

(2)教育任务的多样性。

教师既要教书,又要育人。韩愈在《师说》一文中,用"师者,传道授业解惑也"一句话,对教师的教育任务进行了生动的说明。教师在"教书"方面,既要"授业",又要"解惑",即既要传授知识,又要发展学生的智力和体力。教师在"育人"方面,既要培养学生形成科学的世界观和优良的品质,又要陶冶学生积极的情感,锻炼学生坚强的意志,教育学生养成良好的行为习惯。

(3)劳动对象的差异性。

教师的劳动对象是人不是物,这就决定了教师工作的复杂性。人是地球上最复杂的动物,他们有思想、感情和主观能动性,他们成长的背景不同,个性各异。这就要求在教育过程中,教师要充分地了解学生,在教育中因材施教。同时,学生是发展中的人,在不同年龄阶段,具有不同的身心发展特点,这些都决定了教师劳动的复杂性。

2. 创造性

(1)因材施教

教师要了解每个学生的身心发展特点、家庭成长环境、优缺点以及他们的性格特征等,做到因材施教。教师要做到"一把钥匙开一把锁",使每个学生都能够得到更好的发展。

(2)教学上的不断更新

在教学中,教师要结合时代的要求和教学实际情况的变化,学生的身心发展水平和自身的特点,灵活地阐释教学内容,贯彻教育原则,选择教学方法。"教学有法,但无定法",教育有规律可循,但不能死守教条、僵化执教。

(3)教师需要"教育机智"

教育机智是教师在教育教学过程中的一种特殊定向能力,是指教师能根据学生新的特别是意外的情况,迅速而正确地作出判断,随机应变地采取及时、恰当而有效的教育措施解决问题的能力。这些偶发事件的处理都需要教师具备创造性的教育智慧。同时,教师劳动的创造性也有利于教师在教育过程中培养学生的创造性意识和创造性思维品质。

3. 主体性和示范性

(1)教师劳动的主体性

主体性是指教师自身可以成为教育因素和具有影响力的榜样。教师可以用自己的形象、思想、学识和人格等潜移默化地影响学生,成为学生学习的榜样。

(2)教师劳动的示范性

示范性指教师的言行举止等会成为学生学习的对象。教师劳动的示范性特点是由学生的可塑性、向师性心理特征决定的。同时,教师劳动的主体性也要求教师的劳动具有示范性特点。

4. 延续性和广延性

(1)教师劳动时间的延续性

教师劳动时间的延续性是指教师没有固定的工作时间长度,除了正常的工作时间之外,教师常常还要利用课堂教学之外的休息时间来思考、备课、批改作业等。

(2)教师劳动空间的广延性

教师劳动空间的广延性是指教师不能只在教室课堂中、在学校范围内发挥他的影响力,还要走出校门,进行家访、街坊、协调学校、社会、家庭在教育中的关系,以形成教育的合力。

5. 长期性和间接性

(1)教师劳动的长期性

教师劳动的长期性是指人才培养的周期比较长,教育影响具有滞后性(或迟效性、长效性、深远性)。"十年树木,百年树人",这说明人才的培养需要很长的周期,不是一朝一夕就能完成的。

(2)教师劳动的间接性

教师劳动的间接性是指教师的劳动不直接创造物质财富,而是以学生为中介实现教师劳动的价值。教师劳动的效果只有在学生参加工作后才能得到检验,教师在学生身上付出的劳动往往会影响学生的一生,成为学生一生发展的宝贵财富。

6. 系统性(劳动方式的个体性和劳动成果的群体性)

教师工作的系统性决定了教师劳动的系统性,决定了教师的劳动要有高度的协调性。学生能够成才,绝不是一个老师的功劳,而是学生在不同阶段,受不同教师影响的结果。从劳动手段来看,教师的劳动主要是以个体劳动的形式进行的,而教师的劳动成果则是教师集体劳动和多方面影响的结果。

三、教师的专业发展

(一)教师专业发展的概念及特点

1. 教师专业发展的概念

教师的专业发展是指教师作为专业人员,在职业道德、专业思想、专业知识、专业能力、专业品质等方面由不成熟到成熟的发展过程,即由一名专业新手发展成为专家型教师或教育家型教师的发展过程。

教师专业发展包括两个方面:一是教师自身的专业成长过程,这是教师通过自省在专业知识与技能态度上实现个人成长;二是促使教师专业成长的过程,这是指学校或其他部门开展各种提升专业的学习活动或培训活动,以期促使教师达到教师专业标准,促进教师在专业上发展成熟。

2. 教师专业发展的特点

(1)漫长性

漫长性指的是教师从职前学习到在职培训,从见习到实习,从实习到正式任教,从教学经验少到教学经验丰富的成长进程是缓慢的。

(2)生长性

生长性指的是教师在不断改变的过程中,逐渐成长,充实自己,在工作和生活过程中能够保持活力,消除不适感和倦怠感。

(二)教师专业发展的内容

1. 教师的职业道德素养的建立

教师的职业道德,简称"师德",是指教师在从事教育劳动时所应遵循的行为规范和所具有的必备品德,它是调节教师与他人、与社会等关系时所必须遵守的基本道德规范和行为准则,以及在此基础上所表现出来的道德观念、情操和品质,是一般社会道德在教师职业中的特殊体现。

教师的职业道德素养是从教师对待事业、对待学生、对待集体和对待自己的态度上来体现的。

(1)忠于人民的教育事业

我国教师从事的是人民的教育事业,为国家培养社会主义的建设者和接班人。忠于人民的教育事业,努力做一名优秀教师,这是教师职业道德的本质,爱岗敬业是教师职业的基本要求,是教师的根本职责。

(2)热爱学生

热爱学生是教师做好教育工作的前提,它不仅是一种教育手段,更是教师高尚道德品质的表现。关爱学生是师德的核心。教师要对学生抱有希望,关心学生,爱全体学生,既爱那些乖巧、聪明、漂亮帅气的学生,也要爱那些调皮捣蛋、迟钝、长得不好看的学生;既要爱那些成绩特别好的学生,也要爱成绩不好的学生。同时,教师爱学生,就要了解学生,理解学生,从学生的角度看问题。著名的教育家于漪曾讲到一个普遍存在的教育现象,我们在教育学生的很多时候,是"动之以情,晓之以理",老师感动自己了,却感动不了学生,为何呢?因为教师不了解学生的需求。只有先了解了学生,我们才能"教"到学生的心里去。

(3) 热爱教育事业

人的全面成长是教育者集体劳动的结晶,教师要能做到相互支持,相互配合,严于律己,宽以待人,弘扬正气,摒弃陋习。

凭借强烈的教育理想、高度的责任和使命感,多少年来,教师的所作所为对得起学生、学生家长、同事、学校、社会、职业。心怀最美的憧憬,一如既往,倔强地坚持教育追求,不管过去了多少时光,从青春到暮年,对教育事业忠诚热爱,对学生充满关怀,与同事团结协作,共同把莘莘学子培养成栋梁之才。

(4) 为人师表

这是由教师劳动的"主体性、示范性"特点以及学生的"模仿性、可塑性"特点决定的。

教师要遵守各项教育法规,遵循教育规律,牢记自己的职责,不迟到,不早退,兢兢业业。老师要遵守教师的行规,不以权谋私,不向学生收受贿赂,也不为了金钱开辅导班,强迫学生买教材。在教育中,教师要依法执教,廉洁从教。教师要践行"学高为师"的宗旨,坚持终身学习的理念,不断丰富自己。要坚守在三尺讲台,任劳任怨,诲人不倦,做到"三尺讲台演天下,一支粉笔写春秋"。

知识窗口

2008年9月,教育部、中国教科文卫体工会全国委员会联合发布2017年重新修订的《中小学教师职业道德规范》,其基本内容有六条,体现了教师职业特点对师德的本质要求和时代特征。

1. 爱国守法——教师职业的基本要求。爱国是教师做好本职工作的支撑;守法要求教师依法执教。教师要热爱祖国,热爱人民,拥护中国共产党领导,拥护社会主义;全面贯彻国家教育方针,自觉遵守教育法律法规,依法履行教师职责权利;不得有违背党和国家方针政策的言行。

2. 爱岗敬业——教师职业的本职要求。教师要忠诚于人民教育事业,志存高远,勤恳敬业,甘为人梯,乐于奉献;对工作高度负责,认真备课上课,认真批改作业,认真辅导学生;不得敷衍塞责。

3. 关爱学生——师德灵魂。教师要关心爱护全体学生,尊重学生人格,平等公正对待学生;对学生严慈相济,做学生良师益友;保护学生安全,关心学生健康,维护学生权益;不讽刺、挖苦、歧视学生,不体罚或变相体罚学生。

4. 教书育人——教师的天职。教师要遵循教育规律,实施素质教育。循循善诱,诲人不倦,因材施教;培养学生良好品行,激发学生创新精神,促进学生全面发展;不以分数作为评价学生的唯一标准。

5. 为人师表——教师职业的内在要求。教师要坚守高尚情操,知荣明耻,严于律己,以身作则;衣着得体,语言规范,举止文明;关心集体,团结协作,尊重同事,尊重家长;作风正派,廉洁奉公;自觉抵制有偿家教,不利用职务之便谋取私利。

6. 终身学习——教师专业发展的不竭动力。教师要崇尚科学精神,树立终身学习理念,拓宽知识视野,更新知识结构;潜心钻研业务,勇于探索创新,不断提高专业素养和教育教学水平。

阮成武.小学教育概论[M].上海:华东师大出版社,2011.

2. 教师的知识素养的提升

教师的专业知识是教师职业区别于其他职业的理论基础。教师作为专业人员必须具备从事专业工作要求具备的基本知识。教师的专业知识主要包括政治理论知识、学科专业知识、文化基础知识和教育科学知识四个方面。

(1)基本的政治理论知识

教师要认真学习马克思主义、毛泽东思想、邓小平理论、科学发展观、新时代中国特色社会主义体系等政治理论,以马克思主义基本理论观点统领教育教学,学会在教育教学工作中以马克思主义的基本立场、观点和方法去发现问题、认识问题,并解决问题。

(2)精深的学科专业知识

教师必须精通所教学科领域的专业知识,专业知识是教师应当具备的核心知识,也是教师所应具备的知识素养的主体。教师要想顺利完成某一学科复杂的教学活动,必须首先对该学科的全部内容有深入透彻的了解,精通该学科的知识。教师不仅要对所教学科的基本事实、概念、原理、理论和学科框架以及思维方式烂熟于心,还要基本了解该学科的最新发展。这样才能"资之深,则取之左右逢其源"。综上,每位教师首先应该是所教学科领域内的专家、学者。

(3)广博的文化基础知识

教师的知识不仅要"专",还要"博",教师的专业知识应建立在广博的文化知识修养基础之上。教师应具备的基础知识包括自然学科、人文社会学科与人文艺术学科的知识。教师只有拥有广博的知识,才能"传道、授业、解惑",才能引导学生不断地前进,从而使学生内心体验到"真、善、美"的价值追求。

(4)必备的教育科学知识。

教育工作有它自身特有的规律。教师要使自己的教育工作具有科学性和有效性,就必须掌握教育科学知识。教育科学知识包括教育学、心理学、生理学、教学法及教育科学研究等方面的知识,这是教师专业发展的必然要求。"学者未必是良师",教育教学作为培养人的专业工作,仅仅通晓一门学科是不够的。要想成为一个成功的教师,就必须掌握扎实的教育科学知识,这是教师顺利完成教育教学工作的基本条件。

在教师的知识结构中,专业知识是教师知识结构中的"本体性知识",教育科学知识属于教师知识结构中的"条件性知识",文化基础知识处于教师专业知识结构中的基础层面,属于教师知识结构中的"综合性知识"。实际上,以上三方面的知识应相互结合和交融发展。

3. 教师能力素养的提高

教师的专业技能是教师在教育教学活动中能顺利完成某项任务的技能和本领。教师的专业技能是教师综合素质最突出的外在表现,也是评价教师专业性的核心因素。

(1)语言表达能力

教学语言是教师在教学过程中表达思想、传递信息的主要工具。广义的教学语言是指在教学过程中教师使用的口头语言(普通话)、书面语言(如板书,作业批语等)、体态语言(如示范性和示意性动作等)。狭义的教学语言专指教学口语,它是教学语言的主要形式。它有以下特点:

①准确、简练,具有科学性;

②清晰、流畅,具有逻辑性;

③生动、形象,具有启发性;

④语言和非语言手段巧妙结合。

教师的语言表达能力主要包括教学口语、书面语言和教态语言表达能力。

(2)教学设计能力

教学设计能力是指教师为了达到一定的教学目的,根据教学对象,确定教学起点和终点,并对教学诸要素,如课程内容、教学组织、教学方法、教学媒体的使用等进行优化安排和策划的行为方式。具体来说,这方面的能力主要包括:掌握和运用教学大纲的能力,掌握和运用教材的能力,制订教学计划的能力、编写教案的能力、选择和运用教学方法的能力,熟练地使用多媒体教学的能力等。

(3)教育教学交往能力

教育教学交往能力既是教师有效实现与学生双向沟通所必需的,也是教师群体形成教育合力、教师与社会各界合作搞好学校教育所必需的能力。

(4)组织管理和自我调控能力

组织管理和自我调控能力是保证教学过程顺利、有效进行的重要条件。教师要组织教育管理活动,就必须要具备一定的组织管理能力,既要有确定合理计划的能力,也要有引导学生的能力。教师的调控能力主要包括自我表现的监控能力和教学的监控能力。在课堂教学的组织调控中,既定的教学目标是"灵魂",教学程序是"蓝图",教学评价是手段,合理组织调控课堂结构是核心,洞察学生心理是基础,运用教育机制合理地处理突发事件是保证,营造融洽适宜的课堂氛围是根本。

(5)自我反思能力

"教学反思"一词最早是由教育哲学家杜威提出的,杜威(J. Dewey)在其代表作《我们如何思维》中对反思作的定义为:"反省是一种思维方式,是个体对某个问题进行反复的、严肃的、持续不断的深思。"美国当代的教育家、哲学家唐纳德·舍恩(Donald Schon)是"反思性教学"思想的重要倡导人,他在1983年就提出在行动中进行反思一说,他的"对行动进行反思""在行动中反思"的理论对后来学者的研究产生了重要影响。教学反思是指教师借助行动研究不断探讨和解决教学目的、教学工具和自身方面的问题,不断提升教学实践的合理性。这是新手教师转变为专家教师的一种方式和途径,也是教师自我教育能力的核心。美国心理学家波斯纳(G. J. Posner)也提出"成长 = 经验 + 反思"的经典性总结。人们一致认识到一个事实:没有反思的教学,只是经验的简单重复,对提高教师的专业技能没有任何好处。著名教育家范梅楠进一步将教师的反思分为三个层次:技术的反思、实际的反思和批判的反思。技术的反思是指教师针对教学中所发生的问题提出解决的方法和策略,强调技术理性,旨在解决眼前的实际教学问题。实际的反思是指教师针对教学中的问题进一步分析其产生的原因或背后的意义,关注教学情境的生成性,旨在探讨或澄清个人意义。批判的反思是指教师从公平正义或伦理道德的角度,对学校或教室中所发生的事情加以批判,强调经验的重建。

(6)教育研究能力

教育研究能力主要指教师能够运用一定的观点方法,探索教育领域的规律和解决问题的能力。教师在从事教育教学工作的同时,还是一个终身学习者和研究者。教师要具有科研意识和科研能力,坚持在教育教学实践中开展研究。这是教师专业能力不断发展的重要保证。"问题即课题,教学即研究,提高即收获"是中小学教师最常用的研究模式。教师的教育研究源于对自身教育教学实践的反思,在反思中发现问题,带着问题深入学习和研究,在研究中提升对教育的认识和教学技能,促进教师专业化发展。

(7)创新能力

教师的创新能力是指创新教育思想、教学内容、教学方法、教学模式等能力,是提升教师专业能力的追求和归宿。

4. 教师职业心理健康的构成

教师心理健康的构成是指一个优秀教师应有的心理素质,也就是教师对内外环境及人际关系有着良好适应的条件。这些条件包括以下几个方面。

(1)高尚的师德

高尚的师德是指教师对待事业,要能爱岗敬业,教书育人,忠于人民的教育事业;对待学生,要能热爱学生,尊重学生,诲人不倦;对待自己,要能严于律己,以身作则,为人师表;对待同事,要能团结协作,尊重集体,互勉共进。

(2)愉悦的情感

教师情感的表达应具有时间上的一贯性和空间上的一致性,有丰富多样的表现形式。教师在课堂上,在与学生的交往中,积极的情绪情感应多于负面的情绪情感,能以乐观的心态、积极的情绪面对学生,感染学生。

(3) 良好的人际关系

良好的人际关系是教师完善人格的一个重要标志，也是教师心理健康的重要内容。这里的人际关系主要指的是与教师工作有关的人际关系。教师要顺利开展工作，就必须与学生、学生家长、同事、领导、社会上的相关机构及人员保持良好的人际关系。

(4) 健康的人格

教师的健康人格是指在培养人、教育人的过程中表现出来的成熟的、积极的心理素质。在现代社会中，教师的角色日益多元化，频繁的角色转换和多方面的角色期望，使教师时常产生角色冲突。尤其是面对日趋激烈的竞争和各方面的压力，如果教师不能科学有效地调适自己的心态，就可能产生心理障碍和心理疾病。教师的心理健康不仅关系教师自身的健康水平，还会影响学生的心理健康水平。沉着自制，宽容豁达，善于支配情感和应付复杂的人际环境，是现代教师必备的心理素质。

目前，教师的素养正日益成为人们关注的焦点，成为教育改革的关键。教师的素养正是区分一般教师与优秀教师的标准所在。培养具备良好特质的优秀教师，正成为教师教育的目标之一。

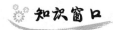

教师的权利和义务

我国于1993年10月31日颁布《中华人民共和国教师法》，并从1994年1月1日起开始实施。《中华人民共和国教师法》中明确规定了教师的权利和义务。

(一) 教师的权利

《中华人民共和国教师法》第7条对教师的权利作了如下规定：

1. 进行教育教学活动，开展教育教学改革和实验；
2. 从事科学研究、学术交流，参加专业的学术团体，在学术活动中充分发表意见；
3. 指导学生的学习和发展，评定学生的品行和学业成绩；
4. 按时获取工资报酬，享受国家规定的福利待遇以及寒暑假期的带薪休假；
5. 对学校教育教学、管理工作和教育行政部门的工作提出意见和建议，通过教职工代表大会或者其他形式，参与学校的民主管理；
6. 参加进修或者其他方式的培训。

(二) 教师的义务

《中华人民共和国教师法》第8条对教师的义务作了如下规定：

1. 遵守宪法、法律和职业道德，为人师表；
2. 贯彻国家的教育方针，遵守规章制度，执行学校的教学计划，履行教师聘约，完成教育教学工作任务；

3.对学生进行宪法所确定的基本原则的教育和爱国主义、民族团结的教育,法制教育以及思想品德、文化、科学技术教育,组织、带领学生开展有益的社会活动；

4.关心、爱护全体学生,尊重学生人格,促进学生在品德、智力、体质等方面全面发展；

5.制止有害于学生的行为或者其他侵犯学生合法权益的行为,批评和抵制有害于学生健康成长的现象；

6.不断提高思想政治觉悟和教育教学业务水平。

教师权利与义务具有一致性、统一性。任何教师都不能只享受权利而不履行义务,也不能只承担义务而不享受权利。

(三)教师专业发展的阶段

教师专业发展是一个持续不断的过程,其根本目标是使教师获得不断的发展,追求专业的成熟。国内外学者从不同的角度对教师的专业发展进行了不同的划分,如下表所示：

教师专业发展的阶段表

阶段论	具体阶段	阶段特征
三阶段发展论	关注生存阶段	关注自己的生存适应性,如:学生喜欢我吗？同事们如何看我？领导是否觉得我干得不错？
	关注情境阶段	关注的焦点是如何提高学生的成绩,如何教好每一节课,班级的大小、备课材料是否充分等？
	关注学生阶段	关注学生,关注学生的个别差异,如何了解不同发展水平的学生的需要？教学材料和方式是否适合学生吗？
四阶段发展论	职前储备阶段	虚拟关注阶段,以师范生的学生为典型代表。
	入职调整阶段	师范生向正式教师角色转换的时期,即理论与实践的"磨合期"。
	巩固稳定阶段	任务关注期是教师专业结构诸方面稳定、持续发展的阶段。
	创新成熟阶段	自我更新关注期,是教师自我专业发展期,创新或尝试教学理论,已有自己的专业见解且能够处理可能出现的新问题。

续表

阶段论	具体阶段	阶段特征
五阶段发展论	新手	获取经验,现实的、亲身的体验比口头获得的信息更重要。
	进步的新手	将自己的实践经验与所学的知识逐步联系起来,能找出不同情境中的相似性,教学行为变得灵活。
	胜任型	按个人想法自主处理事件,依据计划,对所选择的信息作出反应,且能够对所做的事情承担更多的责任。
	精通型	经验丰富,能综合地识别并精确地预测事件。
	专家	能以非分析性、非随意性的方式,理智地作出合适的反应,教学行为表现流畅、灵活,采取的教学方法更多样化。

依据我国国情、广大教育学专家和一线教师长期研究,我国教师专业发展形成了优秀理论框架,我们详细地介绍我国教师专业发展阶段的划分。

1. 职前预备阶段——师范生时期、实习教师时期

这里的"职前",专指具备从教趋向和意向但尚未正式上岗成为一名真正的学校教师之前的时间阶段,也可理解为师资养成阶段。其又可划分为师范生时期和实习教师时期。

在师范生时期,个体扮演着学生角色,主要关注的是自己在校期间的学习和生活,教师角色仅仅是他们脑海中想象出来的,实际教学经验也几乎为零。综观我国师范院校的现实,不仅师范生自己这样定位,他们周围的环境和活动安排也都促使他们产生这样的自我认知。师范生时期的自我专业发展意识淡漠,师范教育对此也没有给予重视并提供特殊的支持环境,师范生的专业活动范围限于特定领域,这在一定程度上限制了他们学习教育专业理论和实践的范围。在这些特定领域中,师范生一方面对教学专业活动缺少关心,另一方面也缺少参与教学专业活动的机会。据调查,师范生的专业类活动多限于"教师基本功比赛",如"三字(钢笔字、毛笔字、粉笔字)两话(画)(普通话、简笔画)"、教师口语、实验演示、自制教具等,而将专业活动中富于创造性的一面排斥在外。因此,这一时期的主要任务是师范生要发现并发展自己的知识、能力,接受适当的教育或培训,学习并开发教师专业所需要的习惯与技能,为正式进入教育工作打下基础。

在实习教师时期,个体虽由"学生"转变为"实习教师",但毕竟不是正式上岗。这一时期个体在教师专业发展方面的一个重要特征是理论学习过程中形成的教育理念受到教育教学实践的挑战,许多理论上的知识无法践行。因此,这一时期的个体主要应结合教学现实环境,对自己应具备什么样的专业知识、能力、技能等进行反思。

总之,在职前预备阶段,个体处于"虚拟"的专业学习环境中,缺少足够的专业教师体验。这使得处于这一阶段的师范生和实习教师的专业人员意识和自我专业发展意识淡漠,只会在"浅层"的教学理论和"速效"的教学技能等方面有所发展,而对自身专业发展的清晰认识和专业结构的实质性改善只能寄希望于入职后。

2. 入职探索阶段——入职初期、适应期

入职探索阶段是指个体正式上岗成为教师的最初几年,即个体由学生角色初步转换成教师角色的入职初期和工作一年甚至几年以后的适应期。

在入职初期,个体处于教师专业发展的关键期。此时的个体不仅在身份上已由师范生转变为正式教师,还在实践中亲身体验着教育教学的实际问题,面对着所学理论和实际教学相磨合的挑战。这一时期的教师要解决一系列实际问题,如维持课堂纪律、评价学生作业、激发学生动机等问题。而这些问题的出现又与初入职教师缺乏基本的教师专业知识(如有关学生的知识、学科教学法知识)和基本教学能力(如学科教学能力、教学组织能力)相联系。因此,对于处于入职初期的教师而言,此阶段的任务就是把学到的理论知识与教学实际相结合,或求教于有经验的教师,或自己在教学实践中通过"试讲""做中学"等环节来培养最基本的教学能力,顺利渡过入职初期。

在适应期,教师虽然已经完成了角色的转换,对教学工作也没有了入职初期的手足无措感,但这一时期的自我专业发展意识还比较薄弱,在很多情况下会屈服于外在评价,有时难以协调各种关系,难以创造条件以获得专业发展,从而产生自我怀疑,容易丢失自我发展的动力。出现这种情况的原因主要有个人和环境两个方面。就个人而言,可能是教师入职后的现实与预期的不一致,对单调重复的教学感到厌倦,教学观念和方法与实际教学工作产生冲突等。而环境方面,主要是教师对学校的运作系统、学校的组织文化和教育工作环境不认可。因此,在适应期的教师应首先排除在心理上的不良情绪,尽快适应教学环境。教师应重视教学,关注教学表现,改进知识结构,将注意力由入职初期关注课堂纪律等方面转到关注专业学科知识和一般教学法知识上来。

3. 职后成长阶段——更新提高期、成熟稳定期

职后成长阶段指的是历经入职初期、适应期之后的教师进一步追求自身专业发展,达到一定高度后进入专业的成熟稳定阶段。这一阶段的教师已经完全融入教师角色中,专业知识有了一定的积累,教学技能也日渐熟练。因而,教师有了更多的时间和精力来反思自己的个人专业发展问题,有了较为明确的自我专业发展意识。

在更新提高期,教师基本上掌握了一定的教学机智和策略,从关注自身"生存""适应"等初级目标转移到关注自身"提高"上来。这一时期的教师努力提高教学技能和教育综合能力,会积极地寻找一些新的材料、方法和策略来提高自身的教学能力;容易接受新观念,踊跃参加各种交流和培训活动,有意识地提升自身素质;开始调整自己以适应复杂的学校人际关系,为自己的工作发展铺平道路。总之,这一时期的教师开始自觉地按照教师专业发展的一般路线和自己目前的发展状况进行自我规划,以谋求自我提升。

在成熟稳定期,教师保持了继续向前发展的动力与能力。此时期的教师在能力和知识结构上达到了成熟,其专业发展动力转移到了专业发展自身,不再受外部评价等因素的影响,教师能够比较自如地掌握自己的专业发展方向。

当然,成熟稳定期不是一个绝对的概念和静止的状态。有的教师可能在达到一定高度后继续维持平稳的状态一直到结束自己的专业生涯;有的教师可能在保持一定水平的基础上再度更新提高,走向下一个顶峰;有的教师也可能在成熟稳定期停留得太久,从而跟不上发展导致受挫。这都是由于教师内外部的各种不同因素共同作用而造成的。

(四)教师专业发展的途径

一般而言,中小学教师专业发展的途径包含相互联系的四个方面。

1. 职前培训(师范教育)

职前培训是教师从事专业工作重要的基础阶段,是入职前的准备阶段。职前培训要求教师掌握从事教师工作必需的学科专业知识和教育教学知识,掌握专业技能,培养专业态度,形成专业素养,为从事教育工作奠定基础,这是教师专业化发展的起始和奠基阶段。教师要将专业知识运用到专业实践中去,在实践中有效地实现理论与实践的结合,并在此过程中产生实践性知识。专业实践的方式有参观学校活动、教育现场观察和教育实习等。

2. 入职培训

教师的入职培训指经历过师范教育的人,在刚获得的教职岗位上,进一步了解、学习和掌握岗位知识和能力的培训。新教师都会面临一个角色适应问题,为了让新教师尽快适应自己的角色,新教师的任职学校应当采取及时有效的支持性措施。

中小学教师要获得岗位知识必须在自己的岗位上进行学习,全面了解自己的岗位要求,掌握岗位知识,在老教师的指导下进行岗位知识的学习。师徒结对是很多学校帮助新教师入职专业发展的方法。

3. 在职培训

在职教育被认为是教师专业发展最为关键的环节,是教师专业发展的"加速器"和"永动机"。教师专业发展是一个持续的过程,教师需要不断地更新自己的知识,提高自己的专业技能,加深对教育教学工作的理解。教师专业发展主要采取"理论学习,尝试实践,反省探究"三结合的方式。为在职教师提供继续教育的方式具体包括以下几种。

(1)参加培训

参加培训是指教师到大学或者教师进修学院参加学历教育或教学教育培训。目前主要有学历教育和各种类型的继续教育培训,如新课程培训、新教材培训、教学法培训、骨干教师培训等。

(2)参加学术团体与学术活动

专业团体是教师职业专业化的标志之一。参加教育学术团体是提高教师专业化水平的要求和途径,教师可以得到多方面的帮助和成长。第一,教师可以及时获得专业方面的最新信息,使自己在专业上处于比较前沿的水平;第二,教育学术团体的主要活动是学术会议,参加会议要提交论文,以提高自己的科研、写作、思维能力;第三,参加学术团体与学术活动是教师向他人学习的重要途径;第四,有利于教师进行自我反思。

(3)教育考察与观摩

教育考察、教育观摩是教师向他人学习、向先进的教育理论与实践经验学习的重要途径。在教育考察和观摩中,第一,教师要事先制定考察、观摩的提纲和问题;第二,要做好记录;第三,要和考察、观摩学校的教师、领导进行交流;第四,考察、观摩后要对搜集的资料进行整理和分析,吸取经验和精华。

4. 自我教育

苏霍姆林斯基说:"没有自我教育就没有真正的教育。这样一个信念在我们的教师集体的创造性劳动中起着重大的作用。""任何人如果不能教育自己,也就不能教育别人。"教师的自我教育就是教师专业自我的主动建构过程,它是教师个体专业化发展最直接最普遍的途径。

(1)专业阅读

读书阅报仍然是教师学习最主要的形式。教师通过读书阅报,能获得大量信息,充实教学内容。在阅读时要善于运用好的读书方法和资料积累方法,善于处理信息,丰富自己的知识。

(2)网络学习

网络学习是随着网络的出现而采用的一种学习形式。第一,通过大学的网络课程,教师可以参加大学的学习;第二,可以在网上书店查书、买书;第三,可以从网上阅读和查找资料,如在中国知网等网站输入关键词,就能查询、下载有关的论文和资料;第四,通过电子邮件,与他人沟通、交流;第五,建立自己的Blog(博客),记录自己的教育历程和思想。

(3)校本教研与培训

校本教研与培训是近年来在我国学校出现的一种重要的教师专业发展模式。它强调"基于学校、为了学校、在学校"三个特点。最常见的就是听课和评课,还有集体反思、交流经验、教师沙龙、专家讲座等。

(4)行动研究

行动研究是行动和研究结合的产物,是研究型的教学实践,它使教师的教学实践活动带有学术的、思考的、理性的成分。教师运用这种方法,既能学习有关的理论,又能结合自己的教学实践,开展科学研究,最终促进教学的改进。这是十分有效的发展途径。

(五)教师专业发展的方法

教师可以采用多种形式和方法促进自身的专业发展,一般来说有以下几种。

1. 观摩和分析优秀教师的教学活动

观摩优秀教师的教学,并能分析其在教学过程中处理妥帖、有创新的举措,这可以为新教师和欠缺教学经验的年轻教师提供借鉴,为他们自身的成长提供便捷有效的方法。

2. 开展微格教学

微格教学指以少数学生为对象,在较短的时间内(一般为5—20分钟),尝试做小型的课堂教学,并在录像后对教学进行分析,这是培训新教师及提高教学水平的一种重要方法。

3. 进行专门培训

要想促进新教师的成长,我们可以对其进行专门化的培训。其中的关键程序为:媒体进行回顾;有意义地呈现新材料;有效地指导课堂作业;布置家庭作业;每周、每月都对工作进行总结。

4. 反思教学经验

对教学经验的反思,又称反思性实践或反思性教学,是指教师以自己的教学活动为意识对象,对自己的教育理念、教学行为、教学决策以及由此产生的结果进行认真的自我审视、评价、反馈、控制、调节的过程。

近年来,在教师专业化研究中,反思能力被看作促进教师专业成长的重要因素。培养反思型教师已成为国内外教师培养的共识,而培养反思型教师的最终目的是将教师培养成自主发展的教师,让其能够理性地反思自己的教育和教学。美国心理学家波斯纳曾提出教师的成长公式是"经验+反思=成长",我国著名心理学家林崇德也提出"优秀教师=教学过程+反思"的成长公式。教师通过反思自己的教学方法、教学组织形式等,能更加清晰地知道自己的得失,能有目的地改善自己的教学状态,形成自己的教学风格,增强自身的教育能力。由此可见,经验的获得是教师成长的重要前提,它可以在教学实践中获得。没有反思的经验是狭窄的经验,要将实践经验上升为实践性知识并得以改善,只能依靠教师对自我实践的反思。

第二节 学生

一、学生的本质属性

(一)学生是教育的对象(客体)

学习是学生的天职,也是社会赋予他们的权利和义务。学生是以学习为主要任务的人,他们的学习是在教师的指导下进行的、有目的、有计划、系统的学习。

(二)学生是自我教育和发展的主体

"教是为了不教",这是教师的教育理想,而要实现这一理想,就必须帮助学生形成自我教育的意识和方法。自我教育是一种独特的、富有挑战性的教育方式,这种教育方式培养出的学生既是教育者又是受教育者。自我教育充分体现了个体的自觉性和能动性。自我教育能力是个体素质高低的重要标志。

(三)学生是发展中的人,具有发展的无限可能性

学生是一个不成熟的个体,教师要能给学生创造发展的环境和机会。陶行知先生说:"你的教鞭下有瓦特,你的冷眼里有牛顿,你的讥笑里有爱迪生。"学生作为未成年人,他们是一群正处在发展中的人,具有发展的无限可能性。

二、现代学生观

(一)学生是发展中的人

学生是一群正在发展中的人,就发展现状而言,他们在成长、学习中会犯错误。作为成年人的教师,应允许学生在学习中犯错,在教育过程中做到尊重学生,能公正、客观地看待学生。就学生未来发展而言,他们的发展是不可限量的,就如陶行知先生所说,他们可能是未来的瓦特、牛顿、爱迪生,教师应当明白教育中存在"皮格马利翁效应",要对学生充满信心和期望。

(二)学生是独特的人

"世界上没有两片完全相同的树叶",同理,世界上也没有两个完全相同的学生。每个学生在认知特点、情感表达、兴趣爱好等方面都是不同的,他们是一群拥有独特个性的人。教师要相信,每个学生都是独立的人,也是独特的人,教师要能看到并允许学生以不同的状态存在,能尊重这种独特性,并能做到因材施教。

(三)学生是责权主体的人

学生是责权主体。联合国《儿童权利公约》和我国的有关法律都对青少年儿童的责权作了明确的规定,他们在享受生存、受教育、受尊重、安全的权利的同时,也要履行遵守法律法规、教育行为规范、完成学习任务等义务。只享受权利,不履行义务的人是不存在的,学生也是一样。

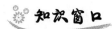

学生的权利和义务

(一)学生的权利

《中华人民共和国宪法》《中华人民共和国义务教育法》《中华人民共和国未成年人保护法》《中华人民共和国教师法》等相关的法律法规,都规定了学生的权利。学生享有的基本权利主要有以下几条。

1. 安全保障权。

2. 受教育的权利。

3. 受尊重的权利。

(二)学生的义务

《中华人民共和国义务教育法》相关条款对学生的义务作了如下规定。

1. 遵守法律法规。

2. 遵守学生行为规范,尊敬师长,养成良好的思想品德和行为习惯。

3. 努力学习,完成规定的学习任务。

4. 遵守所在学校或者其他教育机构规定的管理制度。

第三节　师生关系

苏联教育家苏霍姆林斯基说:"上课是学生和教师共同的劳动,这种劳动的成功首先是由师生相互关系决定的。"他认为教学的效果,最终是由师生关系决定的。那么,师生关系是什么?如何构建良好的师生关系呢?

一、师生关系概述

(一)师生关系的概念

师生关系是指教师和学生在教育教学活动中形成的相互关系,包括师生所处的地位、相互的作用和态度等。师生关系具有教育性、非对等性、多重性、不可选择性等特点。师生关系是学校中最基本、最重要的人际关系,它实质上是社会关系(即人与人之间的关系)在教育活动中的一种反映。良好的师生关系是教育教学活动取得成功的必要保证,是衡量教师和学生学习生活质量的重要指标,是校园文化的重要内容。

关于师生关系,一直有两种截然不同的观点。教师中心论认为教师在教育过程中居于主导地位,强调教师在教育过程中的权威作用,强调教师对学生学习活动的控制和学生对教师的绝对服从,强调教师在教学中起主导作用。教师中心论的代表人物当属德国教育家赫尔巴特和苏联教育家凯洛夫。儿童中心论刚好相反,认为儿童在教育过程中处于中心地位,强调学生的自主和主动,认为儿童是学习的主体,教师处于辅助地位。儿童中心论的代表人物当属法国教育家卢梭和美国教育家杜威。

(二)师生关系的内容

1. 教学上的授受关系

师生在教学中结成授受关系,这是对师生在教学中关系最简单的表述。在教育活动中,教师因为专业上的学识、经验等,往往在教育和教学中占据主导地位,他们根据社会的要求和学生的需要,把人类几千年的经验积累传授给学生。从教育内容的角度来说,教师是传授者,学生是接受者。

2. 人格上的平等关系

师生关系在人格上是平等的关系。教育工作的最大特点在于它的工作对象是一群有思想、有感情、活动着的人,学生与教师在人格上是平等的,任何一方都不应该被轻视、被嘲笑、被侮辱。

3. 道德上的相互促进关系

《学记》中论述师生关系时,说道"教学相长",这说明儒家很早就意识到教师的"教"和学生的"学"之间是相互促进的。教师在教学中不仅传递社会的道德和主流价值观,更是以自己的人格在影响着学生。从社会的角度看,师生关系在更深层的意义上是师生间思想交流、情感沟通、人格碰撞的社会互动关系。教师对学生的影响不仅表现在知识上、智力上,更表现在思想上、人格上。

(三)师生关系的基本类型

1. 专制型师生关系

在这类师生关系中,教师教学责任心强,但往往不注意教育方式方法的运用,不注重听取学生的意愿,不与学生开展协作,学生对教师只能唯命是从,不能发挥学生的独立性和创造性,学生在学习上也是被动的。在这种关系中,师生交往一般缺乏情感因素,难以形成互尊互爱的良好人际关系,甚至会因为教师的专断粗暴、简单随意而引发学生的反感、憎恶和对抗,造成师生关系紧张。

2. 放任型师生关系

在这类师生关系中,教师缺乏责任心和爱心,对学生的学习和发展听之任之,不能时时加以指导和掌控;学生怀疑教师的教学能力,甚至议论、轻视教师的人格。在这种关系中,师生关系冷漠,班级秩序失控,教学效果也是比较差的。

3. 民主型师生关系

在民主型师生关系中,教师能力强、威信高,善于同学生交流,能够不断地调整教学进程和教学方法;学生学习积极性高,兴趣广泛,能独立思考,师生之间配合默契。民主型师生关系来源于教师的民主意识、平等观念以及较高的业务素质和强大的人格力量,是理想的师生关系类型。

二、良好师生关系的构建

（一）良好师生关系的特征

1. 民主平等，和谐亲密

师生在政治、人格、真理面前都是平等的。在学校里，教师教育学生，对学生负有教育管理的职责，学生是学习的主人，要虚心接受教师的教育，双方在共同参与的过程中增进配合的默契度，建立和谐亲密的师生情。

2. 尊师爱生，相互配合

学生要尊敬教师，尊重他们的劳动，虚心听取教师的教诲，服从教师的指导，主动求教和学习。同样的，教师要全面关心和爱护每一个学生，要具有学而不厌、诲人不倦的精神。"尊师爱生"体现了现代新型的师生关系，是师生交往与沟通的情感基础和道德基础。

3. 教学相长，共享共创

教学相长，不仅是指学生从教师的教育中，在智力、人格、品质上得到提升，更是指教师从学生那得到启发和鼓舞，进一步激发教师对教育事业的热情，提高教师的教学水平。共享共创则体现了师生关系的动态性和创造性，是师生关系的最高层次。共享共创的结果是教师和学生相互促进，共同发展。

4. 心理相容

心理相容是群体成员在心理与行为上的彼此协调一致与谅解。师生心理相容是指教师和学生集体、学生个体之间，在心理上彼此协调一致，相互接纳。

知识窗口

"四有"好教师标准

做党和人民满意的好老师——同北京师范大学师生代表座谈时的讲话

（2014 年 9 月 9 日）

习近平

各位老师，同学们：

明天是我国第三十个教师节，很高兴来到北京师范大学，同大家共度教师们的节日。首先，我祝在座各位教师和未来的教师节日好！借此机会，我向全国所有教师，致以崇高的节日敬礼！大家辛苦了，党和人民感谢你们！

北京师范大学是百年名校，是我国最早的现代师范教育高等学府，学校"学为人师、行为世范"的校训十分精练地诠释了"师范"的意义。112 年来，北师大为国家、为民族培养了一大批优秀老师和各类人才，也曾拥有过李大钊、鲁迅、梁启超这样的一代名师。这是北师大的光荣和骄傲。

第七章 教师和学生

刚才，我听了有关教师节和你们学校基本情况的介绍，参观了庆祝教师节30周年展览，考察了心理学院的心理学实验室，观摩了中小学教师国家级培训计划教学现场，同老教授们见了面。这对我来说是一次很好的学习。

见到你们，我就回想起自己的学生时代。教过我的老师很多，至今我都能记得他们的样子，他们教给我知识、教给我做人的道理，让我受益无穷。学生时代是人一生最美好的时光，长身体、长知识、长才干，每天都有新收获，每天都有新期待。我希望在座的同学们，也希望全国2.6亿在校学生，珍惜学习时光，多学知识，多学道理，多学本领，热爱劳动，身心健康，茁壮成长。

各位老师、同学们！

教育是提高人民综合素质、促进人的全面发展的重要途径，是民族振兴、社会进步的重要基石，是对中华民族伟大复兴具有决定性意义的事业。教师是人类历史上最古老的职业之一，也是最伟大、最神圣的职业之一。人们常说："教师是太阳底下最崇高的职业。"自古以来，中华民族就有尊师重教、崇智尚学的优良传统，正所谓"国将兴，必贵师而重傅；贵师而重傅，则法度存"。在古代，孔子被推崇为"大成至圣先师"，被誉为"万世师表"。在中华民族5000多年文明发展史上，英雄辈出，大师荟萃，都与一代又一代教师的辛勤耕耘是分不开的。

新中国成立65年来，党和国家高度重视教育事业，建成了世界最大规模的教育体系，保障了亿万人民群众受教育的权利，极大提高了全民族素质，有力推动了经济社会发展。长期以来，广大教师自觉贯彻党的教育方针，教书育人，呕心沥血，默默奉献，为国家发展和民族振兴作出了巨大贡献，赢得了全社会广泛赞誉和普遍尊重。

当今世界，科技进步日新月异，国际竞争日趋激烈。特别是经历了历史上罕见的国际金融危机，各国纷纷调整发展战略，更加注重科技进步和创新驱动。当今世界的综合国力竞争，说到底是人才竞争，人才越来越成为推动经济社会发展的战略性资源，教育的基础性、先导性、全局性地位和作用更加突显。"两个一百年"奋斗目标的实现、中华民族伟大复兴中国梦的实现，归根到底靠人才、靠教育。源源不断的人才资源是我国在激烈的国际竞争中的重要潜在力量和后发优势。希望广大教师认清肩负的使命和责任，努力为发展具有中国特色、世界水平的现代教育，培养社会主义事业建设者和接班人作出更大贡献！

各位老师、同学们！

邓小平同志曾经指出："一个学校能不能为社会主义建设培养合格的人才，培养德智体全面发展、有社会主义觉悟的有文化的劳动者，关键在教师。"教师重要，就在于教师的工作是塑造灵魂、塑造生命、塑造人的工作。一个人遇到好老师是人生的幸运，一个学校拥有好老师是学校的光荣，一个民族源源不断涌现出一批又一批好老师则是民族的希望。国家繁荣、民族振兴、教育发展，需要我们大力培养造就一支师德高尚、业务精湛、结构合理、充满活力的高素质专业化教师队伍,需要涌现一大批好老师。

那么,怎样才能成为好老师呢?今天,我想就这个问题同大家做个交流。

每个人心目中都有自己好老师的形象。做好老师,是每一个老师应该认真思考和探索的问题,也是每一个老师的理想和追求。我想,好老师没有统一的模式,可以各有千秋、各显身手,但有一些共同的、必不可少的特质。

第一,做好老师,要有理想信念。陶行知先生说,教师是"千教万教,教人求真",学生是"千学万学,学做真人"。老师肩负着培养下一代的重要责任。正确理想信念是教书育人、播种未来的指路明灯。不能想象一个没有正确理想信念的人能够成为好老师。唐代韩愈说:"师者,所以传道授业解惑也。""传道"是第一位的。一个老师,如果只知道"授业""解惑"而不"传道",不能说这个老师是完全称职的,充其量只能是"经师""句读之师",而非"人师"了。古人云:"经师易求,人师难得。"一个优秀的老师,应该是"经师"和"人师"的统一,既要精于"授业""解惑",更要以"传道"为责任和使命。好老师心中要有国家和民族,要明确意识到肩负的国家使命和社会责任。

我们的教育是为人民服务、为中国特色社会主义服务、为改革开放和社会主义现代化建设服务的,党和人民需要培养的是社会主义事业建设者和接班人。好老师的理想信念应该以这一要求为基准。广大教师要始终同党和人民站在一起,自觉做中国特色社会主义的坚定信仰者和忠实实践者,忠诚于党和人民的教育事业,自觉把党的教育方针贯彻到教学管理工作全过程,严肃认真对待自己的职责。要注重加强中国特色社会主义理论体系的学习,加深对中国特色社会主义的思想认同、理论认同、情感认同,不断增强道路自信、理论自信、制度自信,积极引导学生热爱祖国、热爱人民、热爱中国共产党。好老师应该做中国特色社会主义共同理想和中华民族伟大复兴中国梦的积极传播者,帮助学生筑梦、追梦、圆梦,让一代又一代年轻人都成为实现我们民族梦想的正能量。

广大教师要用好课堂讲坛,用好校园阵地,用自己的行动倡导社会主义核心价值观,用自己的学识、阅历、经验点燃学生对真善美的向往,使社会主义核心价值观润物细无声地浸润学生们的心田、转化为日常行为,增强学生的价值判断能力、价值选择能力、价值塑造能力,引领学生健康成长。

第二,做好老师,要有道德情操。老师的人格力量和人格魅力是成功教育的重要条件。"师也者,教之以事而喻诸德者也。"老师对学生的影响,离不开老师的学识和能力,更离不开老师为人处世、于国于民、于公于私所持的价值观。一个老师如果在是非、曲直、善恶、义利、得失等方面老出问题,怎么能担起立德树人的责任?广大教师必须率先垂范、以身作则,引导和帮助学生把握好人生方向,特别是引导和帮助青少年学生扣好人生的第一粒扣子。

"师者,人之模范也。"教师的职业特性决定了教师必须是道德高尚的人群。合格的老师首先应该是道德上的合格者,好老师首先应该是以德施教、以德立身的楷模。师者为师亦为范,学高为师,德高为范。老师是学生道德修养的镜子。好老师应该取法乎上、见贤思齐,不断提高道德修养,提升人格品质,并把正确的道德观传授给学生。

师德是深厚的知识修养和文化品位的体现。师德需要教育培养,更需要老师自我修养。做一个高尚的人、纯粹的人、脱离了低级趣味的人,应该是每一个老师的不懈追求和行为常态。好老师要有"捧着一颗心来,不带半根草去"的奉献精神,自觉坚守精神家园、坚守人格底线,带头弘扬社会主义道德和中华传统美德,以自己的模范行为影响和带动学生。

好老师的道德情操最终要体现到对所从事职业的忠诚和热爱上来。好老师应该执着于教书育人。我们常说干一行爱一行,做老师就要热爱教育工作,不能把教育岗位仅仅作为一个养家糊口的职业。有了为事业奋斗的志向,才能在老师这个岗位上干得有滋有味,干出好成绩。如果身在学校却心在商场或心在官场,在金钱、物欲、名利同人格的较量中把握不住自己,那是当不好老师的。

现在,很多地方做老师还比较清苦,特别是农村基层小学老师很辛苦,收入不高,物质生活不是很宽裕,有些家庭负担较重的老师生活还比较困难。各级党委和政府都要关心广大老师特别是生活工作有困难的老师,努力为他们排忧解难。同时,老师要有"衣带渐宽终不悔,为伊消得人憔悴"的精神,兢兢业业做好工作。做老师,最好的回报是学生成人成才,桃李满天下。想想无数孩子在自己的教育下学到知识、学会做人、事业有成、生活幸福,那是何等让人舒心、让人骄傲的成就。

第三,做好老师,要有扎实学识。老师自古就被称为"智者"。俗话说,前人强不如后人强,家庭如此,国家、民族更是如此。只有我们的孩子们学好知识了、学好本领了、懂得更多了,他们才能更强,我们的国家、民族才能更强。

扎实的知识功底、过硬的教学能力、勤勉的教学态度、科学的教学方法是老师的基本素质,其中知识是根本基础。学生往往可以原谅老师严厉刻板,但不能原谅老师学识浅薄。"水之积也不厚,则其负大舟也无力。"知识储备不足,视野不够,教学中必然捉襟见肘,更谈不上游刃有余。

国外有教育家说过:"为了使学生获得一点知识的亮光,教师应吸进整个光的海洋。"在信息时代做好老师,自己所知道的必须大大超过要教给学生的范围,不仅要有胜任教学的专业知识,还要有广博的通用知识和宽阔的胸怀视野。好老师还应该是智慧型的老师,具备学习、处世、生活、育人的智慧,既授人以鱼,又授人以渔,能够在各个方面给学生以帮助和指导。

陶行知先生说:"出世便是破蒙,进棺材才算毕业。"这就要求老师始终处于学习状态,站在知识发展前沿,刻苦钻研、严谨笃学,不断充实、拓展、提高自己。过去讲,要给学生一碗水,教师要有一桶水,现在看,这个要求已经不够了,应该是要有一潭水。

第四,做好老师,要有仁爱之心。教育是一门"仁而爱人"的事业,爱是教育的灵魂,没有爱就没有教育。好老师应该是仁师,没有爱心的人不可能成为好老师。高尔基说:"谁爱孩子,孩子就爱谁。只有爱孩子的人,他才可以教育孩子。"教育风格可以各显身手,但爱是永恒的主题。爱心是学生打开知识之门、启迪心智的开始,爱心能够滋润浇开学生美丽的心灵之花。老师的爱,既包括爱岗位、爱学生,也包括爱一切美好的事物。

有人说,好老师的眼神应该是慈爱、友善、温情的,透着智慧、透着真情。好老师对学生的教育和引导应该是充满爱心和信任的,在严爱相济的前提下晓之以理、动之以情,让学生"亲其师""信其道"。好老师要用爱培育爱、激发爱、传播爱,通过真情、真心、真诚拉近同学生的距离,滋润学生的心田,使自己成为学生的好朋友和贴心人。好老师应该把自己的温暖和情感倾注到每一个学生身上,用欣赏增强学生的信心,用信任树立学生的自尊,让每一个学生都健康成长,让每一个学生都享受成功的喜悦。

有爱才有责任。好老师应该懂得,选择当老师就选择了责任,就要尽到教书育人、立德树人的责任,并把这种责任体现到平凡、普通、细微的教学管理之中。正是因为爱教育、爱学生,我们很多老师才有了用一辈子备一堂课、用一辈子在三尺讲台默默奉献的力量,才有了在学生遇到危难时挺身而出的勇气,才有了敢于攻克新知新学的锐气。老师责任心有多大,人生舞台就有多大。

老师还要具有尊重学生、理解学生、宽容学生的品质。离开了尊重、理解、宽容同样谈不上教育。"学而不厌、诲人不倦",有教无类,因材施教,教也多术,就是要求老师具有尊重、理解、宽容的品质。这本身就是一种伟大的教育力量。受到尊重、得到理解、得到宽容,是每一个人在人生各阶段都不可缺少的心理需要,儿童和青少年更是如此。一些调查材料反映,尊重学生越来越成为好老师的重要标准。好老师应该懂得既尊重学生,使学生充满自信、昂首挺胸,又通过尊重学生的言传身教教育学生尊重他人。

世界上没有两片完全相同的树叶,老师面对的是一个个性格爱好、脾气秉性、兴趣特长、家庭情况、学习状况不一的学生,必须精心加以引导和培育,不能因为有的学生不讨自己喜欢、不对自己胃口就冷淡、排斥,更不能把学生分为三六九等。对所谓的"差生"甚至问题学生,老师更应该多一些理解和帮助。老师在学生心目中具有重要位置,老师无意间的一句话,可能造就一个天才,也可能毁灭一个天才。好老师一定要平等对待每一个学生,尊重学生的个性,理解学生的情感,包容学生的缺点和不足,善于发现每一个学生的长处和闪光点,让所有学生都成长为有用之才。

我看了不少优秀教师的事迹,很多老师一生中忘了自己、把全部身心扑在学生身上,有的老师把自己有限的工资用来资助贫困学生、深恐学生失学,有的老师把自己的收入用来购买教学用具,有的老师背着学生上学、牵着学生的手过急流、走险路,有的老师拖着残疾之躯坚守在岗位上,很多事迹感人至深、催人泪下。这就是人间大爱。我们要在广大教师中、在全社会大力宣传和弘扬优秀教师的先进事迹和高尚品德。

好老师不是天生的,而是在教学管理实践中、在教育改革发展中锻炼成长起来的。衷心祝愿每个教师都能成为符合党和人民要求、学生喜欢和敬佩的好老师,希望每个孩子都能遇到好老师。

各位老师、同学们!

我国人口多、国土广、地区差异大,有2.6亿学生和1400万教师,搞好教育事业任务艰巨。党和政府高度重视教育,2012年以来我国财政性教育经费支出占当年国内生产总值比例达到4%,这是很大的一件事。我国经济总量虽然已经是世界第二,但我国还是世界上最大的发展中国家,还处在社会主义初级阶段,各种教育资源历史积累不足,地区之间教育发展不平衡,教育总体条件还不是很理想,教师特别是基层教师收入总体水平不高,办学条件标准不高,教育管理水平亟待提高。这就要求我们坚持科教兴国战略和人才强国战略,坚持把教育放在优先发展的战略位置,继续大力推动教育改革发展,使我国教育越办越好、越办越强。

百年大计,教育为本。教育大计,教师为本。努力培养造就一大批一流教师,不断提高教师队伍整体素质,是当前和今后一段时间我国教育事业发展的紧迫任务。

各级党委和政府要从战略高度来认识教师工作的极端重要性,把加强教师队伍建设作为基础工作来抓,满腔热情关心教师,改善教师待遇,关心教师健康,维护教师权益,充分信任、紧紧依靠广大教师,支持优秀人才长期从教、终身从教,使教师成为最受社会尊重的职业。要制定切实可行的政策措施,鼓励有志青年到农村、到边远地区为国家教育事业建功立业。要加强教师教育体系建设,加大对师范院校的支持力度,找准教师教育中存在的主要问题,寻求深化教师教育改革的突破口和着力点,不断提高教师培养培训的质量。要让全社会广泛了解教师工作的重要性和特殊性,让尊师重教蔚然成风。

这些年,媒体报道了个别老师道德败坏、贪赃枉法的事,对这些害群之马要清除出教师队伍,并依法进行惩处,对侵害学生的行为必须零容忍。

各位老师、同学们!

"三寸粉笔,三尺讲台系国运;一颗丹心,一生秉烛铸民魂。"今天的学生就是未来实现中华民族伟大复兴中国梦的主力军,广大教师就是打造这支中华民族"梦之队"的筑梦人。希望全国广大教师把全部精力和满腔真情献给教育事业,在教书育人的工作中不断创造新业绩。

资料来源：中央政府门户网站 http://www.gov.cn/xinwen/2014-09/10/content_2747765.htm.

(二)建立良好师生关系的途径与方法

1. 教师方面

教师是教育过程的组织者、协调者、领导者,在教育活动中起着主导作用,良好的师生关系首先取决于教师。因此,教师应该做到以下几点。

(1)了解和研究学生

了解和研究学生,主要包括三个方面：①了解和研究学生个人,比如学生个体的思想意识、道德品质、兴趣、需要、知识水平、个性特点、身体状况等；②了解学生的群体个性,比如班风、班集体的特点及其形成原因；③了解和研究学生的学习和生活环境,比如学习态度、认知特点、学习方法、生长背景等。教师只有在了解学生的基础上,才能在师生交往中针对不同的学生"有的放矢",与学生建立良好的师生关系。

(2)树立正确的学生观

能清楚地认识到学生是发展中的人,学生具有可塑性、无限的发展性,具有自己的思想,具有主观能动性、创造性,教师不能压抑、控制他们的思想,应该树立科学的学生观。

(3)提高教师自身的素质

在师生交往中,教师要提高自身的知识、能力素养,热爱教育事业,关爱学生,能做到"以德服人"。同时,教师心理要健康,具有一定的情商和抗挫折能力,做到自身素质过硬,以自身的人格魅力吸引学生,从而形成良好的师生关系。

(4)热爱、尊重学生,公平的对待学生

热爱、关心学生是师德的核心要求。教师要热爱人民教育事业,就要热爱我们的教育对象,在平时的教学、交往中能尊重学生,并能在教育过程和师生交往中做到公平、平等的对待每一个学生。只有这样,才能得到学生的信任和尊重,才能构建良好的师生关系。

(5)发扬教育民主

在教育过程中,教师能聆听学生的心声,能尊重学生的选择,允许学生有不同的意见和想法,能接受学生对自己的批评,并能做到"有则改之,无则加勉"。只有在教育过程中发扬民主,体现平等,才能维持良好的师生关系。

(6)主动与学生沟通,善于与学生交往

教师在与学生交往的过程中应该发挥主动性,平时能做到主动地关心学生,热情地回应学生,发现学生的困扰,能主动地与学生沟通,并能主动地帮助他们。在师生交往中,教师的态度和做法往往决定师生关系的好坏。

(7) 正确处理师生矛盾

当师生之间发生矛盾的时候,教师要从一个成年人的角度、一个教师的立场,实事求是地处理矛盾,而不应该上纲上线,强词夺理,以教师的身份去压制学生,使师生矛盾恶化。

(8) 提高法制意识,保护学生的合法权利

教师要提高法制意识,熟悉联合国《儿童权利公约》《中华人民共和国义务教育法》《中华人民共和国教师法》《中华人民共和国未成年人保护法》等法律,具备一定的法律常识,在教育过程中要纠正学生的过错,但也应该保护学生的合法权利。辱骂、侮辱学生,甚至不让学生听课的教师,是不会受到学生欢迎的。

(9) 加强师德建设,纯化师生关系

"学高为师,身正为范"。教师要加强和提高自身在教育过程中的德育水平,不以公报私,胁持报复、故意刁难、打击学生,不应该物化师生关系,而应该做到依法从教、廉洁从教,甚至对学生能做到"以德报怨"。

2. 学生方面

师生关系如何,还有一个很重要的影响因素,就是学生。因此,在师生关系中,学生应该注意以下几点。

(1) 正确认识自己

能了解自己的优点和缺点,正确地认识自己,对自己的人际关系有着积极的影响;能够正确地处理与他人的人际关系,也必然能够很好地与教师处好师生关系。

(2) 正确认识老师

要能正确地认识老师,能够清醒地认识到教师是人,也会存在缺点和不足,在与学生交往中,也会有处理不好的地方。学生可以指出教师的缺点和不足,但不要一味地埋怨和指责。师生只有相互理解,相互体谅,才会形成良好的师生关系。

3. 环境方面

师生关系除了受到教师和学生的影响之外,还与他们所处的环境有很大关系,环境对师生关系有着潜移默化的影响。因此,要建立良好的师生关系,我们还应该做到以下几点。

(1) 加强校园文化建设

在校园文化创设中,注意打造尊师爱生的文化氛围。充满尊重、平等、友爱的校园环境有利于建立良好的师生关系。

(2) 加强学风教育

学生在良好的学风下学习,这对于良好师生关系的形成也具有一定的作用和价值。良好师生关系的构建,只有从交往的当事人——教师和学生两方都共同努力,并创造尊师爱生、协调融合的校园环境三方面入手,才能取得良好的效果。

拓展阅读

关于教师的优秀影片：

《放牛班的春天》《一个都不能少》《鲁冰花》《孩子王》《天那边》《山那边》。

复习思考题

一、单项选择题

1. 我国的教师职业就其身份特征而言，是（　　）。
   A. 专业人员　　　B. 国家干部　　　C. 公务人员　　　D. 高级技术人员

2. 教师职业的最大特点在于职业角色的（　　）。
   A. 多样化　　　　B. 专业化　　　　C. 单一化　　　　D. 崇高

3. "学高为师，身正为范"，"其身正不令则行，身不正虽令不从"体现了教师劳动的（　　）特点。
   A. 示范性　　　　B. 创造性　　　　C. 长期性　　　　D. 复杂性

4. "捧着一颗心来，不带走半点草去"这体现了教师（　　）。
   A. 职业道德　　　B. 能力素养　　　C. 教育理念　　　D. 心理健康

5. 师生关系在人格上是（　　）关系。
   A. 授受　　　　　B. 相互促进　　　C. 民主平等　　　D. 师道尊严

二、简答题

1. 我国《中华人民共和国教师法》对教师的概念是如何界定的？教师职业经历了怎样的历史发展过程？

2. 怎样建立新型的师生关系？

3. 简述学校和教师个体可以从哪些方面提高教师职业素养。

4. 新时代好教师的标准是什么？

三、论述题

1.作为专业人员,教师应从哪些方面促进自己的专业发展?怎样促进自己的专业发展?

2.理想师生关系的特征有哪些?如何建构良好的师生关系?

四、材料分析题

在一次教研活动中,一位小学老师感慨地说:"如今的孩子,虽然年龄小,可脑子里稀奇古怪的想法却不少。他们经常在课上或课下问我一些问题,令我时常怀疑自己是否适合当小学老师。比如,我在讲有关太阳和月亮的知识时,有的孩子就问'老师,太阳为什么白天出来?月亮为什么晚上出来?'对这样的问题,我还能勉强回答,但是有些问题真的让我难以回答。比如,有的孩子会冷不丁地问'老师,古代女子都是裹脚的,花木兰替父从军,晚上不洗脚吗?女人什么时候开始裹脚的呢?'我当时就懵了,不知如何回答。有的学生会兴奋地问我'老师您想穿越到哪儿呢?'我更茫然了……"

(1)试分析这位老师产生困惑的原因。

(2)如果你面临这样的情况,你将如何对待?

第八章
课程

"课程"是日常教育教学中出现频率较高的一个词语,也是一个使用广泛而含义多重的术语。例如,刚刚入学的学生喜欢互相打听"这学期开设了哪些课程";学生家长在问及学生在校表现时,也喜欢问"最近,你哪门课程学习感觉比较吃力";而学校和广大中小学教师又在大谈新课程改革。那么,课程的含义是什么呢?关于课程有哪些不同的观点呢?新课程改革的目标是什么呢?在本章中我们将一起来学习和探讨这一学校中表现最活跃的内容。

知识体系

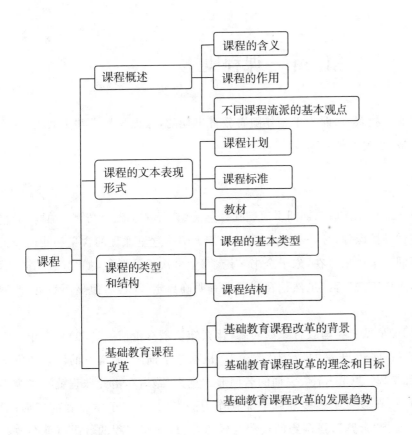

名家名言

不登高山,不知天之高也;不临深溪,不知地之厚也。

——荀子

读书之法,在循序而渐进,熟读而精思。

——朱熹

第一节　课程概述

自从有了人类就有了教育,而课程正是伴随着教育出现的,课程与教育共生共灭,课程是教育活动的基本构成,也是其核心构成。

一、课程的含义

"课程"一词在我国最早见于唐宋期间。唐朝孔颖达为《诗经·小雅·巧言》中"奕奕寝庙,君子作之"句作疏:"维护课程,必君子监之,乃依法制。"但是这里课程的含义和我们今天课程的含义有很大不同。宋代朱熹在《朱子全书·论学》中多次提及课程,如"宽着期限,紧着课程","小立课程,大作工夫"等。虽然他在这里没有明确界定"课程",但显而易见,课程即指功课及其进程。

在西方,课程一词最早见于英国教育家斯宾塞《什么知识最有价值》(1859)一文中。它是从拉丁语"Currere"一词派生出来的,意为"跑道"。根据这个词源,最常见的课程的定义是"学习的进程",简称学程。"Currere"一词的名词形式意为"跑道",由此课程就是指为不同学生设计的不同轨道,在教育中过多强调了课程作为静态的、外在于学习者的层面;而"Currere"的动词形式是指"奔跑",强调跑的过程与经历,这样理解课程的着眼点就会放在个体认识的独特性和经验的自我建构上,就会得出完全不同的课程理论和实践。

经过梳理,多种多样的课程含义大致可以归为以下几类。

一是课程作为学科或者教学科目。这是最普遍,也是应用最广泛的课程含义。我国古代的"六艺"(礼、乐、射、御、书、数),欧洲中世纪的"七艺"(文法、修辞、辩证法、算术、几何、天文、音乐),都是把课程等同于所教的科目。《中国大百科全书·教育》中是这样定义课程的:课程是所有学科或教学科目的总和,或学生在教师指导下各种活动的总和。这通常称为广义的课程。狭义的课程则是指一门学科或一类活动。西方的学校就是在此基础上增加其他学科,逐渐建立起各级各类学校的课程体系。课程的这种定义强调知识的组织、累计和保存功能。

二是课程作为预期的学习结果或者目标。教师授课之前,要求先制定一套有结构、有序列的学习目标,所有教学活动都是为达到这些目标服务的。持有此观点的代表人物有被称为"现代课程理论之父""现代评价理论之父"的泰勒和美国"课程开发科学化运动"的早期代表博比特和查特斯。这种课程的定义以行为主义心理学和科学管理原理为基础,强调目标预测、行为控制和工作效率。

三是课程作为学习经验。这种定义是由杜威在20世纪初提出的。所谓课程,即是学生的学习经验。学生被认为是具有巨大潜力的、独特的学习者,因此学生的经验是最为重要的。学习经验是指学生与环境中外部条件的相互作用,学生的学习取决于他自己做了什么。学生之所以参与,是因为环境中的某些特征吸引着学生,学生是对这些特征作出反应。教师的职责是要构建适合学生发展能力与兴趣的各种情境,以便为每个学生提供有意义的经验。

四是课程作为有计划的教学活动。此种观点强调课程作为实现学校培养目标而规定的所有学科的总和,或指学生在教师的指导下开展各种活动的总和。这一定义把教学的目标、内容、评价,包括教学方法的选择和设计都组合在一起,试图对课程有一个较为全面的理解。课程是指学校为实现培养目标而选择的教育内容及其进程的总和,它包括学校老师所教授的各门学科和有目的、有计划的教育活动。狭义的课程是对教育的目标、教学内容、教学活动方式的规划和设计,是教学计划、教学大纲等诸多方面实施过程的总和。

施良方将各种课程定义概括为六种:课程即教学科目,课程即有计划的教学活动,课程即预期的学习结果,课程即学习经验,课程即社会文化的再生产,课程即社会改造。①

课程的含义反映了课程的丰富多彩,每一种含义都隐含着学者的哲学假设和价值取向,反映了当时特定社会历史条件下课程所出现的问题,都具有某种合理性,但同时也存在某些局限性。从上述观点中我们可以看出课程既是静态的,也是动态的,它不仅仅指学科,也包括学科运行中产生的变化。正是从这个意义出发,美国课程专家古德莱德从课程实施的纵向层面提出课程可分为五个层次②。

一是理想的课程,又译观念层次的课程。理想的课程是指由一些研究机构、学术团体与课程专家倡导的课程构想、建议和计划。课程的设计建立在教育学与心理学等原理基础之上,从理论及实践的角度论证课程存在的必要性,体现了人们对于课程与教学的期望。

二是正式的课程,也称官方课程。正式的课程即国家和教育行政部门规定的课程计划、课程标准和教材,也就是许多人所理解的列入学校课程表中的课程。与理想的课程相比,正式的课程只是理想的课程中的那些被官方认可与授权的部分。正式的课程在内容上并没有做多少修改,只是获得了官方的批准、认可与推广实施而已。

三是领悟的课程,也称理解的课程,即任课教师所领会的课程。由于不同教师对正式课程有不同的理解和解释方式,教师对课程的领会与正式课程之间会有一定的差距。而这个差距就会影响课程预期的结果的获得。

---

① 施良方.课程理论:课程的基础、原理与问题[M].北京:教育科学出版社,1996:3—7.
② 李定仁,徐继存.课程论研究二十年[M].北京:人民教育出版社,2004:5—6.

四是运作的课程,也称操作课程,即教师在课堂上实际实施的课程。由于教学条件的限制和学习者的反馈与设想不同,课堂上实施的课程与教师领悟的课程也会有一定差距。此差距的产生在很大程度上受到教师的理论认识、理解深度、实践教学能力、学校课堂条件以及学生的发展水平的影响。

五是体验的课程,即学生实际体验到的课程。由于学生有着不同的经验基础,他们自己对事物有特定的理解,不同学生听同一堂课会有不同的体验或是获得不同听学习经验,并且这些经验才是该课程最终对学生产生的实际影响,决定了课程对学生的作用以及效果。

古德莱德的观点可以给我们两点启示。一是从理想课程到体验课程,这中间需要一系列的转化。没有这一系列的转化就没有真正的课程。而在这些转化中最为关键的应该是教育实践工作者对课程的理解。因此,教师对课程的理解在一定程度上决定着一种课程的命运。二是检验课程实施成效的唯一标准应该是学生实际学习到了什么,也就是所谓的体验课程。

纵观课程含义的变化过程,20世纪70年代以来,课程的内涵产生了一些变化,也体现出同样的发展趋势:①从强调学科内容到强调学习者的经验和体验;从强调目标、计划到强调过程本身的价值;从强调教材的单因素到强调教师、学生、教材、环境四因素的整合;从只强调显性课程到强调显性课程与隐形课程并重;从强调实际课程到强调实际课程和虚无课程并重;从只强调学校课程到强调学校课程与校外课程并重。

二、课程的作用

课程在整个教育体系中居于中心的地位,因而课程在学校教育过程中的作用也是非常明显的。课程的作用可以概况为以下几个方面。

(一)课程体现了学校培养人才的蓝图

学校是培养人才的摇篮,而课程是人才培养蓝图的具体体现,是实现教育目的与培养目标的基础,它规定了学校教什么和怎么教这样一些基本问题。一个国家或者社会需要什么样的人才,就要通过设置课程教授学生必备的知识、相应的技能技巧和思想态度。也就是说,离开了一定课程,人才的培养只能是一句空话。

(二)课程是教师教和学生学的重要依据

课程要体现在课程计划、课程标准和教材上,它们是课程的具体化。教师借助一定的教材,引导学生按照明确的目的,循序渐进地掌握一定的知识、技能、技巧,形成一定道德品质,促进身心发展。为了避免教师备课和授课的任意性,必须以课程标准为基本依据,确定授课的基本内容,选择教学方法。这直接关系到教学质量的高低与学校教育的成败。

---

① 钟启泉,张华.课程与教学论[M].沈阳:辽宁大学出版社,2007:54—56.

(三)合理的课程设置可以促进学生全面发展

学校培养人才的主要途径是通过教学来实现的,而在教学过程中,课程的设置又占有核心地位,培养德智体美劳全面发展的社会主义事业的建设者和接班人,需要合理、全面的课程设置。合理的课程设置对于学生身心的全面发展起着决定性的作用。

(四)课程是评估教学质量的主要依据和标准

教学质量的评估是整个教学过程的有机组成部分。教学质量的评估可以从多方位、多层次进行,但其中最主要的是通过对学生学业成绩的考评来实现的。对于学业成绩的考核,无论是常模参照测验,还是目标参照测验,考核的依据及其标准主要是所开设的课程,从命题到评分都必须体现该门课程既定的教学目标。因此,课程是衡量教学质量的重要"尺度",离开这个尺度就无法评定教学质量的优劣。

知识窗口

"物"之教与"人"之教?

教育,自然是人的教育,而不是物的教育。教育因为人的需要而产生,为了人的需要而存在,其目的是"成人""化人""育人"。"君子不器,人亦非物"。然而,实际中的教育,包括校长的办学和教师的教学,"目中无人"的现象比较普遍,到处盛行的是器物之教。

器物都有相对固定的用途,只能为有限目的所使用。人非器物,在智力、体力、才能、兴趣、品质等各个方面应该都得到发展,如此才不会像器物一样,只能为有限目的所使用。然而,实践中的教育将学生框定在狭隘的智育范围之内,盛行的是唯理智、唯书本的教育。在这个框架内,教师热衷于大量琐碎知识和解题技巧的讲解,学生迷恋于题海战术和标准答案。最后,学生被训练成只能应付考试的机器,所得到的知识和技能只能为考试所用。

器物一般都有容量的限制,只能容纳有限的东西。人非器物,人对外界事物的接受就没有容量的限制,人具有无限的发展潜力;人非器物,人不是被动接受外界事物的容器,人具有人所特有的自主性、能动性与创造性;人非器物,器物只能容纳相对固定的东西,人却能够"海纳百川"。然而,现实中的教育把学生当成了被动的容器,教师强制性地往这个容器里灌注知识和技巧,很少关注学生的自主性、能动性与创造性。

容器一般定型不变,同类器物都趋于相同或相似。人非器物,人从出生开始,永远都不会定型而一成不变;人非器物,器物一旦定型,就只能等待自生自灭,但人永远都处于不断充实、不断提升、不断完善的过程之中;人非器物,同类器物之间具有明显的相同性或相似性,但每个人都作为一个独立的生命个体而存在,人与人之间具有明显的差异性。然而,现实中的教育往往强制性地规定了学生与学生之间的个性差异,破坏了学生发展的多种可能性。

新课程改革强调以人为本的发展观。所谓以人为本,是与物本相对的,其基本含义有二:一是一切都以人的发展作为根本目的,二是一切以人的力量作为发展的根本动力。

从表面上看,新课程改革改变的是以往的课程目标、课程内容、课程结构、课程实施、课程评价和课程管理,着力转变的是学生学和教师教的方式。但是从更深层的意义上看,思维方式的改革才是深层的改革,本次课程改革乃是要引发一场教育思维方式的根本变革,确立一种以平衡和协调为特征的整合性思维方式。

资料来源:李松林,巴登尼玛.新课程教学设计原理与方法[M].北京:人民教育出版社,2014.

三、不同课程流派的基本观点

在课程实践过程中,由于对学科系统、个体心理特征、社会需要的认识不同和价值取向不同,往往形成了不同的课程理论流派。下面着重介绍几种影响较大的课程理论流派。

(一)学科中心课程论

学科中心课程论是一种历史悠久的课程理论,其影响甚为深远。学科中心课程是以结构主义哲学和心理学为基础,以学科为中心来编制学校课程的理论。学科中心课程论包括苏联教育家赞科夫的发展主义课程论、德国教育学家瓦根舍因的范例教学论。美国心理学家布鲁纳的发现教学法也是以学科中心课程论为基础的。学科中心课程论主张教学内容以学科为重心,必须按照科学的逻辑系统和学生的认知心理活动规律组织课程内容,使学生较好掌握人类科学文化知识的精华。但是学科中心课程论较多地强调按照知识体系编制课程,对社会生活和生产实际不够重视,容易脱离现实。

(二)活动中心课程论

活动中心课程论,又称儿童中心课程论、经验主义课程理论、以学生为中心的课程论。活动中心课程是以经验为中心的课程理论,主张以儿童的兴趣、爱好、动机和需要为价值取向,以儿童社会活动为中心来研究课程和组织教学。活动中心课程论的代表人物是美国实用主义教育家杜威。活动中心课程论尊重学生的主体性,有利于学生主动性和积极性的发挥;强调实践活动,有助于能力的培养;有利于学生获得对世界的完整认识。活动中心课程论的不足之处在于过分夸大儿童经验的重要性,忽视知识本身的逻辑性,不利于教学质量的提高。

(三)社会中心课程论

社会中心课程论把课程的重点放在现实社会问题、社会改造和社会活动计划以及学生所关心的社会现实问题上。社会中心课程论的主要代表人物有康茨、拉格和布拉梅尔德,该理论是从进步主义教育运动中分化出来的,主张围绕重大社会问题来组织课程内容。

社会中心课程论认为教育的根本价值是社会发展,学校应致力于社会的改造而不是个人的发展。社会中心课程论批判儿童中心课程论过于关注学生的个人自由和自我需要,忽视社会的需要。社会中心课程论主张课程的最终价值是社会价值,课程是实现未来理想社会的运载工具,强调课程建设要关注社会焦点问题,反映社会政治经济变革的客观要求,认为课程学习要深入社会生活。

社会中心课程论强调课程结构有意义的统一性,深刻认识到社会因素对教育有制约作用。但是夸大了学校变革社会的功能,把课程设置的重点完全放在适应和改造社会生活上,忽视学生的主体性,阻碍了学生主体意识和能力的发展,很难实现预想的课程目标。

知识窗口

课程开发的目标模式和课程开发的过程模式

目标模式是以目标为课程开发的基础和核心,围绕目标的确定及其实现、评价而进行的课程开发模式。目标模式是20世纪初开始的课程开发科学化运动的产物,因此,它也被看作课程开发的经典模式、传统模式,其主要代表模式包括有"现代课程理论之父"称誉的拉尔夫·泰勒所创立的泰勒模式。

1949年,泰勒出版了《课程与教学的基本原理》一书,在书中,泰勒开宗明义地指出,开发任何课程和教学计划都必须回答四个基本问题。

1. 学校应该力求达到何种教育目标?
2. 要为学生提供怎样的教育经验,才能达到这些教育目标?
3. 如何有效地利用这些教育经验?
4. 我们如何才能确定这些教育目标正在得以实现?

这四个基本问题——确定教育目标、选择教育经验(学习经验)、组织教育经验、评价教育计划——即构成著名的"泰勒原理"。

过程模式是由英国著名课程专家斯滕豪斯确立起来的。斯滕豪斯对过程模式的建构是从对泰勒原理的批评开始的。斯滕豪斯认为目标模式普遍应用于课程开发存在两个基本障碍:一是目标模式误解了知识的本质;二是目标模式误解了改善课程实践过程的本质。斯滕豪斯认为课程开发的任务就是要选择活动内容,建立关于学科的过程、概念与标准等知识形式的课程,并提供实施的"过程原则"。

斯滕豪斯所提出的过程模式是以英国著名哲学家皮特斯的知识论为理论依据

的。皮特斯认为,知识以及教育本身具有内在的价值,因而无需通过教育的结果来加以证明。这类活动有其自身固有的完美标准,能够依据这些标准而不是依据其导致的后果而被评价。人们可以争论它们本身所具有的价值,而不是争论其作为达到目的的手段的价值。因而,艺术和知识形式,如科学、历史、文学欣赏与诗等,是课程设置的基本部分,其合理性能够被内在地加以证明,而不必作为达到目的的手段被证明。对它的选择是基于内容,而不是基于其所引起的学生行为的具体结果。而诸如知识的过程、概念以及标准等形式,是无法适当地转化为操作水平上的目标的。

资料来源:钟启泉,张华.课程与教学论[M].沈阳:辽宁大学出版社,2007.

第二节　课程的文本表现形式

现代课程的表现形式多种多样,但是对于一个学校而言,总体表现形式一般分为课程计划、课程标准、教材和其他教学材料,这称为课程的文本表现形式,也称之为课程的内容。过去,基础教育课程管理以中央集权为主,学校课程计划、课程标准都是国家制定的。伴随着新课程改革,国家、地方、学校三级课程管理体制的建立以及对地方课程、校本课程的重视,学校对课程设置与管理的要求越来越高。

一、课程计划

课程计划是根据教育目的和不同层次与类别学校的培养目标,由教育行政部门制定的有关学校教育教学工作的指导性文件,是课程设置与编排的总体规划。课程计划体现了国家对学校的统一要求,是办学的基本纲领和主要依据,是编制课程标准和编写教科书的依据,也是督导、评估学校教育教学工作的依据。

(一)课程计划的内容

1.学校的培养目标
2.制定课程计划的原则
3.学科设置和各学科的主要任务
(1)语文、数学等基础性科目;
(2)外语、计算机等工具性科目;
(3)思想品德教育科目;
(4)社会科学基础知识科目;
(5)自然科学基础知识科目;

(6)体育、保健、艺术审美科目；

(7)劳动技术教育科目。

上述教学科目也有必修课程和选修课程的之分。

4. 学科开设的顺序和课时分配

中学课程体系规定，各门学科既不能同时齐头并进，也不宜单科独进，应按照规定年限、学科内容、各门学科之间的衔接、学生的发展水平，由易到难，由简到繁，合理安排，使先学的学科为以后学习的学科奠定基础。

课时分配包括各门学科授课的总时数，每门学科在各学年（或学期）的授课时数和每周的授课时数。应根据学科的性质、作用，教科书的分量和难易程度，恰当地分配各门学科的授课时数。

5. 学年编制和学周安排

这主要是指学年阶段的划分，各个学期的教学周数、学生参加各种活动的时间、假期和节日的规定等。

(二)课程计划遵循的一般原则

1. 保证教育目的、培养目标的实现

课程计划的制订必须保证学生在德、智、体、美、劳等诸方面都得到全面、和谐的发展，为此在课程设置上要体现基础性、全面性、时代性的特点，即在加强基础学科教学的同时，适时地拓宽和更新原有的科目，保持各类学科之间的协调平衡，以全面培养和提高学生各方面的素质，为其成为国家的栋梁之才打好基础。

2. 依据科学的课程理论，以教学为主合理安排各类课程和各项活动

把学科课程和活动课程、分科课程和综合课程、普通文化课程和职业技术课程等有机地结合起来，根据各类课程和各类活动的地位、作用、特点以及它们之间的内在联系，统筹合理地安排其教学顺序和教学时数，以体现课程结构的完整性。

3. 注意初中、高中教育阶段的相对完整性和衔接性

课程计划的制订要考虑不同阶段的相对完整性，使每个阶段的学生都能接受比较完整的全面教育，为其顺利就业打好基础。同时，不同阶段的教育又要相互衔接，在课程设置和教科书内容上要妥善安排，减少不必要的循环和重复，以保证青少年能继续学习和深造。

4. 统一性和灵活性相结合

在制订课程计划时还要考虑地方的特点，允许有因地、因校制宜的部分，具有一定灵活性，适应学生身心发展的规律。同时，还要考虑学生发展的一般特点和个别差异，把统一要求与因材施教结合起来，以使学生的个性得到充分发展。

二、课程标准

(一)课程标准的含义

国家课程标准是国家对于基础教育课程的基本规范和要求,也是教材编写、教学、评估和考试命题的依据,是国家管理和评价课程的基础。它体现国家对不同阶段的学生在知识与技能、过程与方法、情感态度与价值观等方面的基本要求,规定各门课程的性质、目标、内容框架,提出教学和评价建议。

中华人民共和国成立前,明确以课程标准作为教育指导性文件的是1912年南京临时政府教育部公布的《普通教育暂行课程标准》①。

课程标准是对我们希望学生在校期间应掌握的特定的知识、技能和态度非常清晰明确的阐述。课程标准主要是针对学生经过某一学段之后的学习结果的行为描述,而不是对教学内容的具体规定。学生学习结果行为的描述应尽可能是可理解的、可达到的、可评估的,而不是模糊不清的、可望而不可及的。课程标准是国家或者地方制定的某一学段的共同的、统一的基本要求,而不是最高要求。课程标准隐含着教师不是教科书的执行者,而是教学方案(课程)的开发者,即教师是"用教科书教,而不是教教科书"。

(二)课程标准的内容

我国课程标准的内容包括以下几个部分。

1. 前言

结合本门课程的特点,阐述课程改革的背景、课程性质、基本理念与本标准的设计思路。

2. 课程目标

按照国家的教育方针以及素质教育的要求,从知识与技能、过程与方法、情感态度与价值观三方面阐述本门课程的总体目标与学段目标。学段的划分大致规定在1~2、3~4、5~6、7~9年级,有些课程只限定在一个学段,有些课程兼两个或两个以上学段。

由于课程标准的检验是评价学生的学习结果有没有达到,而不是评价教师有没有完成某一项工作,课程标准的陈述必须从学生的角度出发,陈述行为结果的典型特征,行为的主体必须是学生,而不是以教师为目标的行为主体。课程目标必须是分层次陈述的。陈述方式一般可以分为两类。一是采用结果性目标的方式,即明确告诉人们学生学习的结果是什么,所采用的行为动词要求明确、可测量、可评价。这种方式指向可以结果化的课程目标,主要应用于"知识与技能"领域,如"能在地图上识别不同的地形""举例说明支持某一观点的证据或事实""说出自己喜欢或不喜欢的音乐作品"等。二是采用体验性或表现性目标的方式,即描述学生自己的心理感受、体验或明确安排学生表现的机会,所采用的行为动词往往是体

---

① 顾明远.教育大辞典(第一卷)[M].上海:上海教育出版社,1990:200.

验性的、过程性的。这种方式指向无需结果化的或难以结果化的课程目标,应用范围主要在"过程与方法""情感态度与价值观"领域,如"用不同的物体和方法制造声音,描述自己对于这些声音的感受""阅读自己喜欢的作品,收藏自己喜欢的书籍资料"等。

3. 内容标准

根据上述课程目标,结合具体的课程内容,用尽可能清晰的行为动词来阐述目标。

从规范的角度说,同一课程计划内的每一门课程标准的框架理想的状态应该是一致的,但是,由于每门课程存在差异,不可能提供一套适用于每一门课程的课程标准,只能在现阶段达成最大程度的共识。

内容标准在陈述上的差异主要有四种格式。

一是按照"学习领域+学段"格式,如语文、数学、音乐、美术、艺术等。以语文为例,语文分为五个学习领域:识字与教学、阅读、写作(写话、习作)、口语交际、综合性学习。

二是按"学习领域+水平"格式,如体育与健康课程分为五个领域:身体发展、运动参与、运动技能、心理健康、社会适应。同时每个学习领域都有六级水平,水平一相当于1~2年级,水平二相当于3~4年级,水平三相当于5~6年级,水平四相当于初中阶段,水平五相当于高中阶段,水平六相当于部分学生的提高阶段。

三是按"目标领域+等级陈述"格式,如英语、日语、俄语。以英语为例,按综合语言运用能力的五个子目标领域(语言技能、语言知识、情感态度、学习策略、文化意识)来陈述九级目标,二级相当于小学毕业基本要求,五级相当于初中升高中的要求,八级相当于高中毕业基本要求,九级相当于高中毕业优秀水平的要求。

四是按主题分级陈述格式,如化学、生物、科学、地理、历史等。以化学为例,初中化学分为四个主题:身边的化学物质、物质组成的奥秘、物质的化学变化、化学与社会发展。每个主题又分有几个亚主题,如"身边的化学物质"又分为"地球周围的空气""水与溶液""金属与金属矿物""日常生活中的化合物",在亚主题下分别陈述内容标准。

4. 实施建议

为了确保国家课程标准能够在全国绝大多数学校的绝大多数学生身上实现,减少中间环节的落差,国家需要在课程标准中附带提供推广或实施这一标准的建议,主要包括教与学的建议评价建议、课程资源的开发与利用建议等。同时要求在易被误解的地方或陈述新出现的重要内容时,提供适当的典型性的案例,以便于教师理解。这也是引导新观念的一种有效的方法。

5. 术语解释

对标准中出现的一些重要术语进行解释与说明,让使用者能更好地理解与实施。

三、教材

教材是教师和学生据以进行教学活动的材料,在广义上凡是增加人们的知识和增进人们的技能、影响人们的思想品德活动的都是教材,包括教科书、讲义、讲授提纲、参考书、指导书以及各种视听材料。其中教科书和讲义是教材的主体部分,故人们常把教科书与讲义简称为教材。狭义的教材就指教科书,教科书是按照课程标准的要求编写的教学用书,是一门课程的核心教学材料。

从课程论的角度看,教材是课程标准规定下的课程内容在教学活动中转化的产物,它源于实质性的科学、文化、艺术、生活的各个领域,并以计划的形式表现出来。它涵盖了学生在教师指导下通过学习活动,在心理上和实践中主动地掌握普通教育和专业教养的物质对象与观念对象。日本的清水厚将教材的形式概括如下。

教科书教材:根据教科书制度特别认可的、兼具行政和专业权威性的教材。

图书教材:由纸质印刷品表现和构成的教材。

试听材料:借助各种试听媒体表现和构成的材料。

现实材料:将周围的自然环境和社会现实转化而成的教材。

电子教材:借助电子技术开发和应用的教材。①

另一位日本学者广冈亮藏从教材特质的角度将教材的表现形式概括如下。

生活教材:适于直接性地解决问题,其学习过程是"把握—明究—解决"。

知性教材:适于间接性地解决问题,其学习过程是"观察—考察—洞察"。

表达材料:适于创造性地解决问题,其学习过程是"感受—表达—鉴赏"。

技术教材:适于熟练性地解决问题,其学习过程是"计划—习得—练习"。②

第三节 课程的类型和结构

一、课程的基本类型

在研究和讨论课程时,人们时常会采用某些标准,这些标准既能够用来作为设置课程的依据,也能够对课程类别进行划分。根据不同的研究需要,这些标准也经常是不同的,有的比较简单,只是从课程表面出发,有的则深入课程内部。依据不同的标准和课程设计指导思想,就会有不同种类的课程设计,这些就是不同的课程类型。以下是几种基本的课程类型。

(一)学科课程和活动课程

从课程的组织方式看,课程可分为学科课程和活动课程。

1. 学科课程

学科课程分别从各门科学中选择部分内容,按各门科学固有的逻辑,系统地组成各种不

---

① 清水厚实.教师的教材观及教材利用观[M].北京:图书教材研究中心,1985:6.
② 广冈亮藏.学习过程论[M].明治图书,1968:98.

同的学科,并彼此独立地安排其顺序、学习时数和期限。学科课程中每门学科知识体系的科学安排,易于使各级学校相同或相近学科领域的知识联系起来,使它们成为一个体系,如初中的物理、高中的物理直至大学的物理,实际上是一个逐步递进的连续的课程。学科课程在古今中外的教育发展中一直居于显要地位。

学科课程的优点主要表现在以下几个方面。

(1)学科课程以浓缩的形式集纳人类在各个基本学科领域探索的成果,间接经验的容量较大,有利于系统传承人类文化成果。

(2)学科课程是按照知识的逻辑顺序组织教材,使知识系统化,有利于向学生传授系统的科学文化知识。

(3)学科课程以传授知识为基础,较适于学校组织教学和进行课程评价。

学科课程主要的不足有以下几点。

(1)科目繁多的学科课程导致总体课程体系"臃肿不堪",同时会加重学生的课业负担。

(2)学科课程以分门别类的方式组织和编排,而学生的现实生活却是完整的。这种课程上的人为的割裂,造成学生认知结构的支离破碎,不利于学生综合能力的培养和发展。

(3)各学科相互分离,彼此孤立,学习内容相互分离甚至脱节。

(4)具体的某门学科课程对于该学科的未来专家或专业工作者来说是必备的,但对于其他学生来说也许是多余的,因为它们与日常生活和学生的经验之间缺乏联系。学科自身的需要与学生的需要和兴趣往往有冲突,学科教师面临这种冲突时,往往容易牺牲学生的利益,迫使学生服从学科的要求。

2. 活动课程

活动课程亦称"经验课程""儿童中心课程",它着眼于学生的兴趣和动机,是与学科课程对立的课程类型。活动课程是以学生的主体性活动经验为中心组织的课程。活动课程思想可以溯源到法国自然主义教育思想家卢梭。19世纪末20世纪初,美国的杜威和克伯屈发扬了这一思想,杜威的课程为"经验课程"或"儿童中心课程"。

活动课程的基本特征有以下几点:第一,主张一切学习都来自于经验,而学习就是经验的改造或改组;第二,主张学习必须和个人的特殊经验产生联系,教学必须从学习者已有的经验开始;第三,主张打破严格的学科界限,有步骤地扩充学习单元和组织教材,强调在活动中学习。

活动课程与学科课程的关系,实际上反映的是人的直接经验与间接经验、个人知识与公共知识、儿童当下的心理经验与凝结在学科中的逻辑经验之间的关系,也从一个侧面反映了成人学习方式与儿童学习方式的分歧与差异。

早在1902年,杜威就在《儿童与课程》一书中,深刻地揭示了这种关系。杜威认为,儿童的心理经验与学科中所含的逻辑经验是同一生长过程的起点与终点,逻辑的经验是由心理的经验发展而来的。两者的区别在于:心理的经验是直接的、鲜活的、内隐的、不确定的,而逻辑的经验则是间接的、无生气的、外显的、确定的。逻辑的经验是运用抽象与概括,将心理经验加以系统化、条理化的结果。

对于教育者来讲,他们所要做的工作就是,将逻辑的经验还原为儿童的心理经验,或者说将各门学科知识转译成儿童能够理解与接收的生活经验,只有这样,教材知识才能与儿童现有的经验发生交互作用,这一过程被杜威称为"教材的心理化"。杜威认为,教师的使命就是从儿童现有的生活经验出发,引导儿童的现有经验向着教材所含的逻辑经验不断前进,这便是教学过程的实质之所在。

(二)分科课程和综合课程

根据设计的课程内容的综合程度,即是单门学科还是多门学科,可以将课程分为分科课程与综合课程。

1. 分科课程

分科课程是指从不同门类的学科中选取知识,按照知识的逻辑体系,以分科教学的形式向学生传授知识的课程。分科课程又称为"科目课程",不少人把它称为"学科课程"。分科课程强调的是课程内容的组织形式,而学科课程强调的是课程内容固有的属性。从课程开发来说,分科课程坚持以学科知识及其发展为基点,强调本学科知识的优先性;从课程组织来说,分科课程坚持以学科知识的逻辑体系为线索,强调本学科自成一体。

我国古代的"六艺",古希腊和古罗马的"七艺"都是古老的分科课程。近代分科课程的出现是夸美纽斯提出的"百科全书式的课程"。课程的内容就是以获取知识和技能为目标的自然科学体系,如物理、化学、生物、地理、数学等。

2. 综合课程

综合课程是指打破传统分科课程的知识领域,主张整合若干相关联的学科而成为一门更广泛的共同领域的课程。根据综合课程的综合程度及其发展轨迹,可分为以下几种。

一是相关课程,就是在保留原来学科独立性的基础上,寻找两个或多个学科之间的共同点,使这些学科的教学顺序能够相互照应、相互联系、穿插进行。

二是融合课程,也称"合科课程",就是把部分的科目统合兼并于范围较广的新科目之内,选择对于学生有意义的论题或概括的问题进行学习。

三是广域课程,就是合并数门相邻学科的教学内容而形成的综合性课程。

四是核心课程,这种课程围绕一些重大的社会问题组织教学内容,社会问题就像包裹在教学内容里的果核一样,故而又被称为"问题中心课程"。

前三种课程都是在学科领域的基础上进行知识综合的课程形式,它们打破了原有的学科界限,是旧的学科课程的改进和扩展;而核心课程则是以解决实际问题的逻辑顺序为主线来组织教学内容的。

综合课程起源于20世纪初德国的合科教学,主张按照学生的兴趣爱好,组织学习一定的课题。后来,在美国出现了广域课程和核心课程,即将具有逻辑相关性的一组学科归纳组成社会、理科、美术、人文一类的若干领域。到第二次世界大战之前,综合课程理论进行了十年的广泛讨论,并付诸实践。20世纪80年代在美国出现的科学-技术-社会课程(STS课程)、社会中心课程,都是综合课程的不同形式。英国自20世纪60年代以来,出现了统合教学,即在具备多种多样的教材、教具的环境中,儿童自由、自主地开展学习活动,探讨自己感兴趣的课题。日本80年代出现了合科指导的思想,它注重儿童自身的主动探究,打破学科界限,日本现行的综合理科即是在这种思想的指导下产生的实践。

综合课程在各学科之间相互交叉、渗透和融合,是人类知识发展本身的内在要求和客观趋势。20世纪中叶以来,人类知识的发展呈现出两种相反相成的趋势:一方面,随着人类认识世界的程度不断加深,各门学科不断分化,分支学科不断涌现;另一方面,学科的综合趋势也相当明显,新兴的交叉学科、横断学科、边缘学科层出不穷。事实上,学科之间相互隔绝与封闭,不利于学科自身的成长与发展。这一点同样适用于学生认知的发展。

综合课程的学习,有利于消除学生孤立地看待各门学科知识的现象,形成完整的世界观;有助于学生探寻各门学科知识之间的内在联系,发现新的知识;有助于培养学生广阔的认知视野,提升学生的知识整合能力,使学生学会综合性地解决问题等。

综合课程的最大的问题在于,它容易成为传统学科知识简单的、机械的拼凑与混合,有人将这种课程称之为知识的"大杂烩",它并不会实现设置综合课程的本来目标。综合课程虽然照顾到了各学科知识之间的横向联系,但很容易导致学生学习浅尝辄止。

(三)显性课程和隐性课程

根据课程的表现方式或者影响学生方式的不同,我们可以将课程分为显性课程与潜在课程。

1. 显性课程

显性课程也叫"显在课程""正规课程""官方课程",指的是学校有目的、有计划传授的学科,或者说是列入学校课程表内的所有有组织的活动。显性课程与隐性课程相对,显性课程的主要特征之一就是计划性,可以说计划性是区分显性课程与隐性课程的主要标志。

显性课程是列入教学计划的学科,也就是该学科的知识体系,是文化传播的主体。学科课程分门别类地把不同领域的人类文化知识系统地组织起来,在学校教育中起着十分重要的作用,是课程结构的主体,是培养人才的主要依据。

2. 隐性课程

隐性课程也被称为"隐蔽课程""潜在课程""非正规课程",是指学生在学习环境(包括物质环境、社会环境和文化体系)中所学习到的非预期的或非计划性的知识、价值观念、规范和态度,是计划表上看不到的课程。隐性课程具有范围的广域性、过程的潜在性、影响的持久性和结果的非量化性等特点。

在历史上,最早涉及隐性课程研究的学者,是美国学者杜威及其学生克伯屈。早在20世纪初,杜威就曾指出:"有一种意见认为,一个人所学习的仅是他当时正在学习的特定的东西,这也许是所有教育学中最大的错误了。"由此,杜威将与具体知识内容的学习相伴随的,对所学内容及学习本身养成的某种情感、态度的这种学习称为"附带学习"。比如,一个儿童在学习数学时,养成对待数学学习的某种态度(如喜欢不喜欢)即是附带学习。杜威强调,附带学习可能比正式学习来得更为直接、更为重要。随后,杜威的学生克伯屈进一步发展了杜威的思想。克伯屈认为,任何一种学习包含三个部分:主学习、副学习、附学习。主学习意指对事物的直接学习;副学习则是一种伴随主学习而来的关联学习;附学习则指伴随主学习而来的有关情感、态度的学习。后人认为,杜威的"附带学习"与克伯屈的"附学习"已涉及隐性课程的问题。

我国学者对隐性课程的研究始于20世纪80年代中期。尽管学者们对"隐性课程"的概念至今尚未取得完全一致的看法,但概念的不确定似乎并未影响人们对隐性课程的研究热情。近些年来,有关这方面的研究不断涌现。一般来说,隐性课程有以下几种表现形式:观念性隐性课程,包括隐藏于显性课程之中的意识形态,学校的校风、学风,有关领导与教师的教育理念、价值观、知识观、教学风格、教学指导思想等;物质性隐性课程,包括学校建筑、教室的布置、校园环境等;制度性隐性课程,包括学校管理体制、学校组织机构、班级管理方式、班级运行方式;心理性隐性课程,主要包括学校人际关系状况、师生特有的心态、行为方式等。

(四)必修课程和选修课程

根据学生选修课程的强制性程度,我们可以把课程分为以下两类:必修课程和选修课程。

必修课程是指根据课程计划的统一规定,所有学生必须修习的课程。选修课程是指依据不同学生的特点,允许个人选择修习的课程。从不同的角度了发,可将选修课程划分为不同的种类:从学习内容上分,选修课可以划分为公共选修课和专业选修课;从学习要求上分,选修课可以分为限定选修课和任意选修课。

从教学目标看,必修课侧重传授共同知识、技能、素质,为学生的终身发展奠定共同的根基。而选修课则侧重拓展学科视野,深化学科知识与技能,发展学生的特长、个性。

从教学功能看,必修课传授基本的科学文化知识、技能、技术,保障基本学力,培养基本素质,奠定个性化发展和终身学习的基础。而选修课则着眼于学科知识的拓展、深化,培养学生的兴趣爱好,发展学生的个性与特长。

从教学内容看,必修课强调维护知识技能的基础性、基本性、系统性与完整性,内容比较稳定。而选修课则关注较深、较广、较新的知识技能与当代社会生活中的重大问题,内容具有较大的弹性,且须随时代变化及学生的要求进行及时调整。

从教学方法看,必修课实施应循序渐进、线性推进,注重课堂讲授、讨论探究和加强基本技能的训练。而选修课则可跨越跃进,以非线性的方式加以实施,专家讲座、学生自学、讨论、实践为其基本形式。

当然,这种区分仅具有相对的意义,对那些学科课程中的选修模块来说,其教学与必修模块的教学有许多共同之处。不过,即便如此,选修课与必修课的设置旨趣、任务功能仍有区别。

(五)国家课程、地方课程和校本课程

根据课程开发、编制、管理主体的不同,我们可以把课程分为国家课程、地方课程和校本课程。

1. 国家课程

国家课程是政府为保障国民的基础学力、基本素质而开发研制的课程,是国家规定的课程。国家课程是由国家教育行政部门决定的,是国家意志的体现。国家课程的目标是培养未来的国家公民具备共同素质和促进学生发展。

国家课程是一个国家基础教育课程计划框架的主体部分,涵盖的课程门类和所占课时比例与地方课程和校本课程相比是最多的,它在决定一个国家基础教育质量方面起着举足轻重的作用。例如下表中在义务教育阶段所开设的语文、数学、英语、科学、品德、音乐、美术、体育、物理、化学等都属于国家课程。

义务教育阶段课程设置表

	年级								
	一	二	三	四	五	六	七	八	九
课程门类	品德与生活		品德与社会				思想品德		
							历史与社会(或历史、地理)		
			科学				科学(或生物、物理、化学)		
	语文						语文		
	数学						数学		
	外语						外语		
	体育与健康						体育与健康		
	艺术(或音乐、美术)						艺术(或音乐、美术)		
	综合实践活动						综合实践活动		
	地方和学校编制课程						地方和学校编制课程		

2. 地方课程

地方课程是省级教育行政部门或获授权的下级教育行政部门根据国家规定的课程计划,根据当地的政治、经济、科技、文化、社会发展需要而开发的课程。

地方课程是一种突出地方特点、反映地方文化、满足本地发展需求的课程,具有本土性、区域性特点。不同地方根据自己特定区域或社区社会发展的具体情况、对学生发展的特殊要求以及特定的课程资源而开设的富有"乡土风味""地方特色"的课程,强调的是地方性。而校本课程则更多地体现在学校的办学理念与"个性特色"方面。从地方课程与国家课程的关系看,地方课程既是国家课程目标在特殊社区条件下的具体化,又是对国家课程的补充,它是沟通国家课程与校本课程的桥梁。地方课程以必修课或选修课的形式出现,其研发主

体是省市级教育行政部门组织的本地课程专家。

3. 校本课程

校本课程是学校根据当地课程资源、学校教育的需要和学生的需要而研制开发的课程。校本课程是以学校为核心，以校长、教师、学生、家长为主体进行策划、设计、实施与评价的课程。从字面意思来看，校本课程是"以学校为本""以学校为基础"，华东师范大学教育学博士郑金洲在《走向校本》中这样解释：所谓校本，一是为了学校，二是在学校中，三是基于学校。为了学校，是指要以改进学校实践、解决学校所面临的问题为指向；在学校中，是指要树立这样一种观念，即学校自身的问题，要由学校中的人来解决，要经过学校校长、教师的共同探讨、分析来解决，解决问题的诸种方案要在学校中加以有效实施。

20世纪70年代在英、美等发达国家，校本课程广泛受到重视。开发校本课程，其意义不仅在于改变自上而下的长周期课程开发模式，使课程迅速适应社会、经济发展的需要，还在于建立一种以学校教育的直接实施者（教师）和受教育者（学生）为本位、为主体的课程开发决策机制，使课程具有多层次满足社会发展和学生需求的能力。

校本课程主要分为两类：一是使国家课程和地方课程校本化、个性化，即学校和教师通过选择、改编、整合、补充、拓展等方式，对国家课程和地方课程进行再加工、再创造，使之更符合学生、学校的特点和需要；二是学校设计开发新的课程，即学校在对该校学生的需求进行科学的评估，并充分考虑当地社区和学校课程资源的基础上，以学校和教师为主体，开发旨在发展学生个性特长的、多样的、可供学生选择的课程。

按照现代课程分类理论来考察，校本课程并不是一种课程类型，而属于课程管理的范畴，是正在形成之中的同我国三级课程管理体制相适应的基础教育新课程体系中一个组成部分，即中小学新课程计划中不可缺少的一部分。我国的校本课程是在学校本土上生成的，既能体现各校的办学宗旨、学生的特别需要和该校的资源优势，又与国家课程、地方课程紧密结合的一种具有多样性和可选择性的课程。这一界定试图反映校本课程的三种基本属性，即关联性、校本性和可选择性。

长期以来，中国一直采用国家统一的课程设置，全国中小学基本上沿用一个教学计划、一套教学大纲和一套教材，缺乏灵活性和多样性。20世纪80年代末和90年代初，中国课程改革的步伐日益加快，1996年原国家教委颁发的《全日制普通高级中学课程计划（试验）》规定，学校应该"合理设置本学校的任选课和活动课"。

近年来，课程多样化的趋势更加明显，此次基础教育课程改革，国家根据教育目标规划课程计划，按照这一计划制定必修课的课程标准，把选修课的决策权交给地方和学校，并颁发了与之相配套的《地方和学校课程开发指南》，旨在建立自上而下和自下而上相结合的管理机制。基础教育课程改革纲要明确提出："实行国家、地方、学校三级课程管理。"按照新课程计划，学校和地方课程占总课时数的10%至12%，这就意味着学校课程将由国家课程、地方课程和学校课程三部分组成。这一决策的实施将会改变"校校同课程、师师同教案、生生同书本"的局面。

二、课程结构

（一）课程结构的含义和特征

1. 课程结构的含义

20世纪60年代，国外学者对课程结构进行研究，对其理解多侧重于学科内部的结构。布鲁纳曾说："无论我们选教什么学科，务必使学生理解该学科的基本结构""学科结构是支撑学科的基本概念，原则和规则以及由它们所体现的学科内部的逻辑关系"①。施瓦布也强调学科结构的重要性，他指出："学科结构是规定那门学科所研究的题材和控制其研究方法的一系列外加的概念。"②列德涅认为，课程结构包括以下四个基本层次：一是教学科目系列，二是学科，三是各门具体课程，四是各门课程中的"篇"和"题"。他对课程结构的分析只限于学科课程。③

20世纪80年代，我国课程专家也开始研究课程结构问题。顾明远认为，课程结构有广义与狭义之分。广义的课程结构是指"学校课程中各组成部分的组织、排列、配合的形式"，体现为教学计划；狭义的课程结构是指一门课程中各组成部分的组织、排列、配合的形式，具体体现为教材。④施良方指出，课程结构问题是指"课程各部分的组织和配合，即探讨课程各组成部分是如何有机地联系在一起的问题"。⑤廖哲勋指出："课程结构是课程内部各要素、各成分、各部分之间合乎规律的组织形式。"⑥钟启泉认为："课程结构指课程体系中所包含的各种课程要素，以及各要素之间所形成的关系形态、课程规定性与开放性之间的关系形态等。"⑦

要真正理解"课程结构"这一概念，对"结构"进行深入的认识也是必不可少的。结构作为系统科学的一个术语，是指"组成一个系统的各个要素间的稳定的相互联系，是系统内要素间的排列组合方式"。由此可知，结构有两方面组成：一是系统内部各组成要素；二是组成要素间的联系方式和相互作用形式。系统内部的各组成要素一经确定就稳定下来支撑着系统存在，而各要素之间的排列组合方式错综复杂，它们使系统的存在方式多样化，并且，不同的排列组合方式将直接影响系统结构整体功能的发挥。

课程结构可以理解为学校课程系统中包含的各种课程要素，要素间的组织、排列形式及各要素间的比例关系。它也是由两方面构成：一是课程要素，要素间的组合、排列形式以及各要素间的比例关系；二是各要素之间的组织化程度，即它们的关系状况。课程的性质与功能并不仅取决于课程由哪些要素构成，更重要的还取决于课程要素间的关系状况。课程要

---

① 邵瑞珍等译.布鲁纳教育论著选[M].北京：人民教育出版社，1989：27.
② （美）梅逊.西方当代教育理论[M].北京：文化教育出版社，1984：155.
③ B.C.列德涅夫.普通中等教育内容的结构问题[M].北京：人民教育出版社，1984：4—6.
④ 顾明远.教育大辞典[M].上海：上海教育出版社，1991：65.
⑤ 施良方.课程理论：课程的基础、原理与问题[M].北京：教育科学出版社，1996：123.
⑥ 廖哲勋.课程学[M].武汉：华中师范大学出版社，1991：68.
⑦ 钟启泉，崔允漷.新课程的理念与创新——师范生读本[M].北京：高等教育出版社，2003：52.

素的改变并不一定带来课程结构的改善,只有提高要素间的组织化程度和一致性水平,在各要素之间找到最佳的结合点,才能使课程结构产生最大效力。

课程结构的基本要素有道德经验、认识经验、审美经验和健身经验等。课程结构的要素组成部分主要包括德育、智育、美育、体育和劳动技术课程等。有学者对课程结构所包括的要素理解得更加细致,他们认为,这些要素包括目标、内容、学习活动、评价程序以及材料、时间、空间、环境、分组情况、教学策略共九项。一般说来,课程结构主要包括学科和活动两大部分。

层次性是任何系统结构都具有的特征。课程结构包括宏观、中观和微观三个层次。

课程结构的三个层次

宏观课程结构			中观课程结构		微观课程结构
国家课程	显性课程	学科课程	必修课程	工具科	语文、数学、外语等	各科目内容的结构(教材结构)
				社会科	政治、历史、地理等	
				自然科	生物、物理、化学等	
				体艺科	体育、音乐、美术等	
地方课程			选修课程	限定选修课程		
				任意选修课程		
		活动课程	必修课程	科技活动	各具体活动项目	各活动项目内的结构
				文体艺术活动	各具体活动项目	
				社会实践活动	各具体活动项目	
			选修课程	限定选修活动项目		
				任意选修活动项目		
校本课程	隐性课程			物质—空间类	学校建筑、教育布置等	各构成要素内的结构
				组织—制度类	学校组织方式、课表、教育评价制度等	
				文化—心理类	教育语言、教师期望、心理环境等	

(资料来源:廖哲勋、田慧生主编:《课程新论》,北京,教育科学出版社,2003:231。)

2. 课程结构的特征

廖哲勋、田慧生对课程结构的特征作了精辟的分析。他们认为,课程结构的特征主要有四点:客观性、有序性、可转换性和可度量性。

(1)客观性

课程结构是课程设计者根据一定的原理设计出来的,它属于人工结构中的一种。但课程结构并不是课程设计者主观臆造的产物,而是具有客观性。

首先,课程作为一种文化现象,其内容来源于社会文化和社会生活。其次,课程内容各要素、各成分间的结构关系反映的是科学知识间的关系、各种社会生活经验的结构关系以及不同学习活动间的结构关系。课程发展的历史表明,学校课程结构的演变往往是科学结构演变的结果,不同社会历史时期人类社会生活经验的构成关系的改变也往往导致学校课程的结构性改变。最后,人们在设计课程结构时必然要考虑学生的身心发展水平和学习规律,而这两者是客观存在的。不同历史时期儿童往往表现出不同的发展特点,因而,课程结构必然带上时代的特点。

(2) 有序性

有序性是用来描述客观事物之间和事物内部要素之间的范畴,指事物内部的要素和事物之间有规则的联系和转化。课程结构的有序性就是指课程内部各要素、各成分之间相互联系的有规则性。

课程结构的有序性首先表现为"空间序",即从横向上看,课程内部各成分的空间构成是有规则的。课程结构的有序性还表现为"时间序"。学校课程的展开和实施是一个依次递进的过程,在这个过程中,课程内部各成分、各要素的呈现有一定的时间顺序。时间序和空间序结合在一起构成时空序,它们共同说明课程结构规则性和顺序性特点,是课程结构存在的基本方式。良好的课程结构都应具备一定的有序性。

(3) 可转换性

课程结构具有转换性。这种转换性就是课程内部各要素间的构成关系能依地区、学校和学生等条件的变化而进行相应调整的属性。正是存在这种转换,中小学课程能适应不同地区、不同学段、不同学生的特点和需要,实现课程模式的多样化。

(4) 可度量性

课程内部各要素、各成分间的联系和结构方式往往可以用数量关系来说明,这表明课程结构有可度量性。分析学校课程的结构往往可以从考察以下几种比例入手:学科课程与活动课程的比例;必修课程与选修课程的比例;学科课程内部工具类课程、人文类课程、自然类课程和体艺类课程之间及其内部各具体科目间的比例关系;活动课程内各类活动项目间的数量关系;等等。

(二) 课程结构表现形式

课程结构一般有多种表现方式,即描述性方式、数量化方式和应用性方式。

描述性方式是指以文字语言表述课程类型和具体科目以及各自在学校课程体系所拥有的地位的方式。这种方式所表述的课程结构主要明确各种类型的课程和具体科目在学校课程体系中所拥有的地位、作用及其相互关系,基于这种方式的课程结构一般表现为课程计划和课程标准。

数量化方式是指对各种课程类型和具体科目在学校课程体系中所拥有的地位进行数量化表达的方式。这种方式一般包括数字表达式、时间表达式、分值表达式等具体的形式。数字表达式一般表现为百分比表达式和比例表达式,如校本课程在学校课程体系中所占的比重为20%,必修课与选修课程的比例关系为3∶1;时间表达式一般表现为学年式、学期式、学时式和分钟式,如在初中阶段物理开设2学年(4学期),9年级的数学课设定有105个学时等;分值表达式主要表现为学分以及学分之间的数值关系,如获得硕士学位应修满32个学分,其中必修课应不少于18个学分,选修课应不少于16个学分。

应用性方式是指课程实施过程中将课程类型和具体科目具体展示出来的一种方式,这种方式中隐含了前述两项要素各自的比重关系。这种方式一般表现为课程表,而课程表又具体分为班级课程表、层级课程表和学校总体课程表。课程表规定了课程的种类、实施的时间,甚至规定了课程之间的地位。课程表中隐含了各具体科目以及各类课程在学校课程体系中所拥有的地位及其各自所占的比重。

知识窗口

我国基础教育的课程结构

小学阶段以综合课程为主。小学低年级开设品德与生活、语文、数学、体育、艺术(或音乐、美术)等课程;小学中高年级开设品德与社会、语文、数学、科学、外语、综合实践活动、体育、艺术(或音乐、美术)等课程。

初中阶段设置分科与综合相结合的课程,主要包括思想品德、语文、数学、外语、科学(或物理、化学、生物)、历史与社会(或历史、地理)、体育与健康、艺术(或音乐、美术)以及综合实践活动。学校应努力创造条件开设选修课程。在义务教育阶段的语文、艺术、美术课程中要加强写字教学。

高中以分科课程为主。为使学生在普遍达到基本要求的前提下实现有个性的发展,课程标准应有不同水平的要求,在开设必修课的同时,设置丰富多样的选修课程,开设技术类课程。积极试行学分制管理。

从小学至高中设置综合实践活动并将其作为必修课程,其内容主要包括:信息技术教育、研究性学习、社区服务与社会实践以及劳动与技术教育;强调学生通过实践,增强探究和创新意识,学习科学研究的方法,发展综合运用知识的能力;增进学校与社会的密切联系,培养学生的社会责任感;在课程的实施过程中,加强信息技术教育,培养学生利用信息技术的意识和能力;了解必要的通用技术和职业分工,形成初步技术能力。

农村中学课程要为当地社会经济发展服务,在达到国家课程基本要求的同时,可根据现代农业发展和农村产业结构的调整因地制宜地设置符合当地需要的课程,深化"农科教相结合"和"三教统筹"等项改革,试行通过"绿色证书"教育及其他技术培训获得"双证"的做法。城市普通中学也要逐步开设职业技术课程。

资料来源:《基础教育课程改革纲要(试行)》

第四节 基础教育课程改革

课程是实现教育目的的重要途径,是组织教育教学活动最主要的依据,是集中体现和反映教育思想和教育观念的载体。[①] 在人类社会文明传承和发展的过程中,课程承担了复制、传递和创新文化的功能。随着现代社会的发展和国际间竞争的日趋激烈,如何实现课程的创新与变革已经成为了基础教育改革发展的重要任务。

一、基础教育课程改革的背景

(一)新中国历次课程改革回顾

自新中国成立以来,我国共进行了8次比较大的基础教育课程改革。

第一次是在1950年。这次改革出台了小学各学科课程暂行标准和中学暂行教学计划,形成了第一套全国通用的中小学教材。

第二次是在1952年。这次改革在第一次立新的基础上,出台了进一步修订的中小学各学科教学大纲,并依据新大纲完成了全国第二套新教材的编写工作。

第三次是在1956年。这次改革主要对1952年的中小学各学科教学大纲进行了修订,在此基础上重新组织编写了第三套中小学通用教材。

第四次是在1963年。这次改革在各地实验和研究的基础上,出台了全日制中小学各科教学大纲。同年,在全国使用第四套教材。

第五次是在1978年。"文革"结束,百废待兴,课程改革也不例外。国家组织力量对全日制中小学各科教学大纲进行了修订并颁布了全日制中小学各科教学大纲(试行草案),新教材的编写工作也紧锣密鼓地进行。同年,第五套通用教材开始在全国使用。

第六次是从1981年开始的,原国家教委颁发了《全日制五年制中学教学计划试行草案的修订意见》《五年制小学教学计划(修订草案)》《六年制重点中学教学计划(试行草案)》;1984年,又颁布了《全日制六年制小学教学计划的安排意见》);1986年4月,《中华人民共和国义务教育法》正式颁布并于同年7月1日开始实施,国家教委制订了义务教育小学和初中阶段教学计划,组织编写了第六套通用教材在全国使用。

第七次是从1988年开始,国家教委陆续颁布了"九年制全日制小学和初中各科大纲"的初审稿,1990年,编写了第七套全国通用教材。同年,国家教委还组织修订了1981年的高中教学计划和1986年颁布的高中教学大纲。1992年,九年义务教育全日制小学、初中各学科教学大纲正式颁布。

---

① 朱慕菊.走进新课程:与课程实施者对话[M].北京:北京师范大学出版社,2002:2.

第八次是从1996年开始,国家教委于1996年颁发了同义务教育课程计划相衔接的《全日制普通高中课程计划(试验稿)》。同时,基础教育司制定并颁发了各学科的教学大纲,人民教育出版社编写了教材,从1997年秋季开始在天津、江西、山西进行实验。2000年1月,为贯彻落实《中共中央、国务院关于深化教育改革,全面推进素质教育的决定》,加快普通高中课程改革,在对实验中存在的问题进行分析与研究的基础上,教育部颁发了《全日制普通高中课程计划(实验修订稿)》,并在全国多个省市实验。2001年6月,《国务院关于基础教育改革与发展的决定》进一步明确了"加快构建符合素质教育的基础教育课程体现"的任务,2001年6月颁布了《基础教育课程改革纲要(试行)》,我国新一轮基础教育课程改革正式启动。

(二)当前基础教育新课程改革的背景

1. 知识经济对人才提出了更高的要求

当今社会已经进入知识经济时代,国际竞争空前激烈,而中国处在这样一个机遇与机会并存的时代之中,需要更多的优质人才。早在1992年的时候,美国前总统克林顿就宣称,美国已经进入"知识经济形态",知识经济对人才规格提出了新的挑战,人们需要树立新的人才观和教育质量观。20世纪70年代的联合国教科文组织国际教育发展委员会在其编写的《学会生存》一书里,就把培养创造性作为教育培养人才的重要目标之一。国际21世纪教育委员会也在《教育——财富蕴藏其中》一书中提出,学会认知、学会做事、学会共同生活、学会生存是现代人一生发展的支柱,也是世界各国教育改革的共同追求。正因为如此,要实现这些人才培养目标,课程改革就成为其中一个必要的途径和手段。在这种背景之下,作为一个融入国际经济发展与竞争潮流中的发展中国家,我国为了迎接知识经济的挑战,为了增强国民素质和竞争实力,就必须针对原有的基础教育课程改革的弊端进行新一轮的基础教育课程改革。

2. 世界各国基础教育课程改革的趋势影响

在新旧世纪之交,受到教育外部因素的影响,即科学技术的迅猛发展,并由此带来的生产不断变革和社会深刻变化以及国际趋势趋于缓和而经济竞争日益激烈的影响,同时受到教育的内部因素影响,即中等教育的普及和终身教育思潮的兴起以及中小学教育质量的下降,于是在20世纪中期以后,世界范围内开始了以基础教育课程改革为核心的教育改革,并将其作为关系国家、民族生存与发展的重大问题优先予以政策考虑。

在20世纪80年代,有人指出:"为满足复杂多变的21世纪的需要,我们应该构建起一种具有开放性、整合性、变革性的新课程体系。课程不再只是特定知识的载体,而成为一种师生共同探索新知的发展过程;课程发展的过程具有开放性和灵活性,不再是完全既定的、不可更改的。"因而,为了适应社会的发展趋势,近些年来世界各国都在课程理念、课程目标、课程设置等方面进行了重大的改革。

美国的新课改始于前总统小布什于2002年签署的《不让一个孩子落后》法案,这一法案强调让所有的学生都能获得充分的学业发展,强化学校的绩效责任,强调学校为每个学生达到更高的学业标准服务。而英国则是在20世纪90年代颁布了《教育改革法》,首次提出推行国家课程、制定课程标准,并于新一轮的国家课程标准改革中强调思想发展项目和六项基本技能。

日本则是在2002年实施了新课改,力求精选教学内容,留给学生更多自由发展的空间,并且以"鼓励学生参与社会和提高国际意识,提高学生独立思考和学习能力,为学生掌握本质的基本内容和发展个性创造宜人的教育环境,鼓励每个学校标新立异,办出特色"为指导思想。这些国家的基础教育课程改革措施不仅反映了当代社会的发展要求,体现了学生学习成长的规律,还是对学校课程本质的反思和探索,因而成为代表世界教育发展的趋势。而对于我国来说,若想要跟紧跟世界的步伐,就必须进行新一轮课程改革。

二、基础教育课程改革的理念和目标

(一)基础教育课程改革的理念

贯穿于新课程改革的核心理念是为了中华民族的复兴,为了每位学生的发展。基础教育课程改革的基本理念是走出知识传授的目标取向,确立培养"整体的人"的课程目标;统整学生的生活世界和科学世界;提升学生的主体性,促进学习方式的多元化;引导教师角色与教学行为的转变;创建富有个性的学校文化。

(二)基础教育课程改革的目标

根据国务院的精神和《基础教育课程改革纲要(试行)》的要求,新一轮基础教育课程改革的总结目标是:"要全面贯彻党的教育方针,全面推进素质教育","体现时代要求。要使学生具有爱国主义、集体主义精神,热爱社会主义,继承和发扬中华民族的优良传统;具有社会主义民主法制意识,遵守国家法律和社会公德;逐步形成正确的世界观、人生观、价值观;具有社会责任感,努力为人民服务;具有初步的创新精神、实践能力、科学和人文素养以及环境意识;具有健壮的体魄和良好的心理素质,养成健康的审美情趣和生活方式,成为有理想、有道德、有文化、有纪律的一代新人。"

基础教育课程改革的具体目标:一是改变课程过于注重知识传授的倾向,强调形成积极主动的学习态度,使获得基础知识与基本技能的过程同时成为学会学习和形成正确价值观的过程。

二是改变课程结构过于强调学科本位、科目过多和缺乏整合的现状,整体设置九年一贯的课程门类和课时比例,并设置综合课程,以适应不同地区和学生发展的需求,体现课程结构的均衡性、综合性和选择性。

三是改变课程内容"难、繁、偏、旧"和过于注重书本知识的现状,加强课程内容与学生生活以及现代社会和科技发展的联系,关注学生的学习兴趣和经验,精选终身学习必备的基础知识和技能。

四是改变课程实施过于强调接受学习、死记硬背、机械训练的现状,倡导学生主动参与、乐于探究、勤于动手,培养学生搜集和处理信息的能力、获取新知识的能力、分析和解决问题的能力以及交流与合作的能力。

五是改变课程评价过分强调甄别与选拔的功能,发挥评价促进学生发展、教师提高和改进教学实践的功能。

六是改变课程管理过于集中的状况,实行国家、地方、学校三级课程管理,增强课程对地方、学校及学生的适应性。

三、基础教育课程改革的发展趋势

第一,课程改革以学生发展为本。它注重学生全面发展与个性差异相统一,注重学生潜能的开发、能力的培养和智力的发展。它把学生的发展作为课程开发的着眼点和目标。

第二,从注重"双基"到"四基"。强化基础学科和学科基础知识,在注重基础知识和基本技能的同时,还要注重基本能力和基本态度的培养。也就是说,基础教育课程改革既要加强学生的基础性学习,又要加强学生的发展性学习和创造性学习。

第三,加强道德教育和人文教育,加大人文学科课程的比例。科技发展迅速,就越需要人文精神的引领。在现代社会,人们需要人文精神来指引并确定未来社会发展的方向。

第四,课程的综合化。注重综合化课程,特别是义务教育阶段课程的综合化,以克服分科教育的缺陷。学校课程中的分科和综合都有各自存在的理由,同时,综合和分科有各自的优势和不足。在课程开发和教学中应该综合中有分科,分科中有综合,取长补短,相得益彰。

第五,课程的社会化和生活化。加强课程与学生生活和现实社会实际之间的联系,使它们更有效地结合起来,给已经经过几百年的发展而充分学术化了的课程增添时代的动力和生活的活力。

第六,课程体系的三级管理。1999年,《中共中央、国务院关于深化教育改革,全面推进素质教育的决定》正式提出了"建立新的基础教育课程体系,试行国家课程、地方课程和学校课程",即三级课程、三级管理。要正确理解三级课程、三级管理的含义,它不仅要求在课程管理权限上应当分级(包括课程设置的门类和课时),更重要的是,还要求对上一级课程下一级课程既要坚决执行,又要进行创造性自主地进行开发。

第七,课程个性化和多样化。基础教育课程改革强调课程的个性化和多样化,满足不同地区和不同学生发展的需要。课程个性化的问题实际上也是因材施教的问题。课程多样化尤其是课程内容载体即教材的多样化,是我国各地教育发展不平衡的客观需要,也是适应学生差异性的需要。

第八,课程与现代信息技术结合。课程与现代信息技术结合赋予课程以新的内涵和时代特征。面对知识经济的挑战,课程改革的走向表现为强调以人为中心的发展性课程,重视发展人的主体性,加强课程统筹,转变课程设计方式和强化课程研究。

拓展阅读

[1] (美)拉夫尔·泰勒著.课程与教学的基本原理[M].北京:人民教育出版社,1994.

[2] 施良方.课程理论:课程的基础、原理与问题[M].北京:教育科学出版社,1996.

[3] (美)布鲁巴克著.西方课程的历史发展[M].北京:人民教育出版,1988.

复习思考题

一、单项选择题

1. 综合课程打破了学科界限和知识体系,按照学生发展的阶段,以社会和个人最关心的问题为依据组织内容。这种课程内容的组织形式是(　　)。
   A. 垂直组织　　　　B. 横向组织　　　　C. 纵向组织　　　　D. 螺旋式组织

2. 按照美国学者古德莱德的课程层次理论,由研究机构、学术团体和课程专家提出的课程属于(　　)。
   A. 理想的课程　　　B. 正式的课程　　　C. 领悟的课程　　　D. 运作的课程

3. 主张课程要分科设置,分别从相应科学领域中选取知识,根据教育教学需要分科编排课程、进行教学的课程理论是(　　)。
   A. 学科课程论　　　B. 活动课程论　　　C. 社会课程论　　　D. 要素课程论

4. 课程资源指的是(　　)。
   A. 教师和学生　　　　　　　　　　　　B. 课程标准和教科书
   C. 国家课程、地方课程与学校课程　　　D. 有利于实现课程目标的各种因素

5. 根据载体不同,可以把课程资源划分为(　　)。
   A. 校内课程资源与校外课程资源
   B. 教授化课程资源与学习化课程资源
   C. 条件性课程资源与素材性课程资源

6. 我国基础教育课程改革要求整体设置九年一贯的义务教育课程,通过课时比例调整使其保持适当的比重关系。这强调了课程结构要体现(　　)。
   A. 均衡性　　　　　B. 综合性　　　　　C. 选择性　　　　　D. 统一性

二、简答题

1. 举例说明不同课程的定义对开展教学工作的指导意义。

2.分析主要课程类别的长处和不足。

3.试述课程计划、课程标准和教科书的含义。

4.简述我国基础教育课程改革的基本理念和基本目标。

5.简述我国基础教育课程改革的发展趋势。

第九章
教　学

　　教学是学校的中心工作，对人类社会和个体的发展起重要作用。教学引导学生掌握科学文化基础知识和基本技能，发展学生的智力、体力和创造才能，培养优良的心理品质，社会主义品德和审美情趣，是促进学生全面发展的重要环节。那么，什么是教学，教学的本质是什么？怎样教学？在本章中我们将一起来学习和探讨这一学校中心工作。

知识体系

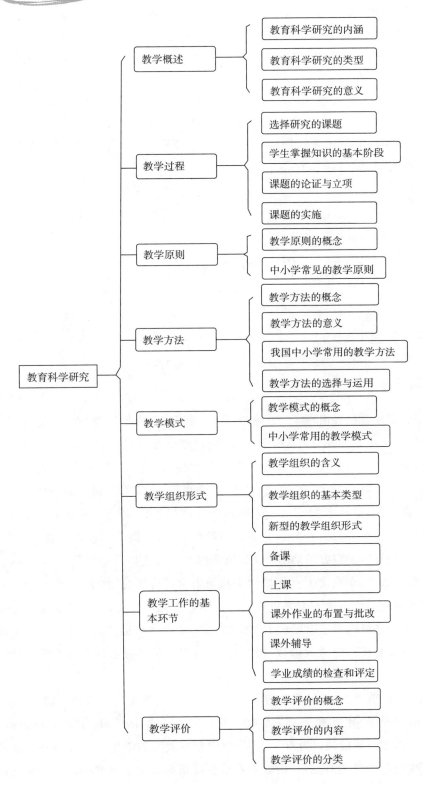

名家名言

真情的交融,使师与生双方都同时感受教与学的无穷的趣味与自身的无法估量的潜力,使教学活动进入师生对话、充满生命力的完美的境界
——李吉林

我认为一堂好课应上得学生"小脸通红,小眼发光,小手直举,小嘴常开",这是充满生命活力的具体体现。
——孙双金

从生命的高度用动态生成的观点看课堂教学,让课堂焕发出生命的活力。
——叶澜

教师的责任就在于运用各种方法、手段让学生置身于一个可以活跃心灵以及充满智慧与人类经验的环境中。
——泰勒

第一节 教学概述

一、教学的基本概述

(一)教学的词源分析

在中国商代,甲骨文中就已经出现了"教"和"学"字。经分析,人们发现"教"字是由"学"字发展而来的。"教学"二字最早见之于《尚书·兑命》:"斅學半。"对此,孔颖达的解释是:"上学为教;下学者,学习也。言教人乃是益已学之半也。"(注:此处"教""xiào"音)宋人蔡沈的解释是,"斅,教也……始之自学,学也,终之,教人,亦学也"。这说明其词义是一种先学后教、教中又学的单方面活动,蕴含着"教"与"学"不可分离的思想。《学记》中描述,"建国君民,教学为先""学然后知不足,教然后知困,知不足然后能自反,知困然后能自强也。故曰:教学相长"。"教学"一词具有了双方活动的含义。欧阳修为胡瑗先生撰写的墓志铭中写到:"其教学之法最备,行之数年,东南之士莫不以仁义礼乐为学。"这里的"教学"一词与今天的含义接近。我国明末清初的思想家王夫之也曾说:"推学者之见而广之,以引之于远大之域者,教者之事也。引教者之意而思之以反求于致此之由者,学者之事也。"教的工作就是不断增广学生的见识,学习就是认真思考教师教导的道理。这是一种很接近现今对教学含义的一种解释。

在英语中"教学"一词英语为"teach"与"学习"一词"learn"是派生出来的两个词。目前,"教学"一词在英语中通常有三种表达,即"teaching""instruction"以及"teaching and learning"。"teaching",常与教师的行为有关系,把教学看成教师向学生传授知识和技能的活动;"instruction"常与教学情境有关系,把教学看成教师指导学生学习并引起行为变化的

过程;"teaching and learning"包含了教师的教和学生的学,把教学看成教师的教与学生的学所组成的一种双边活动过程。

中外学者探讨教学概念的出发点不同,因此对教学概念的具体理解也并不一致,这也是中西方在教学模式、教学策略和教学方式等方面存在差异的原因。但无论中外"教"的基本含义都是传授,"学"的基本含义都是仿效,"教学"的基本含义是传授和学习。

(二)教学的含义

中外学者探讨教学概念的角度和出发点不同,理解也并不一致。

捷克教育家夸美纽斯(J. A. Comenius)认为:"把一切事物教给一切人类的全部艺术。"

苏联教育家斯卡特金认为:"教学是一种传授社会经验的手段。"

美国教育心理学家布鲁纳(J. S. Bruner)认为,"教学是通过引导学习者对问题或知识体系循序渐进的学习来提高学习者正在学习中的理解、转换和迁移能力"。①

《教育大词典》(顾明远主编)中写到:"以课程内容为中介的师生双方教和学的共同活动。"

教育理论家王策三认为,"所谓教学,乃是教师教、学生学的统一活动;在这个统一活动中,学生掌握一定的知识和技能,同时身心获得一定的发展,形成一定的思想品德"。②

当代著名教育家李秉德认为,"教学就是指教的人指导学的人进行学习的活动。进一步说,指的是教和学相结合或相统一的活动"。③

教学是一种尊重学生理性思维能力,尊重学生自由意志,把学生看作独立思考和行动的主体。学生在与教师的交往和对话中,发展个体的智慧潜能,陶冶个体的道德性格,使每一个学生都达到自己最佳发展水平的活动。

虽然中外学者对教学的认识和界定存在差异,但是也有许多共同之处。第一,都强调教师教和学生学的结合或统一,即教师教和学生学是同一活动的两个方面,教学永远包括教与学,不是简单相加,是有机地结合或辩证地统一。教不同于学,但教和学又相互依存,相辅相成。就如同杜威有句名言:"教之于学就如同卖之于买。"第二,都强调了教师教的主导作用和学生学的主体地位。第三,都指出了教学对学生全面发展的促进功能。

由此可见,教学是在教育目的的规范下,以教师的教与学生的学共同组成的一种双边互动活动。

(三)教学与相关概念之间的关系

1. 教学与教育

教学和教育既相互联系又相互区别,两者是部分与整体的关系。教育包括教学,教学是

---

① 顾明远.教育大词典[M].上海:上海教育出版社,1998:711.
② 王策三.教学论稿[M].北京:人民教育出版社,2005:88—89.
③ 李秉德.教学论[M].北京:人民教育出版社,1991:2.

学校进行全面教育的基本途径。教学工作是学校教育工作的一个组成部分,是学校教育的中心工作。除此之外,学校教育还有如后勤保障、课外活动、社会实践等方面。

2. 教学与智育

一方面,教学是智育的主要途径,但不是唯一途径,智育也需要课外活动等途径才能全面实现。另一方面,教学要完成智育任务,但智育不是教学的唯一任务,教学也要同时完成德育、体育、美育和劳动技术教育的任务。将教学等同于智育容易导致对智育的途径和教学的功能产生狭隘化甚至唯一化的片面认识,所以既不能将教学等同于智育,又不能将智育等同于教学。

3. 教学与上课

教学与上课之间的关系是整体与部分之间的关系,教学包括上课,上课只是教学的一个环节。除上课外,教学还包括备课、课后辅导等。上课是开展教学活动的主要途径,教学的任务主要是通过上课来完成的。

二、教学的意义

(一)教学是学校的中心工作,学校工作必须坚持以教学为主

学校是培养人才的专门场所,教学则是学校培养人才的基本途径,它在学校教育工作中所占的时间较多,涉及的知识面广,对学生发展的影响全面、深刻,对学校教育质量的影响也很大。只有提高教学质量,才能提高教育质量,保证人才质量。

学校教育必须以教学为主,是指学校应将大部分时间用于教学。内容上,以学习书本知识为主;组织形式上,以课堂教学为主,发挥教师的主导作用。学校领导、教师必须树立教学为主的思想,同时也要有一定的规章制度加以保证。教学是学校的中心工作,它也须与其他教育形式相联系,所以学校工作应该在保证教学为主的前提下全面统筹,合理安排。

(二)教学对人类社会和个体的发展起重要作用

1. 教学是适应并促进社会发展的有力手段

社会要延续和发展,就必须有一代又一代人的接替,每一代新生者都要掌握前人已经学会的东西,并在此基础上进一步认识和改造客观世界。通过教学活动,个体可以在较短时间内基本掌握人类历史经验的精华,将人类长期积累起来的科学文化知识迅速转化为个人的精神财富。这可促进他们的身心健康发展,使个体的发展能在短时期内达到人类发展的一般水平,为其从事各种社会实践活动和创造发明奠定基础。因此,教学肩负着社会历史的重任,教学对人类社会的发展和进步有着举足轻重的作用。

2. 教学是促进学生个性发展的重要环节

教学作为实现全面发展教育的基本途径,它能够使学生的认识突破时间、空间以及个人经验的局限,从而扩大认识范围,加快认识速度。在教学中,学生可以用较少精力在较短时间内顺利地获得人类经历几百年甚至几千年才能获得的知识经验,并且在掌握知识的过程中发展多方面的才能,充分发掘智力和潜能,促进个性的发展。

三、教学任务

(一)引导学生掌握科学文化基础知识和基本技能

教学的首要任务就是要引导学生掌握基础知识和基本技能,教学的其他任务也需在此基础上实现。所以只有为学生的发展打下坚实的基础,才能确保培养优秀的人才。

(二)发展学生的智力、体力和创造才能

这是顺利地、高质量地进行教学的必要条件,也是培养全面发展的新人的要求。教学要促进学生智力的提升,体力的强健以及创造才能的发挥,培养全面发展的人才。

(三)培养优良的心理品质

完善健康的心理品质包含四个要求:心身统一、社会和谐、主动调节、认知评价。只有具备健全良好的心理才能适应社会,保持与社会同步发展,与他人和谐共处。

(四)培养学生的社会主义品德和审美情趣,奠定学生的科学世界观基础

高尚的社会主义品德、良好的审美情趣和科学的世界观,这是社会主义社会的要求,也是青少年学生自身发展的需要。培养学生的社会主义品德和审美情趣,奠定学生的科学世界观基础是教学的一项重要任务,这体现了社会主义教学的性质与方向。

第二节　教学过程

一、教学过程的含义

教学过程是指教学活动开展的过程,教与学的双边互动活动过程,是教师根据一定的社会要求和学生身心发展的特点,借助一定的教学条件,有组织、有计划地引导学生积极主动地进行认识的过程,也是在认识的基础之上发展自身的过程。

二、学生掌握知识的基本阶段

学生在教师的引导下掌握知识的活动是教学过程最基本的活动。学生掌握知识是按一个课题(或单元)、一个课题周而复始地进行的。学生学习每一个课题都需经历一个掌握知识的过程。研究这种学生掌握知识过程阶段的周期性规律,对教学具有普遍的指导意义。

学生掌握知识、技能的过程,一般包括以下几个阶段。

(一)引起求知欲

要引起学生求知欲,教师就要做好充分的准备,包括物质的、心理的、组织的和方法上的准备。其中,主要是心理的准备,让学生明确学习的课题、任务和要求。

学生学习的积极性产生于对知识的需要与追求。有经验的教师会在教学起始时,向学生提出问题来引起学生求知的需要。一般来说,只有当学生面临问题、困境,渴求新知和寻找答案,并获得突破时,他们才能产生积极的学习活动。

引起学生求知欲的方法很多:可以对学生提出问题;可以讲述有趣的故事;可以演示引人注目、给人新知的直观材料;可以介绍将学的新知识的重要价值等。具体用什么方法,应当根据教学任务和内容的需要和学生的实际来选择。还要注意,学生求知的动机是随年龄的增长而变化的。小学低年级学生,主要靠教学活动本身的有趣因素所引起的直接兴趣,吸引和推动他们学习。小学高年级和初中学生,除了靠他们对知识的兴趣外,他们对掌握知识、增长自己能力的渴望和成就感也是鼓舞他们去努力学习的动力。高中学生能够逐步提高对学习的责任感,有抱负的青年学生力图掌握有价值的科学知识,对自己能独立攻克学习难关、获取新知感到乐趣和安慰,他们把学习与个人前途、职业、理想联系起来,从中吸取巨大的力量。引起求知欲是为了引导学生去积极学习和运用知识,所以这个阶段不宜费时过多。

(二)感知教材

感知教材,形成表象,是学生理解、掌握知识的起点。学生感知教材是具体事物的属性和联系在头脑中的反映,只有感性材料丰富、完善、典型,才能形成清晰的表象,并为揭示事物一般特征的理性认识打下基础。

学生在学习过程中,为了理解和掌握抽象的书本知识,必须有感性认识做基础。因为书本知识是他人的实践经验,学生只有凭借自己的生活经验或有关的感性认识才能理解书本知识。事实上,学生理解抽象知识的过程,是一个感性认识与理性认识相结合的过程。没有对学习材料的感性认识,学生对书本知识就难以理解和接受。如果学生的感性认识丰富,表象清晰,想象生动,理解书本知识就比较容易。学生感性认识的来源是多方面的,在教学过程中,教师要善于利用学生已有的感性认知经验,通过举例或联系实际来唤醒学生头脑中已有的经验,并及时补充他们尚欠缺的感性认识。

观察是获得感性认识的主要途径。学生正是通过描述性观察以了解事物的外部特征,通过分析性观察,特别是通过实验观察以探索事物的本质及其发展规律。所以教师要注意指导学生进行周密的观察,并在观察中培养他们的能力。指导学生观察首先要提出问题和要求,使学生有目的地进行观察;其次,要求学生在观察中,对观察对象先要有整体认识,然后再观察它的各个部分及其联系,以形成清晰而完整的表象;再次,要注意引导学生将学习对象的本质特征和非本质特征区别开来，以便帮助学生形成概念。

（三）理解教材

感知教材是为了理解教材，理解教材是领会知识的核心和关键，也是教学过程的中心环节。理解教材要在学生充分感知教材的基础上进行。理解教材的过程，是引导学生对感知材料进行思维加工，形成概念，从而掌握事物的本质和规律。形成概念的过程，就是理解的过程，也是感性认识向理性认识飞跃的过程。在这个过程中，思维能力起着重要的作用，所以教师要引导学生进行分析、综合、比较、分类、抽象、概括、系统化、具体化等思维过程，从而对已经感知的事物或现象在头脑中进行有效加工，顺利形成概念、法则、原理，达到理解的目的。运用这些思维方法是理解教材所必需，也是引导学生熟练掌握思维方法和发展学生思维能力的过程。

教学中也常用到归纳推理与演绎推理。归纳和演绎结合起来，从个别上升到一般，可把握事物的本质属性，从一般发展到个别，可认识事物的多样性、特殊性。这样，既可以使学生深刻地理解知识，扩充知识，又可使学生的思维能力得到训练和发展。

在领会知识的过程中，感知和理解相互渗透，相互制约。感知时有初步的理解，理解时有深入的感知；理解要以感知为基础，感知离开理解也就没有意义。因此，要注意将感知和理解有机地结合起来。

（四）巩固知识

巩固知识就是使学生把所学的知识牢固地保持在记忆中，需要使用时能及时正确地提取出来。学生在掌握知识的过程中，只有记住基础知识，才能顺利地吸收新知识，灵活运用已有知识。所以，巩固知识在学习中起着重要作用，是教学过程中不可缺少的必要环节。

巩固知识贯穿于教学的全过程。感知教材、理解教材、运用知识，每一阶段对巩固知识都有深刻影响。感知和理解是巩固的基础，感知越清晰，理解越深刻，知识就越容易巩固。运用知识的过程也是巩固知识的过程，运用知识越熟练，知识也就越容易巩固。因而在教学的各个阶段都要注意巩固知识的工作。为了系统地巩固知识，防止遗忘，还需要做专门的巩固工作，进行各种形式的复习，使知识系统化并牢固地储存起来。

为了有效地巩固知识，还要对学生的记忆进行指导，并注意发展他们的记忆力。对学生提出记忆的任务并让他们了解记住某些基本知识的意义，使他们对记忆有兴趣，有自觉性。要指导学生掌握记忆的方法，如在理解的基础上记忆、编口诀、列提纲记忆等。指导学生养成边阅读、边理解、边用语言复述或在记忆中再现知识的习惯。指导诉学生复习不要过于集中，但间隔时间也不能过长。让学生学会通过联想、推论等办法追忆所学知识。

（五）运用知识

运用知识是学生把知识运用于完成作业和解决实际问题的活动。通过运用，可以使知识转化为技能技巧,使学生进一步巩固和加深理解所学知识,检验所学知识,提高分析问题和解决实际问题的能力。

理解知识和巩固知识是运用知识的基础。要使学生从理解和牢固掌握知识发展到运用知识于实际,并形成技能技巧,单靠理解和记忆还不够,还须引导学生动口、动手,进行反复练习和实际操作才能达到。学生掌握知识的目的在于运用,要使学生学会并会用且用得好,教师就要重视引导学生积极参加运用知识的活动,使他们在活动中形成技能技巧,提高运用知识的能力。

在教学过程中,运用知识主要通过教学性实践,一般采取反复练习实现。如完成各种书面或口头作业、实验、实习作业等。练习时,不仅要注意练习的数量,而且要注意练习的质量和练习的方法。

（六）检查效果

检查学习效果主要是指对学生知识、技能以及智力水平的了解与评定和对教学效果的检查。从检查学习效果所获得的反馈信息,可以了解师生在教学中达到目标的程度,以便及时改进和调节教学内容、方法与进度,针对问题因材施教。通过检查学习效果,还可以激发和强化学生的学习动机,提高学习的自觉性。

检查学习效果一般采用课堂提问、阅改课内外各种作业和各种测验来进行,有时也运用学生自测自查和互测互查的方法,这就要求教师平时注意培养学生自我检查的习惯和能力。教师检查应和学生自查相结合,学生的自查也要由教师指导进行,并要了解自查结果。

教学过程的几个基本阶段紧密联系,相辅相成,反映了人类认识活动的一般规律和教学这个特殊认识活动的特点。在教学实践中,由于学科特点、教材内容和学生掌握教材活动的条件不同,以及教学的具体任务不同,教师灵活地安排各个阶段,创造性地开展教学工作,切勿机械套用教学过程的六个阶段。

三、教学过程的规律

教学规律是教学现象中客观存在的,具有必然性、稳定性、普遍性的联系。为处理好教学中的关系,就必须掌握教学过程的基本规律。教学过程的基本规律是教学规律中高层次、起主导作用的规律,主要包括:

（一）教师的主导作用与学生的主体作用相结合的规律

教学是教师和学生的双边活动过程,教和学是教学过程的基本矛盾。教师的教是为了学生的学,学生的学又影响着教师的教,两者相互依存,缺一不可。在教学活动中,教师处于教的主导地位,学生处于学的主体地位。教师和学生都是教学诸因素中人的因素,都有主观能动性。只有充分发挥双方的积极性,把教师的主导作用和学生的主动性结合起来,并统一于教学过程之中,教师有效地组织、调节和指导学,学生积极配合教,并主动参与学习活动,

师生双方协调一致,才可能取得最佳教学效果。

1. 教师在教学过程中起主导作用

教师作为教育者,在教学中处于支配地位,起主导作用,这是教育的客观必然。第一,教师肩负着社会的委托,按照一定社会的要求和学生的实际来培养人。第二,学生学习的主动性要靠教师去激发。教师要把社会对学生的要求转化为学生的内部需要,这就要给学生阐明学习的意义,激发学生学习的动机。第三,教师的主导作用是学生简捷有效地学习知识和发展身心的必要条件。

2. 学生既是教育的客体又是学习的主体

在教学过程中,学生是有主观能动性的活生生的人,不是知识的消极接收器,教师不能机械地把知识填塞到学生的头脑中去。教师要放手把学习的主动权交给学生,把教师的主导作用放在激发学生学习兴趣和求知欲上,放在启发诱导他们独立探索、独立钻研获取知识上。

3. 师生平等互动,教学相长

《学记》中指出:"学然后知不足,教然后知困。知不足然后能自反也,知困然后能自强也。故曰:教学相长也。"教师的教可以引导和促进学生的学,但学生的学也同样促进教师的教。

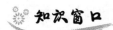

"教师中心"和"学生中心"

德国教育学家赫尔巴特倡导以教师为中心的传统教育模式,提出了"教师""教材""课堂"的传统教育"三中心"。美国教育学家杜威则倡导教育要以儿童为中心,并提出了"儿童""活动""经验"的"新三中心论"。他认为传统的学校课程以学科为中心,没有考虑儿童的兴趣和需要,学科分得过细,脱离生活实际。他主张教育不是为未来生活做准备,认为"教育即生活""教育即生长""教育即经验的不断改造";认为"学校即社会","教育是一个社会过程"。下面我们一起来探讨一下赫尔巴特和杜威的观点。

赫尔巴特和杜威的观点在教育学上的不同之处在于以下几点。

一、教育目的不同。赫尔巴特认为教育是对儿童未来生活的一种准备,而杜威则提出了教育无目的论,他认为,"教育就是生长,在它自身以外,没有别的目的"。

二、教师与学生的地位不同。赫尔巴特提出在教育过程中应该以教师为中心,学生处于一种被动接受的地位;而杜威则认为教育应该以儿童为中心,尊重儿童的天性。

三、课程方面不同。赫尔巴特强调学习系统知识,忽视儿童的生活经验;而杜威则提出了"做中学"和从经验中学的课程理论。

四、教学方法不同。赫尔巴特强调教师的讲授,而杜威则推崇从做中学和从经验中学习的学习方法。

五、教学重点不同。赫尔巴特要求学生学会老师教授的知识;而杜威则要求学生学会思考的方法。

六、教学过程不同。在教学过程上,杜威依据学生在"做中学"的认识发展提出了五个阶段的过程:困难、问题、假设、验证、结论;而赫尔巴特则提出了明了、联想、系统、方法四个阶段。

赫尔巴特和杜威在教学上也存在着很多的相同之处:他们都强调教育培养的人应该为社会发展而服务;他们都重视学生的道德教育;强调教学阶段,对教学过程进行分析。

——摘自中公教育网

(二)直接经验与间接经验相结合的规律

学生的认识有两种:一是学生通过亲自实践获取直接经验;二是学生通过教学和交流获取他人认识成果,即间接经验。

1. 学生认识的主要任务是学习间接经验

依靠直接经验的方式认识客观世界,认识的速度极其缓慢。随着间接经验的积累,人类个体借助教学的形式,掌握间接经验认识客观世界,加速了个体认识的速度,同时也加速了人类总体认识的速度。

借助间接经验认识世界,是人类个体认识的普遍规律,学生以学习间接经验为主是认识世界的一条捷径。第一,学生以间接经验或者以教科书作为认识的主要对象。教科书是对人类世代积累起来的科学知识加以选择,编写而成的,学生可以通过循序渐进地学习教科书来认识世界。第二,学习的任务在于继承前人的成果,并不是要发现、解决迄今为止人们还没有解决的问题。所以学生就可以沿着教师设计的正确的认识步骤和途径前进,使认识的指向始终集中在所要认识的事物的本质属性方面,避免了盲目摸索,能够简洁、迅速、高效率地进行学习。

2. 学习间接经验必须以学生个人的感性认识为基础

学生要把书本知识转化为自己容易理解的知识,转化为自己的认识,还必须有一定的感性认识作基础,使感性认识与理性认识结合,再经过思维加工,学生才能深刻理解所学的书本知识。事实也证明,缺乏必要的直接经验,学生学习书本知识就会遇到很大困难。

3. 防止忽视系统知识传授或直接经验积累的偏向

重视书本知识传授,忽视实际活动,不仅学了无用,还严重阻碍学生智力和才能的发展。重视直接经验,忽视"书本"知识教学,让学生通过实践活动去探索、学习知识,不仅破坏了系统知识的传授,还费时费力,效率不高。上述两种做法都违反了教学的规律。

(三）掌握知识和思想教育相结合的规律

各门学科知识的本身，都具有内在的思想教育因素。各门学科知识体系中渗透的思想教育的因素不是自然显露的，必须依靠教师去发掘，使学生不仅领悟知识，并受到科学知识中潜在的思想教育因素的熏陶，从而形成自己的善恶观念、爱憎情感和价值追求。所以教学过程不仅是传授知识的过程，也是塑造人的心灵的过程。在教学过程中，无论教师的主观意愿如何，学生在客观上都会受到一定的政治立场、世界观、方法论的影响和社会意识、道德观念的熏陶。

教学是有教育性的，只要传授知识，就必然有思想道德教育。传授知识是基础，思想道德教育是灵魂。只有掌握系统的科学文化知识，思想品德才能提高；思想品德提高了，反过来又可以促进知识的学习和掌握，二者相辅相成。作为教师，既要教书，又要育人。在实际教学工作中，容易出现两种偏向：一种偏向是重视知识传授而忽视思想道德教育，认为既然教材富有思想性，也就不需要教师有计划、有目的地去进行思想道德教育；另一种偏向是重视思想道德教育而忽视知识传授，这种做法必然形成脱离教材内容的空泛说教。我们必须紧密结合文化科学知识的传授进行思想教育，将思想教育寓于各门课程的教学之中，潜移默化地对学生的思想意识、行为举止产生影响，有效实施课程思政。

习近平总书记在2016年全国高校思想政治工作会议上的讲话中强调，高校思想政治工作关系高校培养什么样的人、如何培养人以及为谁培养人这个根本问题。要坚持把立德树人作为中心环节，把思想政治工作贯穿教育教学全过程，实现全程育人、全方位育人，努力开创我国高等教育事业发展新局面①。此后，"课程思政"的认识不断得到聚焦与深化。习近平总书记还指出，"要用好课堂教学这个主渠道，思想政治理论课要坚持在改进中加强，提升思想政治教育亲和力和针对性，满足学生成长发展需求和期待，其他各门课都要守好一段渠、种好责任田，使各类课程与思想政治理论课同向同行，形成协同效应②。"所以学校要通过深化课程目标、内容、结构、模式等方面的改革，把政治认同、国家意识、文化自信、人格养成等思想政治教育导向与各类课程固有的知识、技能传授有机融合起来，实现显性与隐性的有机结合，实现学生全面自由的发展，最终实现各类课程与思想政治理论课的同向同行、协同育人。

知识窗口

课程思政的历史演变

2004年以来，中央先后出台关于进一步加强和改进未成年人思想道德建设和大学生思想政治教育工作的文件，上海也由此开启了学校思想政治教育（德育）课程改革的探索之路。上海相关课程改革经历了三个阶段，改革重心由中小学德育

---

① 《人民日报》2016年12月9日01版
② 《人民日报》2016年12月9日01版

课程建设转变为注重大中小德育课程一体化建设,在此进程中,构建全员、全课程育人格局的理念也越来越清晰。

第一阶段:2005年起,启动实施"两纲教育",推进以"学科德育"为核心理念的课程改革。为贯彻落实中央文件精神,上海于2005年先后出台了《上海市学生民族精神教育指导纲要》和《上海市中小学生生命教育指导纲要》(以下简称"两纲教育"),从整体上构建大中小学德育体系。"两纲教育"有一个核心理念,即"学科德育"理念,就是把德育的核心内容有机分解到每一门课程中,充分体现每一门课程的育人功能、每一位教师的育人责任。根据各门学科的知识特点及其所蕴涵的德育资源,上海编制了学科德育"实施意见",逐步修订中小学各学科"课程标准"和"教材内容",促进知识与技能、过程与方法、情感态度价值观的三维统一,为小学、初中、高中各个学段的所有课程实施学科德育提供了理论支撑和操作建议。在总结过去10余年上海德育课程改革经验的基础上,我们得出最重要的经验是要提升德育实效性,必须将社会主义核心价值观作为核心内容整体、科学、有序地融合进各学段、各学科。

第二阶段:2010年起,承担国家教育体制改革试点项目"整体规划大中小学德育课程",聚焦大中小学德育课程一体化建设。2010年,上海承担国家教育体制改革试点项目"整体规划大中小学德育课程"。以此为契机,在"两纲教育"基础上,探索形成了以社会主义核心价值观为核心教育指向,以政治认同、国家意识、文化自信和公民人格为重点的顶层内容体系构架,并根据不同学段学生特点,开展德育课程一体化设计。一体化主要包括三层含义:一是着眼纵向衔接。紧密结合中小学课程改革和高校思想政治理论课建设,依托各学段德育工作基础,坚持把有效衔接、分层实施、循序渐进、整体推进作为根本要求,重点在学段的纵向衔接上下功夫。二是"横向贯通"。就是要把第一课堂、第二课堂和第三课堂(网络空间)之间的渠道打通。要充分发挥第一课堂的主渠道作用,不断加强第二课堂的文化育人、实践育人作用,着力提升第三课堂的网络教育内涵。三个课堂相互联系、相互影响、相互补充。第三是"三位一体"。就是要使学校、家庭和社会形成育人合力,充分发挥学校教育的主导优势,加强家庭教育的基础作用,挖掘社会教育的育人功能,发挥育人功能的综合效应。在这个阶段,大中小德育课程衔接主要聚焦高校思想政治理论课与中学阶段政治课程的衔接,重点解决大中小学德育课程知识简单重复、层次递进不明、与学生身心发展匹配度不够等问题,切实提升大中小学德育实施的有机性和整体性。

第三阶段:2014年起,将德育纳入教育综合改革重要项目,逐步探索从思政课程到课程思政的转变。2014年上海市委、市政府印发《上海市教育综合改革方案(2014—2020年)》。上海教育综合改革的基本目标就是构建三个制度体系:一是以遵循教育规律、回归育人为本为重点,形成促进学生德智体美诸育全面发展和终身发展的育人制度;二是以加强顶层设计、转变政府职能为重点,形成科学分离而又有机统一的"管办评"制度体系;三是以加强资源共享,促进融合互补为重点,形成教育与经济社会发展合作共赢的协同联动制度体系。在三个目标体系中,从教育系统内部来说,核心就是坚持"育人为本、德育为先",把"立德树人"作为教育的根本任务,也就是把培育和践行社会主义核心价值观有机融入整个教育体系,全面渗透到学校教育教学全过程,充分体现在学校日常管理之中,在落小、落细、落实上下功夫。在这个阶段,上海逐步形成"课程思政"理念,推出了"大国方略"等一批"中国系列"课程,选取部分高校进行试点,发掘专业课程思想政治教育资源。我们认识到,加强高校思想政治教育工作必须从高等教育"育人"本质要求出发,从国家意识形态战略高度出发,不能就"思政课"谈"思政课"建设,而应抓住课程改革核心环节,充分发挥课堂教学在育人中主渠道的作用,着力将思想政治教育贯穿于学校教育教学的全过程,着力将教书育人落实于课堂教学的主渠道之中,深入发掘各类课程的思想政治理论教育资源,发挥所有课程育人的功能,落实所有教师育人职责。

来源:https://baike.so.com/doc/29085957-30565602.html,有删改.

(四)掌握知识与发展智力相结合的规律

1. 掌握知识是发展智力的基础

首先,知识是智力活动的内容,没有知识作为内容,智力作为活动形式也就不存在了。其次,智力是在知识掌握和知识运用过程中发展的。这就是说,没有记忆、思维、想象等智力活动过程,自然谈不上记忆、思维、想象的发展。再次,知识作为智力活动的结晶,本身就含有很高的智力价值。只有让学生掌握和运用这些知识,才能为学生智力的发展奠定基础。

2. 学生智力发展是知识掌握的必要条件

教学过程是一种认识过程,因而需要认识能力,需要认识活动。教学实践也证明,学生智力发展的水平直接影响着知识掌握的深度、广度和速度。那些智力发展较好的学生,成绩往往比较优秀,而智力发展不够好的学生,学习往往存在较多困难。

3. 掌握知识与发展智力既相互联系又相互区别

知识与智力相互依存,相互促进,而传授知识与发展智力却不一定同步。大量事实证明,掌握知识的多少不与智力的发展成正比。因为从掌握知识到促进认识能力的发展是一个非常复杂的心理过程。智力发展不仅与掌握知识的数量、质量有关,还与获得知识的方法与思维方式有关。

四、教学过程的本质

(一)教学过程是一种特殊的认识过程

教学过程主要是引导学生掌握人类长期积累起来的科学文化知识的过程。学生循序渐进地学习和运用知识的认识活动是贯彻于教学过程始终的主要活动。学生是有意识的能动主体，教材所包含的知识及其所反映的客观事物是他们的认识客体。他们只有在掌握知识和运用知识、包括联系实际和进行社会交往的能动的活动中，才能使自身获得发展、提高。

但是，教学过程又是一种特殊的认识过程，即它是学生个体的认识过程，具有不同于人类总体认识的显著特点：一是间接性，主要以掌握人类长期积累起来的科学文化知识为中介，间接地认识现实世界；二是引导性，需要在有丰富知识的教师引导下进行认识，而不能独立完成；三是简捷性，教学走的是一条认识的捷径，是一种科学文化知识的再生产。

只有遵循认识论的一般规律，充分注意学生认识的特点，才能使教学过程组织和进行得科学而有成效。

（二）教学过程是促进学生身心发展的过程

教学过程主要是按一定的学习任务和内容，依据认识论的规律和学生认识特点而组织、进行的逐步掌握和运用知识的活动过程，它本身不是学生的身心发展过程。两者有根本的区别，这是十分明确的。

一方面，教学要引导学生的发展，使人类的精神财富顺利地转化为学生的身心发展，逐步提高发展水平，使学生在智、德、美、体等方面都得到一定的发展，成为社会需要的优质人才；另一方面，教学又要遵循儿童发展规律，适应学生发展的水平，并注意使教学走在学生发展的前面，激发学生在自身发展中的主动性、积极性，引导学生善于运用自己的智慧、能力、胆识与意志，创造性地进行学习，以最有效的方式促进学生的发展。现代教学应当是一种发展性教学，是能够有效促进学生发展的教学。

综上所述，教学过程是一种特殊的认识过程，也是一个促进学生身心发展的过程。在教学过程中，教师要有目的、有计划地引导学生能动地开展认识活动，自觉地调节自己的志趣和情感，循序渐进地掌握文化科学基础知识和基本技能，以促进学生智力、体力和社会主义品德、审美情趣的发展，并为学生奠定培育科学世界观的基础。

第三节 教学原则

一、教学原则的概念

教学原则是在总结教学实践经验的基础上，根据一定的教育目的和教学规律，师生在教学工作中为完成教学任务所必须遵循的行为要求和准则。它是指导教学工作的基本准则，也是教学工作必须遵循的基本要求。在教学实践中，教学计划的制订、教材的编写、教学方法的选择和教学组织形式的运用，都必须按照教学原则的要求进行。

教学原则是对教学实践经验的总结，早在两千多年前，我国古代教育家孔子就提出过启发式教学和因材施教的主张,墨子和孟子也强调过因材施教。荀子提出:"通说而不陵不犯,可以为师。"这是指教学要循序渐进,严守真理。《学记》总结了许多教学的宝贵经验,如"教学相长""启发诱导""藏息相辅""长善救失"等。世界各国在教育发展的实践中,也都创造和总结出了丰富的教学原则。夸美纽斯提出了37条教学原则,如先示实物,后教学;先举例证,后讲规则;先求理解,然后记忆;使先学的知识为后学的知识开辟道路。裴斯泰洛齐提出教学要重视直观性,要引导学生,"眼睛要看,耳朵要听,脚要走路,手要拿东西,心也要信仰和热爱,理智进行思维"。赫尔巴特、第斯多惠、斯宾塞、乌申斯基等都对教学原则都作了深刻的阐述。教学理论发展至今,逐步形成了直观性、系统性、巩固性等教学原则。

二、中小学常见的教学原则

综观古今中外的研究成果,中小学的教学活动应遵循以下几条基本原则。

(一)科学性与思想性相统一的原则

科学性与思想性统一的原则是指教学要以马克思主义为指导,教师在传授科学知识的同时,结合知识教学对学生进行社会主义品德和正确人生观、科学世界观教育。这就要求教师要以科学的态度,采用科学的方法,传授科学文化基础知识和基本技能,保证"双基"的科学性、正确性和准确性。同时,要结合教学实际对学生进行思想道德和学习教育,为形成学生科学的世界观和良好的个性奠定基础,做到教书育人,管教管导。

教学的科学性也就是指教学内容、思想和方法的正确性。教学的思想性是指教学的方向性和教育性。二者是对立统一的关系。科学性是思想性的基础,教材内容违反科学要求,把错误的知识传授给学生,就根本谈不上思想性。思想性又是科学性的灵魂,是科学知识的内涵,离开了思想性,科学性就失去了方向。没有正确的立场、观点、方法和情感,就难以揭示事物的本质与规律,建立科学的知识体系,形成正确的概念,对于学生来说,就难以认识和接受真理。

贯彻这一原则的基本要求如下。

1. 首先确保教学的科学性

教学的思想性是蕴含在科学知识之中的,教学中的思想教育要结合教学实际进行,学生思想品德的培养和科学世界观的形成是建立在掌握科学知识基础之上的。因此,贯彻这一原则首先必须确保教学的科学性。

2. 结合教学特点进行思想道德教育

知识是人类认识和改造客观世界的成果,也是人类的思想和世界观的结晶,所以,知识本身既具有科学性,又具有思想性。社会学科如语文、历史、政治等是对学生进行思想道德和人生观教育的重要教材。自然学科,如数学、物理、化学等,也是培养学生辩证唯物主义世界观的重要知识基础。

3. 将思想教育贯穿于教学全过程

教学的本质是一种教育活动，教学是促进学生全面发展的基本途径。因此，教学的思想性还要求将思想教育贯穿于教学的全过程——课外阅读、复习、辅导、练习与作业批改、考试考查与学习总结以及实验、参观、调研等活动之中。

（二）理论联系实际原则

理论联系实际原则是指教学要以学习基础知识为主导，密切联系实际传授理论知识，训练基本技能，使学生从理论与实际的联系上去理解知识；并注意引导学生运用知识，培养学生手脑并用和分析问题解决问题的能力，做到学用结合，学以致用。

在人类教育的历史上，理论联系实际一直是重要的教学原则。我国古代教育家就十分重视知与行的关系，如先秦诸子的孔、墨、孟、荀等都谈到在重视知的同时要重视行，主张知行结合，以行为本，反对言行不一，学用相悖。汉代王充也说："学了而不会用，学的再多也只能像鹦鹉学舌一样，毫无用处。"历代进步的教育家，也十分重视知和行、理论与实践的结合。在西方，古希腊智者派认为，没有实践的理论和没有理论的实践都是没有意义的。裴斯泰洛齐很重视"知识与知识的应用"，他指出："你要满足你的要求和愿望，就必须认识和思考，但是为了这个目的，你也必须（而且能够）行动。知和行又是那么密切地联系着，假如一个停止了，另一个也随之而停止。"①乌申斯基也指出："空洞的毫无根据的理论是一点用处也没有的……理论不能脱离实际，事实不能离开思想。"②

贯彻这一原则的基本要求如下。

1. 重视理论知识的教学，并能联系实际进行讲授

理论联系实际，首先要学好理论，没有理论就谈不上实际。实践总是以理论知识为指导的，没有理论指导的实践是盲目的实践。没有理论，发展学生的智力也就没有基础，更不可能培养学生运用知识于实践的能力。所以教师在教学中必须注意联系实际传授知识，使学生能更好地掌握并理解基本的知识理论。只有这样，教学才会具体形象、生动活泼，抽象的书本知识才容易被学生理解和吸收，才可以避免学生囫囵吞枣、食而不化的形式教学主义的产生。

2. 培养学生运用知识的能力

首先，要重视教学实践，如各种练习、实验、见习、实习、参观等实践形式。其次，还要引导学生参加实际操作和社会实践。在教学中，教师要逐步引导学生认识到，实践是人类认识的基础，理论来自实践，还要再应用于实践，否则便没有意义，从而使他们养成理论联系实际的习惯，提高他们在学习过程中理论联系实际的自觉性和目的性。

3. 注意讲与练的结合

在课堂教学中，加强基础知识教学的讲和培养基本技能的练，两者相辅相成，不可偏废。

---

① 张焕庭.西方资产阶级教育论著选[M].北京：人民教育出版社，1964：191.
② 曹孚.外国教育史[M]北京：人民教育出版社，1962：249—250.

只讲不练，容易形成教师"满堂灌"；学生不演不练，对所讲的知识是否理解难以检验，即使理解了，也缺乏动手能力，遇到实际情况就不会用。

4. 适当开发本土教材，开设地方课程和校本课程

本土教材是在课程标准的范围内结合本地实际和特点而编写的教材。我国幅员辽阔，各地差异很大，每个地方都有它特有的历史文化、物产资源、风土人性、生产建设以及文物古迹、壮丽河山、革命先烈与著名人物等教育资源，各地也需要熟悉和热爱家乡。因此，适当补充本土教材，利用本土资源，开设地方和校本课程，可以使教学既不脱离地区鲜活的实际，也更加具体形象、生动活泼，又有助于培养学生热爱家乡和拥有独特的地方人文特质。为此，必须积极地建设和开设地方或学校的特色课程。

（三）直观性原则

直观性原则是指根据教学需要尽可能地采用实物、实验、模型、形象、语言等直观手段，让学生通过自己的感官直接感知学习对象，丰富自己的感性经验，激发学习兴趣，从而使他们能够正确理解抽象的书本知识，并使他们的观察力和思维能力得到培养发展。

教育史上，直观性原则的提出也是很重要的。夸美纽斯曾指出："凡是需要知道的事物，都要通过事物本身来进行教学；那就是说，应该尽可能地把事物本身或代替它的图像放在面前，让学生去看看、摸摸、听听、闻闻等。"[①]后来乌申斯基对这个原则作了深刻的论证，他指出，"一般说来，儿童是依靠形式、颜色、声音和感觉来进行思维的""逻辑不是别的东西，而是自然界里的事物和现象的联系在我们头脑中的反映。"[②]

直观性原则首先是根据学生的认识规律提出来的。形象直观是抽象思维的基础，没有形象直观，抽象思维则难以进行。学生掌握抽象的书本知识必须有丰富的感性材料作基础，直观性教学可以使抽象知识具体化、形象化，为学生感知知识创造条件。其次，直观性原则也是符合学生思维发展特点的。学生思维的发展是一个由具体到抽象的过程。小学生以形象思维为主，随着知识和实践经验的丰富，逐步发展到高中生的以抽象思维为主。初中学生的抽象思维还需要形象生动的感性经验的支持。直观性教学可以促进具体感知和抽象思维相结合，减少学生掌握抽象概念的困难，有助于提高学生学习的积极性和兴趣。随着教学手段的现代化，我们可以借助各种视听手段，开阔学生的眼界，使学生在愉快的气氛中生动活泼地学习，提高学习的效率。

贯彻这一原则的基本要求如下。

1. 恰当的选择直观手段

直观手段有很多，一般分为三类：实物直观（各种实物、标本、实验、实习、参观）、模象直观（图片、图表、模型、幻灯片、录音、录像、教学电影等）、语言直观。教学任务、教学内容和学

---

① 张焕庭. 西方资产阶级教育论著选[M]. 北京：人民教育出版社，1964：49.
② 曹孚. 外国教育史[M]. 北京：人民教育出版社，1962：255-256.

生的年龄特点及教师自身特点的不同,直观手段的选择也不同。直观是教学的一种手段,是为教学目的服务的。教学离不开直观,但是也不能滥用直观,过多的直观不仅浪费时间,还会影响学生抽象思维的发展。

2. 直观与讲解相结合

在教学中,无论是先讲后看,还是先看后讲或边看边讲,都不能让学生自发地学习。学生要在教师的指导下有目的地进行观察。教师要通过提出问题引导学生进行观察的同时进行深入的思考,并通过讲解以解答学生在观察中产生的疑难。让学生获得丰富的感性知识的同时,又让其能更深刻地领会理性知识。

3. 要重视运用语言直观

教师运用语言进行生动形象的描述,也能起到直观的作用。语言直观的特点是不受实物直观和模象直观所需设备和条件的限制。但是,它必须以学生的感性经验的储备为基础。高年级学生知识与经验较多,语言直观运用的也较多。如果直观手段与教师的语言进行恰当的配合,直观效果则更好。

4. 提倡自制教具

在条件允许的情况下,师生结合教材自制教具,对培养学生自力更生的品质、提高学生动手动脑的能力都有好处。而且按照教材要求自制教具的过程,本身就是对教材内容初步的感知过程,能激发兴趣,使人印象深刻,对进一步学习理论帮助很大。

(四)启发性原则

启发性原则是指教师在教学中要充分调动学生的自觉能动性,激发学生的求知欲望,诱导他们积极活动,引导他们独立思考,主动探索,使他们自主学习,从而解决问题和掌握知识,发展智力。

启发性原则是根据教师的主导作用和学生的主体地位相统一的教学规律提出来的。学生的学习活动是在教师的指导下进行的能动的认识过程。在这个过程中,缺少教或学任何一方的能动作用都不行。没有教师的引导,学生的认识就不可能高速、高效进行。但是,学生毕竟是学习活动的主体,要靠学生自己去钻研、探索、思考、操作,教师绝不能包办代替。启发式教学既启发诱导学生参与教学过程,又使学生通过自身智力活动,运用智力获得知识。这样的教学过程,学生既可以真正获得知识,又能得到智力训练和发展。

世界上最早运用和提出启发式教学的是我国古代教育家孔子,他提出"不愤不启,不悱不发"。古希腊的思想家苏格拉底也很重视启发式教学。第斯多惠有一句名言:"一个坏的教师向学生奉送真理,一个好的教师则教学生发现真理。"也是强调启发教学的。

贯彻这一原则的基本要求如下。

1. 调动学生学习的主动性和积极性

学生的学习既不能被代替,更不能强迫命令,而要靠学生自身学习的主动性和积极性,也就是学习的内在动力。如果学生没有学习的内在动力,那么学习就很难持久,启发教学也就失去了基础。所以,调动学生学习的主动性是启发教学的首要问题。

2. 启发学生独立思考,发展思维能力

没有思维的发展便没有智力的发展,而要发展思维则要激发思维活动。要做到这一点,首先,教师要研究教材的"启发点"。其次,教师要善于提问。只要问题切中要害,发人深省,学生的思维便会活跃起来。再次,教师要因势利导,使学生的认识、思考步步深入,以获取新知。

3. 要引导学生动手、动口,进行创造性学习

在教学中,动脑固然重要,动手亦不可忽视。忽视动手,不仅影响脑力,还影响掌握知识的深度。因为懂了不一定会做,会做了还不一定有创造性。所以,教师在启发学生动脑的同时,还应要求他们勤于动手、动口。比如,给他们布置由易到难的各种作业,甚至只提供素材、情境、条件和要求,让学生自己动手动口,去创造性地完成任务,以便进行创造性学习,发展创造性才能。

4. 发扬教学民主,使师生关系融洽

创造民主和谐的教学气氛,鼓励学生发表自己的见解,允许学生向教师质疑等,这是启发式教学的重要条件和获得最佳效果的重要保证。教师做到了这些,学生会心情舒畅,敢于发表自己的见解,积极参与教学问题的探讨,关心如何探求新知,在表现自己才能和讨论中获得心理的满足。所以,在教学中,教师切忌搞"唯我独尊""一言堂",有问题要平等自由地讨论,对学生的答问,不可求全责备,要保护学生的积极性。教师还要善于制止学生之间的讽刺讥笑或相互鄙薄,保证启发教学始终在愉快的气氛中进行,以求获得最佳效果。

(五)循序渐进原则

循序渐进原则是指教学按照学科的逻辑系统和学生认识发展的顺序,引导学生循序、系统地掌握基础知识和基本技能,训练严密的逻辑思维能力,培养学生循序渐进学习的良好习惯。

历史上许多教育家提出了教学要循序渐进。我国古代,荀子在《劝学》一文中说:"不积跬步,无以至千里。不积细流,无以成江海。"《学记》提出,"学不躐等""不凌节而施之谓孙""杂施而不孙,则坏乱而不修"。朱熹提出,"循序而渐进,熟读而精思"。在西方,夸美纽斯、第斯多惠和乌申斯基等教育家对循序渐进原则也都有不少精辟的论述。

贯彻这一原则的基本要求如下。

1. 按课程的系统性进行教学

各门课程的教科书是按照科学知识的逻辑系统和学生认识发展的顺序编写的,它是系统循序渐进的教学的保证。这就要求教师一定要深入研究和领会教材的系统性,了解所教学生的认识特点和实际学习情况,由易到难、由浅入深、由简到繁,循序渐进地教学,保证知识传授的前后连贯性。

2. 突出重点,突破难点,把握关键

循序渐进并不意味着教学面面俱到,而是要区别主次,分清难易,有详有略。重点和难点是教材内容中或教学中的重要问题、关键问题,抓住主要矛盾和解决好主要矛盾,其他问题也就容易解决了,但是注意重点不一定是难点。

3. 教学要有一定的难度和深度

没有一定难度和深度的平铺直叙的教学,不利于激发学生求知的欲望和积极性。应该按照"最近发展区",让学生在学习上可以"跳一跳,去摘桃"。既要反对"杂施而不孙""欲速则不达",又防止机械理解循序渐进,只讲量的积累,而不讲质的飞跃。

(六)巩固性原则

巩固性原则要求教学引导学生在理解的基础上牢固地掌握知识和技能,将其长久地保持在记忆中,并能根据需要迅速再现知识,为进一步学习和运用知识奠定基础。

很多教育家也很重视知识的巩固。孔子说过"学而时习之""温故而知新"。俄国教育家乌申斯基认为复习是学习之母,他把学习中不注意知识积累的现象,比喻为醉汉拉货车,边拉边丢,到头来将会一无所有。夸美纽斯形容不注意巩固知识的行为是,"把流水泼到筛子上"。他认为,只有彻底地懂得并且记忆了的东西才能被当作心理的财富。

贯彻这一原则的基本要求如下。

1. 在理解的基础上巩固知识

巩固知识是理解知识的基础。没有对知识的真正掌握,就不能理解知识,难以牢固记忆知识,也就不能将知识转化为个人的财富。

2. 组织好各种复习

要防止遗忘就要进行复习。首先老师要提出复习与记忆的任务,其次要让学生注意复习的方法,加深学生对知识的理解。复习和遗忘成反比,复习得越多越及时,遗忘的就越少,掌握的知识就越熟练。复习一般有以下几种类型:一是,学期开始时的复习——目的是恢复学生可能遗忘的知识,为新知识的学习奠定基础,一般根据需要进行重点复习;二是,经常性复习——目的是及时巩固所学知识,根据需要可以采用灵活多样的形式和方法;三是,阶段性复习——在一个单元结束时进行,是把学生在一定阶段所学的知识系统化、综合化和深刻化,弥补学生掌握知识中的缺陷;四是,期末复习——这是对全学期的学习进行总结性复习,目的在于更全面地整理、概括和系统巩固知识,在复习中占有重要地位。

3. 要在知识的扩大改组中巩固知识

温故可以知新,知新也同样可以温故,两者相辅相成。这就是说,复习是巩固、学习新知识,不断扩大加深原有知识的学习也是巩固,而且是更为积极的巩固。这就要求在教学新知识的过程中不断复习已有知识,加强新旧知识之间的联系,从而达到巩固知识的目的。复习也不是机械重复,可以加工、改组原有知识。

4. 通过作业练习和检查促进巩固

运用知识也是巩固的重要方法。常言道,"眼过千遍,不如手过一遍",讲的就是这个意思。实践证明,那些需要培养学生技能技巧的学科,更要注意通过运用知识来巩固知识。比如语文的字、词、句,数学的公式、测算,物理化学的定理、实验等,不通过反复的演练实践,是无法巩固掌握的。所以,教学要重视作业的布置、检查、批改和讲评,让学生多读、多想、多议、多写、多算、多练,通过反复的思考和练习,达到巩固知识和技能的目的。

为了巩固所学的知识,必须经常进行检查。检查的形式应该多样化,口头的、书面的与操作的,如书面测验与试卷考试,汇报式、演报式与表现式等。通过检查,便于通过查漏补缺来巩固知识。

(七)因材施教原则

因材施教原则是指教学要从课程计划和课程标准的统一要求出发,面向全体学生,提出统一的要求,同时又要从学生的个别差异出发,有的放矢地进行教学,使每个学生都能扬长避短,获得最佳的发展。

因材施教早在孔子时期就已经运用了,朱熹曾对孔子教学方法进行了概括:"孔子教人,各因其材。"《学记》具体阐述了孔子的这一思想,提出教师要"知其心",要"长善而救失"。西方教育家夸美纽斯也主张,"一切事情的安排适合学生的能力"。此外,第斯多惠、乌申斯基等教育学家也都十分强调教学必须照顾到儿童的年龄特征和个性特长。

因材施教原则反映了学生身心发展的规律在教学上的要求。学生在智力才能、兴趣爱好、气质性格等方面都存在个体差异。只有因材施教,才能扬长补短,使每个学生在原有基础上得到充分的发展。事实上,许多科学以及体育、文艺、技艺等方面的人才,其特异的禀赋和才能常常在少年时显现出来,每个教师都有责任去发现和培养这些人才。

贯彻这一原则的基本要求如下。

1.了解学生,全面把握学生实际

做好因材施教,教师就要深入了解学生的年龄特征、知识水平、个人能力、兴趣和爱好等。苏联教育家苏霍姆林斯基就是了解学生的典范,他一生中仔细研究过3700名学生,给每一个学生都写了观察记录,他能准确地说出25年中178名"最难教育的"学生的成长过程。可见他对学生了解之深刻,可见他突出的教育教学成果的取得并非偶然。

2.面向大多数学生进行教学

教学要从大多数学生的实际出发,使教学的深度、进度是大多数学生经过努力能够达到和接受的。既不能太难也不能过易,太难,学生就可能"吃不了";过易,学生就可能"吃不饱"。

3.正确对待个体差异

这个问题的核心是针对每个学生的不同特点,提出不同的要求。首先,要善于发现和培养有特殊才能的学生。其次,对于后进学生,要多研究他们学习上的具体困难,分析其原因,并有针对性地帮助他们。最后,中等生绝不可忽视。照顾两头容易做到,中等生学习困难虽不大,但成绩不突出,教师最容易忽视这部分学生。

(八)可接受性原则

可接受性原则,又叫量力性原则,是指教学活动要适合学生的发展水平。这一原则是为了防止发生教学难度低于或高于学生实际程度而提出的。

教学活动要讲究效率,在同样的时间内,学生学得越多则教学效率就越高。但是,教学效率的获取必须以符合学生身心发展规律为基础,脱离了这个基础,不仅教学效率本身是不可靠的,还会对小学生的发展带来消极的影响。教学难度超过学生的实际接受程度,学生不可能真正理解和掌握所学的知识,各种心理机能也不可能得到恰当的运用和提高;教学难度低于学生的实际接受程度,学生会因为缺少必要的注意力和紧张而难以对所学知识留下深刻印象,而且由于无法进行有价值的学习活动而失去发展机会。

贯彻这一原则的基本要求如下。

1. 重视学生的年龄特征

教师应当不断加强培养自身的心理学素养,及时掌握心理学的新进展,特别是儿童心理学。

2. 了解学生发展的具体特点

年龄特征和发展阶段主要是揭示个体发展的普遍规律,这体现在小学生的发展各个方面,而且是极为多样化的。教师要具体地研究学生的发展特点,例如,在学习某种新知识的时候,他们原有的知识准备情况如何,他们的思维或记忆水平是否能够完成这一学习任务,可能产生什么困难,能够达到什么样的理解和掌握程度等。在这样的研究基础上,教学才可能真正做到"量力"。

3. 恰当地把握教学难度

什么样的教学程度和水平最符合量力性的要求,很难有稳定、确切的具体标准,需要根据心理学揭示的普遍规律和对学生的具体研究,由教师自己来把握,这是教师劳动创造性的体现,是需要教师不断思考、不断解决的问题。

上述八个教学原则构成了一个完整的统一的教学原则体系,尽管每个原则反映和解决的矛盾有所侧重,但它们之间是互相联系、相辅相成的。在教学实践中,不能孤立地运用某一个原则,只有综合运用八个原则,协同发挥作用,才能在教学中取得最佳教学效果。

第四节 教学方法

一、教学方法的概念

教学方法是为完成教学任务、实现教学目标而采用的办法,是教师引导学生掌握知识技能、获得身心发展而共同活动的方法,它包括教师教的方法和学生学的方法。

二、教学方法的意义

首先,教学方法是实现教学任务的必要条件,是提高教学质量和教学效率的重要保证。离开了一定的教学方法,教学任务就无法完成。

其次,教学方法是联结教师教与学生学的纽带,是促进学生发展的有效手段。

三、我国中小学常用的教学方法

(一)以语言传递为主的教学方法

教学中学生获得的知识大部分是间接知识,所以以语言传递为主的方法就成为最广泛使用的教学方法。这类方法包括讲授法、谈话法、讨论法和读书指导法等。

1. 讲授法

讲授法是教师运用口头语言系统地向学生传授知识的方法。由于语言是传递经验和交流思想的主要工具,所以讲授法是教学的一种主要方法,其他方法的运用,都需要依靠讲授法的配合。讲授法运用得好,教师可以发挥主导作用,使学生在短时间内获得较多的知识,也便于联系实际对学生进行思想教育。但是,讲授法如果运用不当,缺乏启发性,就可能形成"满堂灌""填鸭式"的教学,不利于发挥学生的主动性和积极性,不利于因材施教。

讲授法可以分为讲述、讲解和讲演三种方式。讲述是教师向学生叙述事实材料或描绘所讲的对象,文科教学中用得较多。讲解是教师对概念、原理、规律、公式等向学生进行解释和论证,一般在自然学科教学中运用较多。讲演不仅叙述事实,而且要深入分析和论证,从而得出科学的结论。它涉及的问题比较深广,所需的时间比较长,适用于在中学高年级的学生中使用。

讲授法的基本要求如下。

(1)讲授内容要有科学性、思想性、系统性。既要突出重点,分散难点,又要系统、全面;既要让学生获得可靠的知识,又要在思想上有所提高。

(2)要富有启发性。要讲问结合,善于设疑和激疑,引导学生根据自己讲授的线索进行思考。要通过教师"讲",诱导学生"想",使学生在不知不觉中进入积极的思维状态,从而达到深刻领悟知识的目的。

(3)讲究语言艺术。讲授时语言清晰、简练、准确、生动形象、通俗易懂;语言的速度、高低、强弱要适度,注意抑扬顿挫;要以姿势助说话,富有感染力。

(4)结合教学内容,恰当配合板书。

2. 谈话法

谈话法也叫问答法,是教师按照一定的教学要求,根据学生已有的知识和经验提出问题,要求学生回答,并通过问答的形式引导学生获取或巩固知识的方法。谈话法有助于激发学生的思维,易于使学生保持注意和兴趣,调动学生学习的积极性,对培养学生的语言表达能力和独立思想也有很大作用。

谈话法可分为启发谈话和复习谈话两种。启发谈话是教师提出一系列学生未思考过的问题,逐步引导学生深入地思考和探取新知。复习谈话是教师根据已学过的知识,就难点、重点提出一系列问题让学生回答,帮助学生复习、巩固、深化已学的知识。

运用谈话法的基本要求如下。

(1)要准备好问题和谈话计划。教师在理解分析教材和了解学生的基础上,对谈话的内容和提问的内容做好充分准备,不要脱离教材随意发问,问题的难易要适合学生的实际水平,一个问题引出和过渡到另一个问题要符合逻辑顺序。

(2)提出的问题要具体、明确、具有启发性。问题的难易程度选择根据学生已有的知识水平。

(3)面向全体学生,善于启发诱导。教师面向全班提出问题,给学生适当的思考时间,因势利导,让学生自己一步一步地获取新知从而使学生回答问题后有成功感和收获感,从而激发他们学习的兴趣。

(4)要做好归纳、小结。谈话结束,问题基本解决时,教师要及时进行归纳或小结,使学生的知识系统化、科学化。

3. 讨论法

讨论法是在教师指导下,全班或小组成员围绕某一中心问题进行探讨,辨明是非真伪以获取知识的方法。教学实践证明,学生通过对所学内容的探讨,可以集思广益,互相启发,同时可以激发学习热情和培养对问题的钻研精神。真理愈辩愈明,智慧通过"碰撞"就可以迸出火花。学生通过讨论、争辩、反诘,所掌握的知识就会更深刻、准确,思考问题和语言表达的能力更敏捷。运用讨论法需要学生具备一定的基础知识和独立思考能力,所以多在高年级学生中运用。

运用讨论法的基本要求如下。

(1)讨论前,要提出讨论题和讨论的具体要求。讨论题要有吸引力,有讨论、钻研的价值,并明确讨论要求,指导学生提前阅读有关材料。

(2)讨论中,要善于启发诱导。要引导学生围绕讨论中心,鼓励学生勇于发表自己的见解。

(3)讨论后,要做好讨论小结。教师简要概括讨论的情况,使学生获得正确的观点和系统的知识。对疑难问题,尽量阐明自己的观点,但也要允许学生保留自己的意见,可以回去查阅资料再一起解决。

4. 读书指导法

读书指导法是教师指导学生通过阅读教科书或参考书,以获得知识、巩固知识、培养学生自学能力的一种方法。它对培养学生自学能力和读书习惯有重要作用,学生有了读书的习惯后,可以开拓知识领域,弥补老师讲解的不足。

读书指导法根据学生独立的程度可分为三类:教师指导性阅读、学生半独立性阅读和独立性阅读。指导性阅读的方式可分为预习和复习阅读指导、课堂阅读指导和课外阅读指导。

运用读书指导法的基本要求如下。

(1)提出明确的目的、要求和思考题。让学生带着任务、问题阅读教科书,然后带着问题去听课或请教老师,鼓励学生自主地积极地去学习。

(2)教给学生读书的方法。比如如何朗读、默读、背诵,如何浏览、通读、精读,如何使用工具书,利用工具书来帮助理解。如何在阅读时作记号,写批注,做摘要,写提纲和读书心得等。

(3)加强辅导。除了教科书之外还要向学生推荐好书,指导学生阅读,并及时检查效果,不断提高学生的阅读水平。对于学生在阅读中遇到的疑难问题,教师也要及时解决。

(4)适当组织一些读书活动,交流读书心得。在班级设立读报栏、读书角,组织学生举办读书报告会、座谈会、专题讨论会、读书心得交流会,开展读书竞赛等,以此增强和巩固读书收获,培养读书的兴趣和爱好。

(二)以直接感知为主的教学方法

这类方法是指教师通过对实物和直观教具的演示,组织教学性的参观等,给学生提供丰富的感知材料,为学生深入领会并掌握抽象的理论知识创造条件。它包括演示法和参观法。

1. 演示法

演示法是教师通过展示实物、直观教具或示范性的实验,指导学生通过观察获得感性认识的方法。演示法可以加深对学习对象的印象,把书本知识和实际事物联系起来,激发学生的学习兴趣,发散思维,从而深刻地理解知识和巩固知识。

演示的手段大致可以分为三类:

一是实物或模型、标本、图片、挂图的演示;

二是用连续成套的模型、标本、挂图、图片或幻灯片、电影等;

三是音乐、体育、劳动课上教师的示范性动作或操作等。

运用演示法的基本要求如下。

(1)演示前,明确演示的目的、要求与过程。

(2)做好准备。教师方面,要对演示的材料和演示方法做好充分的准备和检查,演示实验应先试做一遍,以保证演示顺利进行。

(3)演示中,讲究演示的方法,指导学生观察。演示配合教学,要抓住时机,过早展示直观教具,会分散学生的注意,削弱新鲜感。教具用完后也要及时收回。演示过程中,教师还应用讲解或谈话等方法加以配合指导学生看、听、思考,以获取最佳效果。

(4)演示后,要引导学生自己得出结论。

2. 参观法

参观法,又称现场教学,是教师根据教学目的和要求,组织学生到实地进行考察研究,使学生获得新知识,验证、巩固旧知识的方法。参观法能有效地使教学和实际生活相联系,丰富教学的内容,开阔学生的视野,并使学生在生动活泼的活动中受到思想教育,促进智力的发展。

参观法可分为三类:一是准备性参观,在新课讲授之前进行,为学生学习新课积累必要的感性材料,奠定学习基础;二是并行性参观,在学习某一课题的进程中进行,加深学生对知识的理解,并使理论与实际结合得更好;三是总结性参观,在讲完某一课题之后进行,以印证、加深理解和巩固课堂上已学过的知识。

运用参观法的基本要求如下。

(1)参观前,做好准备。事前要制定参观计划,向学生说明参观的目的、要求。

(2)参观中,要有指导。要及时指导学生细心观察,注意收集和记录有关资料。

(3)参观后,要有总结。教师要组织学生及时进行总结。

(三)以实际训练为主的教学方法

以实际训练为主的教学方法是指以形成技能技巧,培养行为习惯和发展学生能力为主的教学方法。这类方法包括练习法、实验法、实习作业法和实践活动法。

1. 练习法

练习法是指在教师指导下学生运用所学知识进行实际操作,以巩固知识,形成技能技巧的方法。它是学生学习过程中一种主要的实践活动。练习法应用很广,各年级、各学科都需要进行不同的练习。

练习法的种类很多。根据培养学生不同能力可分口头练习、书面练习、实际操作练习;根据学生掌握技能技巧的进程可分为模仿性练习、独立性练习和创造性练习。

运用练习法的基本要求如下。

(1)明确练习的目的与要求,掌握练习的原理和方法。必要时教师应先做示范,防止练习中的盲目性,以提高练习的自觉性。

(2)循序渐进,逐步提高。练习必须有步骤、有系统地进行,适当的,练习的方式多样化,逐步提高,达到熟练和完善的地步。

(3)严格要求。无论什么练习都要严肃认真,刻苦努力,达到最高的水平,具有创造性。

2. 实验法

实验法是指学生在教师指导下,使用一定的仪器设备进行独立作业,在事物变化和运动的过程中观察、分析、探究,从而获得知识和技能的方法。实验法普遍运用于自然科学课程的教学中。

实验法很好地把理论与实际联系起来,激发学生的学习兴趣,不仅有利于学生掌握知识,而且有利于培养学生的动手能力和科学严谨的学习态度。

运用实验法的基本要求如下。

(1)实验前,明确实验目的、要求和过程。教师一般要先行实验或做示范性实验;要求学生做好理论知识准备,懂得实验的原理、过程、方法和要注意的事项。

(2)实验中,注意指导。教师要巡视指导学生实验,及时发现问题并帮助其解决。

(3)实验后,做好总结。实验结束后,教师可以指定学生报告他们实验的过程和结果,教师进行概括和小结,还应要求学生写出实验报告。

3. 实习作业法

实习作业法是根据课程标准的要求,教师指导学生在校内或校外进行一定的实际操作,将书本知识运用于实践的方法。实习作业法,主要是训练学生操作能力,所以多为技术性强的学科采用。如数学有测量实习,理化有生产技术实习,生物有植物栽培和动物饲养实习,地理有地形测绘实习等。

运用实习作业法的如下。

(1)做好组织准备工作。

(2)在实习过程中,要加强具体指导。

(3)实习结束后,教师要对学生的实习活动进行总结、评定,事后要评阅实习作业报告。

4. 实践活动法

实践活动法是指让学生参加社会实践活动,培养学生解决实际问题的能力和多方面实践能力的教学方法。在实践活动法中,学生是中心,教师是学生的参谋或顾问,教师必须保证学生的主动参与,决不能越俎代庖。

(四)以情感陶冶为主的教学方法

以情感陶冶为主的教学方法是指教师根据一定的教学要求,有计划的使学生处于一种类似真实的活动情境中,利用其中的教育因素综合的对学生施加影响的一种教学方法。

1. 欣赏教学法

欣赏教学法指在教学过程中指导学生体验客观事物的真善美的一种教学方法。一般包括对自然的欣赏、人生的欣赏和艺术的欣赏等。

2. 情境教学法

情境教学法指在教学过程中,教师有目的的引入或创设以形象为主体的具有一定情绪色彩的生动具体场景,以引起学生一定的情感体验,从而帮助学生理解教材,并使学生的心理机能得到发展的一种教学方法。一般包括生活展现的情境、图画再现情境、实物演示的情境、音乐渲染的情境等。

(五)以探究为主的教学方法——发现法

发现法,又称探索法、研究法,是学生借助于教师提供的进行"再发现"的问题情境和学习内容,积极开展独立的探索、研究和尝试活动,以掌握知识和解决问题的方法和步骤,研究客观事物的属性,发现相应的原理或结论,培养创造能力的方法。它是由美国教育家布鲁纳倡导的。

四、教学方法的选择与运用

教师选择教学方法应该遵循"教学有法、教无定法、贵在得法"的原则。其实不论何种教学方法,都有其自身的优势,也有其弊端。科学、合理地选择和有效地运用教学方法,要求教师能够在现代教学理论的指导下,熟练地把握各类教学方法的特性,能够综合地考虑各种教学方法的各种要素,合理地选择适宜的教学方法并能进行优化组合。

(一)教学方法选择的依据

1. 教学目的和教学任务

教学方法是手段,是为教学目的的实现服务的,所以选择教学方法的首要依据是教学目的和任务。教学任务是让学生获得新知识,那么就应选择讲述、讲解、讲演的方法。如果为了给学生提供感性材料,则可选用演示、实验、参观等方法。

2. 课程性质和教材内容特点

不同学科不同性质和同一学科内的不同内容也要求教学方法的不同。比如:理化选用实验和演示,而文史则多选用读书指导和讲授等;同样是语文、文言文、白话文、小说、诗歌、议论文等不同内容和体裁,选用教学方法也有区别。

3. 学生的年龄特征

不同年龄阶段的儿童在生理、心理以及文化基础等方面都存在差异,这就需要采用不同的教学方法。比如,年级越低,学生抽象思维越差,注意力越不能持久,讲授就不宜过长,抽象、高深的知识就不宜过多,而要多用直观教具和演示法、谈话法。

4. 学校的条件和教师特点

在选用教学方法时,还要考虑学校的现有设施和具体环境,要从实际出发,在选用国际国内流行的一些新教学方法时,不能仅仅从理论出发,而首先要考虑师生双方是否适应,要求的物质、能力和知识方面的条件可否达到,教师在考虑自身条件时要扬长避短,发挥优势。

(二)教学方法运用的综合性、灵活性、创造性

教学方法运用的综合性是指根据教学任务和教学内容的需要,综合运用多种教学方法,而不是长期只使用一种教学方法。教学方法的灵活性是指在实际应用中,要从实际出发,随时对其调整。教学方法运用的创造性是指从教学实践出发,在把握现有教学方法的基础上有所创造。

第五节 教学模式

一、教学模式的概念

教学模式是在一定的教学理念指导下,围绕某一个教学主题,形成稳定的、系统化和理论化的教学模型和活动程序。教学模式是教学理论的具体化,是教学实践的概括化的形式和系统,具有多样性和可操作性,因此教师对教学模式的选择和运用是有一定的要求,教学模式必须要与教学目标相契合,要考虑实际的教学条件针对不同的教学内容来选择教学模式。

二、中小学常用的教学模式

(一)传递——接受式

该教学模式源于赫尔巴特的四段教学法,后来由前苏联凯洛夫等人进行改造传入我国,在我国广为流行。该模式以传授系统知识、培养基本技能为目标。其着眼点在于充分挖掘人的记忆力、推理能力与间接经验在掌握知识方面的作用,使学生比较快速有效地掌握更多的信息量。该模式强调教师的指导作用,认为知识是教师到学生的一种单向传递的作用,非常注重教师的权威性。

1. 理论基础

根据行为心理学的原理设计,尤其受斯金纳操作性条件反射的训练心理学的影响,强调控制学习者的行为达到预定的目标。认为只要通过联系——反馈——强化,这样反复的循环过程就可以塑造有效的行为目标。

2. 教学程序

复习旧课;激发学习动机;讲授新课;巩固练习;检查评价;间隔性复习。

这种教学模式让学生能在短时间内接受大量的信息,不仅培养学生的纪律性,还能够培养学生的抽象思维能力。但学生对接受的信息很难真正地理解,培养单一化、模式化的人格,不利于学生创新性、分析性的发展,不利于培养学生创新思维和解决实际问题的能力。

(二)自学——辅导式

自学辅导式的教学模式是在教师的指导下学生自己独立进行学习的模式。这种教学模式能够培养学生的独立思考能力,在教学实践中也有很多教师在运用它。

1. 理论基础

从人本主义出发,注意发挥学生的主体性,以培养学生的学习能力为目标。这种教学模式基于先让学生独立学习,然后根据学生的具体情况教师进行指导。它承认试错在学生学习过程中的价值,培养学生独立思考和学会学习的能力。

2. 教学程序

自学;讨论;启发;总结;练习巩固。

这种教学模式能够培养学生分析问题、解决问题的能力;有利于教师因材施教;能发挥学生的自主性和创造性;有利于培养学生相互合作的精神。

学生如果对自学内容不感兴趣,可能在课堂上一无所获;需要较长的时间;需要教师非常敏锐地观察学生的学习情况,必要时进行启发和调动学生的学习热情,针对不同学生进行讲解和教学,所以很难在大班教学中开展。

(三)范例教学模式

范例教学理论是由德国的瓦根舍因和克拉夫基等人提出的。范例教学论者认为要克服传统教学的弊端,就要重构教学内容,选择学科材料中最典型的材料,形成认识的稠密区。在稠密区里,各科知识汇集、交融,学生通过对这个稠密区的探究、思考,形成一种整体的认识结构,从而达到把握其他各种材料的目的。

范例教学模式的教学内容考虑三个特性:基础性、基本性、范例性。

范例教学往往打破原有的学科体系,用课题形式来代替传统的系统教材。但是它与杜威的"从做中学"教学模式不一样。它要求解决问题与系统学习统一,每一个课题应当是有系统的,每个课题都是学科系统中的一个有机组成部分,并反映与其它课题在该学科整体中的相互关系。因此,学生学习的知识不失原有的系统性,不是零乱、片断式的。

1. 理论基础

遵循人的认知规律,从个别到一般,从具体到抽象的过程。在教学中一般从一些范例分析入手感知原理与规律,并逐步提炼进行归纳总结,再进行迁移整合。

2. 教学程序

阐明个案;范例性阐明类案;范例性地掌握规律原理;掌握规律原理的方法论意义;规律原理运用训练。

范例教学比较适合社会科学中的一些原理和规律教学,"范例"必须具有一定的代表性,最好能激发学生的兴趣。

(四)"掌握学习"教学模式

"掌握学习"教学模式是美国当代著名的心理学家和教育学家布卢姆创立的。"掌握学习"就是在"所有学生都能学好"的思想指导下,以集体教学为基础,辅之以经常、及时的反馈,为学生提供所需的个别帮助以及所需的额外学习时间,从而使大多数学生达到课程目标所规定的掌握标准。

1. 理论基础

"新的学生观",学生的情感影响着学生学习结果。

2. 教学程序

准备阶段;学习方法指导阶段;实施阶段。

3. 实现条件

师生双方对"掌握学习"都要抱有信心;

确定所教学科的内容、目标和测量手段;

为"掌握"制订计划。

"掌握学习"教学模式强调的是因材施教,使教学适应学生的心理特点和个别差异,从而使大多数学生达到课程目标所规定的掌握标准,达到大面积提高教学质量的目标。

(五)暗示教学模式

保加利亚心理学家洛扎诺夫创建了暗示教学理论。该理论以现代生理学、心理学、精神治疗学的研究成果为基础,精心设计教学环境,系统运用暗示联想的力量,利用无意识的心理活动,充分挖掘心理潜力。暗示教学理论认为,个人的理智和情感、分析与综合、有意识和无意识均不可分割,当它们处于最和谐状态时,是人活动最有效的时刻,因而主张教学活动要从这些因素相统一的角度来加以组织。

洛扎诺夫提倡的暗示教学理论强调:

第一,人的可暗示性,环境的重要暗示作用;

第二,人脑活动的整体观;

第三,精神和情绪对人的活动的影响。

基于以上的理念,他提出的教学实施原则主要有:愉快而不紧张的原则;有意识和无意识统一的原则;暗示手段相互作用的原则。

(六)"非指导性"教学模式

"非指导性"教学就是非操纵或者非窒息教学,教师并不直接教学生,而只是促进他们学习。这种教学活动把学生放在居中的位置上,把学生的"自我"看成教学的根本要求,教师竭尽所能创造和谐、融洽、宽松的课堂气氛,从而使学生在整个学习过程中都感到安全与自信,充分显露自己的潜能,朝向自我实现。可以说,人际关系是"非指导性"教学的核心与关键。

1. 理论基础

"非指导性"教学理论又称"学生中心"(Student-centered)教学理论,源出于罗杰斯的"非指导性"咨询理论。教学中强调学生"自我实现"的作用,教师仅起"促进"的作用,所以叫"非指导性"教学。"非指导性"教学理论首先是基于对人类的基本信任,相信人类的天生潜能是积极的,只要后天提供一定的有利条件,这些潜能就会自然而然地释放出来。

2. 教学程序

创设情境；个人或小组鉴别并追求他们的学习目标。

3. 实现条件

要十分重视人际关系和情感因素在教学中的作用；

教师不是教学生怎样学，而是提供学习的手段；

"非指导性"教学模式所提出的一般教学模式中所忽视的情感作用和价值观以及建立新型师生关系等问题值得肯定。

（七）"合作教育"教学模式

合作性教学是苏联的一批来自教学第一线的教育学家们于20世纪80年代所创设的一种新的、体现了人道主义精神的教学范型。阿莫纳什维利、沙塔洛夫就是其中的代表。"合作教育"教学模式强调促进教与学两个方面的积极性，主张师生合作和发展学生个性、创造能力，因而具有极强的生命力，正成为教学中一种有影响的教学模式。

1. 教学理念

（1）师生关系；

（2）评价；

（3）自由选择思想；

（4）最近发展区。

2. 教学程序

课堂教授中要为学生创造一个良好的心理环境；

在检查提问时，教师要创造条件消除学生的种种顾虑；

在布置作业时，不应当强制学生定时定量完成同等作业，要有所区别；

评分要采取鼓励性原则。

（八）分层次教学模式

传统的教学理念是班级授课制，这种组织形式的划一性和控制性的特点使得它在具体的教学过程中容易忽视人的个性差异。分层次教学针对不同层次学生在思维发展水平、智力和认知结构方面存在的差异，确立不同的教育目标，采用不同的教学方法，使每一个学生都能发挥其最佳水平。

1. 教学理念

分层次教学突破班级授课制整齐划一、被动静止的"行政"组织状态，把每一学科分成A、B、C三个层次，然后根据新的"能力分组"原则，学生有权根据自己的兴趣和能力发展水平选择相应的学科学习层次，组成"临时学习班级"进行学习活动。

这种模式可以充分照顾学生的发展差异，能够因材施教；消除智力歧视，易被学生接受；分层次教学内容的竞争机制，使得学生在不断流通的过程中，接受挑战，实现跨越，从而易形成生动活泼、互帮、互助、互赶的教学局面,形成多向互动的课堂教学局面。

2. 教学程序

学生分层;目标分层;分层施教;分层评价;矫正、调节、分层提高。

(八)发现式学习模式

发现式学习教学模式依据认知心理学学习之间理论,在教师的指导下,围绕一个问题,学生根据手中已有的学习资料,去慢慢地发现内容的联系,获得表象背后的概念与原理。该教学模式可以帮助学习者掌握推理、归纳能力,体验探索知识的过程。但是,这种教学模式要求教育者首先指导学习者掌握学科的基本知识结构,然后启发、引导学生发现问题,调动其学习兴趣,最后由师生共同合作,各抒己见,解决教学中所遇到的问题。

发现学习教学模式有利于培养学生分析、归纳等方面的思维能力,提高学生在教学活动中的积极性、主动性。但是,这种教学模式需要教师一步步地发诱导,学生推理发现,费时费力,并且发现教学比较适应逻辑性较强的学科,不利于全面推广,同时对受教育者自身的认知与思维能力要求较高,在课堂教学实践中实施的困难较多。

布鲁纳认为发现式教学法有四个优点:

1. 提高学生对知识的保持。
2. 教学中提供了便于学生解决问题的信息,可增加学生的智慧潜能。
3. 通过发现可以激励学生的内在动机,引发其对知识的兴趣。
4. 学生获得了解决问题的技能。

根据许多心理学家对这种教学模式的研究,认为它更适合于低年级的教学,而且在课堂上运用太费时间,又难以掌握。

第六节 教学组织形式

一、教学组织形式的涵义

教学组织形式是指为完成特定的教学任务,教师和学生按照一定要求组合起来的进行活动的结构。它所要解决的问题是,教师以什么样的形式将学生组织起来,通过什么样的形式与学生发生联系,教学活动按照什么样的程序开展,教学时间如何分配和安排等。在教学活动中,教学任务的完成、教学过程的实施、教学方法的应用、课程的开设等,都必须凭借和应用一定的组织形式来落实。同时,教学组织形式又受教学观念、教学任务、教学内容、教学对象和教学条件等因素的制约。

二、教学组织形式的基本类型

学校教学工作是通过一定的组织形式进行的,教学组织形式不是固定不变的,随着社会的发展及其对人才要求的提高,教学组织形式也不断发展和改进。历史上出现的教学组织形式主要有个别教学、班级授课制和分组教学。古代教学基本采用个别教学制。随着资本主义工商业的发展,教学内容迅速增加,教育对象也逐步扩大,个别教学已不能满足社会需要。16世纪欧洲有些学校逐渐采用班级授课形式。17世纪捷克教育家夸美纽斯在《大教学论》中,最先对班级授课制作了论述,奠定了理论基础。18世纪,德国的赫尔巴特提出教学过程形式阶段理论,进一步设计与安排了班级教学。以后,前苏联的教学论专家提出了课的类型与结构的理论,使班级授课制进一步完善。在我国,班级授课制是目前教学的基本组织形式。

(一)个别教学制

个别教学制是发端于世界各国古代学校的个别教学组织形式中的。古代中国、古埃及、古希腊的学校大都采用个别教学形式。当时的个别教学组织主要采取教师对一个或几个学生的个别辅导形式,后来发展为在一个班组里教师对学生一个一个轮流地教,教师在教某个学生时,其余的学生均按教师要求进行复习或作业。学生的年龄、文化程度都是不同的,所以每一个学生的教学内容、进程也各不相同。

个别教学最大的优点是教师能够根据学生的特点因材施教,使教学内容、进度适合于每一个学生的接受能力。但采用个别教学一个教师所能教的学生数量有限,教学效率很低。这种教学组织形式是与古代社会生产力发展水平较低的状况相适应的。

(二)班级授课制

班级授课制是社会生产力和科学技术发展到一定水平的产物。工业革命以后,随着机器大生产,对劳动者的文化水平的要求提高了,随之初等义务教育的开始普及,教育的规模和效率逐渐扩大和提高,个别教学组织形式已无法满足教育发展的新的需要,在16世纪欧洲的一些学校中就出现了按班级编制进行教学的形式。17世纪初,捷克教育家夸美纽斯总结了当时的教学经验,首次提出了班级授课制,并在《大教学论》一书中给予了明确的理论阐述,对班级授课制进行了研究,奠定了班级授课制的理论基础。后来,德国教育家赫尔巴特提出了教学过程的形式阶段论(即明了、联想、系统、方法),班级授课制得以进一步完善而基本定型;最后,以原苏联教育家凯洛夫为代表,提出了课的类型和结构的理论,使班级授课制这个组织形式形成了一个完整的体系。目前,全世界范围内的学校的教学主要采取的就是班级授课制这种组织形式。

我国采用班级授课制,开始于1862年的京师同文馆,至1902年颁布《钦定学堂章程》,全国学校开始实行班级授课。

班级授课制也称课堂教学。所谓班级授课制,就是把一定数量的学生按照年龄特征和学习程度编成班组,教师根据固定的授课时间和授课顺序(课程表),根据教学目的和任务,对全班学生连续教学的一种形式。

1. 班级授课制的基本特征

第一,班——学生被分配在各个固定的班级。把学生按照年龄和知识水平分别编成固定的班级,即同一个教学班学生的年龄和程度大致相同,并且人数固定,教师同时对整个班的学生进行同样内容的教学。

第二,课——教学一般分学科进行。把教学内容以及实现这种内容的教学手段、教学方法展开的教学活动,按科和学年分成许多小的部分,分量不大,大致平衡,彼此连续而又相对完整,这每小部分内容和教学活动,就叫做一"课",一课接着一课地进行教学。

第三,时——教学在规定的时间内进行。每门学科每周预定的课时数一般根据国家规定的课时标准确定。各班的课时表规定每日的教学安排。每节课45分钟,课与课之间设休息时间。

第四,教学内容根据国家规定的课程标准确定。每门学科一般都依据国家规定的课程标准,规定各年级的教学内容、各学科的教育目标。

2. 班级授课制的优缺点

班级授课制一直以来占主导地位是因为它有着以下优势。

第一,提高了教育的效率。夸美纽斯说,"一个教师可以教一百个学生,而所花的劳动和教少数几个学生一样少"。把相同或相近年龄和水平的学生组织在一起,一位教师可以同时教授许多学生,全体学生可以在教师指导下共同前进。无论从时间还是从空间来看,它都是使学生在较短的时间内学到人类长期积累的丰富的知识体系的一种比较经济、有效的教学形式。

第二,有利于发挥集体教育作用的力量。在课堂教学中,由于班内学生的年龄相近,学习的内容相同,追求的目标大体一致。因此,同学之间在学习、思想、行为上可以彼此观摩,互相学习;在遇到困难时,也便于展开讨论,相互学习、共同提高,发挥集体的教育力量。夸美纽斯在论证班级授课制也曾说,"年轻人还是在大的班级里受教育更好,因为当一个学生成为其他学生的榜样和激励时,教育的效果更好,也更愉快"。

第三,有利于教师发挥主导作用。在班级上课中,教师总是有目的、有计划、有组织地面对全班学生进行教学的,它保证了每个学生都自始至终在教师直接指导下进行课业。学生中出现的一些具体问题,通过信息反馈,教师可以随时解决;为了提高学生的学习质量和学习效率,教师还可以有的放矢地调整教学。

第四,有利于学生多方面发展。一方面,按照国家规定的课程标准确定教学内容,可以保证所有公民的基础学力的发展。另一方面,由于在同一班级担任教学工作的各科教师,在思想上、业务上、经验上和风格上各有特点,学生也可以从中受到多方面的启示和教育,从而促成他们的个性得到全面的发展。

班级授课制的优越性,是其他教学形式所无法代替的,但是,不可否认,班级授课制也存在着一些不足和缺陷。

首先,不利于学生的自主性、创造性的充分发挥。教学活动更多的是教师直接做主,学生自主学习时间较少,而且,这种教学组织形式容易导致书本为中心,忽视培养学生的创造能力和实践能力。

其次,不利于因材施教。容易走向"一刀切""划一主义"。它最明显的缺点就是对全体学生采用统一教材、统一要求、统一的方法来授课,难以照顾到学生的个性差异。

再次,教学活动缺少灵活性。由于教学内容、方法相对固定,教学中难免枯燥乏味。

所以发扬课堂教学的固有优点,汲取其他教学组织形式的长处,按照教学对象、教学任务、教学内容的不同,灵活多样地组织、实施教学,应该是教学改革的方向。

(三)贝尔-兰卡斯特制

贝尔-兰卡斯特制,也称为导生制,产生于19世纪初的英国。在工厂手工业向大机器生产过渡的过程中,为了满足生产需要并榨取工人更多的剩余价值,资本家只给工人以最初级的教育。教师教年龄大的学生,再由其中的佼佼者"导师"去教年幼或学习差的学生。因由教师贝尔和兰卡斯特创建,故称为贝尔-兰卡斯特制。这在英国"双轨制"教育体制中具体体现。

贝尔-兰卡斯特制的优点是,保证了知识获得的人数;相对减轻了教师的负担,使他们能够有充足的时间研发新课。缺点是,不利于学生对知识技术的清晰了解与掌握,导致教学质量较差。

(四)道尔顿制

美国教育家是帕克赫斯特是道尔顿制的创始人。帕克赫斯特批评班级授课制使学生处于被动地位,学生的个别差异得不到应有的照顾。所以,道尔顿制的强调两个重要的原则——自由与合作。要使儿童自由学习,允许他们根据自己的需要安排学习,养成独立工作的能力。他还强调师生之间、学生之间的合作,以培养学生的社会意识。

按道尔顿制,教师不再上课向学生系统讲授教材,而只为学生分别指定自学参考书、布置作业,由学生自学和独立作业,有疑难时才请教师辅导,学生完成一定阶段的学习任务(按月布置)后向教师汇报学习情况和接受考查。

道尔顿制的优点是,有利于培养学生的自学能力照顾个别差异的。其缺点是,无法帮助学生构建系统的学科知识体系;不利于学生良好认知结构的形成;对教师认知的深度、广度要求较高。

(五)文纳特卡制

20世纪初,美国教育家华虚朋在伊利诺伊州文纳特卡实施了该教学组织形式。他重视学校的功课适应儿童的个别差异,但他认为道尔顿制缺乏科学的课程结构和教材,缺乏创造性的活动技巧。华虚朋提出的解决办法是将个别学习和小组学习结合起来,个性发展与社会意识的培养相联系。具体的做法是将课程分为两个部分:共同知识或技能(包括读、写、算等工具性学科)和创造性的、社会性的作业(如木工、金工、织布、绘画、雕刻等)。前者主要按学科进行,并以学生自学为主,教师适当进行个别辅导。学习按计划进行,平时有进度记录,最后以考试来检验学习结果。后者以小组为单位展开活动或施教,无确定的程序,也不考试。

文纳特卡制的优点是,注重学生的兴趣、爱好和社会实践能力。缺点是,知识理解能力差的学生,很难独立学习,不利于基础知识的建构,影响教学质量,并且实施起来很困难。

(六)分组教学制

分组教学制是按学生的能力或学生成绩把他们分成水平不同的组进行教学的组织形式。

为解决班级授课制不易照顾学生个别差异的弊端,19世纪末20世纪初在西方出现了分组教学制。目前,美、英、法、德等国家实行的分组教学,大致可分为两大类:外部分组和内部分组。

外部分组是指打乱传统的按年龄编班的做法,而按学生的能力或学习成绩编班。外部分组主要有两种形式:学科能力分组和跨学科能力分组。内部分组是指在传统的按年龄编班的班级内,按学生的能力或学习成绩编组。

分组教学的优点在于便于因材施教,有利于人才的培养。但是,它仍存在一些较严重的问题:一是很难科学地鉴别学生的能力和水平;二是在对待分组教学上,学生、家长和教师的意愿常常与学校的要求相矛盾;三是分组后造成的副作用很大,往往使高水平组学生容易产生骄傲心理,而低水平组学生的学习积极性普遍降低。

(七)特朗普制

特朗普制又称"灵活的课程表",是由美国教育家劳伊德·特朗普在20世纪50年代创立。它把大班上课、小组讨论、个人自学结合在一起,以灵活的时间单位代替固定统一的上课时间。大班集体教学,由优秀教师采用现代化教学手段给几个平行班统一上课;之后的小组课,研究讨论大班课上的教学材料,由15~20人组成一个小组,然后由学生个人独立自学、研习、作业。教学时间分配为:大班上课占40%,小组研究占20%,个人自学占40%。这种教学组织形式兼容了班级授课、分组教学与个别教学的优点。教师,尤其是优秀教师的作用得到了充分体现,既培养了学生的思维能力、自学能力,又有助于学生合作学习态度的培养。

三、新型的教学组织形式

(一)翻转课堂

在信息化环境中,教师提供以教学视频为主要形式的学习资源,学生在上课前完成对新学视频等学习资源的观看和学习,师生在课堂上一起完成作业答疑、协作探究和互动交流等活动的新型教学组织形式。

1. 创建教学视频

首先,应明确学生必须掌握的目标,以及视频最终需要表现的内容;其次,收集和创建视频,应考虑不同教师和班级的差异;第三,在制作过程中应考虑学生的想法,以适应不同学生的学习方法和习惯。

2. 组织课堂活动

内容在课外传递给了学生,课堂内更需要高质量的学习活动,让学生有机会在具体环境中应用其所学内容。包括:学生创建内容,独立解决问题,探究式活动,基于项目的学习。

(二)微课

按照新课标及教学实践要求,以视频为主要载体,记录教师在课堂内外教育教学过程中围绕某个知识点或教学环节而展开的教与学活动全过程。

微课的主要特点有:教学时间较短,微课的时长一般为5~8分钟,最长不宜超过10分钟;教学内容较少,微课主要是为了突出课堂教学中某个学科知识点的教学,或是反映课堂中某个教学环节,教学内容精简;资源容量较小;资源构成"情景化";主题突出、内容具体;草根研究、趣味创作;成果简化、多样传播;反馈及时、针对性强。

(三)微格教学

微格教学是一个有控制的实践系统,它使师范生和在职教师有可能集中解决某一特定的教学行为,或在有控制的条件下学习,它是建立在教育理论、试听技术的基础上,系统训练教师教学技能的方法。

从操作方式上来看,它是指以少数的学生为对象,在较短的时间内(5~20分钟),尝试小型的课堂教学,可以把这种教学过程摄制成录像,课后再进行分析。这是训练新教师、提高教学水平的一条重要途径。

(四)慕课

慕课(MOOC)是新近涌现出来的一种在线课程模式,它起源于过去的那种发布资源、学习管理系统以及将学习管理系统与更多的开放网络资源综合起来的旧的课程开发模式。通俗地说,慕课是大规模的网络开放课程,它是由具有分享和协作精神的个人组织为了增强知识的传播、发布、散布于互联网上的开放课程。

慕课的主要特点如下。

大规模。不是个人发布的一两门课程。"大规模网络开放课程"（MOOC）是指那些由参与者发布的课程,只有大型的或者大规模的课程,它才是典型的 MOOC。

开放课程。尊崇创用共享协议；只有当课程是开放的,它才可以称为 MOOC。

网络课程。不是面对面的课程,这些课程材料散布于互联网上。人们上课地点不受局限。无论你身在何处,都可以花最少的钱享受美国大学的一流课程,只需要一台电脑和网络连接即可。

第七节　教学工作的基本环节

教学工作是一个完整的系统,是多个环节组成的一个复杂系统,一般包括备课、上课、作业的布置与批改、课外辅导、学生学业成绩的检查与评定等环节。这些环节相互联系,前后衔接,教师只有掌握教学工作的全过程,才能更好地做好教学工作。

一、备课

备课就是教师根据课程标准的要求,结合学生的具体实际,对上课进行计划安排和设计准备的工作。备好课是上好课乃至做好整个教学工作的基础。

(一)备课的意义

备课是教师教学工作的起始环节,是上好课的先决条件。教师在课堂教学中如何传授知识,选择怎样的教学方法,怎样使教学适应学生年龄特征及个别差异,如何组织教学活动等等都有赖于课前备课。

(二)备课的要求

概括地讲,备课要做好三项工作,制定好三种教学计划。三项工作是指钻研教材、了解学生、选择教法；三种计划是指学期(或学年)的教学进度计划、课题(或单元)教学计划、课时教学计划(教案)。

1. 三项工作

一是备教材:钻研教材。钻研教材包括研究本学科的教学计划、课程标准、教科书及有关的教学参考资料。钻研教学计划和大纲应着重于了解本学科的教学目的要求,教材选编的原则及教学方法的要求等。教科书是教师备课和上课的主要依据。钻研教科书首先要求教师通读整本教科书,对教科书的内容有个全面的了解,作出通盘的考虑；其次教师要深入钻研,弄懂弄通教科书每章、每节、每课题的内容,不能似是而非。最后,教师还要尽可能通览课本的插图、习题、练习、实验、注释、附录等,对教科书有一个全面而完整的了解。教学参考书给教师提供了一些应用材料,提供了解决难点内容的方法和必要的资料。教师可阅读教学参考书,进一步理解教材,掌握教材。

二是备学生:了解学生。包括了解学生的个性特点、兴趣爱好、思想状况、学习方法、学习习惯、知识基础及身体健康状况等,并在对全班每一个学生了解的基础上对其进行分类,清楚全班优等生、中等生和后进生的分布情况等。学生既是教师教学的对象,又是学习的主体,教师只有全面、深入地了解教育对象,才可能使自己的教学切合实际,有的放矢,从而为教学确定起点、宽度、难度、深度,确定贯彻教学原则的具体方式,确定教学方法的择定与运用,确定具体教学活动的安排,确定因材施教奠定学生实际基础。

三是备教法:选择教学方法。教师要根据教学内容和教学对象实际选择适当的可行的教学方法。备教法要解决如何把已经掌握的教材内容传授给学生的问题。它包括:如何组织教材;如何确定课的类型;如何安排每一节课的活动;如何运用各种方法开展教学活动。此外,还要考虑学生的学法包括预习、课堂学习活动与课外作业。

2. 写好三个计划

一是写好学期或学年的教学进度计划。教师要在学期或学年开始前制定出来,对一个学期或学年的教学工作所做的准备和制订的总体计划。主要包括有学生情况的简要分析、本学期或学年的教学总要求,教学要求、章节或课题内容及其教学时数和时间的具体安排、教学形式与所需教学手段的安排、教学改革的设想等。

二是写好课题或单元教学进度计划。这是在教学开始前制定出来,教师对教科书的每一课题或单元进行安排,并制定出教学计划。主要包括课题或单元名称、教学目的、课时划分、每一课题或单元的教学任务或内容、课的类型、主要教学方法、教具以及教改活动安排等。

三是写好课时计划,即教案。要在每节课上课前写好,是教师备课工作中最深入、具体、落实的一步。一个完整的课时计划一般包括上课班级、学科名称、授课时间、课题、教学目标、教学重点和难点、课的类型、教学方法、教具、教学过程、板书设计、教学反思、备注等。其中,教学过程是课时计划的主要组成部分,应写得详细具体,它包括一节课教学内容的安排、教学方法的具体运用、师生双边的活动和各部分时间分配等。

二、上课

上课是教师教的活动和学生学的活动相互作用最直接的表现,是整个教学工作的中心环节。备课的目的是为了上好课,提高教学质量的关键是上好课。

(一)课的类型和结构

1. 课的类型

(1)根据教学的任务来分的,可分为:传授新知识课(新授课),巩固知识课(巩固课),培养技能技巧课(技能课),检查知识课(检查课)。但在实际的教学中,有时一节课只完成一个任务,有时一节课则需完成多项任务,所以根据一节课所完成的任务的数量,又可分为单一课和综合课。

(2)根据使用的主要教学方法来分的,可分为:讲授课,演示课(演示实验或录像),练习课,实验课,复习课。

上述两种分类相互联系,具体表现在两类课型有相对应之处。如新授课多属讲授课,巩固课多属复习课,技能课多属练习课或实验课等。

2. 课的结构

课的结构,是指一堂课的主要环节或步骤,以及各个环节或步骤间进行的顺序和时间分配。在课堂教学中,要合理、科学地安排课的结构。课的类型不同,结构也就不同,主要是由以下几个部分构成。

(1)组织教学

目的是使学生作好物质上和心理上的准备,集中学生的注意力,保持课堂的安静。组织教学不仅仅是指上课开始时,它应贯穿于一堂课的始终。

(2)检查复习

目的是为了使学生的新旧知识联系起来和连贯起来,使知识系统化。检查复习的具体方式多种多样,如口头提问、复述、检查作业等。教师检查复习要注意面向全体学生,照顾到各种不同程度的学生。

(3)讲授新教材

目的在于使学生掌握新知识,形成新的技巧技能。这是课堂教学的中心环节。

(4)巩固新教材

目的是为了使学生对所学的新材进行巩固、消化和应用。它是传授新知识的延续和补充。巩固的方式主要有复述、提问、阅读、抄写、习题练习等。

(5)布置作业

目的在于通过作业,使学生加深理解和巩固课堂所学的内容。一般在一节课快结束时进行。

教学中,这几个环节是相互联系、相互交错的。教师应当根据具体的教学任务和学生的实际情况,创造性地确定每节课的具体环节。

(二)上好课的基本要求

1. 教学目的明确

即目标明确,达成任务。教学目的是一堂课的纲,教师只有紧紧抓住这个纲,才能使教学按预定的目的有计划地进行,从而避免教学的盲目性,达到提高教学质量的目的。正是从这个意义上讲,衡量一堂课好坏的标准是看这堂课的教学进程对教学目的的达成度。目的明确有两层含义:一是教学目标制定得当,符合课程标准的要求和学生实际;二是课堂上师生的一切活动都必须紧紧围绕教学目的来进行。

2. 教学内容正确

即内容正确,重点突出。讲课时做到内容正确,这是一堂好课最基本的要求。内容正确有两方面的含义:首先,教师的讲授要保证教材内容的科学性和思想性。教师传授的基本概念和基本原理必须是准确地、符合逻辑的,对学生回答的问题时所反映出的思想和观点要仔细分析。还要充分挖掘知识体系中所蕴藏的思想道德教育因素,把德育渗透到学科教学中去,充分体现科学性和思想性的统一。其次,教师在进行教学时,要注意突出教材的重点和难点。

3. 教学方法得当

即方法适合,善于引导。教学方法对实现教学目的,提高教学质量起着桥梁作用。在课堂教学中,教师应根据教学任务、内容和学生的特点选择较佳的方法进行教学。教师要善于选择方法,能充分调动学生学习的积极性,达到师生配合默契。教学有法,但无定法。

4. 教学组织严密

即组织严密,教学机智。课的进行,要有高度的计划性、严密性。课的结构应合理、紧凑,各个环节或步骤之间衔接紧密、安排合理。教师要充分发挥每一分钟的效能,使整个教学过程有条不紊,有序进行,所以教师还要巧妙地集中学生的注意力,维护课堂纪律,机智地处理各种偶发事件。也就是教师要能根据课时的具体计划和教学的实际情况,对教学进程进行灵活有效的调控。

5. 教学语言清晰

即表达清晰,感染力强。语言是教师在课堂上传导信息,表达思想感情的重要工具。因此,教师要掌握好语言的艺术:说话要清楚、准确、鲜明、有条理;讲授要通俗易懂、深入浅出、生动形象、富有启发性;语速语音语调快慢适中、高低恰当,抑扬顿挫、富有情感。另外,板书是课堂辅助性的书面语言,应重点突出,条理清晰。

6. 双边活动积极

即气氛热烈,配合默契。教学是教师和学生的双边活动过程。一堂好课,既要充分发挥教师的主导,又要充分激发学生的主动性和积极性,教师教的轻松,学生学的愉快,达到师生关系融洽、双边活动默契、课堂气氛热烈、师生教学相长。

三、课外作业的布置和批改

课外作业的布置和批改是教学过程的一个有机组成部分,它是课堂教学的继续和补充。组织学生作业的目的在于,巩固和消化所学的知识,并使知识转化为技能技巧。组织好学生作业,对于培养他们独立工作的能力,发展他们的智力和创造能力都有重要意义。课外作业的布置与批改不仅对学生具有多方面的发展功能,而且也是检查和衡量学生学习状况和水平的一条有效途径;也能较好地反映了教师的教学水平和效果;通过作业的批改,教师能及时获取教学反馈信息,并据此对自己的教学进行调控。

(一)课外作业的形式

阅读教科书和参考书,如复习、预习教科书等。

各种口头作业和口头答案,如朗读、阅读、复述等。

各种书面作业,如书面练习、演算习题、作文、绘图等。

各种实际作业,如观察、实验、测量、社会调查等。

(二)课外作业布置应注意的问题

1. 作业的内容要符合课程标准和教科书要求,并具有代表性和典型性

布置的作业要有利于帮助学生巩固和加深所学的知识,并形成相应的技能和能力。同时,做到少而精,使学生通过作业达到触类旁通,举一反三的效果。

2. 作业的分量要适当、难易要适度

各门学科的教师在布置作业时要相互协调,防止学生因作业份量多而造成学业负担过重的情况。同时,作业既要从学科的基础知识、基本技能出发,又要考虑学生的认识规律,由易到难,由浅到深。总之,布置的作业既要有统一的要求,又要因人而异,对优、中、差生布置的作业应有所区别,使每个学生通过作业都获得发展。

3. 作业要向学生提出明确的要求,并规定完成作业的时间

由于学生主要是在家里完成作业的,因此教师有必要通过家访、家长会或网络等方式了解学生在家里完成作业的情况,并同家长配合使学生养成按时完成作业的习惯。另外,教师也可对作业中的一些难点和疑点作一些启发式的讲解,但不能代替学生自己独立思考。

4. 教师要经常检查与批改学生的课外作业

教师通过检查和批改学生课外作业,一方面可以了解学生的学习态度和学习情况,以便发现教和学的问题,从而改进教学。另一方面也可对学生的学习起督促作用,有助于培养和养成良好的学习习惯。教师要针对全班学生作业中出现的典型的问题和不同类型学生作业的状况,做好全班讲评和个别的指导。

四、课外辅导

课外辅导是在课堂教学规定的时间之外,教师对学生的辅导。其目的在于因材施教以及对学生进行学习目的、学习态度和学习方法等方面的个别教育和指导。课外辅导是上课的必要补充。

(一)课外辅导的内容

一般包括以下几个方面:给学生解答疑难问题;对学习有困难或缺课的学生补习;给优秀的学生作提高性指导;给学生学习方法上的指导;为有学科兴趣的学生提供课外研究的帮助;对学生进行学习目的和学习态度的教育等。

课外辅导分为集体和个别两种形式。

(二)课外辅导的要求

针对性:全面了解辅导对象,确定辅导内容和措施。

启发性:辅导要目的明确,采用启发式,充分调动学生学习的主动性和积极性。

处理好课外辅导和课堂教学的关系。课堂教学是主要的,课外辅导是辅助手段。

要加强思想教育和学习方法的指导,以提高辅导的效果。

五、学业成绩的检查和评定

(一)学业成绩检查和评定的意义

学生学业成绩的评价是教学工作的重要环节。学业评价是指以国家的教育教学目标为依据,运用恰当的、有效的工具和途径,系统地收集学生在各门学科教学和自学的影响下认知行为上的变化信息和证据,并对学生的知识和能力水平进行价值判断的过程。

学业成绩的检查和评定对保证教学的顺利进行及其质量的提高有着十分重要的意义。对于上级主管部门和学校领导来讲,可以了解教师的教和学生的学的情况,找出学校教学工作中存在的问题,制定教学改革的具体措施,推动教学质量不断提高。对教师来说,可以了解学生掌握知识和发展能力的情况,对教学进行调控和改进。对学生来说,可以及时了解自己的学习情况和今后努力的方向。对家长来说,可以了解自己子女的学习情况,更好的配合教师督促学生努力学习。

(二)学业成绩检查和评定的方法

1.检查学生学业成绩主要有考查和考试

考查是对学生的学习情况和成绩进行的一种个别的不全面的检查,其方式主要有日常观察、口头提问、作业检查和书面测验等。

考试是对学科的学业成绩全面性的、总结性的检查和评定,从而检查学生的学习情况和教学效果的一种重要的方法。考试一般分为期中考试、学期考试、学年考试和毕业考试等不同类型。包括口试、笔试和实践考试等,其中笔试又可分为开卷和闭卷考试两种。在考试中具体采用哪种方式,要根据学科和特点和各年级的不同情况而定。教师出题时,要对试题的范围、数量、内容、性质和难度等作全面考虑,所考的内容要紧扣课程标准、反映课程标准的基本点,不出偏题怪题;试题有记忆、理解、分析、操作等多种形式,内容应全面、有较宽的覆盖率和足够的代表性,难易适当、有一定区分度。

2.评定学生学业成绩的方法一般有这样几种

百分记分制;等级制记分法;评语法,通过教师对学生学业成绩所写的评语,反映学生学业上的优缺点,除此之外,还要评定学生的学习态度、努力程度和进步状况及努力方向。

3. 学生学业成绩测评的基本要求

①测评目的要求明确。

②测评的内容科学、全面。

③测评的方式方法要灵活多样。要诊断性测评、形成性测评和总结性测评相结合；口试、笔试和操作实践考核相结合；教师评定成绩和学生自我评定成绩相结合。

④测评的标准要客观、公正。试题的答案要具体明确，评分标准要准确统一。

⑤测评的次数要适当。

⑥测评的结果要及时总结。

第八节 教学评价

一、教学评价的概念

教学评价是指以教学目标为依据，通过一定的标准和手段，对教学活动及其结果给予价值上的判断，即对教学工作质量所作的测量、分析和评定的过程。其目的是对课程、教学方法以及学生培养方案做出决策。

教学评价是实现教学目的的一个重要手段，而教学目的又需要通过一系列的教学活动才能实现，所以教学评价也是一种有目的有计划进行的系列活动。教学评价具有诊断功能、反馈功能、导向功能、激励功能、鉴定功能等。

二、教学评价的内容

教学评价主要包括对学生学习结果的评价和对教师教学工作的评价，也可以划分为学生学业评价、课堂教学评价和教师评价。

(一)学生学业评价

学生学业评价是指以国家的教育教学目标为依据，运用恰当的、有效的工具和途径，系统地收集学生在各门学科教学和自学的影响下认知行为上的变化信息和证据，并对学生的知识和能力水平进行价值判断的过程。

(二)课堂教学评价

课堂教学评价是以一定的教学观为依据，运用可操作的科学手段，按照一定的价值标准，对课堂教学各个要素及其发展变化进行价值判断的过程。

（三）教师评价

教师评价即根据学校的教育目标和教师的工作任务，运用恰当的评价理论和方法手段对教师个体本的工作进行价值判断，进而促进教师的发展。教师评价的主要方法有领导评价、学生评价、同行评价、自我评价等。

三、教学评价的分类

（一）根据实施功能，可分为诊断性评价、形成性评价和总结性评价

1. 诊断性评价

诊断性评价是在学期开始或一个单元教学开始时，为了解学生的学习准备状况及影响学习的因素而进行的评价。

其功能是检查学生的学习准备程度；决定对学生的适当安置；辨别造成学生学习困难的原因。

2. 形成性评价

形成性评价是在教学过程中，为改进和完善教学活动而进行的对学生学习过程及结果的评价。它包括一节课或一个课题教学中对学生的口头提问和书面测验，使教师和学生都能及时获得反馈信息。

其功能是改进学生的学习；为学生的学习定步；强化学生的学习；给教师提供反馈。

3. 总结性评价

总结性评价也称终结性评价，是在一个大的学习阶段、一个学期或一门课程结束时对学生学习结果的评价。

其功能是评定学生的学习成绩；证明学生掌握知识、技能的程度和能力水平以及达到教学目标的程度；确定学生在后继教学活动中的学习起点；预测学生在后继教学活动中成功的可能性；为制定新的教学目标提供依据。

（二）根据运用的标准，可分为相对性评价、绝对性评价和个体内差异评价

1. 相对性评价

相对性评价又称常模参照性评价，是用常模参照性测验对学生的学习成绩进行的评定。它主要依据学生个人的学习成绩在该班学生成绩序列或常模中所处的位置来评价和决定他的成绩的优劣，而不考虑他是否达到教学目标的要求。

具体做法有以常模为参照点，把学生个体的学习成绩与常模相比较，根据学生在该班中的相对位置和名次，确定他的学习成绩在该班中是属于什么样的等级。

相对性评价具有甄选性强的特点，因而可以作为选拔人才、分类排队的依据。它的缺点是不能明确表示学生的真正水平，不能表明他在学业上是否达到了特定的标准，对于个人的

努力状况和进步的程度也不够重视。

2. 绝对性评价

绝对性评价又称目标参照性评价,是用目标参照性测验对学生的学习成绩进行的评价。它主要依据教学目标和教材编制试题来测量学生的学业成绩,判断学生是否达到了教学目标的要求,而不以评定学生之间的差异为目的。

具体做法有在被评价对象的集合以外确定一个客观标准,将评价对象与这一客观标准相比较,以判断其达到的程度。

绝对性评价可以衡量学生的实际水平,了解学生对知识技能的掌握情况,它关心的是学生掌握了什么、能做什么或没掌握什么、不能做什么,宜用于升级考试、毕业考试和合格考试。但不适用于甄选人才。

3. 个体内差异评价

个体内差异评价是对被评价者的过去和现在进行比较,或将评价对象的不同方面进行比较的一种评价方式。

(三)根据评价主体,可分为外部评价和内部评价

1. 外部评价

外部评价是被评价者之外的专业人员对评价对象进行明显的(看得见的,众所周知的)统计分析或文字描述的评价。

2. 内部评价

内部评价也就是自我评价,指由课程设计者或使用者自己实施的评价。

拓展阅读

[1] 王道俊,王汉澜. 教育学:新编本[M]. 北京:人民教育出版社,1999.

[2] 林泽玉. 教育学[M]. 合肥:安徽人民出版社,2009.

[3] 柳海民. 教育学概论[M]. 北京:北京师范大学出版社,2005.

复习思考题

一、单项选择题

1. 教学的首要任务是( )。
   A. 传授基础知识和基本技能   B. 发展智力、体力和创造才能
   C. 培养品德和审美情趣   D. 关注学生个性发展

2. 教学过程最优化理论的提出者是( )。
   A. 赫尔巴特   B. 布鲁纳   C. 凯洛夫   D. 巴班斯基

3. 教学从本质上说,是一种( )。
   A. 认识活动   B. 教师教的活动   C. 学生学的活动   D. 课堂活动

4. "最近发展区"的含义是（　　）。
   A. 很快要达到的水平　　　　　　　　B. 明天要达到的水平
   C. 经过努力可以达到的水平　　　　　D. 理想永远达不到的水平
5. 孔子提出的"不愤不启、不悱不发"指出了（　　）教学原则。
   A. 直观性　　　　B. 启发性　　　　C. 巩固性　　　　D. 因材施教
6. 教师在课堂上通过展示实物、直观教具进行演示实验，使学生获得知识的方法称之为（　　）。
   A. 实验法　　　　B. 讲解法　　　　C. 讨论法　　　　D. 演示法

二、简答题

　　1. 简述教学的一般任务。

　　2. 教学与智育有什么联系和区别？

　　3. 简述赫尔巴特的五段教学法。

　　4. 简述教师在运用讲授法时应遵循的基本要求。

三、论述题
　　1.述教学过程的基本特点。

　　2.结合教育教学实际,谈谈你对"道而弗牵,强而弗抑、开而弗达"的内涵和现实意义的认识。

第十章 德育

德育有广义和狭义之分。广义的德育泛指所有有目的、有计划地对社会成员在政治、思想与道德等方面施加影响的活动；狭义的德育专指学校德育。德育是社会主义现代化建设的重要条件和保证，是青少年儿童健康成长的条件和保证。本章我们就来学习一下德育的概念、基本原则和方法以及德育的发展历程。

知识体系

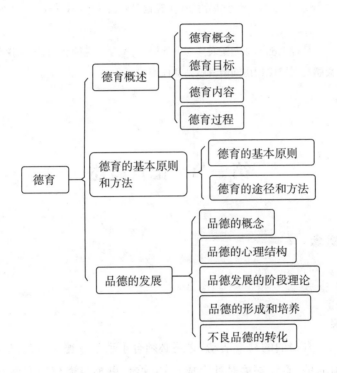

名家名言

我将无我,不负人民。
————习近平

教育的唯一工作与全部工作可以总结在这一概念之中————道德。道德普遍地被认为是人类的最高目的,因此也是教育的最高目的。
————赫尔巴特

培养全面发展的、和谐的个性的过程就在于:教育者在关心人的每一个方面、特征的完善的同时,任何时候也不要忽略人的所有各个方面和特征的和谐,都是由某种主要的,首要的东西所决定的……在这个和谐里起决定作用的、主导的成分是道德。
————苏霍姆林斯基

精神上的道德力量发挥了它的潜能,举起了它的旗帜,于是我们的爱国热情和正义感在现实中均得施展其威力和作用。
————黑格尔

第一节　德育概述

一、德育的概念

(一)什么是德育

1. 德育的含义

教育不仅是一种有目的的社会活动,它还必须合乎道德。德育有广义和狭义之分,广义的德育泛指所有有目的、有计划地对社会成员在政治、思想与道德等方面施加影响的活动,包括社会德育、社区德育、学校德育和家庭德育等方面。德育中的"德"即品德,是与智育、体育、美育中的智、体、美相对的概念。德育中的"德",既包括所谓的"小德",即道德品质,也包括所谓的"大德",即政治品质。狭义的品德是指道德品质,广义的品德包括思想品质、政治品质、法纪品质、道德品质等。在我国现今的教育学、德育学中,品德主要说的是广义的概念。狭义的德育专指学校德育,是教育者依据一定社会或阶级要求和受教育者思想品德形成规律,有目的、有计划地对受教育者施加系统的影响,把一定社会的思想和道德转化为学生个体的思想意识和道德品质的教育。

2. 学校德育的含义

学校德育起源于奴隶社会,包括政治教育、思想教育、法纪教育和道德品质教育四个部分,其中,政治教育是方向,思想教育是基础,道德品质教育是核心,法制教育是保障,他们共同塑造完整、健全的新人。

(二)德育的性质

1. 社会性

德育是一种社会现象,是一种社会性的活动,只要人类社会存在,德育就是必需进行的。德育与人类社会同始终、共存亡,它具有永恒性。

2. 历史性

德育随着社会发展变化而变化,在不同的社会以及在同一社会的不同历史时期或阶段,德育的目标、内容等是不同的,它具有历史性。

3. 继承性

在历史发展过程中,德育的内容、方法、原理等存在一定的共同性。我国现代的德育,就是批判继承了我国古代德育中的人本主义、人道主义、民本思想以及贵和、讲社会责任等思想。

4. 阶级性

在阶级社会中,德育具有阶级性,它反映一定阶级对德育所要培养人的要求、愿望、规格等,社会各阶级普遍适用的、一成不变的、统一的德育是不存在的。

5. 民族性

不同的民族在长期的社会实践中必然会形成不同的民族特点、风俗习惯、文化传统和思维方式,具有不同的社会行为规范。因此德育的内容、实施方式等方面必然会带有一定民族的特色。

因此德育对教育来说具有特别重要的意义。德育是社会主义现代化建设的重要条件和保证,德育是少年儿童健康成长的条件和保证,德育是实现我国教育目的的基础和保证。

二、德育目标

(一)德育目标的概念

德育目标是教育目的在受教育者思想品德方面要达到的总体规格要求,亦即德育活动所要达到的预期目的或结果的质量标准。德育目标是德育工作的出发点和归宿。在确立德育目标的时候,必须要考虑青少年思想品德形成、发展的规律及心理特点,考虑到时代与社会发展需要、民族文化、道德传统,以及国家的教育方针和教育目的这四个方面因素,这些因素也是德育目标确立的依据。

(二)我国中小学的德育目标

按照党和国家有关文件的规定和精神,我国新时期中小学德育目标可以初步的确定为:把全体学生培养成为具有社会主义国民公德、文明行为习惯和法纪品质的好公民。在此基础上,奠定他们的社会主义政治觉悟,逐步确立科学的人生观、世界观的基础,使他们具有初步的社会主义品德认识、品德实践、品德修养能力和良好的品德心理,最终使他们成为社会主义品德的好公民,并让他们中的优秀分子将来能够成长为坚定的共产主义者。

三、德育内容

德育目标必须落实到德育内容上,才能进行有效的德育活动,达到预期目标。

(一)德育内容的概念

德育内容是用以形成人们品德的社会思想政治准则和法纪道德规范的总和。总体来看,当前我国中小学德育的内容重点集中在"基本道德和行为规范教育""公民道德与政治品质的教育""世界观、人生观和理想的基础教育"三个方面,其中,对世界观、人生观和理想的培育是德育的最高目标,也是德育工作的基础性工作。

(二)德育内容

在1993年和1995年原国家教育委员会正式颁布的《小学德育纲要》《中学德育大纲》,小学的《品德与生活》《品德与社会》,中学的《思想品德》《思想政治》等,对我国德育内容有着统一的规定。从中小学德育课程标准来看,德育内容分为四个方面:基本文明习惯和行为规范教育、基本道德品质的教育、公民道德教育或政治道德品质教育、道德理想教育。具体来说,我国德育的主要内容有:

1. 爱国主义教育(德育的永恒主题)

爱国主义是一个国家赖以生存、发展的精神支柱,是对自己的国家和民族怀有的深切的依恋之情,对国家、民族的生存和发展具有不可估计的作用。对学生进行爱国主义教育,有助于广大的青少年儿童树立正确的理想、信念、人生观、价值观,是保障青少年健康发展的需要,也是提高全民族整体素质的要求。爱国主义教育是社会精神文明建设的基础性工程,是德育的核心内容,也是德育的永恒主题。

2. 理想教育

理想是人们以现实为基础,对未来生活的向往和追求,是人们的生活目的和奋斗目标,学校要对青少年进行正确的人生理想和社会理想教育,包括社会主义共同理想及为共产主义理想而奋斗的教育等。

3. 集体主义教育

培养学生的集体主义精神,就是要求学生从小树立为人民服务的思想,培养学生的集体主义情感,使学生具有集体荣誉感。在平时的教育中,鼓励学生积极地参加学校、班级、团队的活动使学生养成在集体中生活的能力和良好的行为习惯。

4. 劳动教育(劳动技术教育)

劳动创造了人类,是人类社会存在和发展的基础。对学生进行劳动教育,就是要培养学生热爱劳动人民的情感,树立正确的劳动观点,养成热爱劳动的习惯。

5. 自觉纪律教育

纪律是在一定社会条件下形成的全体成员必须遵守的规则、章程、制度等。学校应对学生加强自觉纪律教育，增强他们遵守纪律的自觉性，为他们今后适应社会的需要奠定坚实的基础。

6. 人道主义与社会公德教育

人类在长期的共同生活和交往中逐步形成了公共的道德风尚，主要通过人道主义和社会公德来体现。人道主义和社会公德教育的内容主要有三个方面：

(1)引导学生学会善意待人、热情待人、乐于助人；

(2)培养学生讲规矩、有礼貌、爱整洁、尊敬师长、和气待人、仪表大方等文明行为；

(3)养成良好的品质，形成谦虚、诚实、勇敢、沉着、诚实、热情、朴实等优良品质。

7. 民主与法制观念教育

民主和法制的教育内容有四个方面：

(1)培养学生的民主思想与参与意识；

(2)树立法制观念，遵纪守法，勇于同违法乱纪行为作斗争；

(3)了解国家法律，明白法律是保护人民利益的；

(4)公民要知法、守法，教会学生学习和遵守法律法规中与中小学生活有关的规定。

8. 科学世界观和人生观教育

世界观是人们对世界的根本态度和看法，人生观是建立在世界观基础上并受之支配的。科学世界观是指马克思主义世界观，科学人生观是指无产阶级人生观，它是建立在辩证唯物主义和历史唯物主义世界观基础之上的。

德育内容总是随着时代的发展而变化的。根据1988年、1994年和1996年中共中央颁布的有关决定，我国学校德育内容是由政治教育、思想教育、道德教育、法制教育和心理健康教育构成的，其中心理健康教育包括学习辅导、生活辅导和择业指导。

四、德育过程

(一)德育过程内涵

1. 德育过程的概念

德育过程是教育者按照一定的道德规范和受教育者思想品德形成的规律，对受教育者有目的、有计划地施加影响，以形成教育者所期望的思想品德的过程，是促使受教育者道德认识、道德情感、道德意志和道德行为发展的过程，是个体社会化与社会规范个体化统一的过程。

2. 德育过程的结构

德育过程是由四个相互制约的因素构成的，它们分别是教育者、受教育者、德育内容和德育方法。其中，受教育者既是德育的客体，又是德育的主体。

(二)德育过程的基本矛盾

德育过程的四个要素以及要素内部之间存在各种矛盾关系。德育过程的基本矛盾,就是教育者提出的德育要求(社会所要求的道德规范)与受教育者现有品德水平之间的矛盾,它的实质是社会矛盾在德育过程中的反映,是个体道德社会化和社会道德个体化的统一。

(三)德育过程的基本规律

1. 德育过程是对学生知、情、意、行的培养提高过程

学生的思想品德是由知、情、意、行四个心理因素构成的。知即品德认识,是品德知识和品德判断,也是品德的基础和核心。情即品德情感,是品德的动力和催化剂。意即品德意志,是品德的精神力量。行即品德行为,是品德的关键和重要标志。在品德发展过程中,知、情、意、行四个因素的发展是不平衡的,每个学生品德发展的情况,表现出来的品德面貌或品德问题都是有个别差异的。教育者应该根据学生品德发展的具体情况,有针对性地开展不同的教育,最后达到学生品德知、情、意、行四个方面的和谐发展。

2. 德育过程是一个促进学生思想内部矛盾斗争的发展过程

学生思想品德的任何变化,都依赖于学生个体的心理活动。德育过程就是一个促进学生思想内部矛盾斗争的发展过程,其实质是对外界教育因素的分析、综合的过程,是教育与自我教育相结合的过程。教育者要引导学生在活动与交往过程中,培养知、情、意、行,促进品德发展的内部矛盾的转化,提高和发挥学生个人的自觉能动性和自我教育能力。个体自我意识和自我教育能力的发展是有规律可循的,大致的规律是从"以自我为中心"发展到"他律""自律",最后走向"自由"。学生自我教育过程,实际上也是他们思想内部矛盾斗争的过程,是学生品德不断发展的过程。

3. 德育过程是组织学生的活动和交往,统一多方面教育影响的过程

品德发展是主客体相互作用的产物,是主体在活动和交往的基础上自我建构的结构。活动和交往是品德形成的基础,因此这种活动和交往要具有引导性、目的性和组织性,具有科学性和有效性,不脱离学生学习这一主导活动,它的主要交往对象是教师和同学。学生在活动中,必定会受到多方面的影响,学校德育应该在多方面影响因素中发挥主导作用,形成学校、家庭、社会教育的合力,促进学生良好品德的发展。

4. 德育过程是一个长期的、反复的、逐步提高的过程

个体品德的发展是有阶段的连续发展的过程,是从不自觉到自觉的过程。青少年儿童正处在成长期,他们的世界观尚未形成,思想不稳定,品德发展容易出现反复,这就要求教育者要正确地认识和对待这种现象,耐心细致、持之以恒地教育学生,引导学生在反复中逐步前进。因此,德育过程是一个长期的过程,又是一个反复的、逐步提高的过程。

第二节 德育的基本原则和方法

德育在具体实施的时候,我们要坚持哪些基本要求,又采用何种方法达到德育的最大化呢?

一、德育的基本原则

(一)德育原则的概念

德育原则是根据德育目的、德育目标和德育规律提出的指导德育工作的基本要求,是德育工作者长期德育工作经验的总结和理论概括,反映了人们对德育工作的认识水平。德育原则来源于德育实践,随着社会生活发展和学校德育经验的积累和对德育过程规律的认识而发展、充实。

(二)德育的基本原则

我国中小学主要的德育原则有:

1. 导向性原则

导向性原则是指教育者进行德育是要有一定的理想性和方向性,指导学生向正确的方向发展。在我国,德育工作要把无产阶级的政治方向放在首位,对学生的德育要求要同共产主义目标相联系。

贯彻导向性原则的基本要求是:

(1)坚持正确的政治方向;

(2)德育目标必须符合新时期的方针政策和总任务的要求;

(3)要把德育的理想性和现实性结合起来。

2. 疏导原则(循循善诱原则)

疏导原则是指教育者进行德育要循循善诱,以理服人,从提高学生认识入手,调动学生的主动性,使他们积极向上。

贯彻疏导原则的基本要求是:

(1)讲明道理;

(2)因势利导,循循善诱;

(3)以表扬激励为主,坚持正面教育。

3. 尊重学生与严格要求学生相结合的原则

尊重学生与严格要求学生相结合的原则是指教育者进行德育要把对学生个人的尊重和信赖与对他们的思想和行为的严格要求结合起来,使教育者对学生的影响与要求易于转化为学生的自觉行动。前苏联教育家马卡连柯说:"要尽量多地要求一个人,也要尽可能地尊重一个人。"爱是严的基础,严是爱的体现,只有把两者紧密结合在一起,才能取得最佳的教育效果。要教育人首先要把人当人,这一原则是教育者正确对待受教育者的基本情感和态度。

尊重学生与严格要求学生相结合的原则的基本要求是:

(1)爱护、尊重和信赖学生;

(2)教育者对学生提出的要求要做到合理正确、明确具体和严宽适度;

(3)教育者对学生提出的要求要认真执行,坚定不移地贯彻到底,督促学生切实做到。

(4)加强思想道德的理论教育,提高学生的思想道德认识;

4. 教育的一致性与连贯性原则

教育的一致性与连贯性原则是指教育者进行德育应当有目的、有计划地把来自各方面对学生的教育影响加以组织、调节,使其相互配合,协调一致,前后连贯地进行,以保障学生的品德能按教育目的的要求发展。

贯彻教育的一致性与连贯性则的基本要求是:

(1)要统一学校内部各方面的教育力量;

(2)要统一社会各方面的教育影响,争取家长和社会的配合,逐步形成以学校为中心的"三位一体"的德育网络;

(3)处理好衔接工作,保持德育工作的经常性、制度化、连续性和系统性。

5. 因材施教原则

因材施教原则是指教育者进行德育要从学生的思想认识和品德发展的实际出发,根据他们的年龄特征和个性差异进行不同的教育,使每个学生的品德都能得到最好的发展。我们说的"有的放矢""一把钥匙开一把锁"都是这个原则的运用。

贯彻因材施教原则的基本要求是:

(1)深入了解学生的个性特点和内心世界;

(2)根据学生个人特点有的放矢地进行教育,努力做到"一把钥匙开一把锁";

(3)根据学生的年龄特征有计划地进行教育。

6. 知行统一原则

知行统一原则是指教育者既要重视思想道德的理论教育,又要重视组织学生参加实践锻炼,把提高认识和行为养成结合起来,使学生做到言行一致,表里如一。

贯彻知行统一原则的基本要求是:

(1)加强思想道德的理论教育,提高学生的思想道德认识;

(2)组织和引导学生参加各种社会实践活动,促使他们在接触社会的实践活动中加深情感体验,养成良好的行为习惯;

(3)对学生的评价和要求要坚持知行统一的原则;

(4)教育者要以身作则,严于律己。

7. 正面教育与纪律约束相结合的原则

正面教育与纪律约束相结合原则是指教育者的德育工作既要正面引导、说服教育、启发自觉,调动学生接受教育的内在动力,又要辅之以必要的纪律约束,使两者有机结合起来。

贯彻正面教育与纪律约束相结合原则的基本要求是:

(1)坚持正面教育的原则;

(2)坚持摆事实、讲道理,以理服人;

(3)建立健全的学校规章制度和集体组织公约、守则等,并严格管理,认真执行。

8. 依靠积极因素,克服消极因素的原则(长善救失原则)

依靠积极因素,克服消极因素的原则是指德育工作中,教育者要善于依靠、发扬学生自身的积极因素,调动学生自我教育的积极性,克服消极因素。

贯彻依靠积极因素,克服消极因素原则的基本要求是:

(1)教育者要用一分为二的观点,全面分析,客观地评价学生的优点和不足;

(2)教育者要有意识地创造条件,将学生思想中的消极因素转化为积极因素;

(3)教育者要提高学生自我认识、自我评价的能力,启发他们自觉思考,克服缺点,发扬优点。

二、德育的途径和方法

(一)德育的途径

德育途径是指学校教育者对学生实施德育时可供选择和利用的渠道,又称为德育组织形式。它主要有以下六种途径。

1. 思想品德课与其他学科教学

思想品德课与其他学科教学是学校有目的、有计划、系统地对学生进行教育的基本途径。教学是学校工作的核心,教学本身就具有教育性,因此教师要充分挖掘出教材中的德育因素,在传授文化科学和教授学生技能的同时,使学生受到科学精神、社会人文精神的熏陶,从而形成学生良好的品德。如在语文、历史、外语等人文社会科学的教学中,坚持文道结合的原则,使学生懂得是非、善恶、美丑;在数学、物理、化学、地理、生物等自然学科的教学中,让学生学习科学家们的发现、发明、创造以及他们勇于追求真理、造福人类的精神品质。

2. 课外、校外活动

课外活动是学校在课堂教学任务之外,利用课余时间,对学生实施的有意义的教育活动。校外活动是学校以外的教育机关组织和领导学生的课余教育活动。它们一般包括科技讲座、展览、参观访问等科技活动,文艺娱乐活动和田径、体操、滑冰、游泳等体育活动,它们是整个教育体系的一部分,也是学校实施德育的一个重要途径。

3. 劳动

劳动是人类最基本的实践活动,包括生产劳动、社会公益劳动和自我服务性劳动。在劳动中,可以培养学生正确的劳动观点,形成热爱科学、热爱劳动人民的思想感情,养成珍惜劳动成果、爱护公共财物以及良好的劳动习惯。

4. 共青团、少先队活动和学生会活动

学校共青团、少先队、学生会是学校里学生的正式组织,通过它们开展丰富的德育活动,不仅有利于发挥学生的主体作用,调动它们的积极性和主动性,还能培养他们自我教育和自我管理的能力。

5. 班会、校会和周会、晨会

班会、校会和周会、晨会是学校对学生特别是小学生进行品德教育的重要形式,它们是全班同学或全校师生参加的活动,能持久地、潜移默化地影响学生,及时地、有针对性地解决学生的思想问题。

6. 班主任工作

班主任是全面负责一个班学生教育工作和管理工作的教师,他的一项主要任务和职责就是对学生进行品德教育。班主任可通过组织班会等活动,把集体教育和个别教育结合起来,更好地发挥上述德育途径的作用。

(二)德育的方法

德育方法是为了达到德育目的,在德育过程中采用的教育者和受教育者相互作用的活动方式的总和,它既包括教育者的施教传道方法,也包括受教育者的受教育修德方式。

1. 说服教育法(说理教育法,说理法)

说服教育法是通过摆事实、讲道理,使学生提高认识、形成正确观点的方法,它是德育的基本方法,也是一种坚持正面理论教育和正面思想引导,增强辨别是非能力、促进道德发展的重要方法。它包括语言说服和事实说服。语言说服法是运用口头和书面语言向学生讲述道理,使学生明辨是非的方法,包括讲解法、报告法、谈话法、讨论法和指导阅读法等。事实说服法是组织学生接触社会实际,用各种生动具体的事实来说服学生,使学生获得直接经验、形成正确的认识的方法,包括参观法、访问法、调查法等。

2. 榜样示范法

榜样示范法是用榜样人物的优秀品德来影响学生的思想、情感和行为的方法。这种方法符合青少年学生爱好学习、善于模仿、崇拜英雄、追求上进的年龄特点,也符合人的认识由生动直观到抽象的发展规律。"桃李不言,下自成蹊""其身正,不令而行;其身不正,虽令而不从",说的都是榜样示范作用。运用此法要选好学习的榜样,他们应该是能激起学生的敬慕之情,能引导学生自觉调节行为,提高修养。

3. 陶冶教育法

陶冶教育法是教师利用环境和自身的教育因素,对学生进行潜移默化的熏陶和感染,使其在耳濡目染中受到感化的方法。它包括人格感化、情感陶冶、科学知识陶冶、环境陶冶和艺术陶冶等。如"让学校的每一面墙壁都开口说话""让学校的一草一木、一砖一石都发挥教育影响"就是环境陶冶。运用此法一定要创设良好的情境,与启发引导结合,让学生参与到情境的创设中去。

4. 指导实践法

指导实践法是教育者组织学生参加多种实际活动,在行为实践中使学生接受磨炼和考验,以培养优良思想品德的方法。它包括练习、制度、委托任务和组织活动等。运用此法,要坚持严格要求,能调动学生的主动性,并注意检查和坚持。

5. 品德评价法(奖励与处分法)

品德评价法是教育者根据一定的要求和标准,对学生的思想品德进行肯定或否定的评价,促使其发扬优点、克服缺点,督促其不断进步的一种方法。它包括奖励、惩罚、评比和操行评定等方式。运用此法,一定要做到公平公正、适度、合情合理,发扬民主、获得群众支持,注重宣传与教育,以奖励为主、抑中带扬。

6. 品德修养指导法

品德修养指导法是教师指导学生自觉主动地进行学习、自我品德反省,以实现思想转化以及行为控制的方法。它包括立志、学习反思、箴言、慎独等具体的方式。运用此法,就是要培养学生自我修养的兴趣与自觉性,指导学生掌握修养的标准,引导他们积极地参加社会实践。

品德修养指导法对学生的自觉意识和自制力有较高要求,适合高年级学生使用。

第三节 品德的发展

一、品德的概念

(一)什么是品德

品德是道德品质的简称,是一种个体心理现象,指个体依据一定的道德行为准则行动时所表现出来的某种稳定的心理特征,它是个性中具有道德评价意义的核心部分。品德与道德是两个既相互联系又相互区别的不同概念。

(二)品德与道德的关系

道德和品德的区别,从两者的概念就可以看出来。道德随着社会的发展而变化,随着社会环境的改变而变化。它是由舆论力量与内心驱使来支持的行为规范的总和,是一种分辨是非、善恶的尺度。它是一种社会现象,是社会学和伦理学研究的对象,它的发展受到整个社会发展规律的制约。而品德是社会道德在个体身上的内化,是一种个人现象,是教育学和心理学研究的对象,它的发展不仅受到社会发展规律的制约,还受到个体身心活动规律的制约。

同时，它们又是紧密联系的。离开道德就不能谈个人的品德，个人品德的内容是道德在个体身上的具体表现；个人品德的发生、发展与道德一样都受社会发展规律的制约；品德是道德的组成部分，许多人的品德综合起来就构成或影响着整个社会道德的面貌和风气。

二、品德的心理结构

到目前为止，关于道德心理结构的观点尚未形成一致的结论，具有代表性的观点有道德认识、道德情感和道德行为三要素论，道德认识、道德情感、道德意志和道德行为四要素论，道德认识、道德情感、道德意志、道德行为和道德自我（良心）五因素论。本书主要介绍四要素论，即品德的心理结构包括四种相辅相成的基本心理成分，即道德认知、道德情感、道德意志和道德行为，简称"知、情、意、行"。

（一）道德认知（道德观念）

道德认知是指对道德行为的是非、善恶、美丑及其意义的认识，是人的认识过程在品德上的表现。道德认知是个体品德的基础，是道德情感、道德意志产生的依据，对道德行为具有定向的意义，是行为的调节机制。道德的核心是道德认知，道德认知的形成主要包括道德观念的形成、道德信念的确立和道德评价能力的发展三个方面。其中，道德观念的形成为先决条件，道德评价能力的发展为主要标志，道德信念的确立为关键。

（二）道德情感

道德情感是人的道德需要是否得到实现及其引起的一种内心体验，即人在心理上产生的对某种道德义务的爱憎、喜恶等情感体验。它不仅是对客观事物的一种反映，还是人们对客观事物的一种态度。道德情感有义务感、责任感、荣誉感、友谊感、自尊心、集体主义情感等，包括直觉的道德情感、想象的道德情感和伦理的道德情感三种主要的表现形式。

（三）道德意志

道德意志是个体自觉地调节道德行为的心理状态，克服困难，以实现预期的道德目标的心理过程。道德意志通常表现为一个人的信心、决心和恒心，是道德观念的能动作用，是个体通过自己意识的控制和理智的权衡作用去解决道德生活中的内心矛盾与支配行为的力量。道德意志的形成主要有两种表现：道德动机经常战胜不道德动机；排除内外干扰，实现其道德行为。

（四）道德行为

道德行为是在一定道德意识支配下所采取的各种行动，它是实现道德动机的手段，是道德认识和道德情感的具体表现和外部标志。道德行为是衡量个体是否具有良好道德素质的重要标志。道德行为的培养主要通过道德行为方式与技能的训练和道德行为习惯的养成等途径来实现的。

在品德的心理结构中,以上四种心理成分是互相联系、互相制约、互相促进的。在学校教育实践中,道德认识是学生品德形成的开端,是道德情感、道德意志和道德行为产生的基础;道德情感和道德意志是品德形成的中间环节,不但影响着道德认识的倾向,而且对道德行为可以起到一种激励和定向的作用;道德行为是在道德认识的指导下,在道德情感和道德意志的推动下,通过训练形成起来的,同时它又对巩固和发展道德认识、丰富道德情感起到促进作用。在培养学生的品德形成中,家庭、社会和学校三方要共同努力、协调。

三、品德发展的阶段理论

(一)皮亚杰(Jean Piaget)的道德发展理论

瑞士的心理学家让·皮亚杰(1896—1980),是近代最有名的儿童心理学家。皮亚杰是第一个系统研究儿童道德认知(道德判断问题)的心理学家,他在1932年出版了《儿童道德判断》,此书被誉为发展心理学研究儿童道德发展的里程碑。皮亚杰的道德发展理论主要是按照尊重准则、社会公正感的标准来划分儿童道德发展阶段的,他研究道德判断的主要方法是对偶故事法。对偶故事法是指向儿童提出各种成对的故事,在每对故事中都有因某种故意的或无意的行为造成的不良结果,然后问儿童引起这两种不良结果的哪一种行为是"更坏的"。

皮亚杰通过大量研究,发现并纠正儿童道德认知发展的总规律,以及儿童道德的发展经历从他律到自律的认识、转化发展的过程。在此基础上,他提出儿童道德发展的年龄阶段,并认为,10岁是儿童从他律道德向自律道德转化的分水岭。他把儿童的道德发展分为以下四个阶段。

1. 自我中心阶段(2～5岁)

自我中心阶段是从儿童能够接受外界的准则开始的。在这个阶段,儿童还不能把自己同外在环境区分开来,只把外在环境看作自身的延伸;儿童会按照自己的想象去执行规则,规则对他不具有约束力。因此,对这一阶段的儿童活动不应该过多干涉,而应该耐心具体地进行指导。

2. 权威阶段(6～8岁)

权威阶段,也称"他律阶段"。该时期的儿童绝对地尊敬和顺从外在权威,对现存的一切规则都看作固定不变的,他们不是根据主观动机行为,而是根据行为后果来判断对错。例如,小学一、二年级学生好告状,就是儿童服从权威道德观念的具体表现,此时老师的表率和示范十分重要。

3. 可逆性阶段(8～10岁)

可逆性阶段的儿童把规则看作同伴间共同约定的,如果大家都同意的话,规则是可以改变的。同伴间的可逆关系的出现,标志着判断由他律开始进入自律阶段。这个阶段的儿童不单纯地服从权威,也不机械地遵守规则,他们已经认识到同伴间的相互关系。因此,教师要一视同仁的对待所有的学生,避免厚此薄彼,也要抓住这个好时机,培养和形成良好班集体,培养儿童自知自理能力和集体主义思想。

4. 公正阶段(11~12岁)

这一阶段的公正观念是从可逆的道德认识中脱胎而来的。这个阶段的儿童倾向于主持公正、平等,但公正的奖惩不应该千篇一律,应根据个人的具体情况进行。

(二)科尔伯格(Lawrence Kohlberg)的道德发展理论

美国儿童发展心理学家科尔伯格(1927—1987)在继承英国心理学家麦独孤(W. McDougall)和瑞士心理学家皮亚杰的一些学说基础上,对儿童道德认知发展和道德教育提出了个人的主张,认为道德发展的关键是学生道德判断能力的发展。如何促进儿童的道德判断能力的发展呢?科尔伯格认为带有冲突性的交往和生活情境最适合于促进个体道德判断能力的发展。他用芝加哥中产阶级和较下层阶级家庭的儿童(7岁、10岁、13岁、16岁)做被试实验,后又扩展到美国其他城市和乡村儿童来研究儿童的道德发展水平,他研究道德判断的主要方法是道德两难故事法。

两难故事法是指编制一些在道德上难以判断是非的故事,让儿童听后以回答问题的方式,对故事中人物的行为进行议论,根据儿童回答的内容来判断他们品德发展的水平。其中最有名的故事就是海因茨偷药。欧洲有个妇女得了癌症,快要死了。医生告诉她的丈夫海因茨,有一种镭化剂能治疗这种癌症。这药是本地的一个药剂师发明的,药剂师卖一剂药要价2000美元,十倍于他的成本。海因茨到处借钱,只凑够1000美元。因此,他要求药剂师能否卖便宜些,或者同意分期付款。药剂师说:"不行,我发明这种药,就是为了赚钱。"海因茨在绝望中,破窗进入了药房的门,偷走了药,及时挽救了妻子一命。问题:海因茨该不该偷药?为什么该?为什么不该?法官该不该判他的罪?为什么该?为什么不该?考查儿童回答问题时是如何推理的?他根据儿童的回答,把儿童的道德分为三水平六阶段。

1. 前世俗水平

被试着眼于人物行为的具体结果及其与自身的利害关系判断好坏是非。

第一阶段的服从于惩罚定向阶段。

这一阶段的儿童根据行为的后果来判断行为的好坏以及严重程度,他们害怕受到惩罚,对成人或规则采取服从的态度,以免受到惩罚,认为避免受惩罚的行为都是好的,遭到批评指责的事都是坏的,这时没有形成真正的准则概念。

第二阶段:朴素的利己主义定向阶段(相对功利取向阶段)。

这一阶段的儿童在进行道德评价时,开始从不同角度将行为与需要联系起来,但具有较强的自我中心,即认为符合自己需要的行为就是正确的、好的,否则就是不好的。

科尔伯格认为,大多数9岁以下的儿童和许多犯罪的青少年在道德认识上都处于前习俗水平。

2. 习俗水平

被试着眼于社会的希望和要求,认为道德的价值在于为他人和社会尽义务,以维护社会的传统秩序;能够了解社会规范,并遵守和执行社会规范;规则已被内化,按规则行动被认为是正确的。

第三阶段:社会习俗定向阶段(寻求认可定向阶段、"好孩子"定向阶段)。

处于这阶段的儿童,其个体的道德价值以人际关系的和谐为导向,谋求大家的赞赏和认可。他们认为,一个人的行为是否正确,要看其是否受到别人赞扬,是否对别人有帮助。因此,在进行道德评价时,他们总是考虑到他人和社会对于一个"好孩子"的期望和要求,并尽量按这种要求去展开思路。

第四阶段:遵守法规和秩序定向阶段。

处于该阶段的儿童,其道德价值以服从权威为导向,更加深刻地认识到维护普遍的社会秩序的重要性。他们服从社会规范,遵守公共秩序,尊重法律权威,以法制观念判断是非,知法懂法。他们认为准则和法律是维护社会秩序的,因此,应当遵循权威和有关规范去行动。

科尔伯格认为,小学中年级以上的儿童属于这个阶段。

3. 后世俗水平

被试不仅自觉地遵守某些行为准则,还认识到法律的人为性,并在考虑全人类的正义和个人的尊严的基础上形成某些超越法律的普遍原则,并已将此内化为自己内部的道德命令。

第五阶段:社会契约定向阶段。

处于这一水平阶段的人已认识到法律或习俗的道德准则仅仅是一种社会契约,它是由大家商定的,也是可以改变的。他们在强调按契约和法律的规定享受权利的同时,认识到个人应尽义务和责任的重要性。个体一般不违反大多数人的意愿和幸福,但不同意用单一的法规去衡量人的行为,道德判断灵活了。

第六阶段:原则或良心定向阶段。

这是道德最高判断的最高阶段,表现为能以公正、平等、尊严这些一般的原则为标准进行思考。在根据自己选择的原则进行某些活动时,只要认为动机是好的,行为就是正确的。在这个阶段上,他们认为人类普遍的道义高于一切。

科尔伯格认为后习俗水平一般要到20岁以后才能出现,而且只有少数人能达到。

科尔伯格的品德发展阶段理论的主要贡献:其一,比皮亚杰的品德发展理论更详细、更完善,特别是揭示了青年期的品德发展水平。皮亚杰的被试都是12—13岁,科尔伯格的被试延长到21岁;其二,对品德发展的探讨不局限于符合社会规范、法律准则的道德行为,还从道德认识的实质出发,提出了后世俗水平,有利于全面、完整地探讨个体的道德观念;其三,强调道德思维推理能力的决定作用,这对品德教育具有重要意义。

科尔伯格的品德发展阶段理论的不足之处:其一,对个体社会化进程中不同文化对其品德发展上的作用大小问题,没有作出清楚明确的阐述;其二,对儿童的品德教育只强调道德判断能力的训练,忽视道德行为的培养。

四、品德的形成和培养

（一）品德的形成

1. 品德的形成过程

品德的形成是一个人从外到内的转化过程,是社会规范的接收和内化,大致经过依从、认同和内化三个阶段。

（1）依从阶段

依从是指表面上接受规范,按照规范的要求行动,但对规范的必要性或根据缺乏认知,甚至有抵触情绪。依从阶段是规范内化的初级阶段,是态度和品德建立的开端,包括从众和服从。因此,依从阶段的行为具有盲目性、被动性、不稳定性,会随着情境的变化而变化。

（2）认同阶段

认同是指在思想、情感、态度和行为上主动接受他人的影响,使自己的态度和行为与他人接近。认同实质上是对榜样的模仿,包括偶像认同和价值认同。在态度和品德的形成过程中,认同阶段是一个关键,是确立自觉遵从态度的开始。

（3）内化阶段

内化是指在思想观点上与他人的思想观点一致,将自己所认同的思想和自己原有的观点、信念融为一体,构成一个完整的价值体系。内化是对道德原则和社会规范的最高接受水平,是把外在的要求变成自己的需求和信念,是认知和情感的结晶,是稳定而规范的行为产生的内因。在内化阶段,个体的行为具有高度的自觉性、主动性、坚定性。

2. 影响品德形成的一般条件

（1）外部条件

影响品德形成的外部条件主要有家庭教养方式、社会风气、同伴群体三个因素。父母的教养方式有民主型和严格或放任型。严格或放任型的教养方式更容易让孩子产生不良的、敌对的行为;民主型教养方式则有助于孩子的友爱、热情等优良态度与品德的形成与发展。社会风气主要通过社会舆论和大众媒介传播而形成,因为青少年儿童自身的道德、自我发展还不成熟,不善于作出正确的判断和选择,所以容易受到不良风气的影响。学生的态度与道德行为在很大程度上会受到他们的同伴群体的行为准则和风气的影响,同伴之间的行为方式更容易模仿、认同。

（2）内部条件

影响品德形成的内部条件主要有认知失调、态度定势和道德认知三个方面。

①认知失调:人类具有一种维持平衡和一致性的需要,即力求维持自己的观点、信念的一致,以保持心理的平衡。当态度和行为不一致时,会使人产生紧张和不舒服的心理状态。认知失调是态度和品德改变的原动力。

②态度定势:个体由于过去的经验,对所面临的人或事可能会具有某种肯定或否定、喜欢或厌恶、趋向或回避等内心倾向性,这种事先的心理准备或态度定势常常支配着人对事物的预期与评价,进而影响人是否接受有关的信息和接受的程度。

③道德认知:态度、品德的形成与改变取决于个体头脑中已有的道德准则和规范的理解水平及掌握程度,取决于已有的道德判断水平。

教师或家长在对学生实施道德教育时,不要只是道德说教,还要结合学生生活实际,注重他们的切身体会。此外,个体的智力水平、年龄大小、受教育程度等也会对品德的形成有不同程度的影响。

如前面提到的玩抖音,流行于中小学生中,他们模仿抖音中的同龄人,认同抖音中的一些态度、情感、行为,三观被扭曲。调查还发现,每一个沉迷抖音的孩子背后,一定也有一个沉迷抖音的家长。家长的很多行为都会对孩子产生潜移默化的影响。很多家长不仅自己玩抖音,还把孩子当成了拍摄的道具。他们以玩弄孩子为噱头,在视频上获取人气和点击量,孩子们就这样被熊父母们坑,甚至出现了意外。例如,前段时间有一个新闻:武汉的一个爸爸和两岁的孩子挑战抖音高难度动作,却意外失手,导致孩子从半空跌落。据印度尼西亚中文网报道,就在7月3日当地时间17:35,抖音被印尼通信与信息技术部封锁,因为他们发现抖音对他们的孩子有害,所以进行了抵制。我们的社会风气导向,对未成年孩子带来了很大的影响,所以家长、社会、学校应该联合起来,对青少年儿童进行正确的引导,以形成他们良好的品德。

(二)品德的培养

1. 有效的说服

"动之以情、晓之以理",用言语说服学生需要一定的技巧,在考虑原有态度的基础上,要注意有效地运用正反例子,还要注意发挥情感的作用。如当教师进行说服时,对低年级的学生进行教育以及解决当务之急的问题时,应当只提出正面的材料。

2. 树立良好的榜样

社会学习理论的代表人物班杜拉认为儿童通过观察榜样的言行进而模仿习得一定的言行。他进一步提出,人们倾向于把那些受人尊敬、地位较高、能力较强、拥有权力且具有吸引力的人当作榜样,或把在年龄、性别、兴趣爱好、社会背景等方面与儿童相似的人当作模仿的对象。因此,在教育中我们应该给儿童树立正面的典型和良好的榜样,同时教育者也应该要求自己的行为举止合乎道德规范,不但注意言传,而且更应该注意身教,使儿童的身心健康成长。

3. 利用群体约定

经过集体成员共同讨论决定的规则、约定,对其成员有一定的约束力,使成员遵守规章或承担需要履行的责任。一旦某成员出现越轨或违反约定的行为,就会受到其他成员的有形的或无形的压力,迫使其改变态度。因此,在教育过程中,教师要善于利用集体的力量教育个别学生,也要注意集体教育与个别教育的结合。

4. 价值辨析

价值辨析就是让学生交流自己的价值选择,认清自己的价值观念,并且依照自己的价值观念做事。在价值辨析中,教师要注意引导学生利用理性思维和情绪体验来检查自己的行为模式,鼓励他们努力地去发现自身的价值,自觉、自愿地选择符合社会道德原则的价值观去为人处世。

5. 给予恰当的奖励与惩罚

奖励和惩罚都是外部的调控手段,运用要恰当。对于那些选择正确的道德行为的学生,不管是物质奖励还是精神奖励,注意要及时。在违反课堂纪律的行为发生后施加某种痛苦或厌恶的刺激就是惩罚,或是在不良行为发生后,取消学生喜爱的某种刺激都是惩罚。奖励和惩罚不但影响着认知、技能或策略的学习,而且对个体的态度和品德的形成也起到一定的作用。

五、品德不良的转化

(一)品德不良的概念和表现

1. 品德不良

品德不良是指个体具有不符合社会道德要求的品德,它是在环境、教育影响下,经过青少年长期的错误认识、体验、实践而形成的。品德不良可能是道德认识方面的,也可能是道德意志或道德行为习惯方面的,或者二者兼有。

2. 学生的不良行为

品德不良必然会通过学生的不良行为反映出来。学生的不良行为可分为过错行为与不良品德行为两种。学生的过错行为是指那些不符合道德要求的问题行为,如调皮捣蛋、恶作剧、无理取闹、作业和考试作弊等。学生的不良品德行为则是指那些由错误道德意识支配的,经常违反道德准则,损害他人或集体利益的问题行为,如不想别人的成绩超过自己而诽谤别人的行为等。

(二)品德不良的原因

1. 客观原因

(1)家庭方面:不良的家庭教育和家庭环境会导致学生形成不良的品德。例如,父母溺爱、迁就,容易养成子女任性、自私、专横、懒惰、依赖、优越感等性格特点,以致逐渐发展为不良的品德;父母对子女要求太高,管教过严,又缺乏正确的教育方法和措施,很容易使感受不到家庭温暖的孩子转向外界寻求感情寄托,从而容易受到社会不良因素的诱惑而走上品德不良的歪路;还有家长言行不一致,家庭成员本身的恶习或家庭结构的巨变等,都容易导致学生的品德不良。

(2)学校方面:学校教育工作者在教育观点上的偏颇或方法上的不当,也会在一定程度上间接地造成或助长学生的不良品德。例如,有的教师只抓智育和升学率,忽视对学生的思想品德教育;有的教师对学生缺乏感情,不了解学生,教育方法不当,引起学生厌烦、反感等情绪,教育效果甚微;有的教师对品德不良的学生的问题视而不见,没有及时与家长等方面取得联系,或推卸责任,都会把品德不良的学生推向更不好的方向。

(3)社会方面:社会关系和社会风尚中消极的因素,容易对学生产生侵蚀和影响,特别是一些不适宜儿童接触的文艺作品可能对青少年儿童的成长产生副作用。社会的不良风气、媒体的不良报道等,也会对儿童的品德不良起着推波助澜的作用。

2. 主观原因

(1)缺乏正确的道德观念和道德信念,如把违反纪律视为英雄行为;

(2)学生因为道德意志薄弱,所以很容易受不良风气或行为的影响或无法抵御不道德行为的诱惑;

(3)受不良行为习惯的支持,如长期受到不良环节或习惯的影响,养成了不良的行为习惯后,根本意识不到自己的不良行为,所以根本无从改变;

(4)性格上的某些缺陷,如喜欢贪图小便宜、自私自利、胆小怕事不会承担责任等;

(5)某些需要没有得到满足,如想得到别人的关注而故意不守纪律,哗众取宠等。

(三)品德不良的转化过程

许多调查研究表明,品德不良的青少年儿童在转化的过程中,大体上经历醒悟、转变和自新三个阶段。

1. 醒悟阶段

品德不良的青少年的醒悟,是从认识到自己的错误并产生改过自新的意向开始的。

(1)消除疑惧心理和对立情绪。教育者要给予他们真诚的关怀、爱护,耐心说服教育,对其偶尔的良好表现实时地给予恰当的表扬,这些可能消除他们的疑惧心理和对立情绪。

(2)引发归属的社会性需要。许多品德不良的青少年儿童没有意识到他们给家人或受害者带来哪些不良的后果,教育者要抓住时机实时地引导,让他们意识到自己给他人带来的伤害,引起他们的内疚、悔恨等情感,从而产生改过自新、弃恶从善的归属需要。

2. 转变阶段——当心有反复

当品德不良儿童对自己的错误有了初步认识后,产生了改过自新的意向,在行为上就会出现一定的转变。但教育者必须清醒地认识到,品德不良是长期形成的,这些不良儿童的上进心还是比较弱的,抗诱惑能力还是比较差的,且存在侥幸心理,因为在整个转变阶段,他们必然要经历不断的矛盾斗争和多次的反复,最终才会转变过来。避免反复的方法有:暂时离开旧环境,避免旧有刺激;积极引导他们在旧有刺激条件下进行锻炼,接受考验。

3. 自新阶段

品德不良的青少年经过长时间的转变后,如果不再或很少出现反复,就逐渐步入自新阶段。这个阶段的青少年会以崭新的面貌进行学习、工作和生活,会有很强的上进心,注意用自己的行动去改正过去的错误,其表现往往比一般青少年还要积极。对自新阶段的青少年,要做到:不要歧视和翻旧账,要特别关心他们成长;要积极地使他们形成完整的自我观念。

知识窗口

曾经有一个小和尚,极得方丈宠爱。方丈将毕生所学悉数教授,希望他能成为出色的佛门弟子。没想到他在一夜之间动了凡心,偷偷下了山,五光十色的城市迷住了他的眼睛,从此他只管花街柳巷,放浪形骸。20年后的一个深夜,窗外月色如洗,澄明清澈地洒在他的手掌心。他忽然忏悔了,披衣而起,快马加鞭赶往寺里请求师父原谅。方丈深深厌恶他的放荡,不愿再收他为弟子,说:"你罪孽深重,必堕阿鼻地狱,要想佛祖饶恕,除非桌子上开花。"浪子失望地离开了。第二天,方丈踏进佛堂时,看到佛桌上开满了大簇大簇的花朵。方丈在瞬间大彻大悟,连忙下山寻找弟子,却为时已晚,心灰意冷的浪子重新堕入荒唐的生活,而佛桌上的那些花朵只开放了短短的一天。是夜,方丈圆寂,临终遗言:"这世上,没有什么歧途不可以回头,没有什么错误不可以改正。"一个真心向善的念头是最罕有的奇迹,好像佛桌上开出的花朵,而让奇迹陨灭的,不是错误,是一颗冰冷的、不肯原谅、不肯相信的心。

资料来源:叶倾城.开在佛桌上的花朵[J].佛教文化,2004(1).

拓展阅读

[1]李尚卫,吴天武.普通教育学[M].北京:北京师范大学出版社,2010.
[2]胡厚福.德育原理[M].沈阳:辽宁大学出版社,2000.
[3]燕良轼.教育心理学[M].武汉:武汉大学出版社,2010.

复习思考题

一、单项选择题

1.我国学校德育内容主要有(　　)。
　A.政治教育、思想教育、道德教育和法制教育
　B.政治教育、思想教育、法制教育和心理健康教育
　C.政治教育、道德教育、法制教育和心理健康教育
　D.政治教育、思想教育、道德教育、法制教育和心理健康教育

2.在德育历史发展过程中,其原理、原则和内容、方法等存在一定的共同性。因此,德育具有(　　)。
　A.社会性　　　B.历史性　　　C.民族性　　　D.继承性

3. （　　）是衡量个体道德修养水平的外在标志，它在品德结构中发挥关键作用。
　　A. 道德认识　　　B. 道德情感　　　C. 道德意志　　　D. 道德行为
4. 衡量学生品德形成与否的关键要素是（　　）。
　　A. 道德认识　　　B. 道德情感　　　C. 道德意志　　　D. 道德行为
5. 让学校的一草一木、一砖一石都发挥教育的作用，体现了德育（　　）。
　　A. 说服法　　　B. 榜样法　　　C. 陶冶法　　　D. 锻炼法

二、简答题

1. 简述德育过程的基本规律。

2. 学生品德不良的主观原因有哪些？

3. 简述贯彻长善救失德育原则的基本要求。

三、论述题

1. 述评科尔伯格的道德发展理论。

2. 谈谈你对"德育过程是学生知、情、意、行的培养提高过程"这句话的理解。

四、材料分析题

周老师总是认真地给学生写评语,把它作为教育学生的途径。他给班上一名淘气学生写了一首打油诗:"小赵同学有头脑。就是不爱用正道;上课爱做小动作,插话接舌瞎胡闹;学习态度不大好,学习成绩不大妙;你若聪明应知道,有才不用是草包,劝你来期赶紧改,否则成绩更糟糕。"小赵阅后哈哈大笑,也回老师一打油诗:"老师写得好,老师写得妙;小赵一定改,决不当草包;不做小动作,头脑用正道;若是做不好,随你老师敲!"

小张迷恋电脑游戏,周老师用心良苦,巧妙把他比喻为电脑,给他的评语是:"该主机硬盘超过80G,内存2G,运行绝大多数游戏非常流畅,反应灵敏;显卡强大,画面质量甚高;整体配置非常优良。但该机音效设定不良,常常该发声没有声音,要安静时却发出杂音;另外屏保时间设定过短,老师一分钟没动作就进入休眠状态。不过,该主机修理修理还是好用的。"后来,小张改掉了迷恋游戏的毛病,对电脑硬件也产生了兴趣。

小黄语文水平高,但有些浮躁,周老师给他的评语是:"汝生于书香门第,通达明理,开朗乐观,时有非常之事,亦曾处之泰然,好学善守。然汝时有蹉跎之意,数情烦甚。若不熟读圣贤之书,以致学识浅薄,泯然众人,岂不哀哉,痛哉!"小黄阅后,心服口服,决心静下来,坚持勤奋读书。

问题:

(1)周老师给学生写的评语体现了哪些德育原则?

(2)请结合材料加以分析。

第十一章
班级管理

在班级管理中，每一个班主任都可能遇到能照亮我们人生的孩子，孩子的纯真、善良督促我们不断反思、进步。班级管理是学校工作的基本内容，是直面学生并能对少年儿童施以有力影响的主要教育形式。班队工作的成败直接影响到学校的育人效果，影响到学生现在和未来的发展。因此，全面了解班级工作的基本原理及实践方式，有助于提高班级管理工作的合理性与科学性，有利于提高学校教育的整体效能。班级是学生健康成长的重要环境，班级管理者的作用不容忽视。

知识体系

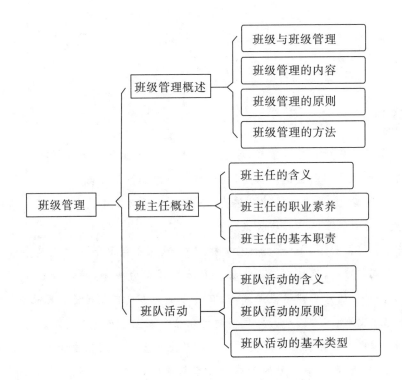

名家名言

学校工作和班级工作应最大限度地依靠民主管理和制度管理,少一些人治,少一些无效劳动。

——魏书生

教师情真,才能以情动情;教师心热,才能点燃智慧的火花;教师意远,才能在学生的前面开拓其思路。

——李吉林

如果在你的班主任工作中忽略了家长的力量,你永远是一条腿走路。

——任小艾

知识窗口

为了更好地推行新的广播操,学校准备举行广播操会演。我找来班干部一起商量怎么排列队形。商量的结果是,我们班最理想的队形是扇形。可问题来了,根据扇形队伍的编排,必须去掉一名学生,不然就会影响整体的美感,而且学校并不要求学生百分之百参演。那去掉谁呢?

"当然去掉白天了。"生活委员首先提出来,大家都附和着。白天是个清瘦的男孩子,智力有些障碍,连体育老师也说他身体协调能力极差,根本没办法连贯地做完广播操。大家的意见似乎很一致,只有学习委员小贝自始至终沉默着,没有发表意见,我想他也默认了吧。最后,我们商定在班会课上宣布这个决定。

班会课,班长站在讲台上对同学们说:"马上就要举行广播操比赛了,大家一定都想取得好成绩,我相信大家的集体荣誉感都很强,但按照我们的队形编排,要想取得好成绩,必须有一位同学退出本次比赛,这样看起来效果会更好。"按照事先的估计,在这样的动员场面,一定会有学生主动提出让谁不要上场,如果白天有自知之明,也会主动退出。但是,我没有想到,接下来却是难堪的沉默,全班没有一名学生发言。尴尬中,小贝忽然站了起来,我以为他早知道班委会的决定,可能是想助班长一臂之力,我不禁松了一口气。谁知,小贝却说:"张老师,我放弃参加这次比赛的机会,我的脚昨天打球时扭伤了。"我愣住了,班长也愣住了,不知道该怎么回答。

看着小贝坚定的眼神,我忽然想起我们商量让白天退出时他自始至终的沉默,原来他是在用自己的方式保护白天,他宁愿放弃自己参演的机会也要换取白天入场的资格。最后,班长面朝我,缓缓地开口:"张老师,我觉得,我们班级是一个整体,37个同学是一个整体,一个都不能少,同意的举手。"班级里顿时掀起轩然大波,36个学生都举起了手,这是他们最后的表演机会,因为他们已经六年级了,即将小学毕业。只有一个同学没举手,他就是白天,只见他含着热泪,眼巴巴地望着我。我顿了一会儿,面对孩子的善良,我能拒绝吗?我不能。我大声说:"好,尊重同学们的意见!"教室里顿时沸腾起来,那一瞬间,我的脸微微发红。当学生已经懂得尊重每一个人,当学生已经学会关心爱护身边每一个同伴时,作为老师的我,却依然从一开始就把自己的脸面和所谓的荣誉放在了第一位,丝毫不曾将学生的尊严放在心里。在我的内心,早已把孩子们分成了三六九等,何曾真正接纳过像白天这样的孩子?

感谢白天,感谢善良的孩子们让我懂得了"每个孩子都是上天赐予我们的礼物"。

资料来源:张琴.孩子,你是老师的一面镜子[J].班主任,2013(3).

第一节　班级管理概述

一、班级与班级管理

(一)班级和班集体

1. 班级和班级组织的发展

(1)班级的含义

根据学校的安排,把同一年龄段且发展水平相当的一群学生固定地聚集在一起,形成了"班";又因为班处在一定的教育阶段上,这又构成"级"。班级是学校为实现一定的教育目的,把年龄和知识程度相近的学生编班分级而形成的,有固定人数的基本教育单位。

班级是学校行政体系中最基层的正式组织,是开展教育教学活动的基本单位,也是促进学生实现个体社会化的最基本的社会单位。班级的划分和编定遵循一定的规律,班级是依据学校制度的规定建立起来的,是正式组织,服从于学校组织的目标与规范,其活动要为实现学校规定的任务服务。

班级具有学习性、成熟性、教育性和社会性的特点。简而言之,班级是由一定年龄阶段、发展水平相当的一群学生组成的学校教育基层组织。

钱洁从社会学的角度,梳理了研究者对班级的不同理解:①班级是一种特殊的社会群体,主要以沃勒为代表;②班级是一种特殊的社会体系,主要以美国教育社会学家帕森斯为代表;③班级是一种特殊的社会组织,国外学者中主要以 JW.盖哲尔和 H.A.谢仑为代表,国内学者中主要以吴康宁为代表。

(2)班级组织的发展

班级组织是班级授课制发展的产物。16世纪,文艺复兴时期的教育家埃拉斯莫斯最早正式使用"班级"一词。17世纪,教育家夸美纽斯在其代表作《大教学论》中对班级组织进行了论证,从而奠定了班级组织的理论基础。18世纪,以班级为单位这一教学组织形式经德国教育家赫尔巴特的发展而基本定型。此后,班级组织在欧洲许多国家的学校中逐步推广。19世纪初,英国学校中出现的"导生制",这对班级组织的发展产生了巨大的推动作用。苏联的教育家凯洛夫最终完善了这一理论。

中国采用班级组织形式,最早的雏形始于1862年清政府开办的京师同文馆。20世纪初,在"癸卯学制"中正式确立了班级组织形式的地位和作用。"废科举、兴学校"之后,班级组织开始在全国推广普及。

随着学校教育的不断发展,班级逐渐成为学校教育的基本单位,并对学生的发展产生越来越大的作用。可以说,班级这一学校的基层组织随着班级授课制的发展而发展。目前,世界各国广泛采用班级授课制这一教学组织形式。

2. 班集体及其培养

(1)班集体的含义

班集体是按照班级授课制的培养目标和教育规范组织起来的,由具有明确的奋斗目标、坚强的领导核心及良好纪律和舆论的班级学生所组成的活动共同体。班级是学校中开展各类活动的最基本的基础组织,班集体是按照班级授课制的培养目标和教育规范,按一定的教育目的、教学计划和教育要求组织起来的学生群体。班集体不是学生的简单集合,不会自发形成。班集体是班级群体的高级形式,班集体的形成需要全班学生和班主任以及各学科教师的共同努力。

班集体是班级发展的高级阶段,从班集体初创到发展成熟要经历一个连续动态的过程:班级组建阶段、班集体初步形成核心阶段、班集体发展成熟阶段。

(2)班集体建设的基本方法

一个良好的班集体不是自然形成的,任何班集体的形成都要经历一个组建、形成发展的过程。班集体的建立需要班主任做好以下几方面的工作。

第一,确立班集体的发展目标。

目标是班集体发展的动力和方向,班集体如果没有共同追求的奋斗目标,就会失去前进的动力。班主任要精心设计班级发展的目标,根据目标指导班集体建设。班集体发展的目标一般分为三种:远期、中期和近期目标。远期目标是指全班同学经过较长时间的共同努力而达到的目标,它是中期、近期目标提出和设计的重要依据;中期目标是指阶段性的或者专项性的奋斗目标,是实现远期目标的条件和保证;近期目标是指向于当前的奋斗目标,它是远期、中期目标的具体化。三种目标构成了一个完整的教育目标系统,它们彼此有机结合、相互衔接、相互影响,且逐步实现目标的过程会产生梯次激励效应,形成强大的班级凝聚力。

在实现班集体目标的过程中,教师要充分发挥全班同学的积极性。对于学生而言,目标的实现过程即为教育与自我教育的过程。

第二,建立班集体的核心队伍。

班级是由一定的组织构成的,是学校实施教育教学的基本单位。班级的组织包括班委会及班级小组、少先队中队和小队以及各种小组和兴趣小组等。培养良好的班集体必须使上述班内各种组织健全起来,发挥各自的功能。而班级组织能否有效地发挥作用,关键在于选拔和培养负责这些组织活动的学生干部,使其成为班级坚强的领导核心。有了这样一个领导核心,班主任的教育要求就能在班级学生中顺利地贯彻执行,使班级各项工作开展得井然有序,并取得良好的效果,促进班集体目标的实现。因此,班主任必须重视班级干部的选拔、使用和培养工作。

第三,培养正确的集体舆论和良好的班风。

班集体舆论是指在集体内占优势的、为大多数学生所赞同的言论和意见,通常以议论、褒贬等形式肯定或否定集体的动向和集体成员的言行。一个良好的班集体要形成正确的舆论和良好的班风,进而影响、制约每个学生的心理,规范每个学生的行为。正确的舆论是一种巨大的教育力量,对班级每个成员都有约束、感染、熏陶、激励的作用。在扶正压邪、奖善罚恶的过程中,舆论具有行政命令和规章制度所不可代替的特殊作用。正确的集体舆论是班集体自我教育的手段,是形成和发展班集体的巨大力量。因此,班主任要善于培养正确的集体舆论,充分发挥其在班集体建设中的重大作用。是否具有正确的舆论和良好的班风是衡量一个班集体成功与否重要标志。

第四,创设班内良好的人际交往环境

在班级中,不仅存在组织正式规定成立的正式群体,如班集体、各种兴趣小组等,还存在若干非正式群体,他们"三人一圈""五人一伙",放学一起走,作业一起做,玩耍在一起……这不是校方规定,而是自发形成的小集体,这就是所谓的"非正式群体"。这种小群体同班集体共同影响着学生间的交往,影响着班级目标的实现。因此,班主任必须正视非正式群体存在的客观事实,并深入研究非正式群体的类型及形成原因,有针对性地做好非正式群体的工作,使班级内各种非正式群体与班集体的发展协调一致。

第五,建立班集体的正常秩序。

班集体的正常秩序是维持和控制学生在校生活的基本条件,是教师开展工作的重要保证。班集体的正常秩序包括必要的规章制度、共同的生活准则以及一定的活动纪律。教师在班集体的组建阶段,就应着手正常秩序的建立工作。在建立正常秩序的过程中,教师要依靠班干部的力量。在班级管理中,教师可以适当地创造条件和机会,让学生对秩序建立前后的学习和生活进行比较和对照,从中让学生体验到正常的秩序为他们的学习、生活所带来的便利与成效。

第六,开展形式多样的班级活动。

班级活动的组织开展是班集体建设的主要途径和方法。研究表明,当活动社会价值的意义转变为集体成员实际活动的动机时,班级活动对集体建设和个性发展的影响就能达到最大的成果。班集体也是在全班同学参加各种教育活动中逐步成长起来的,而各种教育活动又使每个人都有机会为集体出力并展示自己的才能。

班级教育活动主要有日常性的教育活动与阶段性的教育活动,活动的内容主要包括主题教育活动、文艺体育活动、社会公益活动等。设计并开展班级教育活动是教师的经常性工作之一。教师在组织各种教育活动时,要有明确的目的和要求,要精心设计活动内容,注意形式的适龄化,力争把活动的开展过程变成教育学生的过程。

(二)班级管理及其功能

1. 班级管理的含义

班级管理是教师根据一定的目的要求,采用一定的手段措施,带领班级学生,对班级中的各种资源进行计划、组织、协调、控制,以实现教育目标的组织活动过程。

班级管理是一种有目的的教育活动,其根本目的是实现教育目标,即从情感、价值观等方面使学生获得充分、全面的发展。班级管理的对象是班级中的各种资源,包括人、财、物、时间、空间信息,而主要对象是人,即学生。班级管理的主要手段有计划、组织、协调、控制。班级管理是一种组织活动的过程,体现了教师与学生之间的双向活动,是一种互动的关系。

2. 班级管理的功能

(1)社会化功能

班级的社会化功能是指班级有助于学生从自然有机体发展成社会成员。其功能具体表现在:传递社会价值观,明确社会生活目标;传授科学文化知识,掌握社会生活的基本技能;传输社会生活规范,训练社会行为方式;提供角色学习条件,培养社会角色意识。

(2)个性化功能

班级的个性化功能主要表现在:促进自我意识的发展,形成积极的个性品质;发展学生的个体差异,形成学生的独特个性;培养学生不同的兴趣、爱好、特长,形成和发展学生各具特色的能力;矫正学生的不良倾向,促进学生良好发展。

(3)选择功能

在班级工作中,班主任要全面深入分析每个学生的能力、爱好、特长、个性倾向,重视培养学生对社会变革和职业变动的适应能力。简而言之,班级的选择功能是在当前多元价值的条件下,帮助学生在多重社会角色和不同的职业结构中,选择较为合适的社会角色和职业。

(4)保护功能

班级的保护功能主要指班级注意加强营养保健,增加户外活动,创设学习、文体、休息等方面合理调度配置的环境,指导学生心理自我保健,提倡讲究个人卫生和仪表,从而保护学生身心健康的发展。照管儿童是学校所提供的最有形的服务。

(5)调整功能

教师通过班级管理可以调整学生的行为,学生也以特定的方式在行为上、思想上作用于教师,使教师的行为或认识尽可能满足自己的需要,这也对教师的行为具有调整的作用。

二、班级管理的内容

(一) 班级组织建设

班级组织建设主要包括班级组织机构的建立和班级组织规范体系的建立。其中，班级组织机构分为班委会制度、值周班长制、建立各种类型的小组、班级学生会议制度；班级组织规范体系的建立包括班级组织制度、行为规范、集体舆论和班风。班级组织建构的首要原则是有利于教育目标的实现。

(二) 班级日常管理

班级日常管理是指班级管理者每一天所开展的具体管理活动。这些日常管理活动不仅包括品德指导、学习指导、安全与法规的指导和健康与卫生的指导，还包括对学生的操行评定、个别教育和集体教育等。小学班级日常管理要以《小学生守则》和《小学生日常行为规范》为依据，结合班级学生的实际情况予以实施。

(三) 班级活动管理

班级活动管理具体是指班主任指导或直接组织的晨会、班会、队会等各种班级教育活动。班级活动是学校教育活动的重要组成部分，是班级教育的重要形式，也是发展学生素质的基本途径。班级的教育管理是通过各种活动实现的，组织开展相关活动是班级管理的重要内容。

(四) 班级教育力量管理

班级的主要管理者是班主任。班级教育力量的管理主要是指班主任对影响班级发展的各种教育力量的协调，主要包括学校教育力量、家庭教育力量以及社会教育力量。

1. 学校教育力量

学校的每个部门、每名工作人员都对学生负有教育责任。任课教师承担着班级的教学任务，是最胜任协调的重要的教育力量。班主任应做到以下几点：经常与任课教师进行交流沟通，主动向任课教师反映本班学生的情况及出现的问题；协助任课教师开展教育教学活动；邀请任课教师参与班级管理。

2. 家庭教育力量

家长是影响学生发展的重要因素。班主任应对家长的教育思想、教育方法给予必要指导，使得家庭教育和学校教育保持一致，形成教育合力，从而有利于学生的健康成长。

3. 社会教育力量

社会为学校教育提供了生动丰富的内容，也为学生的学习成长创造了感性、富有人情味的环境。班主任应引导学生参与社区活动，走出校门接触社会，让学生体会到自身与社会发展的密切关系,从实践中提升自己适应社会的能力。

三、班级管理的原则

班级管理原则是班级管理者组织全班学生,参与学习、劳动、文体、社交等多项教育与管理活动,有效实现班级管理目标的指导思想和行动准则,这是对班主任及任课教师组织班级活动、处理班级事务的基本要求。

(一)尊重学生原则

尊重学生原则是指在班级管理中一切要从学生出发,以有利于学生发展的目标开展管理,以学生人格的完善和学业的成长为指向。

贯彻落实尊重学生原则的要求如下。

1. 尊重学生人格

每一个人的人格是平等的。教师应该明确师生是价值平等的主体,尊重学生的人格。

2. 对学生一视同仁

尊重学生就要求教师不管学生怎样,都应一视同仁,无条件地从整体上接纳学生,给予关注。

3. 对学生积极乐观

教师要充分相信学生,对学生的优点要给予肯定,对学生的错误要学会容忍,在全面了解学生的基础上,对学生的发展持积极乐观的态度。

4. 严格要求学生

严格要求是尊重学生的具体表现,尊重表现在严格要求之中,严格要求本质上就是尊重。

(二)方向性原则

方向性原则是指班级管理工作必须坚持正确的方向,用正确的思想引导学生,这是班级工作受社会、政治、经济制约的客观规律的反映,也是由我国社会主义教育的性质、目的、任务及其特点所决定的。

只有贯彻方向性原则,班级工作才能确立正确的目标,班级的各科任课教师和学生才能有向心力、凝聚力。贯彻落实方向性原则的要求如下。

1. 确定班级管理的终极目标

班级管理在组建班级之初就应形成一个长远的管理目标,并在日常的管理过程中,使这一目标逐渐地渗透到学生的内心之中、班集体的文化之中和具体的教育教学活动之中。

2. 班级管理目标要具体且富有可操作性

管理者要将长远目标具体化和阶段化,分解出各个不同阶段的近期目标,并要求保证这些近期目标的清晰和富有可操作性。

3. 遵循学生的心理发展规律

教师要树立科学的学生观，对心理学和教育学知识有较为全面的了解，以民主和科学的精神努力探索学生的心理发展规律，从而实现班级管理的方向遵循着学生心理健康发展的道路而不断前进。

（三）民主性原则

民主性原则是指管理者充分发扬民主作风，教师与学生互相尊重，在和谐、融洽的气氛中调动学生参与各种班级事务的积极性和创造性，共同参与班级管理活动，并善于依靠集体的智慧与力量进行班级管理。

贯彻落实民主性原则的要求如下。

1. 发挥班级管理的民主作风

在进行班级民主管理时，班主任应注意发挥班级管理的民主作风，只有班主任自身成为讲民主、做民主的表率，才能在此基础上调动学生的民主性、主动性和积极性。

2. 保障学生在班级管理中的地位和权利

班主任只有切实保障学生在班级管理中的地位和权利，才能调动他们的积极性、主观能动性以及责任感。

3. 严格要求与尊重、爱护相结合

班主任坚持民主管理班级的原则，就是做到严格要求与尊重、爱护相结合，严格按照党的教育方针和政策，制订班级各个时期的管理目标和班级规章制度。

4. 发挥班干部的模范作用

班主任要注意发挥班干部的模范带头作用，重视学生干部的选拔和素质培养，使班干部成为班主任进行班级管理的得力助手，也使他们成为学生学习的模范榜样。

（四）主体性原则

主体性原则是指承认、重视并坚持学生主体在班级管理中的地位和作用的原则。在班级管理中，班主任应充分尊重学生的主体性，发挥班级群体和每个学生的主动性，让学生以主人翁态度，主动积极地参与班级建设和管理。

贯彻落实主体性原则的要求如下。

1. 树立学生是班级管理主体之一的意识

学生自主管理是一种直接民主形式，学生直接管理自己的事务。学生自主意识较强，他们既是班级的被管理者，又是管理者。

2. 提高学生参与管理的积极性

班主任应鼓励学生参与学校日常工作管理，并逐步放手让学生自己管理自己的事务和班级管理的部分事务。

3. 给予学生班级管理的自治权

班级的事务也可以逐步让学生自己去处理,如班干部的选举、班规的制订、主题班会的安排等,都可以放手让学生去做。

(五)集体性原则

集体性原则是指以班主任的意志为指导,建设一个良好的班级集体,充分发挥集体的作用,并且使学生个体成为集体意志的体现者,以集体带动个人,使整个群体团结一致、朝气蓬勃、进取向上。

贯彻落实集体性原则的要求如下。

1. 对班集体充满信心,一分为二地分析班级中的各种问题

班主任在进行管理时,必须用欣赏的眼光看待自己所带的班级,对班级中出现的各种问题要学会用一分为二的辩证观点进行分析。

2. 正确把握教育契机,引导学生共同为班级的进步努力

班主任和学生对班级的发展要不断提出具体的发展目标,并最终确立切合实际且经过努力可以达到的目标,利用学生团结进步的凝聚力量共同为集体的进步努力。

3. 面向全体学生,调动每个学生的积极性

班主任在教育集体的同时通过集体去影响班级的个体,在教育个体时也应想到对整个集体的教育,通过对个体的教育去影响集体。

4. 明确分工,团结合作

在管理过程中,班主任要明确每个成员的地位、责任和分工,要求各成员履行自己的职责,同时又能相互协作,共同完成班集体的任务,并能自觉维护集体荣誉。

(六)实效性原则

实效性原则是指班级管理的开展要根据班级、学生的实际情况,及时发现班级中的各种问题,通过采取各种具有可行性和操作性的班级管理策略,切实促进班集体和学生的健康成长,提高教育教学质量。

贯彻落实实效性原则的要求如下。

1. 适用于学生是基础

班主任在进行班级管理之前首先就需要了解学生,了解这个班级的特点,然后根据学生和班级的特点有针对性地选择适合本班学生的班级管理方式和策略。

2. 熟悉方法是关键

班主任应该深入地学习班级管理学,掌握班级管理的有关知识和方法,然后与班级和学生的实际相结合,进行行之有效的班级管理。

3. 把握时机是保障

在进行班级管理时,班主任要善于观察、善于发现,一旦出现问题,就及时地进行引导和管理。不同的情况以及不同的学生,决定了班级管理最佳时机的不同。

(七)效率性原则

效率性原则是指班级管理应合理有效地使用人力、物力和时间等资源,使有限的资源发挥最大的效能,尽可能地使学生获得更多、更好的发展,使班级呈现更健康的面貌,从而取得最佳的班级管理效率。

贯彻效率性原则的要求如下。

1. 班级管理目标应合理

班级管理目标的制订要科学合理。过高的班级管理目标不仅会产生资源的浪费,还容易因难以完成而失去了班级管理的意义;而班级管理目标过低会使人陷入简单重复的境地,人为地浪费资源,难以产生应有的管理效益。

2. 班级管理实施应严格而灵活

规范地实施管理计划,严格按计划的目的、程序进行管理是使班级管理活动避免发生意外的主要控制手段。只有适时调整管理的计划与方法,不断解决管理中的新问题,才能保证高效管理继续进行。

3. 班级管理方法应适当

要使班级管理符合效率性原则,班级管理需要有先进的管理方法作基础,班主任要及时总结班级管理的经验和教训,不断提高自己的管理水平,掌握先进的班级管理方法。

4. 班级管理应重视信息反馈

信息反馈能使班主任真正地了解班级和学生在自己管理下的真实情况,这样才能发现自己在班级管理过程中所暴露的问题,并及时地调控班级管理的方法和策略,进一步改善班级管理状态,从而提高班级管理效率。

(八)规范性原则

班级管理的规范性原则是指班级管理要按照一定的规则、规范开展要遵循一定的步骤有理有据地开展。

贯彻落实规范性原则要注意以下几点。

1. 建立完善的班级管理体制

班级管理的规范性原则,首先需要有法可依。只有这样,这样能保证班级秩序安定、步调一致;只有这样,才能更好地完成各项学习、管理目标。

2. 采用合理的班级管理策略

班主任在进行班级管理时,必须采用合理的班级管理策略,才能保证班级管理的规范性。

(九)适度性原则

适度性原则是指把握班级管理的度,班级管理不能太松也不能太紧,避免"放则乱、紧则呆"的局面。

贯彻落实适度性原则的要求如下。

1. 有理有节

管理者应根据学生发展的客观规律开展班级管理,班级管理也应该有所节制,要讲究管理方式和管理内容的尺度。

2. 严格与爱相结合

班级管理要围绕学生发展这个中心进行,不仅要对学生严格要求,还要让学生感受到来自班主任、班集体和同学的关爱。

3. 因事因人而异

无论是规章制度的制定,还是各种管理方法的运用都要坚持从实际出发,因人而异,因问题而异,要注意把握管理的尺度。

四、班级管理的方法

(一)调查研究法

调查研究法是班级教育管理者了解班级学生和班级整体情况,把握班级特点,解决班级教育管理问题的方法。调查和研究学生是为了全面正确地了解班级和学生个体的具体情况,这是班级教育管理者顺利开展班级教育管理工作的前提条件。

调查研究的内容包括了解学生个体和班级整体的情况。学生个体情况包括个体的思想品德、学习兴趣、学业成绩、学习方法、兴趣爱好、个性特点、人际交往、家庭情况等;班级整体情况包括班级舆论、班风、班级群体及其核心人物、班干部情况等。调查研究法一般可以通过访问、开座谈会、问卷等具体方式进行。

(二)目标管理法

目标管理法是班级教育管理者和班级学生根据社会发展要求、学校任务和班级实际情况,共同规划班级或个体在一定时间内要达到的目标,并将目标分解成一定的层次,逐级落实,通过采取一定的措施,努力使目标实现的一种教育管理方法。

目标管理是一种结果式管理,即通过目标分解后的实现,最终保证组织总目标的实现。因此,班级教育管理者必须尽可能对班级总目标进行科学的分解,形成班级目标体系,并落实到小组、学生个人身上,从而提高班级教育管理的实效。在目标的检查反馈中,管理者要引导学生对照个人目标和班级目标,检查目标实施的情况,并根据反馈信息对目标进行必要的调整,同时要根据学生对目标的实施情况,对学生加以指导,促使学生及时调节自己的行为,尽自己最大的努力实现目标。

(三)榜样示范法

榜样示范法是以他人的高尚思想、模范行为和优秀业绩来影响学生的一种教育管理方法。榜样示范法符合学生的心理特点,学生容易接受,教育效果往往比空洞、抽象的说教效果好得多。

典范人物包括历史伟人、英雄模范、革命导师、科学家等各方面的杰出人物。学生具有模仿性和向师性的特点,教师和家长生活在学生中间,与学生联系密切,教师和家长的言行举止和思想作风时刻都是学生最直接的学习和模仿对象。身教重于言传,教师和家长必须处处严格要求自己,给学生作出表率,用自己的实际行动为学生起示范作用。

(四)情境感染法

情境感染法是班级教育管理者利用或创设各种教育情境,以境育情,使学生在情感上受到感染的方法。教育情境是指对学生有直接刺激作用的具体环境,包括物质环境和精神文化环境。教育情境具有形象性、感染性,容易引发学生内心的情感体验。

班级教育管理者要从班级的教育要求出发,把教育情境设置和教育目标结合起来,形成最佳的教育契机,将学生置于典型的、目的明确的情境之中,通过亲身的感受,激起丰富真切的情感体验,并在学生间情感互相感染。这样可以使全班学生形成情感的共鸣,从而达到学生情感体验与外部教育情境的和谐一致。

(五)规范制约法

规范制约法是用规范、制度等约束学生行为,促使学生逐步形成良好行为习惯的方法。班级规范的内容一般包括学生在学习和生活中应该遵守的准则,具体包括:课堂规范、作业规范、出操规范、卫生规范、劳动规范、就餐规范、宿舍规范等;执行或违反规范的奖惩规定。

班级管理者在运用规范制约法时,要注意以下几点:引导学生共同制订班规,从而使班规得到更好的认同;注意加强指导和监督,防止规范软化现象;适当运用奖惩手段,优化规范的运用效果;教师要起到榜样作用。

(六)舆论影响法

舆论影响法是班级教育管理者通过健康向上的集体论,形成积极的、浓厚的班级学习和生活的环境氛围,从而对身处其中的每个学生产生潜移默化的影响的方法。集体舆论是指班级中占优势的、为多数人所赞同的言论和意见。健康的班级舆论是良好班集体形成的重要标志之一。

班级教育管理者在日常的教育教学和生活中,要善于根据教育要求、班级规范引导学生,对好的言谈举止给予表扬奖励,对不良的言谈举止给予批评谴责,在班级形成正确的舆论氛围。

(七)心理疏导法

心理疏导法是班级教育管理者运用心理学知识、方法,对学生给予辅导、疏导或进行沟通,解开学生心理症结,使学生保持心理平衡,促进其心理发展的方法。

心理疏导法的常用方式有心理换位法、宣泄疏导法和认知疏导法三种。

1. 心理疏导法

心理换位法就是与他人互换位置角色,即站在对方的角度思考、分析问题,以此来体会理解对方的情绪和思想,进而化解双方的矛盾,消除和防止不良情绪的方法。

2. 宣泄疏导法

宣泄疏导法就是将受挫者遭受挫折后所产生和积累的过多消极情绪宣泄出去,以维持其生理、心理的平衡,进而能积极地适应和应对挫折的方法。

3. 认识疏导法

认知疏导法就是通过引导使学生改变不正确的认知和信念,树立正确的心理认知,以消除或减弱不良的心理情绪和行为的方法。

(八)行为训练法

行为训练法是指在学生的日常学习、生活、劳动等实践活动中,班级教育管理者运用心理学的行为改变技术对学生的错误行为进行矫正,使其知行统一,形成良好的行为习惯的方法。

行为训练法是运用心理学上一些证明行之有效的方法来影响学生,使其错误行为得到矫正,以培养好的行为习惯。学生行为矫正包括两个方面:一是正强化,使其得到巩固;二是负强化,即对错误行为的矫正和控制。

(九)心理暗示法

心理暗示就是人们把一系列有关信息组成暗示序列,通过学习下意识地吸收,达到激发内在潜力,加速和有效地实现人与外界信息的交流,促成个体的自我完善和自我发展。暗示作为一种心理影响力,具有间接性和含蓄性的特点,减少了教育过程中的思想和情感障碍,常能收到事半功倍之效。

心理暗示法的具体类型与运用方法如下。

1. 环境暗示

班级是学生接受知识和人际交往的主要场所。对班级管理来说,建设一个良好的班级环境,创设良好的学习氛围,是必不可少的。创设的方法很多,但有一点最为重要,就是必须符合学生心理需求,能使学习、求知成为学生的内在思想要求和自觉行为。

2. 班风暗示

良好班风往往以团结活泼、积极向上的班集体心理气氛为基础,学生的思想情绪、意志和行为,在良好班风潜移默化中的感染熏陶。班级管理者可以根据学生个人兴趣、爱好等特点,引导并建立可以相互流动、相互渗透的各种兴趣活动小组、社会实践活动小组等。

3. 言语暗示

充满感情色彩的交流言语,其效果不但使学生从形式上而且从本质上去认识问题,不但作用于学生的感官而且作用于心灵。言语暗示要注意:言语的语气节奏变化;言语的委婉含蓄。

4. 教师榜样暗示

教师要热爱学生,形成融洽、和谐的师生关系。这样,教师的思想言行、处事方法就有可能成为仿效的对象,从而潜移默化地影响学生的学习、生活及今后的人生。

5. 形体语言暗示

心理学家阿尔伯·马若琳曾指出:"一个信息传播的总体效果,等于7%用词加38%口头表达加55%的形体语言。"在班级教育管理中,形体语言的作用不可小觑。教师常用的形体语言主要有表情、目光和动作。

(十)自我管理法

在班级管理过程中,学生不仅是被管理的对象,还是管理者,学生参与班级管理不仅可以充分发挥学生的主体性、培养学生的班级主人翁精神、增强学生的独立性和创造性,还可以促进民主平等的师生关系的建立。

自我管理法要想收到良好的管理效果,必须做到以下几点:提高学生对管理活动的认识;引导学生自我教育和管理;引导学生参与决策;建立以学生自我管理为主的新机制。

第二节 班主任概述

面对不断发展的社会、不断变化的学校、不断成长的学生,你是否准备好如何做一名班主任呢?本节将与你共同探索:在教育改革与学校发展的背景下,如何成为一名合格的乃至优秀的班主任。

一、班主任的含义

班主任是一个班教育教学工作的具体组织者、领导者和执行者,担负着全面贯彻党的教育方针,对学生进行思想政治教育,引导学生德、智、体全面发展的导师作用,并负有协调本班各科的教育工作和沟通学校与家庭、社会教育之间的作用。为了完成上述任务,教育部2009年8月24日印发的《中小学班主任工作规定》中指出班主任主要职责与任务如下。

(一)班主任的含义

班主任是学校中全面负责一个班学生的思想,学习,生活等工作的教师,是班级的组织者,领导者和教育者,是学校办学思想的贯彻者,是联系班级任课教师和学生团队组织的纽带,是沟通学校、家长和社会的桥梁。

(二)班主任的地位和作用

1. 班主任是班级工作的组织者、领导者和教育者

班集体是在班主任的组织领导下逐渐形成的。良好班集体的形成离不开班主任的领导与组织,同时,班主任在学生个体的发展中发挥着不可替代的作用。班主任必须对全班学生的各方面情况都十分了解,从而针对学生的实际情况开展各种活动,促使他们在德、智、体、美、劳全面发展。

2. 班主任是学校进行教育工作的骨干力量

班主任是学校进行教育工作的骨干力量,主要体现在两个方面:国家的教育方针、教育目的,以及学校的教育计划和内容都要通过班主任来落实、实施;班主任要将班级情况随时反馈给学校,从而为学校做出正确的决策提供依据。

3. 班主任是各任课教师的协调者

一个班级总是由多位教师同时任教。每位教师的思想观念、学术修养和教育方法有所不同,加上学科性质的差异,往往会出现各执一端的情况。为了充分发挥各任课教师的作用,班主任就必须对他们进行协调,以促进教师之间的通力合作,共同提高教育质量。

4. 班主任是沟通学校、家庭、社会的桥梁,是形成教育合力的重要中介

教育下一代是全社会的责任,应由学校、家庭和社会共同承担,因此就必须协调这三者之间的关系。这三种教育力量只有方向一致,形成合力,教育效果才会大大增强,否则教育效果就会大打折扣,甚至相互抵消。班主任是沟通学校、家庭和社会三方面的桥梁,在形成教育合力过程中起着不可替代的作用。

二、班主任的职业素养

(一)思想道德素养

思想道德素养主要包括以下三个方面:班主任要有坚定的理想和信念,要有正确的政治方向,要有较高的理论修养和高尚的道德品质;班主任应该热爱教育事业,热爱学生;班主任应该以身作则,为人师表。

(二)业务素养

1. 知识

班主任所需要掌握的知识首先是系统、全面、扎实的专业知识;其次,应当广泛涉猎心理学、管理学、社会学、美学、人才学、创新学等相关学科知识。

2. 能力

班主任的能力具体是指教育能力、研究能力和管理能力。教育能力是指有效地传授知识、技能以及发展学生智能的能力。研究能力是指发现问题、分析问题和解决问题的能力，或在分析和解决问题的过程中有所发现、有所创造的能力。管理能力是一种多方面的能力，包括组织实施能力、计划和设计能力、常规管理能力、思想工作能力等。

(三) 心理素养

1. 稳定的情绪

一般来说，具有乐观而稳定的情绪的人更善于避免各种消极因素的影响，摆脱情感的困境。因此，如果教师不善于控制自己的情绪，缺乏情绪反应能力，他就难以成为一名优秀的班主任。

2. 良好的性格

性格良好的教师在处事的态度和行为方式上，总是能符合规范而且稳定，并能自觉地调整其行为，做到言行一致。这类教师最大的特点在于自我控制力强，它是心理活动的重要调节机制。

3. 坚强的意志

教育工作需要的是自觉、果断、坚韧，特别是小学教师面对的是未成年的孩子，这更是一项挑战。坚强的意志就是在困难与挫折面前自觉地调节、支配自己的行动以战胜困难的自制力。作为一名班主任需要有坚强的职业意志。

(四) 人际关系素养

1. 班主任与学生的关系

学生是教师的工作对象，因此，师生关系是班主任工作的主要人际关系。和谐的师生关系是开展班级教育教学活动的前提，也是班主任获得信任、威信的必要条件。

2. 班主任与同事的关系

作为一名班主任老师，处理好与同事之间的关系，不仅有助于合作学习，分享经验，还有助于加强教师的职业情感和专业意识。尤其是班主任，要使班级健康发展，处理和协调好与任课教师的关系相当重要。处理好与其他教师的关系，要遵循互尊、互补、互助、互动的原则。

3. 班主任与领导的关系

班主任与领导的关系是干群关系，也是上下级关系。正确处理好这一关系，不但能协调工作、提高教学质量，而且对班主任的自身发展有很大的影响。

4. 班主任与家长的关系

家长是学生的第一任教师，对于学生的品德和学习的进步具有很大的影响。因此，做好教育工作，班主任就必须取得家长的配合，形成教育合力，共同承担培养下一代的责任。

（四）形象素养

1. 身体素养

（1）体格健康，即具有一个健康的体魄和较强的抵御传染病的能力。

（2）精力充沛，即在处理教育教学和班级各方面工作的时候都要充满活力、思维敏捷，在各个方面都要展示出积极活跃的形象。

（3）反应敏锐，即适应瞬息万变的环境，并及时捕捉外界信息而做出迅速反应。

2. 仪表素养

（1）要注意衣着打扮，既要大方得体，又要避免呆板和死气沉沉，既要朴素端庄，又要富有变化。

（2）要讲究个人卫生，不仅要整体整洁干净，还要在细节上下功夫。

（3）要形成适合自己的装扮风格，服饰不仅要适合自己的体形、年龄，还要适合自己的性格，甚至适合自己的教育对象。

（4）要注意举止风度，做到举止庄重大方、谈吐文雅、富有表情、神态自然、待人亲切和蔼。

3. 谈吐素养

（1）学会使用文明礼貌用语。礼貌用语是指说话要尊重对方的人格，使用美好的语言来协调人与人之间的关系。

（2）谈吐要求纯洁性，即要剔除言语中那些不规范的语句、土语、行话、俗语以及没有必要使用的外来语，保持健康的文风。

（3）谈吐要求语言的科学性，即要求讲话准确、精练、系统、具有逻辑性，发音要准，语调中速，用词恰到好处，准确无误地表达思想与教学内容。

（4）谈吐要求语言的通俗化，要根据教育对象的理解水平讲话。

（5）尽量使谈吐富有艺术性和幽默感，使学生不仅爱听，还容易理解和接受。

4. 教态素养

（1）班主任要注重自己的姿势，要"站如松、坐如钟"，体现教师应有的精神风貌。

（2）班主任要注重富于变化表情的感染作用，表情包括眼神、微笑、皱眉等面部内容，富有表情的教育教学活动有利于师生之间的心理吸引。

（3）班主任要懂得运用恰当的手势语，手势对增强教育效果有着十分重要的作用。手势的动作要灵活、自然得体、与所讲内容统一。

三、班主任的基本职责

（一）中小学班主任的基本职责

2009年，国家教育部颁布了《中小学班主任工作规定》，其中有五条规定了小学班主任的职责与任务。

(1)全面了解班级内每一个学生,深入分析学生思想、心理、学习、生活状况。关心爱护全体学生,平等对待每一个学生,尊重学生人格,采取多种方式与学生沟通,有针对性地进行思想道德教育,促进学生德、智、体、美全面发展。

(2)认真做好班级的日常管理工作,维护班级良好秩序,培养学生的规则意识、责任意识和集体荣誉感,营造民主和谐、团结互助、健康向上的集体氛围,指导班委会和团队工作。

(3)组织、指导开展班会、团队会(日)、文体娱乐、社会实践、春(秋)游等形式多样的班级活动,注重调动学生的积极性和主动性,并做好安全防护工作。

(4)组织做好学生的综合素质评价工作,指导学生认真记载成长记录,实事求是地评定学生操行,向学校提出奖惩建议。

(5)经常与任课教师和其他教职员工沟通,主动与学生家长、学生所在社区联系,努力形成教育合力。

(二)小学班主任工作的内容

1. 了解和研究学生

了解和研究学生是班主任工作的前提和基础,包括对班级个体和班级群体的了解和研究。它是做好各项班级教育工作的前提,也是班级教育过程中有效开展各项工作必不可少的基本环节。

(1)了解和研究班级个体

了解和研究班级个体的主要内容:学生的基本情况,如性别、年龄、身体状况、兴趣爱好等;学生的社会关系,如家长职业、家庭经济状况、家庭结构、家庭关系等;学生的学业和品德状况,如学习态度、学习习惯、智能发展水平等;学生的品德形成与社会性发展状况,如行为习惯、人际关系、思想道德面貌等。

(2)了解和研究班级群体

了解和研究班级群体的主要内容:班级成员的基本构成,如生源状况、年龄层次、性别比例等;班级群体的学业状况,包括不同学业程度的具体情况和不同学科学业程度的具体情况;班级群体的发展状况,如班级组织、班级规范、人际关系、班级舆论、班风、班级传统等;班级日常行为表现,如学习习惯、课堂内外的纪律等。

班主任了解学生一般采用观察法、谈话法、调查访问法、书面材料和学生作品分析法。

2. 组织和培养班集体

组织和培养班集体是班主任工作的中心环节,班主任应有计划、有组织地在短时间内有效地组建班集体。具体方法如下:确定班集体的发展目标;建立班集体的核心队伍;建立班集体的正常秩序;组织形式多样的教育活动;培养正确的舆论和良好的班风。

3. 建立学生档案

班主任在全面了解学生的基础上,对掌握的材料进行分析处理,并将整理结果分类存放起来,即建立学生的档案。建立学生档案一般分四个环节:收集——整理——鉴定——保管。

学生档案分为集体档案和个体档案。集体档案是指班主任将全班学生在各个时期各方面的表现,以及班级的历史,现状、趋势分析等记录下来作为今后教育集体的依据或参照的档案。个体档案是指班主任将学生德、智、体、美、劳诸方面的表现和发展动态收集起来作为个体教育依据的档案。学生档案中最常见的是学生个人档案。学生档案的内容最常见的形式有文字表述式和表格调查两种。

4. 班会活动

班会活动是班主任进行教育活动的重要手段,是培养优秀班集体的重要方法,也是锻炼学生活动能力的基本途径。因此,有计划地组织与开展班会活动是班主任工作的一项重要内容。

班会主要包括班级例会和主题班会两大类。班级例会是班级定期举行的对学生实施常规教育的班会形式,举行班级例会是为了强化学生的纪律观念,商讨和解决班级生活中出现的各种问题。

主题班会是在班主任的指导下,围绕一个主题对学生进行教育的班会活动形式。它的基本形式有:专题讲座、主题报告会、座谈会、知识竞赛、展览会、社会调查、音乐会、文艺演出、演讲会等。

5. 协调各种教育影响

个体的发展受到多种因素的影响,家庭、社会、学校等都对学生的发展产生各自的影响。班主任协调校内外各种因素的影响需要做以下几方面的工作:要统一各科任课教师的教育影响;要统一学校领导的教育影响;要统一班委会的教育影响;要统一少先队的教育影响;要统一家庭的教育影响;要统一社会的教育影响。

6. 操行评定

操行评定是以教育目的为指导思想,以学生守则为基本依据,对学生一个学期内在学习、劳动、生活、品行等方面的小结与评价,主要由班主任负责。小学生的操行评定在低年级一般由班主任来做,到高年级可以先由学生小组互相讨论,然后由班主任写出评语。操行评定的一般步骤包括:学生自评;小组评议;班主任评价;信息反馈。

7. 个别教育工作

班主任必须根据学生的个别差异,做好学生的个别教育工作,只有每个学生都得到发展,班集体才能健康地发展。班主任做好个别教育工作,包括优秀生的教育工作、中等生的教育工作和后进生的教育工作。

(1)优秀生的教育工作

在一个班级中,思想好、学习好、纪律好、劳动好、身体好的学生一般被称作"优秀生"。他们一般有如下心理特点:自尊心强,充满自信;具有强烈的荣誉感;较强的超群思想与竞争意识。

班主任应如何对优秀生进行教育？

第一，严格要求，防止自满。优秀生也有缺点，也会犯错，即优缺点兼有、长处和短处并存。因此，班主任对他们不能偏爱，而要严格要求，对其缺点和所犯的错误不能轻易放过，要及时批评，以防止优秀生产生自满心理。

第二，不断激励，弥补挫折。一般而言，每个学生都会遇到各种挫折，会产生沮丧、失意、不满、焦虑等不良感觉。优秀生对挫折的感觉尤为强烈，班主任应努力满足优秀生的补偿心理，使优秀生沿着"偶然失败——再次表现——表现成功——自信心增强——不懈努力"的良性循环轨道前进。

第三，消除嫉妒，公平竞争。优秀生有较强的超群愿望，一旦有人比他优越就会产生嫉妒。班主任要引导小学生正确理解自己与他人的差距，并尽力去缩短差距，赶上甚至超过他们。班主任应营造一种团结互助、你争我赶的良性竞争意识，让学生在公平的前提下进行竞争。

第四，发挥优势，全班进步。优秀生有诸多优势：学习成绩好，热爱班集体，关心班集体，有一定的组织能力和威信，善于团结同学等。班主任可利用优秀生的优点，让全班学生模仿，即发挥优秀生的榜样作用，让全班同学都取得进步。

(2)中等生的教育工作

中等生，又叫"一般学生"或"中间生"，是指那些在班级中各方面都表现平平的学生。这些学生又分为三类：第一类是思想基础好、想干而又干不好的学生；第二类是甘居中游的学生；第三类是学习成绩不稳定的学生。中等生一般有两个心理特征：信心不足；表现欲不强。在这两个共同特点之下，中等生的每一类学生又有各自不同的表现。

班主任对中等生的教育应注意以下几点。

第一，重视对中等生的教育。中等生是学生中的多数，是积极因素和消极因素互相斗争的焦点。班主任既要抓两头，又要抓中间，努力使中间因素向积极的方面转化，实现班级工作的良性循环。

第二，根据中等生的不同特点，有的放矢地进行个别教育。对第一类学生，重点是解决方法问题；对第二类学生，重点是解决动力问题；对第三类学生，重点是解决非智力因素问题。

第三，给中等生创造充分展示自己才能的机会，增强他们的自信心。班主任要善于发现中等生的特长或相对的强项，在各种班级活动中，为其创造条件，帮助他们鼓起勇气，树立信心，力争上游。

(3)后进生的教育工作

后进生通常指那些学习积极性不高、学习成绩暂时落后，不太守纪律的学生。后进生是一个相对概念，运用时应谨慎。后进生一般具有如下心理特征：不适度的自尊心；学习动机不强；意志力薄弱；是非观念模糊。

班主任对后进生的教育应注意以下几点。

第一,关心和爱护后进生,尊重他们的人格。后进生特别需要温暖和关爱,如果他们在人格上得不到尊重,就容易与教师、同学、家长处于对抗状态。这时,班主任只有爱他们,并且爱得深、爱得真、爱得持久,才能改变他们对人对物的态度。教师的爱心、尊重是后进生进步的动力。

第二,培养和激发学习动机,班主任可以从以下几方面入手:强化学习动机,启发自觉学习;利用原有的学习动机的转移,使后进生产生学习的需要;利用学习成果的反馈作用;提高辨别是非的能力,形成正确的是非观;长善救失,班主任要一分为二地看待后进生,善于利用"闪光点"作为推动后进生前进的动力和转化的良好开端。

第三,提供范例,增强是非观念。班主任可向后进生提供有正反面经验教训的生动事例,并通过启发、讨论,使他们明辨是非、分清好坏,从中得到借鉴,领悟到改正自己行为的必要性与可能性。

第四,根据个别差异,采取不同的教育措施。班主任要在深入调查了解的基础上,针对每个后进生年龄、性别、性格特点、错误轻重、态度好坏等,选择灵活有效的教育措施,发现教育的突破口,寻找钥匙打开他们的心灵之锁,促进后进生的转化。

8. 班主任工作计划与总结

班主任工作计划一般分为学期计划、月或周计划以及具体的活动计划。学期计划比较完整,一般包括三大部分:基本情况;班级工作的内容、要求和措施;本学期的主要活动与安排。

班主任工作总结是班主任对整个班级工作目标、过程、结果作出全面的、恰如其分的评估,进行质的评议和量的估计。班主任工作总结一般分为全面总结和专题总结,一般在学期末、学年末进行。做好总结应注意两点:一是平时注意对班主任工作资料的积累;二是注意做阶段小结。

第三节 班队活动

一、班队活动的含义

班队活动是指为实现教育目的,在教育者的引导下,由班级学生或少先队成员共同参与,在课堂教学以外的时间组织开展的教育活动。

班队活动的意义如下:班队活动是进行思想品德教育的有效方式;班队活动是促进学生身心健康发展、形成良好个性的主要途径;班队活动是学生掌握知识、发展认知能力不可或缺的条件。

二、班队活动的原则

(一)教育性原则

班队活动的教育性原则就是要求在组织和开展班队活动时,要以对学生的教育与发展有积极影响和有力促进为目的。这是班队活动的最基本原则。

(二)针对性原则

班队活动的针对性原则是指要针对班队组织与建设的实际需要,针对学生的年龄特征,以及学生所处的地域环境和条件对学生进行教育。

班队活动的组织还要根据班队集体建设的需要,建立一个良好的班队集体,并通过这个集体教育影响学生,这是班队活动的主要任务之一。因此,班队活动的组织必须有利于班队集体的建立和发展。

(三)自主性原则

班队活动的自主性原则指班队活动要充分调动和尊重学生在活动中的主动性和积极性。班队全体成员是班队活动的主体。班主任和辅导员是活动的指导者,对学生的活动进行辅导和帮助,而不能代替学生的活动。

(四)多样性原则

班队活动的多样性是指活动形式的多样化和活动内容的多样化。形式多样化就是要满足其求新、求异的心理要求,激发他们积极参与活动的兴趣;内容的多样化则是为了适应学生德、智、体、美诸方面全面发展的要求,促进学生全面、和谐地发展。

(五)计划性原则

班队活动的计划性原则是指班队活动的指导者要对每个学年、每个学期的班队活动做通盘考虑和总体规划,精心设计每次活动,以保证活动效能的充分发挥。班队活动的计划性体现在两个方面:一是规划活动进程;二是规划活动形式。

(六)生活化原则

班队活动的生活化原则是指班队活动要扎根生活、深入实际,使活动符合客观现实发展的真实状况,让学生在真实的活动中体味生活、感悟人生,以达到对学生自然而然的教育。

(七)可行性原则

班队活动多数是由学生自行设计,组织和开展的,这就要求班队活动要注意活动的规模、频率,要量力而行,要有可操作性。

(八)创造性原则

班队活动的创造性原则是指班队活动指导者要充分调动学生参与活动的积极性,这样才能最大限度地激发孩子们的创造性。班队活动的内容和形式应不断丰富和充实,随着客观环境的变化而变化。

(九)快乐性原则

班队活动的快乐性原则是指在组织和开展班队活动过程中要营造快乐,引导学生在活动中寻求快乐、创造快乐、享受快乐、愉悦自己、感染同伴、增进友谊、团结向上,让学生在快乐中受到教育。

三、班队活动的基本类型

班队活动的类型多种多样,不拘一格。班队活动按照活动的内容不同主要有:主题教育活动、班队例会、班队文艺活动、班队体育活动、班队科技活动、班队劳动、班队游戏活动和雏鹰争章等。

(一)主题教育活动

主题教育活动是指在班主任或辅导员的指导下,根据学校教育的计划,针对学生的实际情况提出一个主题,围绕这一主题而进行的教育活动。其主要形式有:主题班队会、主题报告会、主题座谈会和主题伦理性讲话。下面以"主题班队会"为例进行介绍。

1. 确定班队会主题

主题是主题班队会的灵魂,开好主题班队会首先要确定鲜明生动的主题,而且必须把思想性和针对性作为班队会确定选题的宗旨,使教育活动具有生动的教育性和感染力。因此,在确定班队会主题时,班主任要依据社会对学校教育的基本要求,依托学校和班级活动计划,联系学生的现实生活,借鉴优秀班主任的成功经验,使主题班队会既能满足学生的心理需要,引起他们的兴趣,又能充分体现教育性和趣味性,达到寓教于乐的目的。

2. 制定班队会计划

在学期或学年之初,班主任或辅导员一般要根据学校教育的要求和班队的实际情况,大致规划一个学期或学年的主题班队会活动计划,但具体到每一次班或队的主题教育活动,则要师生共同讨论、详细部署。制定班队会分三步:首先给活动赋名,其次确定活动的时间、地点和形式,最后分配参与人员的任务。

3. 做好班队会准备

班队会准备过程本身就是一个教育过程。计划是以文字的形式描述活动的程序和安排的过程,而准备则是计划实质性的落实阶段。班队会准备有两个方面:物质准备,包括选择场地,落实场地器材、多媒体课件(视频、图片、音乐)、布置会场等;人员准备,主要是对参与人员的职责、角色进行分工。

4. 举行主题班队会

在做了充分准备工作的基础上,班主任就可以把富有感染力的情境、新颖有趣的形式和具有针对性的主题地结合在一起,举行主题班队会。在教育活动过程中应以学生为主体,教育者起引导作用,使活动全过程形成一个"动之以情、晓之以理、启之以思、导之以行、持之以恒"的良性流程。

5. 总结主题班队会

主题班队会活动结束后,应与学生一起对活动的实施过程和结果进行分析、总结、评估,肯定成绩,找出不足,巩固班会活动的成果。有的班主任要求学生将主题班会写成日记或作文,有的要求出墙报,以加深学生的印象,这些都是比较好的可供借鉴的成果巩固形式。

(二)班队例会

班队例会是指以班或队为单位,通过会议的形式,对学生进行常规教育,在一定意义上也是养成学生公民意识的实践活动。它的类型一般有多种:班务会或队务会、民主生活会、周会及晨会、十分钟队会等。

1. 班、队务会

班、队务会是由班委干部或队委干部定期组织的,由全班同学或全体少先队员参加的例会。它主要包括以下内容:班队工作规划会、班队常规会、学期工作总结会。

2. 民主生活会

民主生活会是针对学生集体中出现的某些错误或不良倾向而召开的,以批评与自我批评为主的班队例会。民主生活会有两种形式:一是班委会或队委会里的民主生活会;二是由班级全体学生或少先队全体队员参加的民主生活会。

3. 周会及晨会

周会一般安排在每周固定时间里,由学校统一部署,班主任负责组织,是一种对学生进行思想品德教育的形式。晨会又称"晨间谈话",每天早晨举行,时间十分钟左右,有校级晨会和班级晨会。不论周会、晨会,都要事前做准备,记录过程,便于以后检查。同时,教育内容要联系实际,有针对性和教育性,要为学生提出明确的努力方向。

4. 十分钟队会

十分钟队会一般由学校安排在每天固定的时间里,由各中队自行开展队务活动,时间为十分钟。这是一种学生自主管理、自我教育的形式。其特点是短小精悍、自主性强。十分钟队会按内容大致分为自治性队会、自学性队会和自娱性队会。辅导员要依据教育要求,引导学生确定主题,设计活动方案,自己组织开展活动。

(三)班队文艺活动

班队文化艺术娱乐活动,简称"班队文艺活动",是指学校通过健康的文化艺术娱乐活动对学生进行熏陶和教育,以发展学生是美感和塑造健康心理品质的教育方式。班队文艺活动的形式多样,联欢会是学校常用的活动形式。常见的班队联欢会有:文艺联欢会、节日联欢会、生日联欢会、毕业联欢会。

(四)班队体育活动

班队体育活动指在学校体育课以外开展的,以增强学生体质、提高体育技能、促进学生全面发展为主要目的的教育活动。其活动形式包括球类、田径、体操、游泳、拔河、游戏、棋牌等项目。

体育活动特别是体育竞技中的激烈竞争、顽强拼搏,不仅能增强学生体质,还能培养学生的进取与拼搏精神、团队协作意识。体育活动以其丰富多彩、生动活泼的形式和内容,吸引、感染学生,培养其良好的情操和道德风貌。开展班队体育活动应注意活动内容的合理搭配,以全面增强学生体质。此外,对身体条件还稚嫩的低年级小学生尤其要注意活动恰当、适量。

(五)班队科技活动

班队科技活动是指以学习科学技术、促使学生发挥潜力为目的的教育活动。它对于巩固和加深学生在课堂上所学的知识,丰富和开阔知识视野,培养创新精神和实践能力,具有极为重要的作用。此外,课外科技活动既是培养学生形成科学世界观和价值观的有效途径,又是发展学生观察能力和思维能力的有效方式。在科技活动中,学生也会受到集体主义的教育,培养自身的合作意识和合作能力。

班队科技活动的主要形式有:科技班会、科学兴趣小组、科学知识讲座、科技知识竞赛、参观、调查、科技演示和科技游戏等。

(六)班队劳动

组织学生课外劳动是对学生实施劳动教育的主要形式,也是学生社会化的主要手段之一,对学生的发展具有重要的意义。

学生参加适度的班队劳动有助于培养学生正确的劳动态度,增强热爱劳动、热爱劳动人民的思想感情;有助于促进学生智力、体力、审美情趣的发展;有助于锻炼肌肉筋骨,促进新陈代谢,增进神经系统、呼吸系统的机能,提高抵抗疾病的能力,增强体质和体力。

班队劳动的主要形式有:社会公益性劳动、自我服务型劳动、生产性劳动,其中前两者适用于小学生。

(七)班队游戏活动

游戏是人类基本的实践活动,对人的发展具有重大的影响。游戏在愉悦儿童情绪的同时,能给予儿童知识,培养儿童的良好品格。游戏本身的趣味性吸引儿童积极探索,发展儿童的主动性;游戏中的规则能使儿童养成合作、公正、诚实的品格;游戏中,同学之间相互配合,可以培养集体意识、团结精神;游戏以其趣味性特点成为发展儿童智慧的绝好途径。

儿童时期的游戏是人生创造事业的源泉。当前,一些欧美国家的小学课堂近乎一个游戏室,课本大部分内容由一个个游戏构成,几乎看不到传统的课堂授课形式,这值得我们思考。

依据不同的标准,班队游戏活动可分为不同类型:按游戏的教育目的不同,分为智力游戏和体育游戏;按游戏载体的不同,分为印刷游戏和电脑游戏。不论哪种类型的游戏,都包含道德教育的内容。

(八)雏鹰争章活动

1994年,全国少先队工作委员会颁布《跨世纪中国少年雏鹰行动》,为具体实施这一计划,雏鹰争章活动应运而生,这是一种新的少先队教育活动运行机制。鹰,是强者的标志。"雏鹰行动",寓意中国少年如雏鹰展翅,勇敢、坚强,为了强国的目标,行动起来,磨炼自己,培养能力,发展个性,去迎接未来的挑战。它的基本内容是培养少年儿童的生存与发展意识和技能,实践活动是基本途径,系列奖章为主要激励措施。

雏鹰争章活动就是把"雏鹰行动"的基本内容、规范要求细化,形成目标体系,构建争取奖章的系列活动。奖章分为必修章和兴趣章。必修章为儿童入队后必须进修的规章性训练课程,主要把德、智、体、美、劳、群六个方面的教育综合为一体,为队员的整体素质打下基础,让他们获得最基本的生存和发展技能。必修章着重于技能训练。兴趣章是选修性争章活动,队员可以根据自己的兴趣爱好自由选择。争章活动有完整的结构体系和运行机制,基本环节为定章——争章——考章——配章。

拓展阅读

中国少年先锋队

中国少年先锋队(简称"少先队")是中国少年儿童的群众组织,是少年儿童学习中国特色社会主义和共产主义的学校,是建设社会主义和共产主义的预备队。1949年10月13日是中国少年先锋队建队日。

中国少年先锋队的创立者是中国共产党。中国共产党委托中国共产主义青年团直接领导中国少年先锋队。中国少年先锋队每年都会进行少先队代表大会(简称"少代会"),并选举新一任大、中、小队干部。

一、少先队的作风是诚实、勇敢、活泼、团结

二、少先队的历史由来

1. 1922年(中国共产党成立的第二年),在湖南、江西边界的安源矿区,中国共产党创建了第一个少年儿童革命组织——安源儿童团。

2. 1927—1936年土地革命时期,中国共产党在各革命根据地恢复发展了劳动童子团,

后转变为共产主义儿童团。

3.1931—1945年抗战时期,中国共产党在各抗日民主根据地发展了各类名称的抗日儿童团组织。

4.1949年10月13日,中国共产党缔造的、全国统一的少年儿童组织中国少年儿童队成立。1953年6月,中国少年儿童队改名为中国少年先锋队。

三、少先队队员的年龄为6~14周岁

四、《中国少年先锋队章程》

少先队的队徽、队旗、队礼、呼号、队歌、队的标志、入队誓词。

五、少先队的基本特征:儿童性、群众性、教育性、政治性、自主性。

复习思考题

一、单项选择题

1. 中国采用班级组织形式最早的雏形始于( )。
   A. 癸卯学制　　　B. 壬寅学制　　　C. 京师同文馆　　　D. 壬戌学制

2. 小芳弟弟因为不守纪律而受到批评,但他不以为然,还说只要学习好,守不守纪律无所谓,面对这种情况,班主任应先采取的教育方法是( )。
   A. 说服教育　　　B. 情感陶冶　　　C. 榜样示范　　　D. 实战锻炼

3. 小学生轮流值日负责班级卫生扫除,这属于( )。
   A. 志愿服务劳动　　　　　　　B. 社会公益劳动
   C. 勤工俭学劳动　　　　　　　D. 自我服务劳动

4. 当师生、生生之间有了一定的了解和信任,班级的组织比较健全时,该班集体的发展处于( )。
   A. 自主活动阶段　　B. 核心形成阶段　　C. 组建阶段　　D. 成熟阶段

5. 小学班级管理中,既是做好班主任工作的基础条件,又是决定班主任工作成效的主要因素是( )。
   A. 班主任工作职责　　　　　　B. 班主任自身素质
   C. 班级学生的质量　　　　　　D. 对班级学生的了解

6. 小学班队活动的基本原则是( )。
   A. 自主性原则　　B. 趣味性原则　　C. 教育性原则　　D. 针对性原则

7. 在小学课外活动中,学生摄影小组举办的摄影作品大赛属于( )。
   A. 游戏活动　　　B. 学科活动　　　C. 科技活动　　　D. 文学艺术活动

二、简答题

1. 简述班主任培养良好班风的主要措施。

2.简述班主任工作的主要内容。

3.简述班队活动的意义。

三、论述题

如果你为未来的班主任老师,你如何结合实际,培养一个班集体?

四、材料分析题

材料:

小辉个子矮小,家境又不好,常常受到同学们歧视,班主任王老师多次对同学们进行教育,但收效甚微。无奈之下,王老师只好另辟蹊径。小辉生日的早晨,同学们走进教室,惊讶地发现小辉的课桌上有一个漂亮的盒子,上面写着"天使的礼物"。小辉小心翼翼地打开盒子,惊喜地看到一个生日蛋糕。在同学们"生日快乐"的歌声中,他愉快地和同学们一起分享蛋糕。同学们边吃蛋糕边猜测这位送礼物的"天使"是谁?望着孩子们那一双双充满期待的眼睛,王老师说道:"天使代表着圣洁、善良,专门为人们传播真、善、美。她是不愿意披露自己姓名的,但她确实生活在我们中间。小辉是咱班第一个收到天使礼物的人,我相信天使不仅会把爱带给小辉,还会带给别的同学。而我们每一个同学也可以成为别人的天使,用自己的爱心去关心需要温暖的人。"从那以后,班里"天使的礼物"经常出现,同学间都能够互相关心、平等相处。

问题:

(1)请对王老师设计的这一活动进行评析。

(2)作为班主任,你将如何引导学生形成良好的班级氛围。

第十二章
教育科学研究

我国教育改革的不断深化和发展,对教师的要求也越来越高,教育科研能力不仅是一个教师合理的能力结构中重要的组成部分,还成为当前衡量教师创新意识和创造才能的一个重要指标。因此作为新时代的教师,必须掌握教育科学研究方法,并明确从事教育科学研究对提高教育质量和自身素质的重要意义。

知识体系

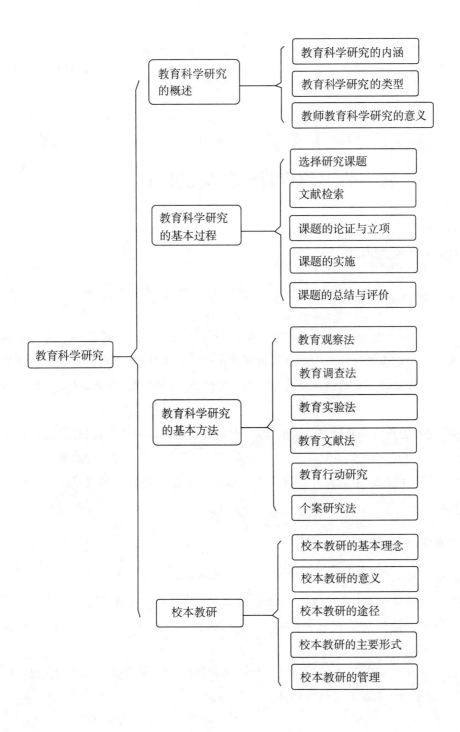

名家名言

"难"也是如此,面对悬崖峭壁,一百年也看不出一条缝来,但用斧凿,能进一寸进一寸,得进一尺进一尺,不断积累,飞跃必来,突破随之。 ——华罗庚

对搞科学的人来说,勤奋就是成功之母。 ——茅以升

人的天职在勇于探索真理。 ——哥白尼

如果你想让教师劳动能给教师一些乐趣,使天天上课不至变成一种单调乏味的义务,那么你就引导每一位教师走上从事一些研究这条幸福的道路上来。

——苏霍姆林斯基

第一节 教育科学研究的概述

一、教育科学研究的内涵

(一)教育科学研究方法

教育科学研究方法是以教育现象为研究对象,用科学的研究方法,遵循一定的研究程序,以探讨教育规律和知识为目标的一整套系统研究过程。它同样是一个认识过程,其结果是解释或预测、发现或发展一定的教育原理和原则。它既是一种知识的体系,又是一种行为准则。

教育科学研究方法具有一般研究方法的特点,但它也存在着区别于自然科学、思维科学的特性。这种特性主要表现在教育科学研究方法带有很强的综合性和整体性,研究的周期较长、针对性好、实践性较强,由于教育科研工作者和实践工作者的积极参与而具有广泛的群众基础等方面。

(二)教育研究方法的特性

首先,教育研究方法具有一般研究方法的特性,主要表现在以下几点。

第一,研究的目的在于探索教育规律,以解决重要的教育理论与实践问题为导向。

第二,要有科学假设和对研究问题的陈述,研究的问题有明确的目标和可供检查的指标。

第三,要有科学的研究设计,准确系统的观察记录和分析,可靠的资料数据。也就是说,要以充分的科学事实和一定的数据作为结论依据。

第四,强调方法的科学性。作为一种科学研究,运用一定的科学方法,遵循一定的科学研究程序,有目的、有计划的认识。因此,方法本身是可辨别的,运用过程和研究结果是可检验的,研究结果要回到实践中进行检验。

第五,创造性。对原有理论体系、思维方式及研究方法有所突破,这是研究的最重要特性。

此外,教育研究方法还有它自身区别于自然科学、思维科学的独特特性:带有很强的综合性和整体性;研究的周期较长;针对性、实践性强;教育科研工作者与实践工作者的积极参与,有广泛的群众基础。

二、教育科学研究的类型

(一)以研究过程中不同阶段所使用的方法进行分类

1. 设计阶段使用的方法,主要包括确定课题的方法、查阅文献的方法、研究设计的方法。
2. 实施阶段使用的方法,主要包括形成事实的方法和形成理论的方法。
3. 总结评价阶段使用的方法,主要包括撰写报告的方法和成果评定的方法。

(二)以问题性质为标准进行分类

1. 理论方法,包括归纳、演绎、类比和分类、比较、分析、综合、概括等。
2. 实证方法,包括观察、问卷、访谈、测量等。
3. 实验研究方法,包括真实验、准实验等。
4. 历史研究方法,包括文献法、内容分析法等。

(三)其他分类

前文论述的分类均有各自的依据和道理,当人们从不同的角度着手研究时,不难从中找到教育科学研究类型。

1. 依据所研究问题的不同对象分为教育价值研究和教育事实研究

这两种研究引发出两类完全不同的问题,即教育研究中的事实问题与价值问题。

2. 依据研究的不同领域性质分为基础研究和应用研究

基础研究侧重于探索教育发展客观规律,主要目的在于探索和创新基本知识,发展和完善理论,它回答"是什么"和"为什么"的问题。应用研究侧重于实用性,以相关理论为指导,对教育领域中的实际问题进行深入探讨,获取实际价值的结果评价,它在解决教育实际问题中的作用,回答"怎么办"的问题。

3. 根据研究过程中对客观事物性质和数量的侧重分为定性研究和定量研究

定性研究是试图运用描述性分析来理解某种现象或问题的性质或意义的研究。定量研究主要是运用数据和量度来描述研究内容的特征或变化的研究,是将事物属性数量化,运用数学方法进行数量上的分析,并用数值来表示分析结果,以判定事物的性质和变化的研究。

三、教师教育科学研究的意义

教师作为一个研究者,能够进入研究状态,以研究的态度、行为对待教育教学工作,其意义重大。

(一)教师的教育研究有利于解决教育教学实际问题,提高教育教学质量

教育教学是培养人的工作,是教师最根本的工作,也是教育质量提高最核心的工作,它还是具有发展性的工作,其发展性最根本地表现在学生身心的全面发展上。在实际教育教学工作中,教师要面对多种复杂的情境和问题。教师不仅要了解教学方法问题,还要了解学生的学习状况,了解班级管理方方面面的问题。如果教师能认真探究工作中遇到的问题,就会对问题的成因产生兴趣,就会更为深入地对其进行研究,进而找到解决问题的思路和策略,比如学生课堂学习能力如何提升,如何建立良好的师生关系。在实际工作中,教师应做有心人,细心地观察学生在课堂内外的表现,留意学生的变化,在此基础上总结教学经验。

教育事业的意义在于奉献;教育科学的价值在于求真;教育艺术的生命在于创新。教育本身的复杂性和创造性,使得教师必须基于其对教学实践的判断和深思作出决定,对自己的行为进行审慎的、理智的安排。通过研究教师不仅能增进其对有效教学的认识,运用新思想新方法,激发他们追求教育教学信念,还能增进教师对学生学习需求的关注和了解,更能有效地促进和指导学生的学习与成长。尤其在面对日益频繁而且日渐深刻的教育教学改革,新的观念、思想、方法不断涌现,改革没有现成模式可以借鉴时,教师必须直面新情况、分析新问题、解决新矛盾,以主动研究者的身份进行主体参与,以不断研究这一"不变",才能应对社会和教育发展这一"万变",使自己的工作与时俱进。

同时,通过研究活动,教师也能够反思工作中存在的问题,强化自己的专业能力。

(二)教师的教育研究可以使课程、教学与教师真正融为一体

从我国实施的新一轮基础教育课程改革来看,教师必须将课程所蕴涵的教育理念与知识本质付诸实际行动,这样才能使课程内容转化为实际。教学也不仅是教授学生课程内容以完成学生学习的过程,还是师生共同建构知识的过程。新课改对课程功能、课程结构、课程内容等方面提出的新要求,对于教师来说,只有通过研究教学,才能真正开展课程。在新课程实施过程中,教师要充分理解、接受、认同新课程,不断检验和完善新课程。尤其是学校课程开发,更要求教师要通过研究积极创造新课程,只有这样,才能将新课程落到实处。新课程与教师生活世界结合、与实践链接,注重实践,关注人生,着眼于知识、情感、态度和价值观的形成。只有这样,课程实施与教师的研究相互影响,才能真正达到预期目标。

教育研究能推动小学的教改实验活动。现在流行的教学理论很多,其中哪些是有效可行的,哪些是有问题的,都需要教师针对自己的教学情境来加以分析,并在教学中对其进行检验。教改实验能够让教师了解到教学中存在的问题,把握各种教法的特点,揣摩选择出适合自己的教学模式。在课改过程中,开展教改实验也是学校的内在需要。近年不少学校已经提出要把教育科研、教改实验与日常工作结合起来,使三项工作三位一体,以提高学校的办学水平。虽然可供选择的教学策略多种多样,但教师只有亲自尝试过,才能灵活运用教学策略,而尝试新方法的过程就是一个研究和改进的过程。

(三)教师的教育研究也是教育科学繁荣的需要

教师的教育研究是教育科学发展不可或缺的力量。教师不仅是教育实践的主体,也应当是教育研究的主体。同时,教师的教育研究必然要求教师关注研究的新动向,了解研究的新趋势,掌握新思想,学习新的教育教学理论,而这些理论又通过教师的实践探索,落实到特定的教育教学情境中,有利于解决实际问题,这对于教育科学的发展又具有非常重要的意义。

(四)教师的教育研究可以促进教师专业成长与发展,增强教师职业的乐趣和价值感、尊严感

长期以来,我们的教育教学是在这样的"假定"中展开的,即教师的教育一劳永逸,学生永远需要教师的教育。教学的发展性也就被限定在学生的发展和变化上,而忽视了教师的发展。实际上,在教育教学过程中,教师应当与学生共同成长、共同发展。没有教师的发展,也就没有学生更好的发展。教师的教育研究,可以使教师真正成为有思想、有能力、有智性、有悟性的教育实践主体。通过教育教学研究,教师才能不断找到专业发展新的基点。有研究表明,教师的发展有两种形式,即"拉磨式"循环和"螺旋式"上升。"拉磨式"循环是一条形式上是动态的实际上是停滞的发展道路,它主要指教师凭借自己原有的知识经验就书本讲书本,不更新知识指不改变方法,又不善于思考和总结。沿着这条路,许多教师按部就班,亦步亦趋。而"螺旋式"上升是一条能使教师内在充分发展之路。沿着这条路,教师对外虚心学习,广泛吸收先进的教改信息和经验,进行创新和研究,不断追求新的教学境界。

由此可以看出,教师专业化是一个不断发展和变化的过程,也是教师不断追求成熟和发展的过程。"自我更新关注"是教师专业成熟的标志,表现为教师有意识地进行自我规划,以谋求最大程度的自我发展。在这一过程中,教师不断超越实然,追求应然,超越现实,追求理想,不断达到教育教学的"自为"和"自由"境界。正因为这样,教师才能真正体验职业的乐趣,感受职业的内在尊严、价值与自信;才能焕发出自身的生命活力。这也正如苏联著名教育家苏霍姆林斯基所说:"如果你想让劳动能给教师带来一些乐趣,使天天上课不致变成一种单调乏味的义务,那么你就引导每一位教师走上从事研究幸福的道路上来。"

(五)教育研究有利于教师不断积累实践知识

教师在教育教学过程中获取的个人实践知识,直接影响到其对教育教学、师生关系、课

程实施的理解,影响到对教育教学活动意义与方式的重新建构。教师专业成长与发展及专业化程度,要用教师的实践知识加以保障。教师个人的实践知识是指"教师关于课堂情况和课堂上如何处理所遇到的困境的知识,它集中反映了课堂教学的复杂性和互动性特征,是一种体现教师个人特征和教学智慧的知识"。它具有这样五个特点:①它依存于有限的情境经验性知识,与理论知识相比缺乏严密性和普遍性,是一种真实的知识、功能灵活的知识;②它是作为一种"案例知识"而积累并被记录下来的;③它是以实践性为中心的综合的多学科知识;④它是作为一种隐性知识发挥而作用的;⑤它是一种拥有个人性格的"个体性知识"。由此可见,教师的教育研究是教师个人不断反思、积累实践知识的过程。

第二节 教育科学研究的基本过程

教育科学研究的一般过程包括以下几个环节:课题的选定、文献检索、课题的论证和立项、课题的实施和课题的总结与评价等。课题的选定是教育科研的起始环节,制定科研计划是课题研究顺利进行的重要条件,教育科研的实施是研究的主体,而成果的表达、评价和推广,则体现了该研究的价值。这几个方面是相互联系、层层推进的。

一、选择研究课题

科学研究首先要弄清要研究的问题,这可能是研究过程中存在困难的步骤之一。选题是教师开展教育研究的关键一步,决定了教师研究者要开展的研究方向和研究内容。正确地选题,是指应当选择有意义的,并且在问题提法原则上是正确的,因而有可能得到解决的问题。

(一)课题的来源

研究课题的来源是十分广泛的。一般来说,教师的研究课题主要来自以下三个方面。

1. 来自教师日常教育实践中遇到的问题

教师在每天的工作中会遇到大量的问题,其中一部分有可能就是很好的研究课题,如课堂教学中,学生上课积极性不高、不认真完成作业;教师想尝试新的教学方法又怕影响教学质量;在班级管理中,如何提高学生的自我约束力等。对于中小学教师来说,在选择研究主题时应该首先考虑自己在教育实践中遇到了哪些问题,这是比较理想的研究课题来源。科学研究始于问题,可以说"问题即课题"。

对于常见问题进行追问、追踪,然后通过精心设计去解决问题。将问题转换成课题,体现出教师具有较强的课题研究意识。现实中不乏存在这样的现象,教师们对教学实践中出现的问题习以为常,虽然每天都在从事教育工作,发现不了问题。从课题产生的角度看,教师教育实践的成功经验、失败经历中往往存在着大量需要深入研究的问题,是课题产生的重要来源。

所以,从教育实践中产生的问题,是对教师个人有意义的问题,也是教师感兴趣的问题,是真正的问题。教育实践是教育研究课题的源泉,对于中小学教师来说,需注意多观察、多思考和多积累。

知识窗口

教师应当根据自己所教的学科找出探究的焦点,确定研究题目。

(1)教材:教材的适用性问题,教材是否能贴合学生的学习需求。

(2)教学过程:教学策略、学法指导、师生互动等问题。

(3)班级管理:教师管理班级的方法、不良环境对学生的影响、差生辅导等问题。

(4)学生发展:学习存在困难的原因,小学生语言表达能力的发展,电视暴力节目对儿童的影响,学生出现辍学现象的原因等问题。

(5)学科教学:如学生的学习困难,某种教法(可自行设计)的有效性,学生课外阅读兴趣,低年级小学生听说训练等问题。

资料来源:黄济,劳凯声,檀传宝. 小学教育学[M]. 北京:人民教育出版社,2001

2. 来自他人研究成果的启发

人类的科学发展依靠知识积累,这种积累性和进步性是科学研究的基本特征。从他人的研究成果那里获得启示,这也是获得课题的重要途径。当研究者不知道研究什么主题时,可以参阅相关的教育文献,看别人在做什么研究,这种研究有什么进展。

(1)阅读专著与期刊

中小学教师可以阅读的专著包括教看名著和现当代教育著作,对教师来说,可以选择几本适合自己阅读的文献作为重点阅读书目。

除了阅读教育专著之外,教师需要重点阅读一些专业学术期刊。与专著相比,专业学术期刊对选题来说具有更重要的意义,专业学术期刊刊载的研究成果更及时,更能反映当下教育研究的问题和成果。

(2)向他人请教、与他人讨论

在教师专业发展过程中,可以参加学术会议、教学沙龙、切磋课堂教学、聆听学术报告、问询名师专家等。在这种过程中,教师能够提出自己感兴趣的问题并获得别人的启示,这种启示对教师来说更直接、更具针对性,更能激发研究的灵感。

3. 来自课题指南

各个地方都有教育科学研究管理机构或教育科研规划领导小组,这些研究管理机构或部门会定期或不定期地发布一些教育科研"课题指南",课题指南中的课题往往体现了当前教育事业发展迫切需要解决的重要问题。

(二)选题的原则

一个好的教育科研选题应注意以下几个问题。

1. 问题必须有价值

教育中不是所有的问题都值得研究。教师选择研究课题,应当选择当前教育实践中亟待解决的问题。课题有没有价值,主要看两个基本方面:一是所选择的研究课题是否符合社会发展和教育事业发展的需要,是否有利于提高教育质量,是否有利于促进青少年全面发展。这强调的是研究课题要具有重要的应用价值。二是所选的课题是否符合教育科学本身发展的需要,即是否符合检验、修正、创新和发展教育理论、建立科学的教育理论体系的需要。这强调的是所研究的课题需具有学术价值。

2. 课题必须具有科学性

要从教育实际出发,有一定的事实依据,有针对性地选择所要研究的问题。教师只有对问题有清晰透彻的了解,才能为明确研究方向、确定研究内容、选定研究方法提供依据。

3. 问题要有独创性

选定的问题应是前人未曾解决或尚未完全解决的问题,研究成果要有所创新和时代感。研究要通过广泛深入地查阅文献资料和调查,搞清所要研究的课题在当前国内国际已达到的水平和已取得的成果,要了解是否有人已经或者正在研究类似的问题。如果要选择同一问题作为研究课题,这就要对已有成果进行认真审视,从理论本身的完备性,从教育方法的科学性高度对其进行评判性分析,在此基础上,重新确定自己研究的着眼点。只有对原有研究成果有所突破和创新,研究才具有意义。

4. 问题要有可行性

所谓可行性,指的是问题是能被研究的,存在实现的可能性。它涉及两个方面的条件:①客观条件。如资料、设备、时间、经费、技术、人力、理论准备等都是必需的。②主观条件。指研究者本人已有的知识、能力、经验、专长和研究兴趣,也就是要在课题本身的价值与个人的研究专长之间寻找一个平衡点。

5. 问题必须具体明确

选定的问题一定要具体化,界限要清晰,范围适宜。问题的明确性与问题的陈述有关。陈述问题可采用叙述或描述的形式,也可以采用问问题的形式。大多数研究工作者偏向采用问问题的形式,其实两种形式都是可行的。一般来说,采用旧问题的形式陈述焦点问题效果较好。如小学生喜欢什么样的教师、为什么学生的负担过重、为什么儿童的注意力不集中等。陈述问题最重要的是它必须为研究提供足够明晰的方向。

二、文献检索

明确初步选题意向后,首先应进行文献检索。文献是把人类的知识用文字、图形、符号等手段记录下来的有价值的典籍。文献检索是从文献中迅速准确地查找所需情报的一种方法与程序。

文献检索贯穿科学研究的全过程,是进行科研的基础和依据。通过查阅文献,全面正确地掌握所要研究的课题的情况,以帮助研究人员选定研究课题;资料的搜集要有针对性,如班主任工作、留守儿童教育问题等;通过查阅文献,使研究课题范围内的概念定义具体化,并给选用研究方法提供启发。

三、课题的论证与立项

(一)假设的提出与表述

1. 假设及其特点

假设指根据一定的科学理论和事实,对所要研究的问题的规律或产生的原因作出的一种推测性论断和假定性说明,是在研究之前预先设想的、暂时的理论。对于一个课题的研究假设,一般说来它应该为课题的研究规定研究方向和性质,对研究的结果作出明确的预测,同时为设计研究方案提供预见性的规定和框架。一个好的课题研究假设应具备以下特点:①科学性,即它是以一定的理论和事实为基础。②可检验性,即研究的结果可以在同等条件下进行重复实验,并能验证结论的存在性和可靠性。可检验的假设是研究假设存在科学性的必要条件。③可预测性。一个课题的假设应该有可以预测的结果。如"在中小学合理地运用现代教学技术进行课堂教学,可以提高学生的学习热情"。其结果是可以预测的,因为它符合中小学生的学习心理、生理需求以及性格特点。

2. 假设的表述方法

(1)确定变量

在形成研究假设时,条件部分和结论部分实际上就是一个变量。所谓变量就是可变的量,变量有自变量、因变量和无关变量之分。自变量就是假定的原因变量,即我们要研究导致结果变化的量。例如,在课题"运用现代教育技术,优化课堂教学结构,提高教学效果"中,现代教学技术的运用就是这一课题的自变量之一,由于运用现代教学技术,即教学手段的变化,引起了教学结构和教学效果产生变化。因变量是假定的结果变量,也就是由于自变量的变化而引起某一事件的结果的变化,这一结果的变化就是因变量。无关变量就是我们对其不进行研究的,但是它在研究过程中对我们的研究又有一定影响的变量。无关变量也称控制变量,因为在课题研究中虽然它不是我们所要研究的变量,但由于在研究过程中发挥着一定的作用,且这些作用有时会干扰我们分析研究成果,所以,我们要尽可能地控制这些变量。

(2)假设的规范表述。

衡量一个假设是否规范必须具备三个标准:第一,能说明两个变量间的期望关系;第二,必须是可检验的、可操作的;第三,必须是陈述句。表述假设时,要选择最主要、最能表明研究课题的价值的因变量。要使课题研究的方案更完备、更科学,保证研究质量,同时也为了使课题研究得到重视和支持,争取足够的物力、财力和人力,保证研究条件就应当对课题进行论证和立项。

(二)课题研究计划的制订

1. 综述

通过文献检索,了解前人的研究成果和目前的研究进展,从中获取必要的信息,借鉴前人研究工作的经验和教训,启发自己的研究思路,使自己的选题建立在一个适度、高效的基点上。在文献检索的基础上写出文献综述,文献综述的内容应包括国内外研究概况,主要研究方法、结果和结论,尚待解决的问题等。

2. 制定研究计划

(1)课题的界定与表述

课题的名称必须明确表述要研究的问题,外延不能太大,研究对象要明确。课题表述要尽可能表明三点内容:研究对象、研究问题和研究方法。

(2)阐述研究的目的、意义和背景

研究背景是指国内外研究本课题的历史和现状,以及本课题的特色或突破点。阐述这部分内容需要研究者认真仔细地查阅有关的文献资料,了解他人对本课题或相关问题做过哪些研究以及研究的指导思想、范围、方法和成果,将已有的研究成果作为自己研究的起点,并从中发现不足,确定自己研究的特色或突破点。这样既可以突出本课题研究的价值、意义,也可以使自己开阔眼界,受到启发。

(3)具体表述研究的范围和内容

研究范围的界定有三个要素:第一,对研究对象的界定;第二,对一些关键概念的界定,对研究中的一些关键概念必须下比较明确的定义。这一方面可以使该课题研究在确定的范围内开展,使课题研究思路明确清晰,具有可操作性;另一方面也便于别人按照研究者规定的范围来理解研究结果和评价该研究的合理性。

研究范围界定后,就要考虑具体的研究内容。只有范围而没有具体的研究内容,研究就无法开展。研究内容的多少与课题的大小有直接关系,研究方案也对研究内容的具体表述提出了要求。

(4)阐述研究的方法、途径

阐明各种变量所采用的研究方法以及数据及资料的统计处理方法等。

(5)确定研究对象

在研究计划制定中,还需要充分考虑课题对被试代表和典型性提出的要求,选定具体的研究被试,以保证研究结果可以说明一个地区、某一类情景、某一类对象的一般规律性,以便使研究结果具有普遍的指导意义,即要明确研究对象总体和分析单元。

(6)设计研究程序

设计研究程序,即设计研究步骤和时间规划。对研究的每一步骤、每一阶段的工作任务和要求、每个阶段需要的工作时间等,研究者不仅要做到心中有数,还要落实到书面计划中,以便于自我监督。

(7)设计成果形式

设计成果形式,即最后的研究结论和研究成果用什么形式来表现。研究报告和论文是设计成果最主要的两种形式,还可以将研究成果写成专著、教材、手册,制成课件、影像材料等。比较小的课题的成果可以写成调查报告的形式;比较大的课题除要有最终成果形式,还应有阶段成果形式,最后将阶段成果综合并发展成最终成果,或者将比较大的课题分解成若干个子课题,分别设计子课题的成果形式和总课题的成果形式。

(8)确定课题研究成员

将课题研究组负责人、成员名单及分工情况写出来的,目的是,增强课题研究人员的责任感,以利于落实计划。

(9)经费预算及设备条件的准备

科研需要经费、设备,这是科研的物质保证。通过课题立项论证,既可以争取课题经费和设备,也可借此改善办学和科研条件,为今后的工作打基础。

四、课题的实施

(一)搜集资料,形成科学事实

研究资料一般分数据资料和文字资料两种,它们分别采用不同的搜集方法。在教育研究中用来搜集资料的方法主要有观察、问卷、访谈调查、做测验等。搜集资料后,还要对其进行整理分析,形成科学事实,即把分析研究的结果归纳成几条原理、原则或者对其作出事实判断。

(二)分析事实或原有理论,形成新的理论

科学研究的目的就是要形成能揭示客观事物的性质及其运动变化规律的新理论,理论的形成必须以大量的事实或原有理论为基础。形成新的理论通常要综合地运用各种具体的思维方法,如分析、综合、比较和归纳、演绎、类比、概括等。

五、课题的总结与评价

(一)撰写研究报告或学术论文

对教育研究的总结是指对研究课题的选择,研究设计,研究资料的搜集、整理、分析以及研究结论的形成等过程进行系统的整理和概括,在此基础上按规范撰写科研论文或研究报告,以展示科研成果。通过总结和准确的表达研究成果,及时地提供有价值的教育信息,丰富教育科学理论,从而推动教育教学工作的发展。

(二)鉴定和评价研究成果

鉴定和评价研究成果是研究活动的最后一个环节。评价研究成果首先是要对研究成果的学术水平和应用价值进行鉴定,其次是对研究活动的科学性进行评估。

教育科研成果评价的方式是多种多样的,大致可分为三种类型:①研究者自我评价;②同行专家评价;③教育行政部门评审。无论选用哪一种评价方式,都必须掌握科学的评价方法。

第三节 教育科学研究的基本方法

教育科学研究是运用一定的方法、技术手段去探索教育规律的过程。方法是达到目标的桥梁和手段,没有正确的研究方法,就不可能有研究目标的实现。因此,要从事教育科学研究,就必须掌握一定的教育科学研究方法。下面介绍几种常用的教育科研方法。

一、教育观察法

(一)教育观察法的含义

教育观察法是指研究人员通过感官或借助一定的科学仪器,有目的、有计划地对处于自然条件下的研究对象进行连续、系统的考察,掌握客观事实材料,描述教育现象的一种科学的研究方法。观察是教学工作的一部分,无论在课上还是在课下,教师都要观察学生各方面的表现,观察法方便易行,适用范围广,所以是最为常用的研究方法。

中外教育史上有许多成功运用观察法研究教育现象的例子。例如,我国著名的教育家陈鹤琴,他从他的第一个孩子出生之日起,就逐日记录了其成长过程的每一个变化,对其各种刺激反应进行周密的观察,并作出详细的文字记载与图像拍摄。他追踪观察了两年多,积累了大量的研究材料,在家庭教育和学前教育方面作出了巨大的贡献。当代著名瑞士心理学家和教育学家皮亚杰,也是从自己的三个孩子诞生之日起,分别对他们进行仔细的观察并作了详细记录,同时对幼儿园的儿童进行观察和研究,写出了一系列影响深远的著作,为创立儿童心理发展理论奠定了基础。

随着现代科学技术的发展,观察技术手段现代化水平不断提高,观察法的应用范围也愈加广泛。教育工作者在教育实践中,通过对学生个性、兴趣以及认识能力进行有目的、有计划的观察,了解学生的个别差异,因材施教,提出很多新的教育观点。

(二)教育观察法的形式

观察法常见的形式有两种:抽样观察法和追踪观察法。抽样观察法是根据一定标准,从所要观察的总体中抽取一定的样本来加以观察,以获得研究对象事实材料的方法。它包括时间抽样观察法,专门观察和记录研究对象在某一特定时间内所发生的言谈举止和行为;场面抽样观察法,是指观察者有意识地选择一个自然的场面,观察研究对象行为的一种方法;阶段抽样观察法,是指研究人员只选择研究对象成长或学习的某一阶段对其进行有重点的观察。追踪观察法是一种长期、连续、系统地观察研究对象发展过程的方法。很多研究者都是花了大量的时间进行观察和研究。如苏霍姆林斯基对178名难以教育的学生25年的成长过程的观察,就是使用了追踪观察法。

(三)观察法的一般程序

1. 了解观察对象

通过检索资料、专家访谈等搜集有关观察现象的文献资料,从对观察对象有一个一般的了解和认识。

2. 制订观察计划

明确观察目的、观察任务、观察对象、观察时间、观察地点、观察内容、观察方式和采用的仪器等。

3. 实施实际观察

观察要严格按照计划进行,必要时也可变通。根据自然状态下的原则,在实施观察过程中要认真全面地看、听,观察后要仔细地做好观察记录。

观察记录①	反思笔记
一天早上,正要进校门时,我看见不远处班上的一名学生P正对着送他的父亲大发脾气,样子很凶。	印象中,P同学好像对老师有种恐惧感,从来不敢正面看我们,P在学校里和在校外的表现怎么会相差这么大?

4. 整理分析资料

资料的整理从观察开始时就已开始,并贯穿于观察的全过程。最后对材料进行汇总加工,在整理的基础上,对研究资料进行定性或定量分析,并撰写总结材料。

二、教育调查法

(一)教育调查法的含义

教育调查法是指研究人员有计划、有目的的通过问卷、访谈、测验等方式,了解掌握反映教育问题或现象可靠的材料,并对其进行分析、归纳、总结,从而认识研究对象的一种教育科学研究方法。调查法是教育科学研究最常用的方法之一。

---

① 陈桂生.到中小学去研究教育:"教育行动研究"的尝试[M].上海:华东师范大学出版社,2000:73.

通过调查,能明了教育的现状,发现新的研究课题,学习先进的教育经验,提示教育发展中存在的矛盾和问题,并提出解决问题的新见解、新理论,从而找到解决问题的办法。调查法可以为教育科学研究人员提供既定的材料和数据,为教育行政部门制定教育政策与教育规划、为教育改革提供事实依据。只有通过教育调查,才能防止制订决策计划时产生偏差和盲目性。开展教育调查研究,无论是对教育科学研究工作的开展,还是对教育质量的提高均有十分重要的意义。

根据不同的标准,调查方法可以分为多种类型,如依据调查范围大小可分为综合调查和专题调查,依据取样方式可分为全面调查、抽样调查和典型调查等。

(二)教育调查的方式

在教育研究的实践中,我们常用的调查方式有问卷、访谈、实验、文献、行动研究和个案研究六种。

1. 问卷

问卷调查是研究者把调查内容严格设计成统一的问题,编制成调查表,通过回收、整理、分析被调查者回答来获取有关信息和资料的一种方法。问卷调查的关键在于问卷的编制。问卷的编制应注意:问卷题量要适当,答案要简洁,便于分类和统计;问题要明确,力求客观,切忌语义含糊或具有暗示性。问卷内容一般包括标题、介绍词和题目。示例如下。

标题:儿童课外作业负担调查

介绍词:

尊敬的家长:

您好!

我们是××学院小学教育专业的学生,正在进行一项家长对子女教育期望的调查。在孩子成长过程中,家长耗费的许多心血,对孩子的成长起到了重要的作用,我们特设计了以下问卷用以了解您对自己孩子的期望。问卷结果将反馈给学校和教育行政机构,为学校改进工作提供参考。问卷不用填写姓名,我们在分析结果时,将不涉及任何个人,只希望了解总体情况。

谢谢您的支持![①]

题目:可以是封闭式的,也可以是开放式的。

如,我每天都能按时完成作业。A. 是　　B. 否

问卷调查的优点是简便实用,节约时间,结果易于统计整理;但问卷调查法也有不足之处,如缺乏弹性,问卷真实性难以检验及问卷的回收率低,这都会影响结论的可靠性。

2. 访谈

访谈法是以口头形式,根据与被访者的谈话搜集客观的事实材料,以准确地说明样本所

---

① 黄济,劳凯声,檀传宝.小学教育学[M].北京:人民教育出版社,2001:386.

要代表的总体的情况的一种方法。

访谈不是聊天,而是一种有目的、有计划的研究性交谈。所以访谈开始前要充分熟悉访谈问题的内容、安排问题呈现的次序、了解受访者的特点、确定访谈时间和地点、准备访谈有关工具等工作。访谈法可以有个别访谈,也可以有团体访谈。

访谈法的优点是,能够深入地获得真实可靠的资料,能观察被访者表情、动作等体态动作;缺点是样本小、成本较高(需耗费较多的人力、物力、财力)、受访谈者和受访者各种因素的影响(角色特点、个性色彩、交往方式等)。

(三)调查法的一般程序

1. 调查前的准备工作

选定调查对象,确定调查范围,选择调查方式,拟订调查计划、表格、问卷、谈话提纲以及明确必要的调查组织领导等。

2. 调查的开展

按既定计划进行资料的搜集工作,必要时可根据实际情况的变化,对计划作相应的调整,以保证资料的可靠性。

3. 调查资料的整理

包括对资料进行分类、统计、分析、综合,写出调查研究报告。

三、教育实验法

(一)教育实验法的含义

教育实验法是根据研究目的,在人为控制的条件下,观察教育措施与教育效果之间的因果关系,从中探索教育规律的一种研究方法。教育实验法是种有独特功能与要求的、相对独立的研究方法。

实验法可分为实验室实验、准科学实验和自然实验。实验室实验基本上是在人为设置与控制的条件下进行的,可采取各种复杂的仪器和现代技术;自然实验一般在日常教育工作的正常条件下进行;而准科学实验是一种介于两者之间的实验方法。

(二)教育实验法的方式

教育实验法的类型有很多,最基本的有单独实验法、等组实验法和循环组实验法三种。

1. 单组实验

单组实验是比较简单的一种实验形式,是向一个或一组实验对象施加一个或几个实验因子(自变量),然后确定实验因变量产生的变化,借以确定实验因子效果的方法。

2. 等组实验法

等组实验法是一种将不同的实验因子分别施行于两个或两个以上情况基本相同或相等

的组,然后比较实验因变量产生的变化,借以确定实验因子的效果的方法。

3. 循环组实验法

循环组实验就是被实验者分为两组,两组的人数和能力情况可以是相同的,也可以是不同的,将两个实验因子,在两组中轮流进行实验,然后比较结果。甲组进行第一个因子的实验;乙组进行第二个因子的实验,经过一段时间,测量其结果。再将两个实验因子在甲乙两组内调换实验,即甲组进行第二个因子的实验,乙组进行第一个因子的实验,经过一段时间,测量其结果。然后对两个结果加以比较,得到这次实验的结果。假如有三个实验因子,则应当有三组实验研究对象。

(三)教育实验法的一般程序

实验法是一种严密、科学的研究方法,一项完整的实验包括以下几个步骤:
(1)选定实验课题,建立实验研究假设;
(2)进行实验设计,包括设计教育实验的目的、方法、形式等;
(3)实施实验,做好实验观察和阶段测验;
(4)整理分析资料,撰写实验报告。

四、教育文献法

(一)教育文献法的含义

教育文献法是通过查阅、整理和分析以一定载体记录下来的与教育现象有关的图书、资料和文件等有关文献,从而全面、正确地掌握研究对象的一种方法。教育文献法的优点在于灵活、实用、可行,其局限性在于存在记载偏差、信息缺损、受制于语言。研究者要注意扬长避短,充分发挥文献研究在教育研究中的作用。

(二)教育文献法常见的方式

1. 逆向查找
逆向查找即根据某一论文和著作的附录,逆向查找,以获取所需文献。

2. 检索工具
检索工具即利用图书馆的书目、索引计算机检索等工具查阅、搜集所需文献。

(三)文献法的一般程序

(1)确定研究课题;
(2)搜集与研究问题有关的文献资料;
(3)阅读并筛选所搜集的文献,整理文献资料;
(4)分析文献材料,得出研究结论。

五、教育行动研究

(一)教育行动研究的含义

教育行动研究是指在自然、真实的教育环境中,教育工作者(包括教师、行政管理人员、工作人员)按照一定的操作程序,综合运用多种研究方法与技术,以解决教育实际问题为首要目标的一种研究模式。行动研究是近年来颇受中小学教师欢迎的研究方法,其特点是为行动而开展研究、在行动中进行研究、由行动者研究。需要注意的是,中小学教师参与教育研究的主要目的是反思、改进自己的教育教学实践,而不是为了提出新的教育理论;向研究型教师转变,而不是变成专业的教育研究人员。

行动研究简便易行、反馈及时、实践性与参与性较强,但它也有局限性:容易忽视研究的计划性和系统性,研究的信度和效度可靠性难以保证等。

(二)教育行动研究的程序

(1)发现问题:尽量以本校教育教学实践活动中的问题作为研究对象;
(2)分析问题:收集资料、分析资料、整理资料;
(3)拟定计划:包括确定试验对象、试验周期、实施环境、教学资源的选取、研究组成员及分工;
(4)实施行动:在行动中观察、收集资料;
(5)检验研究的有效性:进行磋商、交流、分析、检验行动结果;
(6)修正计划,进入新一轮的研究工作。

六、个案研究法

(一)个案研究法的含义

个案研究法是以个别案例为研究对象进行全面而深入的研究的一种研究方法,其任务是揭示研究对象形成、变化的特点和规律,以及影响个案发展变化的各种因素,并提出相应的对策。个案研究的对象可以是个人,也可以是团体、组织或某一个别事例。教育科研中的个案研究更多的用于研究教育对象的特点。

根据个案研究的目的、对象、内容的不同,研究者采用的方法也不同。常用的个案研究方法有追踪法、追因法、临床法、活动产品分析法、教育会诊法等。

(二)个案研究的基本程序

1. 认识对象,确立个案

研究对象的选择,关系到研究结论是否有价值。确立研究对象一般要把握以下几条原则:根据主观印象,查看研究对象的行为是否有显著性特征;向教师、家长以及有关人员进行调查了解,看他们是否也有相似的评价和印象;通过有关检测,看测量结果是否达到评价标准。

2. 收集个案资料

个案研究依赖于收集详尽的相关资料,所以收集个案资料时,必须注意个案资料内容的广泛性。收集资料的方式,可以多种多样,如观察、测量、访谈、查阅个案、文字记录等。收集个案资料还要做到客观、公正、全面、深刻。

3. 整理分析资料

通过对大量资料进行精细的整理和分析,探究某一特殊行为的原因,揭示出个案的外在现象与内在本质间存在的必然的因果联系。

4. 对个案进行补救矫正并提供发展指导

对个案进行补救矫正并提供发展指导就是根据对个案资料的分析、诊断,提出恰当的教育措施,对个案进行矫正或提供发展指导教育,即设计一套因材施教的方案并加以实施。其具体内容包括:一是改善和消除那些不利于个案发展的外在条件,加强创设那些有利于个案发展的外在条件,使之更好地适应发展的需要;二是激发儿童内在的积极因素,使之健康发展。

一般来说,教师要矫正儿童的不良行为,需要根据生理学、心理学、教育学和社会学的原理,针对病源科学地运用教育科学研究方法。

第四节　校本教研

校本教研是21世纪以来新一轮基础教育课程改革中的热点问题,是将教育教学研究的重心下移到学校,以课程实施过程中教师所面对的各种具体同题为研究对象,以教师为研究主体,专业和理论人员共同参与的实践性教育教学研究活动。掌握校本教研的基本理论和方法是具备反思意识和能力的研究型教师必备的基本素质,这不仅符合学校发展的需要,也是教育改革和发展对中小学教师提出的基本要求。

一、校本教研的基本理念

(一)校本教研的目的是发展学校

发展学校,是指要以改进学校实践、解决学校所面临的问题为指向,既要解决学校存在的种种问题,又要进一步提升学校的学水平和教育教学质量。"校本"关注的不是宏观层面的一般问题,而是学校管理者及教师日常遇到的亟待解决的实际问题,所以它不囿于某一学科的主张或某一理论的见识,而是主动地吸纳和利用各种有利于解决学校实际问题并提高学校质量的经验、知识、方法、技术和理论;它不囿于一般的决策和解决问题的模式,而是在借鉴一般决策和模式的基础上具体分析学校的实际,探寻解决问题的具体对策。

提高学校的教育教学质量,提高学校的办学层次,提高教师的专业化水平,其目的就是为了促进学生的发展。

(二)解决教研中的问题的关键在于学校自身

校本教研发生在教师的教育教学过程中,即学校自身的问题,要由学校中的人来解决,要经由校长、教师共同探讨、分析问题,有效实施解决问题的诸种方案,从而提升学校水平。校长和教师在学校生活中,每天直面最真实的教育情境,立足于教育的第一现场,具备校本教研的有利条件,也能够体察实践活动及有关现象的种种变化,能够通过实践检验理论、方案、计划的有效性和现实性,他们对解决学校的实际问题有着不可替代的作用。

(三)促进校本教研究要立足于学校

立足于学校,是指要从学校的实际出发,充分考虑学校的实际,挖掘学校所有的潜力,充分利用学校的资源,让学校的生命活力释放得更彻底。学校是教育教学研究的主阵地,离开学校进行的教育教学研究往往空洞无物、苍白无力,缺乏应有的生命力。

学校的问题要根据学校的实际和已有条件由学校自行解决,但学校并不是解决问题的唯一主体,必要时可以借助校外力量协同解决。校外人员对学校工作的指导,应服务于解决学校问题,找到解决学校问题的途径。

二、校本教研的意义

(一)校本教研有助于促进教育的改革和发展

联合国教科文组织在"学会生存——教育世界的今天和明天"的报告中指出:"我们再也不能一劳永逸地获取知识了,而需要终身学习如何去建立一个不断演进的知识体系——'学会生存'。"

教育改革离不开教师,教师要参与教育改革,必须要学会学习,成为终身学习者,在学习中学会反思、内省与开始行动。要做好教育,就要不断主动地更新观念,转变自身角色,真正成为"教育的研究者"。教师只有在学校教育情境下,紧密结合工作实践,积极主动地进行研修,才能获得先进的理念,走在教育改革的前列。

(二)校本教研有助于学校的发展

校本教研,"以校为本",在校本教学研究活动中教师"人人想说,人人敢说,人人会说",这种教师群体之间互相合作、切磋交流的氛围对话强化了团队合作意识,使不同个体的知识与能力在探讨、冲撞、分享得到丰富和提升。在这个过程中,学校文化得以重建,课程得到更新,学校获得长足发展。

(三)校本教研有助于教师专业化发展

校本研究能够唤醒教师教学研究的主体意识,从过去被动地接受专业化转向主动地专业化。开展校本教学研究活动,要求教师以研究的眼光审视教学过程,彻底摆脱指令性课程模式下的消极情绪和被动心态,养成发现问题、提出问题、探究问题、讨论问题的思维习惯。教师的专业化目标越来越清晰,教师的创造性发挥得越来越好,专业发展也越来越好。

三、校本教研的途径

教师个人、教师集体、专业研究人员是校本教研的三个核心要素,三者的教研活动和相互协作构成了校本教研的三种基本方式,即教师个人的自我反思、教师集体的同伴互助以及专业研究人员的专业引领。开展校本教研的一个重要意义在于促进教师专业化,包括教师个人的专业化和整个教师队伍的专业化。要达到这一目标,首先需要教师个人在自己的教学实践中不断反思自己的教育教学行为,撰写教学案例,或阅读教育理论文本,反思自我教育教学行为;这样还远远不够,因为教师绝不是"孤独者"的职业,要实现自我提升,同行之间的交流互助必不可少;而不管是自我反思,还是同伴互助,都需要教育理论工作者、骨干教师、教育研究者等引导,这样无论是教师个人的反思还是教师集体的合作都会有方向。个人反思、同伴互助和专家引领在校本教研中相辅相成,缺一不可。

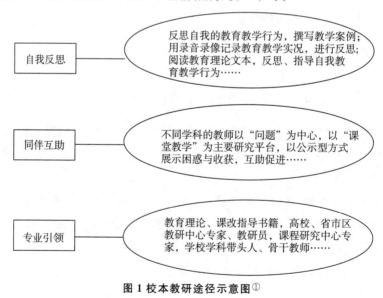

图1 校本教研途径示意图①

---

① 刘旭东.校本教研的策略与方法[M].重庆:重庆出版社,2008:112.

(一) 自我反思

教师在自我反思过程中既是引导者又是评论者,既是教育者又是学习者。过去的教师处在被研究者地位,现在教师要成为研究者,成为反思的实践者。教师不仅要成为教学的主体,而且要成为教学研究的主体,把自己作为研究的对象,研究自己的教学观念和实践,反思自己的教学观念、教学行为以及教学效果。通过反思和研究,教师不断更新教学观念,改善教学行为,提升教学水平;同时通过对教学现象、教学问题进行独立思考和提出创造性见解,使自己真正成为教学和教学研究的主人,从而提高教学工作的自主性和目的性,克服被动性、盲目性。

教学与研究相结合,教学与反思相结合,还可以帮助教师在劳动中获得理性的升华和情感上的愉悦,提升自己的精神境界,从而可以改变教师自己的生活方式,使教师能够体会到自身存在的价值与意义。

教师自我反思在教学前后都要进行,一般有三个环节:教学前的反思、教学中的反思、教学后的反思。具体形式可以多种多样,如教学前对内容、目标、学生、教学环节等的反思,教学中对活动生成、师生互动、问题设置等的反思,教学后反思对自己的教学情况和学习情况的反思。

教师的反思还可以借助更多的形式进行,如网络、课例研究、与专家和同伴交流等。这就需要学校为教师创造更多的条件,让教师的反思更深入地进行下去。

(二) 同伴互助

校本教研不是仅依靠教师个人的反思就能完成的,更需要同伴之间相互合作,通过合作达到分享经验、互相学习、彼此支持、共同成长的目的。教师个人的自我反思在广度、深度上是有限的,而同事的合作互助可以减少教师自我反思的局限性。同伴互助是教师与同行的对话,是校本研究的标志和灵魂,它是促进教师成长的重要途径。学校必须改变教师各自为战状况,加强教师之间的对话与交流,相互取长补短,让大家在同伴互助中茁壮成长。教师之间相互合作与帮助的主要形式有以下几种。

1. 对话

通过各种形式,如沙龙、主题讨论等形式的谈话,互相交流教育教学信息。通过教学沙龙或课改沙龙,进行经验总结,与其他教师交流自己的经验教训、体会感想;通过专题讨论会,教师之间切磋交流,促使不同的思想发生碰撞。

2. 协作

每个教师都发挥特长,默契配合,为完成共同的教育教学任务尽职尽责。常见的协作形式就是各种形式的教研活动,如教学观摩、集体备课等。

3. 帮助

学校里教学经验丰富的、教学成绩突出的教师帮助和指导新教师,使其尽快适应新角色和新环境。

(三)专业引领

校本教研的主体是教师,并不意味着教师是唯一的研究力量,专业人员的引领也是校本教研的力量之一。专业引领实质上就是理论与实践之间深入而真切的对话。专业人员主要包括教研人员、教育科研人员等,他们往往具有系统扎实的教育理论素养和较强的独立研究能力,可以通过学术专题报告、讲座、教学现场指导以及专业座谈等方式提升教师的理论素养和实践智慧。专业人员在指导教师时,必须深入到教育教学一线,与教师开展深度合作,在合作中互相取长补短。

四、校本教研的主要形式

(一)集体备课

集体备课体现了校本教研中的同伴互助这一要素。在集体备课中,来自不同教研组、不同学科、不同年龄的教师,通过集思广益、交流信息、相互学习达到共同提高的目的;教师们为了解决自己教育教学中的实际问题而倡导和积极参与集体备课;备课组成员的分布需要多元化,实现不同学科教师之间的对话和不同年龄教师的互动;在备课中应充分调动每一位教师个体参与的积极性,防止某些教师过度依赖其他教师,缺乏自我思考和自我认识;备课组组长要做好组织和协调工作,充分发挥备课组每一位成员的力量;教师应加强个人自觉反思,形成自己独特的见解,在备课组中提出自己的意见和想法,并耐心倾听他人的意见,使所有参与教师都有所提高。

(二)定向研讨

定向研讨活动一般包括五个环节。
①集体听课。听课教师需要带着各自的问题来听课。
②分组讨论。教师要根据听课情况分组展开讨论,交流所思所悟,探讨需要改进的地方。
③会议交流。每个小组派出代表在会议上发言交流。
④专家分析。专家在分析和评价课堂的同时,还要进行理论的总结。
⑤总结评估。对课堂以及各小组的讨论情况作出总结和评价。定向研讨的重点是探讨教师"教什么"和"怎么教",在定向研讨中应当首先明确研讨的重点问题,每一次研讨都应该围绕一个主题集中进行。

(三)案例教学

案例教学是以一个个具体的教学案例为载体的校本教研形式。教学案例的特征主要有以下几点。

①案例要有具体内容。

②案例要有具体问题。

③案例要蕴涵深刻的教育学或教育心理学等学科理论和原则。

④案例要新颖性,讲究时效性。

⑤案例的背景要清晰。

在案例教学中,教师要学会撰写、使用案例并积极参与案例探讨。

(四)说课

说课是一种校本教学研究活动形式,要求教师针对某一课题的特点,结合学生的实际情况,口头表述该课题教学的具体设想、设计及其理论依据,并与听课者一起就课程目标的达成、教学流程的安排、重点难点的把握及教学效果与质量的评价等方面进行预测与反思,共同研讨进一步改进和优化方案。说课对于了解、研究和评价一节课,对于专题研究某一课堂内容的教学,对于培养和提高教师的教学水平乃至教学研究水平具有重要的意义。说课的类型包括课前说课、课后说课、评比型说课、主题型说课、示范型说课等。说课的内容包括说教材、说教法和学法、说教学程序等。

(五)听课

直接从课堂情境中获取相关信息资料的一种学习、评价及研究的教育教学研究形式。听课包括检查型听课、评比型听课、观摩型听课和研究型听课四种类型。听课通常包括听课前的准备工作、课堂听课和听课后讨论三个阶段,各个阶段都有相应的要求。

(六)评课

评课也是一种校本教学研究活动形式,科学合理的评课对提高课堂教学质量,提升教师教育教学素养,进一步加强和深化课程教学改革有很强的现实意义,评课内容包括以下几方面的内容:教学态度、教学目标、教学方法和手段、教学组织和流程、教学语言、课堂板书、教态、学科专业技能、应变能力、教学设计。

五、校本教研的管理

校本教研的管理从内容上看,包括计划、组织、队伍、课题、制度和档案等方面的管理;从过程来看包括计划、实施、检查和总结等基本程序。在校本教研的管理上,学校应建立和加强以校为本的教育教学研究基本制度和各项具体制度的建设,即以制度化的方式保障教师能够顺利开展研究工作。

目前,以学校为本的教育教学研究还缺乏制度上的引导和规范,学校开展的一些教育教学研究活动在一定程度上偏离了以学校为本的价值导向,教师为研究而研究、为功利而研究的急功近利现象仍然存在。校本教研的体制类型主要有两种：一种是通过自上而下的方式，即采用上级行政推动的方式开展校本教研工作；二是通过自下而上的方式，即以基层学校为核心开展校本教研工作。两种教学研究体制各有利弊，互相补充。从当前实际来看，校本教研制度应建立自下而上与自上而下相结合的教学研究体制。学校应该完善学校各级正式教研组织，建立导向机制、激励机制和保障机制；积极反思传统教学研究机制的不足，合学校内部教研的力量，着力提高教师的研究能力和科研素质，培养一批科研型教师，为校本教研发展奠定人才基础，努力让学校形成研究氛围，把学校变成真正的学习型、研究型组织。

拓展阅读

[1] 庞国彬，刘俊卿. 实用教育科研方法[M]. 北京：北京师范大学出版社，2013.

[2] 赵家荣，乔建中. 教师的教育科研方法[M]. 北京：北京师范大学出版社，2014.

[3] 陈伙平. 教育科学研究方法与原理[M]. 福州：福建科学技术出版社，2005.

[4] 裴娣娜. 教育科研方法导论[M]. 合肥：安徽教育出版社，2005.

[5] 严先元. 教师怎样进行校本研修[M]. 长春：东北师范大学出版社，2004.

复习思考题

一、单项选择题

1. 在教育调查研究中，为获取相关资料而对一所学校或一个学生进行的专门调查属于（ ）。

   A. 全面调查　　　B. 重点调查　　　C. 抽样调查　　　D. 个案调查

2. 在教育研究中，通过考察事物发生和发展的过程，揭示其本质和发展规律的研究方法是（ ）。

   A. 调查法　　　　B. 访谈法　　　　C. 历史法　　　　D. 实验法

3. 关注教育主体，解释教育现象，运用"深描"的写作手法，以讲故事方式呈现研究结果。这一研究方式被称为（ ）。

   A. 调查研究　　　B. 行动研究　　　C. 叙事研究　　　D. 实验研究

二、简答题

请描述教育科学研究的基本过程。

第十三章
教育政策与教育法规

教育事业的改革与发展离不开正确的政策的指引作用,离不开健全的法制的保障作用。所以,应当充分发挥教育政策和法规的作用,较好地协调两者的关系,以保障教育工作的顺利开展。

知识体系

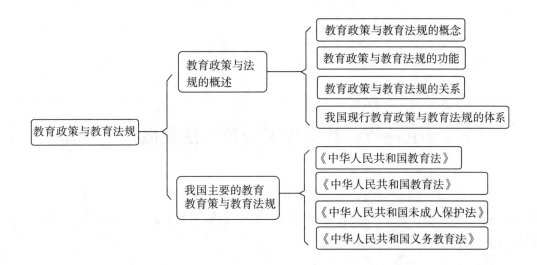

名家名言

真想解除一国的内忧应该依靠良好的立法,不能依靠偶然的机会。

——亚里士多德

法律的调整对象是行为,而所谓社会关系不过是人与人之间的行为互动或交互行为,没有人们之间的交互行为,就没有社会关系。法律是通过影响人们的行为而实现对社会关系的调整。

——张文显

法律提供保护以对抗专断,它给人们以一种安全感和可靠感,并使人们不致在未来处于不祥的黑暗之中。

——布鲁纳

第一节 教育政策与教育法规概述

教育政策与教育法规作为管理教育事业的规范和手段,两者是密切联系的,在教育管理实践中相互制约、相互补充,是教育活动的两个重要保障,把握好两者的关系对于正确贯彻教育政策与教育法规具有重要的意义。

一、教育政策与教育法规的概念

(一)教育政策的概念

1. 政策的含义

政策的内涵十分丰富,从20世纪50年代政策开始作为一门科学发展起来了。在现代社会中,"政策"是一个使用频率极高的词。无论是社会生活的各种重大事件,还是普通民众的日常生活,都与政策有着深刻的联系。不同的学者对政策的理解都有所不同。

《辞海》将政策定义为:"国家、政党为实现一定时期的路线和任务而规定的行动准则。"

美国学者拉斯韦尔首先创立了政策科学的基本范式,认为政策是"一种含有目标、价值与策略的大型计划"[①]。

美国学者伍德罗·威尔逊认为,"政策是由政治家,即由立法者指定的而由行政人员执行的法律和法规"[②]。我国有些学者也赞同这一观点,如王福生、林德金、陈振明等。

詹姆斯·安德森认为,"政策是一个有目的的活动过程,而这些活动是由一个或一批行

---

① H. D. Lasswell and A. Kaplan, Power and Society. New Haven, Yale University Press, 1970. P. 71.
② 转引自伍启元. 公共政策. 香港:商务印书馆,1989:4.

为者,为处理某一问题或有关事务而举办的"。①

罗伯特·艾斯顿认为,公共政策就是"政府机构和它周围环境之间的关系。"②

美国学者伊根·占巴从不同的角度对政策的不同表述作了归纳与分类,概括出关于政策的八种定义:③①政策是关于目的或目标的断言。②政策是行政管理机构的积累起来的长期有效的决议,管理机构可以对它权限内的事务进行调节、控制,另一方面,其对决议也产生影响。③政策是自主行为的向导。④政策是一种解决问题或改良问题的策略。⑤政策是一种被核准的行为,它被核准的正规途径是当局通过的决议,非正规途径则是逐渐形成的惯例。⑥政策是一种行为规范,在实际行动过程中表现出持续的和有规律的特征。⑦政策是政策系统的产品,是所有行动累积的结果,是官僚政治中成千上万人的活动。从政策进入议事日程到政策生效整个周期的每个环节,都在产生着新的政策。⑧政策是被当事人体验到的政策制定和政策实施系统的结果。

政策科学本身在不断发展中,对政策的定义也可能随着政策科学的发展和对政策研究的深化而有所变化。

西方学者的政策内涵表述,基本上概括了它的含义:①政策是由政府或其他权威人士所制定的计划或规划;②政策是一系列活动组成的过程;③政策具有明确的目的、目标或方向,不是自发或盲目的行为;④政策是对社会所做的权威性价值分配。

2. 教育政策的含义

随着现代国家的兴起和现代教育的发展,国家在承办教育、管理教育、评价教育等教育发展方面的权利和义务日趋增多,教育政策作为国家、政党利用其公共权力制定的公共政策在教育领域中的作用日益增大。近年来,教育界对教育政策的研究表现出越来越浓厚的兴趣。

教育政策是政党和国家为实现一定历史时期的教育发展目标,依据一定历史时期的基本方针而制定的关于教育的行动准则,表现为教育路线、教育方针、教育战略、教育规划、教育决定等形式。

教育政策作为一个完整的系统,也有自己独有的特点。

(1)政治性与原则性

政治性是教育政策的根本特征,具有鲜明的政治性,任何国家和政党的教育活动都以实现自身的利益和政治意图为前提。

(2)目的性与可行性

教育政策是根据一定的需要而制定出来的,是一种有意识的活动结果,具有明确的目的性。教育目的能否达到,还与政策实施时是否具有可行性密切关联。

---

① [美]詹姆斯·E·安德森.公共决策.北京:华夏出版社,1990:4.
② R. Eyestone, The Threads of Public Policy: A Study in Policy Leadership. Indianapolis: Bobbs−Merril, 1971. p. 18.
③ 转引自袁振国.教育政策学[M].江苏:江苏教育出版社,1996.139−140.

(3)稳定性和可变性

要保证教育活动正常运行,制定教育政策时必须考虑到在一定时期和范围内,社会历史阶段的稳定问题,这也有利于保障教育政策的可信性和坚定性。但随着社会政治、经济、科技等外部环境和条件的变化,以及教育自身内部的变化,教育政策需要与之相适应,做出相应的调整。

(4)合法性和权威性

宪法是教育政策制定时所依据的最高标准,教育政策出台后必须合法,并且是具有权威性。

(5)系统性和多功能性

教育政策一方面是一个相对独立的系统,其自身又有复杂的体系,教育体制、教育经费、教师数量、教育质量等子系统共同构成了国家基本的教育政策大系统。另一方面,一般教育政策系统中的子系统不仅发挥自身功能,而且子系统之间相互作用、相互支持、相互制约,从而推动整个教育事业的发展。

(二)教育法规的概念

1. 教育法规的含义

研究者对教育法规含义的表述都各有不同。如有人认为,"教育法规是国家机关指定的用以调整教育行政关系的法律规范的总和";有人认为,"教育法规也就是有关教育行政的法规";也有人认为,"教育法规是有关教育方面的法律法令、条例、规章等规范性文件的总称,也是对人们的教育行为具有法律约束力的行为规则的总和";等等。

那么到底什么是教育法规?我们认为,教育法规是统治阶级根据自己在教育方面的意志,通过一定的国家机关,依照法定程序制定的,调整有关法律主体在教育活动中的社会关系的法律规范体系的总和。

我国的教育法规是国家法规体系中的一个子系统。一般法规所具有的基本特征自然也在教育法规中得以反映。另外教育法规还具有一些独有的特征。

(1)遵循教育规律与适应市场经济要求相结合

制定教育法规必须遵循教育的内在规律,同时,要体现社会性质。在确立教育法规时要吸取深化教育改革、发展教育事业的成功做法和经验,如在教育投入上,逐步形成以政府财政拨款为主,辅之以社会各方面集资、捐资办学等多渠道增加教育经费的格局。这样做的最终目的是有效地规范教育活动,引导和促进社会主义市场经济条件下的教育进行改革,也使我们的教育法规更具有中国特色。

(2)系统性与独立性相结合

教育法规有完整的体系。教育法规在制定时具有十分系统、严谨的程序。制定教育法规一般有四个步骤:教育法规议案的提出;教育法规草案的讨论;教育法规的通过;教育法规的公布。

(3)原则性与灵活性相结合

这一特征取决于下列因素:一是在重大的教育问题上,教育法规的制定既要有原则性,又要有一定的灵活性。二是教育作为一个复杂的系统,要在协调各方利益、兼顾多方面实际承受能力的基础上进行立法,稳步推进。可以说,教育法规的原则性与灵活性相结合,是与推动经济发展、社会进步以及教育改革相适应的。

(4)针对性与可操作性相结合

教育法规是根据教育事业发展的实际需要制定的,是调整教育主体关系、规范教育活动的依据,只有增强其针对性,才能发挥作用。制定和施行时,必须立足现实,必须具有针对性和可操作性,只有这样,才能规范、引导、约束教育工作者的行为。对于变化的情况,则应及时进行调整,以反映新情况,汲取新经验,确定新规则,从而实现教育法规针对性与可操作性的统一。

2. 教育法规的基本形式

(1)教育法律

教育法律是指国家立法机关依据一定的立法程序制定或认可的教育方面的法律,即国家权力机关制定或认可的有关教育的成文法。

(2)教育条例

教育条例是指国家权力机关及行政机关制定或认可的教育方面的规范性法律文件。它是教育政策为调整特定教育活动中的关系所做出的规定。在我国,全国人民代表大会、国务院、国务院各部委、地方国家行政机关都有权制定和批准有关教育条例。

(3)教育规章

教育规章是指国家最高行政机关或省、直辖市、自治区的国家权力机关为执行宪法法律,根据国家或本行政区域的具体情况和实际需要,在法定权限内制定的有关教育的专门的规范性文件。教育规章也可以指针对已经颁行的教育法律制定补充性的实施"办法"或细则。

二、教育政策与教育法规的功能

教育政策与教育法规的功能是指教育政策与教育法规对教育改革和发展所发挥的功效与作用。我国教育政策与教育法规的功能可以概括为保障性功能、规范性功能、激励性功能、制约性功能和管理性功能。

(一)保障性功能

保障性功能,是指教育政策与教育法规客观上起着维护与保障教育事业发展的作用。教育政策与教育法规的保障性功能主要表现是,保障教育事业在社会发展中的应有地位,保障教育改革与发展的明确方向,保护全社会(包括团体和个人)支持教育事业发展的积极性和热情。

(二)规范性功能

规范性功能,是指教育政策与教育法规为教育事业的发展提供某种标准与范式,起着规定性的作用。教育政策与教育法规的规范性功能主要表现如下,其一,指引作用,即教育政策与教育法规对人们的教育行为起着引导的作用。教育政策与教育法规对人们的教育行为的指引是一种规范指引,具有稳定性和连续性的特点。其二,评价作用,即指教育政策与教育法规对他人教育行为的标准所起的评价作用。任何教育政策与教育法规,当它成为一种行为规范时,这种规范也就具有评价他人教育行为标准的作用。人们在执行教育政策与教育法规时,事实上总是自觉不自觉地用政策、法规来对照和评价自己的教育行为或他人的行为。

(三)激励性功能

激励性功能,是指教育政策与教育法规客观上起着一种激发热情、鼓舞干劲,促进教育事业不断向前发展的作用。激励性功能是教育政策与教育法规的力量所在。教育政策与教育法规的激励性功能主要表现如下,首先,它能在广泛的层面上得到大众的认同与响应,尤其是蕴含着调整与改革思想的教育政策与教育法规,更能得到人民真心的拥护,必然会激发出巨大的热情和力量。其次,它能激发人们参与教育政策与教育法规实施的积极性。从拥护政策、法规到积极地践行政策、法规,这是政策、法规产生无限力量的深刻表现。

(四)制约性功能

制约性功能,是指教育政策和教育法规有着限制或禁止某种教育行为的作用。教育政策与教育法规的制约性功能主要表现是,它以明令禁止的方式限制某种不被允许的教育行为的产生。有的教育政策和教育法规本身就是一种禁令,例如《禁止使用童工的规定》《禁止中小学乱收费的规定》等。在非禁令性的教育政策中,也存在着种种对不被允许的教育行为的限制性规定。

(五)管理性功能

管理性功能,是指教育政策和教育法规对教育工作具有管理的作用。教育工作离不开教育管理,而教育管理则在很大程度上是通过执行教育政策和教育法规进行的。

首先,教育政策和教育法规的管理性功能体现在通过政策、法规对教育工作进行规划与部署,以保证教育活动有目的、有秩序地进行,同时也保证教育活动的合法性。其次,教育政策和教育法规的管理性功能体现在通过政策、法规对教育活动实施有效的控制。如对政策制定者所鼓励的行为予以肯定,调动与激发人们的教育积极性与创造性,对不被允许产生的教育行为予以惩罚等。再次,教育政策和教育法规的管理性功能也体现在通过政策、法规协调教育活动中的各种利益关系,以保证教育活动和谐地开展。

三、教育政策与教育法规的关系

教育政策与教育法规作为调整教育活动的两个手段,它们之间的关系十分密切。

(一)教育政策与教育法规的联系

现行的教育政策与教育法规在本质上是一致的,具有深刻的内在联系。其主要表现在以下几个方面。

其一,制定教育政策与教育法规都是国家管理教育的重要手段,都是在教育活动应遵循的行为准则与行为依据。

其二,教育政策是制定教育法规的重要依据,也指导着教育法规的运用和实施。

其三,教育法规是教育政策实施的重要保障,教育政策实施的全过程都要有"法"可依。

(二)教育政策与教育法规的区别

1. 基本属性不同

教育法规是通过国家政权表现出来的国家意志;而教育政策是通过政党表现出来的统治阶级的意志,两者在属性上有所不同。

2. 制定的机关和约束力不同

教育法规是由国家制定和认可的,在一定范围内具有普遍的约束力;教育政策则由政党的领导机关制定,只对政党组织和政党成员具有约束力,对党外人士一般不具有约束力。要使教育政策具有普遍的约束力,必须把它上升为国家意志,转变为国家层面的教育法规。

3. 制定程序不同

教育法规的制定必须严格依照法定程序进行;而教育政策则是通过政党的领导机关会议等形式,在充分展开民主讨论、广泛征求意见的基础上,通过集体研究形成的。

4. 表现形式不同

教育法规的表现形式有宪法中的教育条款、教育法律、教育行政法规、地方性教育法规和教育行政规章等,它们通常以条文的形式出现,清晰明了;而教育政策主要以决定、指示、决议、纲要、通知和意见等形式出现,文体格式多样,内容比较广泛,富有号召力。

5. 执行方式不同

教育法规的执行方式是以国家强制力为后盾,要求社会成员必须遵照执行;而教育政策则主要靠组织和宣传,引导人们自觉遵循,其强制力是有一定的限度的。

6. 稳定性程度不同

教育法规确定以后不宜随意变动,具有长期性和稳定性的特点;而教育政策的灵活性更强,可以随着教育形势、任务的变化而适时作出调整和修订。

7. 调整范围不同

教育法规一般是就教育活动的根本方面和教育的基本关系加以约束、规范,其调整的范围比教育政策调整的范围要小一些；而教育政策调整的范围更广，它可以及时渗透到教育领域的各个方面，从而发挥调节、导向作用。

8. 公布范围不同

教育法规必须向全社会公布，而教育政策不完全在全体公民中公布，有的只在一定时期和一定范围内公布。

四、我国现行教育政策与教育法规的体系

（一）教育政策的体系结构

教育政策的体系结构，是指政党、国家和社会团体制定的有关教育政策的存在及其表现形式。我国当前教育政策的体系结构，具有中国特色的社会主义教育政策规范的一个重要标志。

1. 教育政策的基本类型

（1）从政策制定主体的角度来划分，可将教育政策分为政党的教育政策、国家的教育政策和社会团体的教育政策。例如，中共中央《关于教育体制改革的决定》，是中国共产党在新时期指导中国教育改革的纲领性、政策性文件；而国家根本大法《中华人民共和国宪法》和教育基本法《中华人民共和国教育法》中关于教育方针的表述，体现了国家、人民的利益，是国家教育政策的最主要表现形式。

（2）从政策层次的角度来划分，可将教育政策分为总政策、基本政策和具体政策。例如，"教育必须为社会主义现代化建设服务，必须与生产劳动相结合，培养德、智、体等方面全面发展的社会主义事业的建设者和接班人"，是我们的教育方针；"教育必须为社会主义建设服务，社会主义建设必须依靠教育"，是发展社会主义教育事业的重要指导思想。这些都是新时期教育工作必须遵循的总政策。

基本政策介于总政策与具体政策之间，它一方面是教育总政策的具体化，另一方面又是制定具体政策的原则与依据。而具体政策可视为贯彻落实总政策、基本政策的具体行为规则。就当前情况看，市特别是县级市人民政府制定的教育政策，大多数属于具体政策。

（3）从政策效力范围的角度来划分，可将教育政策分为全局性政策和局部性（或区域性）政策。就全国情况而言，全局性教育政策在全国范围内，对各级各类教育都有政策效力。上至国务院各部门，下至地方各级人民政府及其有关部门，均应一体遵行。近年来，国家确立加快西部地区开发、开放步伐的战略，国家有关部门相继出台了包括教育工作在内的支持西部地区的特殊政策，明显带有区域性色彩，是局部性的教育政策。

（4）从政策所起作用的性质的角度来划分，可将教育政策分为鼓励性政策与限制性政策。鼓励性教育政策常带有较多含积极、正面意义的词汇，如"鼓励""希望""提倡"等。如1994年3月14日由国务院发布的《教学成果奖励条例》，属于典型的鼓励性政策；限制性教育政策往往带有"不得""不准""严禁"等字眼，如不准挪用、侵占和克扣教育经费；学校不得

乱收费;在招生和考试中不得徇私舞弊;企业不得招用童工;等等。

2. 教育政策的表现形式

教育政策的表现形式,是指教育政策以怎样的文本形式出现。我国当前的教育政策通常表现为以下几种形式。

(1)党的政策性文件。党的政策性文件主要是指中国共产党中央委员会和中国共产党各级地方委员会发布的各种纲领、决议中有关教育的内容,以及就教育工作作出的决定、通知等。

(2)国家立法机关制定和批准的教育法律、法规。

(3)国家行政机关制定、发布的有关教育工作的政策性文件。

(4)党和国家领导人有关教育问题的讲话、指示。

3. 教育政策的结构

教育政策的结构是指构成教育政策体系的具体政策以及它们之间相互组合的纵向或横向的关系。

(1)教育政策的纵向结构。教育政策的纵向结构是指教育政策依照某种内在逻辑关系作出的纵向排列。从不同角度出发,就有不同的纵向排列方式。依照政策空间进行划分,教育政策有教育总政策→教育基本政策→一般教育政策→个别(特殊)教育政策。依照政策时间进行划分,有长期教育政策→中期教育政策→短期教育政策→即时教育政策。长期教育政策一般包括在相当长的一段历史时期内起作用的根本政策、宏观政策或战略性政策;中、短期教育政策是相对于长期政策而言的,是对长期政策目标、措施作出的阶段性分解;即时政策指针对个别情况、特殊问题采取的个别政策。

(2)教育政策的横向结构。教育政策的横向结构是指将教育政策按横向并列的关系加以排列形成的组合方式和秩序。一般而言教育政策从横向结构可划分为高等教育政策、普通教育政策、职业和成人教育政策,以及少数民族教育政策和残疾人教育政策等。

(二)教育法规的体系结构

我国的教育法规体系是由以宪法指导下的教育基本法为母法,与其所派生的一系列单行教育法及其他各层次规范性文件构成的。

1. 教育法规的基本类型

教育法规的类型是指根据规范性的教育法律文件不同的内部性质和外部表现形式,按照一定的标准,或从一定的角度对其所作的区分和归类。

第一,根据教育法规创制方式和表达方式的不同,可将教育法规分为成文法和不成文法,还可以将其分为制定法、判例法和习惯法。成文法是由国家特定机关制定和公布,并以文字形式表达的法律,也叫制定法。不成文法指国家认可其法律效力,但又不具有成文形式的法律,一般指习惯法。我国现行教育法规基本上都属于制定法系列。

第二,根据教育法规的效力等级和内容重要程度的不同,可将教育法规分为基本法(或根本法)和普通法(或单行法)。在采用成文宪法的国家,基本法是指宪法,在国家法律体系中享有最高的法律地位和法律效力。普通法是指宪法以外的其他法律。普通法的内容一般只涉及社会生活的某一方面,如民法、行政法、刑法等,其法律效力低于宪法。在教育法规领域中,《中华人民共和国教育法》就是我国的教育基本法,《中华人民共和国义务教育法》就是单行法。

第三,根据教育法规适用范围的不同,可将教育法规分为一般法和特殊法。一般法是指在效力范围内具有普遍性的法律,即针对一般的人或事,在较长时期内,在全国范围内普遍有效的法律。特殊法是指对特定主体、事项,或在特定地域、特定时间有效的法律。一般而言,特殊法的效力优于普通法。如《中华人民共和国未成年人保护法》可视为特殊法。

第四,根据教育法规规定的内容不同,可将教育法规分为实体法与程序法。实体法规定的权利和义务直接来自人们在生产和生活中形成的有相互关系的要求,如所有权、债权、政治权利和义务,通常表现为民法、刑法、行政法等。程序法的主要内容是规定主体在诉讼活动中的权利和义务,也即主体在寻求国家机关对自己权利予以支持过程中的行为方式。这种权利和义务是派生的,其作用在于保证主体在实际生活中享有的公民权利得以保障,因此实体法和程序法分别被称为主法和助法。在我国现行教育法规中,还没有纯程序性的法规,通常是实体性内容与程序性内容同时出现在一部教育法规中,其中大凡"法律责任"一章,多为程序性规定。

2. 教育法规的结构

教育法规的表现形式依照制定机关和法律效力等级呈纵向层次排列状态,教育法规内容依照其所规范的教育关系范围呈横向分布排列状态。因此,教育法规的结构具有纵向形式层次和横向内容分类两个维度。

(1)教育法规的纵向结构

教育法规的纵向结构,是指由不同层级的规范性的教育法律文件组成的等级、效力有序的纵向关系,即教育法规的表现形式,具体包括以下几个方面。

一是宪法中的教育条款。宪法中有关教育的条款是教育法规的最高层次,其他任何形式、任何类型的教育法规都不得与之相抵触。

二是教育基本法。我国的教育基本法是《教育法》,有人将其称为"教育的宪法"或教育法规的"母法"。

三是教育单行法规。与教育基本法律相配套的是教育单行法规,以及其他法规中与教育相关的条款,它是用于调整某类教育或某一方面教育工作的教育法规。目前,由全国人民代表大会及其常务委员会制定并公布实施的教育单行法规有《中华人民共和国学位条例》《中华人民共和国义务教育法》《中华人民共和国教师法》《中华人民共和国职业教育法》《中华人民共和国高等教育法》《民办教育促进法》等六部。

四是教育行政法规。教育行政法规是指由国务院根据宪法和法律制定的有关教育方面的规范性文件。如《扫盲工作条例》《教师资格条例》等。其法律效力仅次于教育单行法规。

五是部门教育规章。部门教育规章是指国务院所属各部门根据法律和行政法规,在本部门权限内发布的有关教育工作的命令、指示、实施细则等规范性文件。其效力低于国务院制定的行政法规,但在全国有效。

六是地方性教育法规和地方政府教育规章。地方性教育法规指的是根据宪法、法律和行政法规的授权,由地方立法机关制定并只在其行政区域内有效的规范性文件。地方政府教育规章指的是省、自治区、直辖市以及省、自治区的人民政府所在地的市和经国务院批准的较大的市的人民政府根据宪法、法律和国务院的行政法规的规定和授权在自身权限内发布的有关教育工作的命令、指示、实施细则等规范性文件。

(2)教育法规的横向结构

教育法规的横向结构是指将教育法规按横向并列的关系加以排列形成的组合方式和秩序。从教育法规的横向结构看,教育法规可划分为教育基本法、义务教育法、职业教育法、高等教育法、成人教育法或社会教育法、学位法、教师法、教育经费投入或教育财政法。

第二节 我国主要的教育政策与教育法规

一、《中华人民共和国教育法》

《中华人民共和国教育法》(以下简称《教育法》)于1995年3月18日由第八届全国人民代表大会第三次会议通过,1995年9月1日起施行。这是我国教育史上具有里程碑意义的大事。它的颁行,标志着我国已进入全面依法治教的新时期,对我国教育事业的改革和发展以及物质文明、精神文明建设,具有巨大而深远的意义。

(一)《教育法》的立法宗旨和适用范围

《教育法》第一条明确揭示了制定和颁行该法是"为了发展教育事业,提高全民族的素质,促进社会主义物质文明和精神文明建设"。《教育法》是调整教育关系的法律规范。它的适用范围包括空间效力范围和时间效力范围两个方面。《教育法》第二条规定:"在中华人民共和国境内的各级各类教育,适用本法。"这说明《教育法》适用的地域范围仅限于境内,仅限于具有法人地位的各级各类学校和其他教育机构,以及其中从事教育工作和受教育的人,如教师、学生、管理人员、教辅人员和其他专业技术人员。这是《教育法》适用范围的一般规定。对于特殊情况,《教育法》第八十二条规定:"军事学校教育由中央军事委员会根据本法的原则规定。""宗教学校教育由国务院另行规定。"第八十三条规定:"境外的组织和个人在中国境内办学和合作办学的办法,由国务院规定。"由于这三类学校的特殊性,全国人民代表大会授权中央军事委员会和国务院,对上述三类学校的有关法规另作规定 1995 年 3 月 18 日颁布的《教育法》第八十四条规定:"本法自 1995 年 9 月 1 日起施行。"这表明《教育法》的时间效力范围在1995年9月1日之后。

(二)《教育法》的立法特点和重要地位

《教育法》具有以下几个立法特点：一是全面性和针对性相结合。《教育法》作为教育基本法，要为其他教育法律、法规提供立法依据，这就要求《教育法》的内容要尽可能的全面。我国的《教育法》对应当纳入法律调整范围的重要事项如教育的性质、地位、方针、基本原则等作了全面的规定，充分体现了教育基本法全面性的特点。《教育法》在全面规范和调整各类教育关系的同时，又针对现阶段教育改革和发展中出现的突出问题，作了有针对性的规定，既体现了教育基本法的要求，又体现了《教育法》的现实性。

二是规范性和导向性相结合。《教育法》把新中国成立70多年来，特别是改革开放以来我国教育改革和发展的成熟经验，通过法律规范形式固定下来，如教育管理体制中的分级管理，分工负责；学校的法人地位及自主权；以财政拨款为主的多渠道筹措教育经费体制等，巩固了教育改革和发展的成果。同时，《教育法》也对符合改革和发展方向，但还有待于进一步实践和探索的问题，如终身教育体系的建立和完善，运用金融和信贷手段支持教育事业的发展等，作出了导向性的规定，通过法律手段来保障、推进教育的改革和发展。

三是原则性和可操作性相结合。《教育法》作为教育基本大法，只能对关系到我国教育改革与发展全局的重大问题，如教育的性质、方针、教育活动的原则等作出原则性的规定，而不可能对具体问题逐一作出规定。但是，过于强调原则，则不易操作；不易操作，则难以落实。《教育法》在突出原则性的同时，又注意到实施上的可操作性，特别是法律责任部分，明确了违反《教育法》的法律责任、处罚形式、执法机关等，由此强调《教育法》的可操作性，以保证《教育法》的顺利实施。

《教育法》的颁行，是教育立法取得的重要成就。如果说我们过去的教育工作主要靠政策来调整，靠行政手段来管理的话，那么从《教育法》施行之日起，我们的教育工作就开始进入以法律手段来管理的新时期。《教育法》的颁行，改变了过去我国教育立法是在没有基本法律的前提下，零星立法、单项推进的状况。从此，制定教育方面的单行法规则可以在而且也必须在《教育法》的指导下进行。《教育法》是教育基本大法，它在我国法律体系和教育法规体系中占有重要的地位。《教育法》是我国最高权力机关——全国人民代表大会审议通过的基本法。《教育法》是《宪法》之下的国家权力机关制定的关于教育的基本法律。《宪法》是制定《教育法》的依据，《宪法》中有关教育的条款是教育法规的最高层次，《教育法》不能与其抵触。《教育法》以教育关系作为调整对象，有着特定的法律关系主体和法律基本原则，并运用相应的处理方式。它与刑法、民法等基本法律相并列，处于同等的法律地位。

《教育法》是国家全面调整各类教育关系，规范我国教育工作的基本法律，在我国教育法规体系中处于"母法"地位，具有最高的法律效力。其他单行教育法规只是调整和规范某方面的教育关系或某一项教育工作的，都是"子法"。这些单行教育法规的制定和实施都要以《教育法》为依据，不得与《教育法》确立的原则和规范相违背。作为教育法规的"母法"，《教育法》将带动已经出台和即将出台的"子法",构建完整的教育法律框架,为我国教育改革与发展奠定坚实的法律基础。

(三)《教育法》的基本内容

《教育法》共十章八十四条,涉及面广,内容丰富。对有关教育的重大全局性问题,如我国教育的性质和教育方针、教育基本制度、各类教育关系主体的法律地位和权利义务、教育与社会的关系、教育投入、教育对外交流与合作、法律责任等,都作了全面规定。

1.《教育法》规定了我国教育的性质与教育方针

《教育法》在总则中,对我国教育的性质、教育方针和教育活动原则作了法律规定。

《教育法》第三条规定:"国家坚持以马克思列宁主义、毛泽东思想和建设有中国特色社会主义理论为指导,遵循《宪法》确定的基本原则,发展社会主义的教育事业。"这就确立了我国教育的社会主义性质。

从我国教育的社会主义性质出发,《教育法》第五条规定了我国的教育方针:"教育必须为社会主义现代化建设服务,必须与生产劳动相结合,培养德、智、体等方面全面发展的社会主义事业的建设者和接班人。"

教育方针规定了我国教育的目的——培养德、智、体等方面全面发展的社会主义事业的建设者和接班人;规定了实现教育目的的途径——教育与生产劳动相结合。

为了全面贯彻教育方针,《教育法》还规定了教育活动应当遵循的基本原则:对受教育者进行政治思想品德教育的原则;教育应当继承和弘扬中华民族优秀的历史文化传统,与吸收人类文明、发展一切优秀成果相结合的原则;公民依法享有平等受教育机会的原则;国家帮助少数民族、贫困地区、残疾人等发展教育事业的原则;教育活动必须符合国家和社会公共利益,并实行教育与宗教相分离的原则。这些原则都从不同方面体现了具有中国特色的社会主义教育事业的本质特征。

2.《教育法》规定了我国教育的管理体制

《教育法》在总则中,对我国教育的管理体制作出了法律规定:"国务院和地方各级人民政府根据分级管理、分工负责的原则,领导和管理教育工作。"第十四、十五、十六条对教育工作的分级管理、分工负责体制做了如下具体划分:一是中等及中等以下教育在国务院领导下,由地方人民政府管理;二是高等教育由国务院和省、自治区、直辖市人民政府管理;三是全国教育工作由国务院教育行政部门主管,并对全国教育事业实行统筹规划和协调管理。县级以上地方各级人民政府教育行政部门主管本行政区域内的教育工作。这些规定形成了我国教育管理体制的层级性特征。它要求从国务院到地方各级人民政府,从国务院教育行政部门到地方各级人民政府教育行政部门,对教育工作的管理依照法定的范围与权限有序地进行。对教育工作管理的不到位或者越位管理,都是一种违法行为。

3.《教育法》规定了我国教育的基本制度

新中国成立以来,我国教育制度日益完善,形成一系列基本制度。《教育法》第二章对我国教育的基本制度作了法律规定。

（1）学校教育制度

《教育法》第十七条规定，我国现行学制分为学前教育、初等教育、中等教育、高等教育四个等级。我国已初步建立起普通教育和职业教育两种教育，全日制学校、半工半读学校和业余学校三类学校。现在国家正采取切实措施改革教育制度，建立更为科学的学制系统。

（2）义务教育制度

为了提高全民族素质，大力发展基础教育，1986年，全国人民代表大会颁布了《中华人民共和国义务教育法》。《教育法》再一次对义务教育制度给予确定，《教育法》第十八条规定：国家实行九年制义务教育制度。适龄儿童、少年有接受义务教育的权利，各级政府应予保障。适龄儿童、少年的父母或者其他监护人以及有关社会组织和个人，必须履行法定义务，使适龄儿童、少年接受并完成规定年限的义务教育。

（3）职业教育和成人教育制度

《教育法》第十九条规定："国家实行职业教育制度和成人教育制度。"

职业教育是培养学生从事某种职业或生产劳动所需要的知识和技能的教育。它包括职业学校教育、职业培训和职业预备教育。职业教育要求就业的公民必须接受培训。

成人教育是通过业余、脱产或半脱产的途径，对成年人进行的教育。它是学校教育的继续、补充和延伸，是终身教育的组成部分。其主要形式有扫盲识字班、职工学校、农民学校、夜大学、广播电视教育、函授教育、各种短期培训班、各种知识和技术讲座、自学等，它们构成了完整的成人教育体系。

（4）国家教育考试制度

考试制度是教育基本制度的重要方面。《教育法》第二十条规定："国家实行国家教育考试制度。"国家教育考试制度是由国家授权或批准的，由实施教育考试机构承办的一种考试制度。国务院教育行政部门确定考试种类，并制定相应的考试规则或条例。

（5）学业证书制度和学位制度

《教育法》第二十二条、第二十三条规定，国家实行学业证书制度和学位制度。学业证书是指学校及其他教育机构颁发的、证明学生完成学业情况的凭证，也是用人单位衡量持有者知识水平和能力的依据。学业证书有毕业证书、结业证书、肄业证书等。国家承认学历证书持有者的学历，用人单位按照国家规定给予相应的工资和福利待遇。国家不承认非学历证书持有者的学历，用人单位视情况确定其工资和福利待遇。

学位制度是国家或高等学校以学术水平为衡量标准，通过授予一定称号来表明专门人才知识能力等级的制度。我国的学位分为学士、硕士、博士三个等级。国务院设学位委员会，负责领导全国的学位授予工作。学士学位由国务院授权的高等学校授予；博士、硕士学位由国务院授权的高等学校和科研机构授予。

（6）扫除文盲制度

扫除文盲是一项群众性的工作，党和政府动员各方面力量参与这项工作。《教育法》第二十四条设定了扫盲工作的四类法律义务主体：一是地方各级人民政府；二是基层群众性自治组织；三是企事业单位；四是特定公民。这四类主体各自负有扫除文盲的法律义务。扫除文盲是提高全民族素质的一个方面，直接影响着社会主义现代化建设，因而是一项需要常抓不懈的工作。

(7)教育督导制度和评估制度

《教育法》第二十五条规定，国家实行教育督导制度和学校及其他教育机构教育评估制度。教育督导制度是指教育督导部门依据国家的教育方针、政策和法规对地方各级人民政府教育行政部门和学校进行视察、监督、评价、帮助和指导的行政管理制度。教育督导的基本形式有综合型督导、专项督导、经常性检查等。我国教育督导机构分为国家、省（自治区、直辖市）、地（市、州、盟）、县（区、旗）四级设置，各级教育督导机构设专职和兼职督学。通过教育督导，制止违规行为，帮助和指导下级部门的工作，促进教育事业的发展。

教育评估制度是指根据既定的目的，确定相应的目标，建立科学的指标体系，通过系统的信息收集和定性、定量分析，依据客观的价值标准，对教育系统的功效和工作状态作出评议和估价的制度。教育评估的主要内容包括办学条件、教育质量、管理情况等方面。教育评估可分为目标评估、过程评估、条件评估等，其职能包括鉴定合格、评比优劣、评选先进、估价成就。教育评估工作具有明显的导向作用、认定作用、诊断作用、咨询作用。教育评估工作的实施，有助于调动教育工作者的积极性，形成激励先进、鞭策后进、共同前进的生动局面。

4.《教育法》规定了学校及其他教育机构设置的条件

按照《教育法》第二十七条的规定，设置学校和其他教育机构，必须具备一定的条件。这些条件是：要有组织机构和章程；要有合格的教师；要有符合标准的教学场所及设施、设备；要有必备的办学资金和稳定的经费来源。学校及其他教育机构的设立、变更和终止，必须办理法定的手续。

5.《教育法》规定了教育关系主体的权利和义务

法与权利、义务不可分。《教育法》对各类教育关系主体的权利、义务作了明确的规定，把教育关系主体的行为纳入法制化、规范化的轨道。

《教育法》第二十九条规定了学校及其他教育机构的基本权利：按照章程自主管理的权利；组织实施教育教学活动的权利；招收学生和其他受教育者的权利；对受教育者进行学籍管理，实施奖励或者处分的权利；给受教育者颁发相应的学业证书的权利；对聘任教师及其他职工，实施奖励或者处分的权利；管理使用本单位的设施和经费的权利；拒绝任何组织和个人对教育教学活动的非法干涉的权利；法律法规规定的其他权利。

《教育法》第三十条规定了学校及其他教育机构应当履行的六项义务：遵守法律、法规；贯彻国家的教育方针，执行国家教育教学标准，保证教育教学质量；维护教育者、教师及其他职工的合法权益；以适当的方式为受教育者及其监护人了解受教育者的学业成绩及其他有关情况提供便利；按照国家规定收取费用并公开收费项目；依法接受社会监督。

《教育法》确定了学校的法人地位。凡具有法人条件，取得法人资格的，依法享有民事权利,并独立承担民事责任。

《教育法》对教师和其他教育工作者的权利与义务作了规定。《教育法》第三十三、三十四条规定,"教师享有法律规定的权利,履行法律规定的义务","国家保护教师的合法权益,改善教师的工作条件,提高教师的社会地位",《教育法》的"子法"《教师法》,对教师的权利和义务作了更详细的规定。

受教育权是我国公民的一项基本权利。切实保护受教育者的合法权益,是《教育法》的立法宗旨之一。《教育法》第一次较全面地规定了受教育者的基本权利和义务。

受教育者的权利是:参加教育教学计划安排的各项活动,使用教育教学设施、设备、图书资料;按照国家有关规定获得奖学金、贷学金、助学金;在学业成绩和品行上获得公正评价,完成规定的学业后获得相应的学业证书、学位证书;对学校给予的处分不服,可向有关部门提出申诉,对学校、教师侵犯其人身权、财产权等合法权益提出申诉,或者依法提起诉讼;法律依法规定的其他权利。

当受教育者的权益受到侵害时,《教育法》规定受教育者拥有申诉权、诉讼权。对犯错误的学生,学校可视情况给予批评教育或纪律处分,但处分要适当。如果受处分者不服,可以向学校或有关部门申诉。如果教师侵犯了受教育者的人身权和财产权,受教育者可依法提起诉讼和申诉。学校和教师应当尊重受教育者的人格,不得体罚学生。对于侮辱人格,体罚、残害学生造成严重后果的,要追究法律责任。

《教育法》第四十四条规定了受教育者应履行的义务:遵守法律、法规;遵守学生行为规范,尊敬师长,养成良好的思想品德和行为习惯;努力学习,完成规定的学习任务;遵守所在学习机构或者其他教育机构的管理制度。这些义务性规定,受教育者必须严格遵守执行。

6.《教育法》规定了教育的社会责任

教育是一种社会活动,它牵动着社会的方方面面,要求全社会负起发展教育的责任。因此,《教育法》列出专章,对社会各方面参与、支持教育的责任和形式作了法律规定。社会应当为青少年的身心健康成长创造良好的社会环境;社会应当为学校组织的学生实习、社会实践活动提供帮助和便利;未成年人的父母或者其他监护人,应当为其未成年子女或者其他被监护人受教育提供条件,并且配合学校进行教育工作;社会公共文化体育措施应当向青少年敞开大门,实行优待,提供便利;学校要积极组织学生参加社会公益活动,让学生在实践中培养劳动观点和公民意识,提高思想道德水平。

7.《教育法》规定了教育的投入渠道和保障机制

为了保证教育优先发展,《教育法》对教育投入作了很多的法律规定。

《教育法》第五十四条对教育投入的体制作了规定:"国家建立以财政拨款为主,其他多种渠道筹措教育经费为辅的体制。"

《教育法》对于教育投入规定了"两个提高""三个增长"的原则。《教育法》第五十五条规定:"国家财政性教育经费支出占国民生产总值的比例应当随着国民经济发展和财政收入的增长逐步提高。"第五十六条规定:"各级人民政府教育财政拨款的增长应当高于财政经常性收入的增长,保证使按在校学生人数平均的教育费用逐步增长,保证教师工资和学生人均公用经费逐步增长。"

《教育法》规定,教育经费除国家财政拨款外,还可通过以下途径筹措:征收教育附加费;发展校办产业;实行教育集资;鼓励捐资助学;运用金融和信贷手段支持教育事业发展。

8.《教育法》规定了教育对外交流与合作的基本原则和主要方式

教育对外交流与合作,是我国对外开放政策的重要组成部分。它对于吸收国外的先进科学技术、适用的管理经验及有益文化,具有重要的意义。它是加速培养高级专门人才、开展中外技术交流、增进我国同世界各国人民友谊的重要途径。国家鼓励开展教育对外交流与合作。

为促进教育对外交流与合作的健康发展,《教育法》规定了教育对外交流与合作的基本原则。第六十七条规定:"教育对外交流与合作坚持独立自主、平等互利、相互尊重的原则,不得违反中国法律,不得损害国家权力、安全和社会公共利益。"

《教育法》规定了教育对外交流合作的重要方式:境内公民出国留学、研究、任教或进行学术交流;境外个人进入我国学校及其他机构学习、研究、任教或者进行学术交流;境外个人或组织同我国合法教育机构合作办学;境外教育机构间交流与合作。

实行教育对外交流与合作,必然涉及相关国家的学历、学位问题。《教育法》对学业证书的有效性做了规定:"中国对境外教育机构颁发的学位证书、学历证书及其他学业证书的成人,依照中华人民共和国缔结或者加入的国际条约办理,或者按照国家有关规定办理。"

9.《教育法》规定了违反教育法规的法律责任

《教育法》针对确立的义务和禁止性规范,结合我国实际,规定了相应的法律责任,法律责任的规定,集中体现了立法精神,在整部《教育法》中,占据非常重要的地位。

《教育法》针对教育实践中经常发生的、普遍存在的、直接影响《教育法》实施的问题,作了十条法律责任规定,主要有:克扣、挪用教育经费的法律责任;乱收费、乱招生的法律责任;在招生考试中作弊行为的法律责任;乱发学业证书的法律责任;扰乱学校教学制度,侵占校产行为的法律责任;造成人员伤亡和重大财产损失的法律责任等等。凡违反《教育法》者,根据情节轻重,依法追究其主管人、责任人的法律责任。

以上是对《教育法》的基本内容所做的概述。《教育法》的颁布与实施,已经对并将继续对我国教育事业的改革与发展发挥强有力的指导与规范作用。

二、《中华人民共和国教师法》

《中华人民共和国教师法》(以下简称《教师法》)是我国重要的教育人事法律。它以各级各类学校和其他教育机构中履行教学职责的专业人员为适用对象,是新中国成立以来第一部专门针对从事某职业的人制定的单行性法律。它的出台,为规范教育队伍建设、进一步改革和完善教育人事制度、提高教师待遇、保障教师权益提供了重要的法律依据。《教师资格条例》及《教师资格条例实施办法》,为提高教师素质,加强教师队伍建设,提供了重要的法律依据。

(一)教师的权利和义务

教师的权利,就是教师依照《教师法》规定所享有的权利。它表现为教师做出一定的行为或要求他人做出相应的行为,在必要时可请求有关国家机关以强制行为保障其权利的实现,根据我国《教师法》第七条的规定,我国教师享有下列权利:

(1)进行教育教学活动,开展教育教学改革和实验;

(2)从事科学研究、学术交流,参加专业的学术团体,在学术活动中充分发表意见;

(3)指导学生的学习和发展,评定学生的品行和学业成绩;

(4)按时获取工资报酬,享受国家规定的福利待遇以及寒暑假期的带薪休假;

(5)对学校教育教学、管理工作和教育行政部门的工作提出意见和建议,通过教职工代表大会或者其他形式,参与学校的民主管理;

(6)参加进修或者其他方式的培训。

教师的义务,是指教师依照《教师法》的规定所必须承担的责任。它表现为教师必须依照法律的规定做出一定行为或不得从事一定行为,即教师行为的界限。根据《教师法》第八条规定,教师应当履行下列义务:

(1)遵守宪法与法律和职业道德,为人师表;

(2)贯彻国家的教育方针,遵守规章制度,执行学校的教学计划,履行教师聘约,完成教育教学工作任务;

(3)对学生进行宪法所确定的基本原则的教育、爱国主义、民族团结的教育、法制教育以及思想品德、文化、科学技术教育,组织、带领学生开展有益的社会活动;

(4)关心爱护全体学生,尊重学生人格,促进学生在品德、智力、体质等方面全面发展;

(5)制止有害于学生的行为或者其他侵犯学生合法权益的行为,批评和抵制有害于学生健康成长的现象;

(6)不断提高思想政治觉悟和教育教学业务水平。

《教师法》第三十七条规定:"教师有下列情形之一的,由所在学校、其他教育机构或者教育行政部门给予行政处分或者解聘:①故意不完成教育教学任务给教育教学工作造成损失的;②体罚学生,经教育不改的;③品行不良、侮辱学生,影响恶劣的。教师有前款第②第③项所列情形之一,情节严重,构成犯罪的,依法追究刑事责任。"

(二)教师资格制度

教师资格制度是一种国家法定的职业许可制度,只有具备法定条件和专业能力,经认定合格的人才可以取得教师资格,从事教师职业,因而它是国家为公民进入教师行业设置的第一道门槛,对保证教师队伍的职业素质具有重要意义。

1. 教师资格制度的实施与监督

中国公民在各级各类学校和其他教育机构中专门从事教育教学工作,应当具备教师资格。国务院教育行政部门负责全国教师资格制度的组织实施和协调监督工作;县级以上(包括县级)地方人民政府教育行政部门根据《教师资格条例》规定权限负责本地教师资格认定和管理的组织、指导、监督与实施工作。依法受理教师资格认定申请的县级以上地方人民政府教育行政部门,为教师资格认定机构。

2. 教师资格的分类与适用

教师资格分为以下几类:①幼儿园教师资格;②小学教师资格;③初级中学教师和初级职业学校文化课、专业课教师资格(以下统称初级中学教师资格);④高级中学教师资格;⑤中等专业学校、技工学校、职业高级中学文化课,专业课教师资格(以下统称中等职业学校教师资格);⑥中等专业学校、技工学校、职业高级中学实习指导教师资格(以下统称中等职业学校实习指导教师资格);⑦高等学校教师资格。成人教育的教师资格,按照成人教育的层次,依照上款规定,确定类别。取得教师资格的公民,可以在本级及其以下等级的各类学校和其他教育机构担任教师;但是,取得中等职业学校实习指导教师资格的公民只能在中等专业学校、技工学校、职业高级中学或者初级职业学校担任实习指导教师。高级中学教师资格与中等职业学校教师资格相互通用。

3. 教师资格条件

中国公民凡遵守宪法和法律,热爱教育事业,具备良好的思想品德,具备《教师法》规定的学历或者经国家教师资格考试合格,有教育教学能力(包括符合国家规定的从事教育教学工作的身体条件),经认定合格的,可以取得教师资格。取得教师资格应当具备的相应学历是:

(1)取得幼儿园教师资格,应当具备幼儿师范学校毕业及其以上学历;

(2)取得小学教师资格,应当具备中等师范学校毕业及其以上学历;

(3)取得初级中学教师、初级职业学校文化课、专业课教师资格,应当具备高等师范专科学校或者其他大学专科毕业及其以上学历;

(4)取得高级中学教师资格和中等专业学校、技工学校、职业高中文化课、专业课教师资格,应当具备高等师范院校本科或者其他大学本科毕业及其以上学历,取得中等专业学校、技工学校和职业高中学生实习指导教师资格应当具备的学历,由国务院教育行政部门规定;

(5)取得高等学校教师资格,应当具备研究生或者大学本科毕业学历;

(6)取得成人教育教师资格,应当按照成人教育的层次、类别,分别具备高等、中等学校毕业及其以上学历;

(7)申请认定中等职业学校实习指导教师资格者,应当具备中等职业学校毕业及其以上学历,对于确有特殊技艺者,经省级以上人民政府教育行政部门批准,其学历要求可适当放宽。

申请认定教师资格者的教育教学能力应当符合下列要求:

(1)具备承担教育教学工作所必需的基本素质和能力,具体测试办法和标准由省级人民政府教育行政部门制定;

(2)普通话水平应当达到国家语言文字工作委员会颁布的《普通话水平测试等级标准》二级乙等以上标准,少数方言复杂地区的普通话水平应当达到三级甲等以上标准,使用汉语和当地民族语言教学的少数民族自治地区的普通话水平,由省级人民政府教育行政部门规定标准;

(3)具有良好的身体素质和心理素质,无传染疾病,无精神病史,适应教育教学工作的需要,在教师资格认定机构指定的县级以上医院体检合格。

4. 教师资格考试

不具备《教师法》规定的教师资格学历的公民,申请获得教师资格,应当通过国家举办的或者认可的教师资格考试。教师资格考试科目、标准和考试大纲由国务院教育行政部门审定。教师资格考试试卷的编制、考务工作和考试成绩证明的发放,属于幼儿园、小学、初级中学、高级中学、中等职业学校教师资格考试和中等职业学校实习指导教师资格考试的,由县级以上人民政府教育行政部门组织实施。幼儿园、小学、初级中学、高级中学、中等职业学校的教师资格考试和中等职业学校实习指导教师资格考试,每年进行一次。参加教师资格考试,考试科目全部及格的,发给教师资格考试合格证明;当年考试不及格的科目,可以在下年度补考;经补考仍有一门或者一门以上科目不及格的,应当重新参加全部考试科目的考试。如参加教师资格考试有作弊行为的,其考试成绩作废,三年内不得再次参加教师资格考试。

5. 教师资格认定

具备《教师法》规定的学历或者经教师资格考试合格的公民,可以依照《教师资格条例》规定申请认定其教师资格。幼儿园、小学和初级中学教师资格,由申请人户籍所在地或者申请人任教学校所在地的县级人民政府教育行政部门认定。高级中学教师资格,由申请人户籍所在地或者申请人任教学校所在地的县级人民政府教育行政部门审查后,报上一级人民政府教育行政部门认定或者组织有关部门认定。

申请认定教师资格应当由本人在规定时间提出申请,领取有关资料和表格,提交下列基本材料:(1)由本人填写的"教师资格认定申请表"一式两份;(2)身份证原件和复印件;(3)学历证书原件和复印件;(4)由教师资格认定机构指定的县级以上医院出具的体格检查合格证明;(5)普通话水平测试等级证书原件和复印件;(6)思想品德情况的鉴定或者证明材料,体检项目由省级人民政府教育行政部门规定,其中必须包含"传染病""精神病史"项目。

申请认定幼儿园和小学教师资格的,参照《中等师范学校招生体检标准》的有关规定执行;申请认定初级中学及其以上教师资格的,参照《高等师范学校招生体检标准》的有关规定执行。普通话水平测试由教育行政部门和语言文字工作机构共同组织实施,对合格者颁发由国务院教育行政部门统一印制的"普通话水平测试等级证书"。申请人思想品德情况的鉴定或者证明材料按照"申请人思想品德鉴定表"要求填写。在职申请人,该表由其工作单位填写;非在职申请人,该表由其户籍所在地街道办事处或者乡级人民政府填写。应届毕业生由毕业学校负责提供鉴定。必要时,有关单位可应教师资格认定机构要求提供更为详细的证明材料。各级各类学校师范教育类专业毕业生可以持毕业证书,向任教学校所在地或户籍所在地教师资格认定机构申请直接认定相应的教师资格。申请认定教师资格者应当按照国家规定缴纳费用。但各级各类学校师范教育类专业毕业生不缴纳认定费用。教师资格认定机构应当及时根据申请人提供的材料进行初步审查。

教师资格认定机构应当组织成立教师资格专家审查委员会。教师资格专家审查委员会根据需要成立若干小组,按照省级教育行政部门制定的办法和标准组织面试、试讲,对申请人的教育教学能力进行考查,提出审查意见,报教师资格认定机构。教师资格认定机构根据教师资格专家审查委员会的审查意见,在受理申请期限终止之日起30个法定工作日内做出是否认定教师资格的结论,并将认定结果通知申请人。符合法定的认定条件者,颁发相应的"教师资格证书"。县级以上地方人民政府教育行政部门按照《教师资格条例》第十三条规定的权限,认定相应的教师资格。在教师资格认定工作中玩忽职守,徇私舞弊,对教师资格认定工作造成损失的,由教育行政部门依法给予行政处分;构成犯罪的,依法追究刑事责任。受剥夺政治权利或者故意犯罪受到有期徒刑以上刑事处罚的,不能取得教师资格;已经取得教师资格的,取消教师资格;取消教师资格的,不能重新取得教师资格,其教师资格证书由县级人民政府教育行政部门收缴。

6. 教师资格证书管理

教师资格证书作为持证人具备国家认定的教师资格的法定凭证,由国务院教育行政部门统一印制。"教师资格认定申请表"有由国务院教育行政部门规定的统一格式。"教师资格证书"和"教师资格认定申请表"由教师资格认定机构按国家规定统一编号,加盖相应的政府教育行政部门公章、钢印后生效。取得教师资格的人员,其"教师资格认定申请表"一份存入本人的人事档案,其余材料由教师资格认定机构归档保存。教师资格认定机构建立教师资格管理数据库。教师资格证书遗失或者损毁影响使用的,由本人向原发证机关报告,申请补发。原发证机关应当在补发的同时收回损毁的教师资格证书。丧失教师资格者,由其工作单位或者户籍所在地相应的县级以上地方人民政府教育行政部门按教师资格认定权限会同原发证机关办理注销手续,收缴证书,归档备案。丧失教师资格者不得重新申请认定教师资格。按照《教师资格条例》应当被撤销教师资格者,由县级以上地方人民政府教育行政部门按教师资格认定权限会同原发证机关撤销资格收缴证书,归档备案。被撤销教师资格者自撤销之日起,五年内不得重新取得教师资格。对使用假资格证书的,一经查实,按弄虚作假、骗取教师资格处理五年内不得申请认定教师资格,由教育行政部门没收假证书。对编造、买卖教师资格证书的依法追究法律责任。品行不良、侮辱学生、影响恶劣的,县级以上地方人民政府教育行政部门撤销其教师资格,被撤销教师资格的,自撤销之日起五年内不得重新申请认定教师资格,其教师资格证书由县级以上地方人民政府教育行政部门收缴。

（三）教师资格证书、教师的聘任、考核与待遇

1. 教师职务制度

教师职务制度是国家就各级各类学校的教育教学需要而规定的专业技术工作岗位，取得某一教师职务的人必须具备本专业的业务知识和相应的学术水平，国家对各种教师职务任职条件和任职资格的评审程序做出了具体规定。

2. 教师聘任制度

《教师法》第十七条规定："教师的聘任应当遵循双方地位平等的原则，由学校和教师签订聘任合同，明确规定双方的权利、义务和责任。"

3. 教师考核与待遇

《教师法》第五章专门规定教师的考核制度，教师考核的内容为政治思想、业务水平、工作态度和工作成绩；考核由教师所在学校进行，教育行政部门指导和督察；考核的原则是客观、公正、准确；考核应当听取教师本人、其他教师以及学生的意见；考核结果是聘任、晋升工资、实施奖励的依据。《教师法》第六章规定了教师工资、津贴、补贴、住房、医疗、退休金等问题，其中明确的原则是："教师的平均工资水平应当不低于或者高于当地公务员的平均工资水平，并逐步提高。"教师的医疗，享受当地公务员同等待遇。"教师退休或者退职后，享受国家规定的退休或者退职待遇。某省的《教师法》实施办法规定每两年组织教师体检一次，其中特级教师和具有高级专业技术职务的教师每年体检一次，该实施办法第十四条规定："各级人民政府和学校都应当保证教师工资按月足额发放，任何单位和个人不得克扣、挪用或拖欠。"第十五条规定："县级以上地方人民政府必须将财政负担的教师工资金额列入财政预算。"

（四）违反《教师法》的法律责任

《教师法》第八章对违反《教师法》的法律责任做了规定，如第三十六条规定："对依法提出申诉、控告、检举的教师进行打击报复的，由其所在单位或者上级机关责令改正；情节严重的，可以根据具体情况给予行政处分。"第三十八条规定："地方人民政府对违反本法规定，拖欠教师工资或者侵犯教师其他合法权益的，应当责令其限期改正。"第三十九条规定："教师对学校或者其他教育机构侵犯其合法权益的，或者对学校或者其他教育机构做出的处理不服的，可以向教育行政部门提出申诉，教育行政部门应当在接到申诉的三十日内，做出处理。教师认为当地人民政府有关行政部门侵犯其根据本法规定享有的权利的，可以向同级人民政府或者上一级人民政府有关部门提出申诉，同级人民政府或者上一级人民政府有关部门应当做出处理。"

三、《中华人民共和国未成年人保护法》

《中华人民共和国未成年人保护法》（以下简称《未成年人保护法》）的颁布，使对未成年

人的保护落到了实处。《未成年人保护法》主要从四个方面规范了对未成年人的保护：一是家庭的保护职责；二是学校的保护职责；三是社会的保护职责；四是对未成年人的司法保护。该法促使社会各个层面都尽到自己的义务使未成年人的各种合法权益能够得到保障，未成年人能够健康成长，并将全社会对未成年人的保护纳入法制化的轨道。《未成年人保护法》的颁布，使我国对未成年人保护的法律体系更加完备，使未成年人这个宏大而又特殊的群体得到了更好的保护。

（一）未成年人保护工作应当遵循的原则

1. 尊重未成年人的人格尊严

未成年人虽然在各方面不成熟，不具备完全民事行为能力，但他们拥有独立的人格，社会和成人应尊重他们的人格尊严。这就要求不仅要把未成年人当成小孩子、子女看待，还要把他们当作平等的主体看待。摒弃孩子是父母私有财产的旧观念，充分认识到未成年人的生命首先属于自己、属于社会。要培养自尊、自爱、自强、自信的下一代，就必须尊重他们的人格尊严。

2. 适应未成年人身心发展的规律和特点

未成年人处于从不成熟到逐渐成熟的过程中。对于他们成长过程中的行为方式，不能用成人的标准来要求和衡量，应根据他们控制自身能力的特点而因材施教，对他们严而有度、严而有情、劳逸结合，才能收到教育的预期效果。

3. 教育与保护相结合

未成年人发育过程中，感情脆弱，辨别是非的能力差，缺乏自我控制和自我保护能力，但他们表现欲强，模仿能力强，所作所为就难免不尽如人意，甚至有悖于常理，更为严重者会造成社会恶果，这些都是未成年人不成熟的表现。对未成年人的培养需要耐心，通过反复教育达到保护的目的，使他们在成功与挫折、经验与教训中锻炼成长。

（二）家庭保护

根据《未成年人保护法》第十条、第十三条的规定，父母或者其他监护人应当创造良好和睦的家庭环境，依法履行对未成年人的监护职责和抚养义务。禁止对未成年人实施家庭暴力，禁止虐待、遗弃未成年人，禁止溺婴和其他残害婴儿的行为，不得歧视女性未成年人或者有残疾的未成年人。父母或者其他监护人应当尊重未成年人受教育的权利，必须使适龄未成年人依法入学接受并完成义务教育，不得使接受义务教育的未成年人辍学。父母或者其他监护人应当根据未成年人的年龄和智力发展状况，在做出与未成年人权益有关的决定时告知其本人，并听取他们的意见。父母或者其他监护人不得允许或者迫使未成年人结婚，不得为未成年人订立婚约。父母因外出务工或者其他原因不能履行对未成年人监护职责的，应当委托有监护能力的其他成年人代为监护。

(三)学校保护

学校应当尊重未成年学生受教育的权利,关心、爱护学生,对品行有缺点、学习有困难的学生,应当耐心教育、帮助,不得歧视,不得违反法律和国家规定开除未成年学生。学校应当根据未成年学生身心发展的特点,对他们进行社会生活指导、心理健康辅导和青春期教育。学校应当与未成年学生的父母或者其他监护人互相配合,保证未成年学生的睡眠、娱乐和体育锻炼时间,不得加重其学习负担。学校、幼儿园、托儿所的教职员工应当尊重未成年人的人格尊严,不得对未成年人实施体罚、变相体罚或者其他侮辱人格尊严的行为。学校、幼儿园、托儿所应当建立安全制度,加强对未成年人的安全教育,采取措施保障未成年人的人身安全。学校、幼儿园、托儿所不得在危及未成年人人身安全、健康的校舍和其他设施场所中进行教育教学活动,学校、幼儿园安排未成年人参加集会、文化活动、社会实践等集体活动,应当有利于未成年人的健康成长,防止发生人身安全事故。教育行政等部门和学校、幼儿园、托儿所应当根据需要,制定应对各种灾害、传染性疾病、食物中毒、意外伤害等突发事件的预案,配备相应设施并进行必要的演练,增强未成年人的自我保护意识和能力。学校对未成年学生在校内或者本校组织的校外活动中发生人身伤害事故的,应当及时救护,妥善处理,并及时向有关主管部门报告。

(四)社会保护

根据《未成年人保护法》第三十四、三十五、三十七、三十九、四十、四十一条的规定,禁止任何组织、个人制作或者向未成年人出售、出租或者以其他方式传播淫秽、暴力、凶杀、恐怖、赌博等毒害未成年人的图书、报刊、音像制品、电子出版物以及网络信息等。生产销售用于未成年人的食品、药品、玩具、用具和游乐设施等,应当符合国家标准或者行业标准,不得有害于未成年人的安全和健康;需要标明注意事项的,应当在显著位置标明。中小学校园周边不得设置营业性歌舞娱乐场所、互联网上网服务营业场所等不适宜未成年人活动的场所。营业性歌舞娱乐场所、互联网上网服务营业场所等不适宜未成年人活动的场所,不得允许未成年人进入,经营者应当在显著位置设置未成年人禁入标志;对难以判明是否已成年的,应当要求其出示身份证件。禁止向未成年人出售烟酒,经营者应当在显著位置设置不向未成年人出售烟酒的标志;对难以判明是否已成年的,应当要求其出示身份证件。任何人不得在中小学、幼儿园、托儿所的教室、寝室、活动室和其他未成年人集中活动的场所吸烟饮酒。任何组织或者个人不得披露未成年人的个人隐私。对未成年人的信件、日记、电子邮件,任何组织或者个人不得隐匿、毁弃;除因追查犯罪的需要,由公安机关或者人民检察院依法进行检查,或者对无行为能力的未成年人的信件、日记、电子邮件由其父母或者其他监护人代为开拆、查阅。任何组织或者个人不得开拆、查阅。学校、幼儿园、托儿所和公共场所发生突发事件时,应当优先救护未成年人。禁止拐卖、绑架、虐待未成年人,禁止对未成年人实施性侵害。禁止胁迫、诱骗、利用未成年人乞讨或者组织未成年人进行有害其身心健康的表演等活动。

（五）司法保护

父母或者其他监护人不履行监护职责或者侵害被监护的未成年人的合法权益，经教育不改的，人民法院可以根据有关人员或者有关单位的申请，撤销其监护人的资格，依法另行指定监护人。对违法犯罪的未成年人，实行教育、感化、挽救的方针，坚持教育为主、惩罚为辅的原则。对违法犯罪的未成年人，应当依法从轻、减轻或者免除处罚。公安机关、人民检察院、人民法院办理未成年人违法犯罪案件和涉及未成年人权益保护案件，应当照顾未成年人身心发展特点，尊重他们的人格尊严，保障他们的合法权益，并根据需要设立专门机构或者指定专人办理。公安机关、人民检察院询问未成年犯罪嫌疑人，询问未成年证人、被害人，应当通知监护人到场。公安机关、人民检察院、人民法院办理未成年人遭受性侵害的刑事案件，应当保护被害人的名誉。对羁押、服刑的未成年人，应当与成年人分别关押。羁押、服刑的未成年人没有完成义务教育的，应当对其进行义务教育。解除羁押、服刑期满的未成年人的复学、升学、就业不应受歧视。对未成年人违法犯罪案件，新闻报道、影视节目、公开出版物、网络等不得披露该未成年人的姓名、住所、照片、图像以及可能推断出该未成年人信息的资料。

（六）学校侵害未成年人合法权益的法律责任

根据《未成年人保护法》第六十三条的规定，学校、幼儿园、托儿所侵害未成年人合法权益的，由教育行政部门或者其他有关部门责令改正；情节严重的，对直接负责的主管人员和其他直接责任人员依法给予处分。学校、幼儿园、托儿所教职员工对未成年人实施体罚、变相体罚或者其他侮辱人格行为的，由其所在单位或者上级机关责令改正；情节严重的，依法给予处分。

四、《中华人民共和国义务教育法》

《中华人民共和国义务教育法》（以下简称《义务教育法》）于1986年4月12日第六届全国人民代表大会第四次会议通过，2006年6月29日第十届全国人民代表大会常务委员会第二十二次会议修订，修订后的《义务教育法》自2006年9月1日起施行。该法在总则中明确了其立法宗旨、义务教育的性质和特征，强调国家的教育方针，实施素质教育，规定了政府、学校、家长、社会在实施义务教育中的责任。

（一）立法宗旨

《义务教育法》第一条规定："为了保障适龄儿童、少年接受义务教育的权利，保证义务教育的实施，提高全民族素质，根据宪法和教育法，制定本法。"这清楚地阐明了我国义务教育法制定的立法依据和立法宗旨。

1. 立法依据

(1)《义务教育法》是对宪法规定的落实

《宪法》第四十六条第一款规定:"中华人民共和国公民有受教育的权利和义务。"《宪法》第十九条第二款规定:"国家举办各种学校,普及初等教育、职业教育和高等教育,并且发展学前教育。"

《宪法》是国家的根本大法。《宪法》中有关公民受教育的基本权利和义务的规定是《义务教育法》制定的法律依据。

(2)《义务教育法》是对《教育法》规定的落实

《教育法》是发展教育事业的基本法律。我国的各级各类教育均适用该法。《教育法》第九条规定:"中华人民共和国公民有受教育的权利和义务,公民不分民族、种族、性别、职业、财产状况、宗教信仰等,依法享有平等的受教育机会。"这个规定是制定《义务教育法》的具体法律依据。

2. 立法宗旨

(1)保障适龄儿童、少年接受义务教育的权利

改革开放以来,我国的综合国力迅速上升,教育事业迅猛发展。但是,从总体上看,我国的基础教育仍然比较薄弱,保障适龄儿童、少年接受义务教育的目标并没有彻底实现。个别地区普及九年制义务教育尚有困难;一些儿童特别是女童没有接受完九年制义务教育;从事义务教育的教师缺乏应有的培训,不能适应新形势下教育工作的要求;一些地区适龄儿童、少年中途辍学;个别企业招用童工。存在的这些问题,与我国全面建设社会主义现代化强国的宏伟目标形成了尖锐的矛盾。《义务教育法》的制定、修改和实施,就是要通过法律手段明确各义务主体的责任,保障适龄儿童、少年受教育的权利,促进教育事业发展,提高全民素质。

(2)保障义务教育的实施

九年制义务教育制度,是国家必须予以保障的公益性事业。义务教育是免费教育,因此,国家必须建立义务教育经费保障机制,保证义务教育的实施。

当前,发展义务教育的重要性已成为各级政府和各族人民的共识,但就义务教育实施而言,已经暴露出一些问题:一些地方财力困难,义务教育经费无法到位;农村学校办学困难;城乡教师之间、名校与一般学校教师之间收入差距拉大;优质教育资源向城市和名校过度集中;薄弱学校办学困难;进城务工的农民工子女接受义务教育困难重重;教育布局调整,部分地区儿童就近上学困难;社会弱势群体子女上学困难。因此,为保障义务教育的顺利实施,《义务教育法》重点明确义务教育经费保障是各级政府的共同责任,国务院和地方各级人民政府都是义务教育经费的保障主体,具体由省级政府负责统筹。只要政府、学校、家庭、社会共同努力,一定会推动义务教育事业又好又快地发展。

(3)提高全民族素质

和平与发展是当今时代的主题,国家之间的竞争实质上是以科学技术为先导的综合国

力的竞争,归根到底是民族素质的竞争,是教育的竞争。科学技术是第一生产力,而科学技术无论是研发探索还是熟练运用都是通过高素质的人才去实现的。义务教育在我国人才培养中起基础性作用,是提高全社会现代化、社会文明的基础和标志,是提高民族素质和培养优秀人才的基础工程。我国制定《义务教育法》,用法律形式保障义务教育的发展,这是提高全民族素质、培养人才、推动社会主义现代化建设的伟大举措,意义重大,影响深远。

(二)义务教育的概念和特征

新修订的《义务教育法》首次对义务教育做了界定,并强调义务教育与其他教育不同的特征。

1. 义务教育的概念

对于义务教育的概念,《义务教育法》首次从法律的角度予以界定,该法第二条规定:"义务教育是国家统一实施的所有适龄儿童、少年必须接受的教育,是国家必须予以保障的公益性事业。"对于义务教育概念的理解是:第一,义务教育是公益性事业;第二,义务教育是所有适龄儿童、少年必须接受的教育;第三,义务教育由国家统一实施并且必须予以保障。义务教育的概念强调的是,义务教育是政府为全国全社会提供服务的公共产品,是一种政府行为。

《义务教育法》第二条规定:"国家实行九年义务教育。"义务教育的年限确定为九年,符合我国目前的国情。

2. 义务教育的特征

(1)义务性

义务教育是一种以国家的公权力为后盾的强制教育,义务教育是免费教育,任何适龄儿童、少年都必须接受义务教育。因为义务教育的义务性,所以政府、家庭、学校、社会都要履行职责。《义务教育法》第九条规定:"各级人民政府及其有关部门应当履行本法规定的各项职责,保障适龄儿童、少年接受义务教育的权利。""适龄儿童、少年的父母或者其他法定监护人应当依法保证其按时入学接受并完成义务教育。""依法实施义务教育的学校应当按照规定标准完成教育教学任务,保证教育教学质量。""社会组织和个人应当为适龄儿童、少年接受义务教育创造良好的环境。"

(2)权利性

我国宪法将受教育列为公民的基本权利和义务。《义务教育法》的立法宗旨首先体现为保障适龄儿童、少年接受义务教育的权利。凡具有中华人民共和国国籍的适龄儿童、少年依法享有接受义务教育的权利,并履行接受义务教育的义务。任何侵犯公民受教育权利和妨碍公民履行接受义务教育的权利的行为,都要承担相应的法律责任。政府、社会、学校、家庭应当积极履行义务,保护适龄儿童、少年的受教育权。

(3)均衡性

《义务教育法》第四条规定:"凡具有中华人民共和国国籍的适龄儿童、少年,不分性别、民族、种族、家庭、财产状况、宗教信仰等,依法享有平等接受义务教育的权利。"政府要促进义务教育均衡发展,改善薄弱学校的办学条件,保障农村和少数民族地区实施义务教育,保障家庭经济困难的残疾儿童、少年接受义务教育,国家组织和鼓励经济发达地区支援经济欠发达地区实施义务教育,促进义务均衡发展,确保这种平等性落到实处。从维护义务教育的平等性谈均衡性,这是《义务教育法》修订后的一大亮点,也是很有针对性的规定。

(4)公共性

义务教育的公共性,在国外强调的是世俗性,强调宗教不能控制义务教育。我国所强调的公共性,主要强调的是公益性。义务教育是国家强制推行的公共服务,造福全体人民。实施义务教育的主体是政府,实施义务教育是政府的法定义务。义务教育是公益性事业,任何组织和个人都不能利用义务教育赢利。

(5)免费性

《义务教育法》第二条第二款规定:"实施义务教育,不收学费、杂费。"该规定使我国的义务教育终于同国际通行做法接轨,回归了义务教育免费的本质。为使义务教育真正得到贯彻实施,在发展不平衡的我国,该规定也具有特殊的意义。

(三)实施素质教育

义务教育必须贯彻国家的教育方针,如何贯彻国家的教育方针,《义务教育法》强调要实施素质教育。

1. 实施素质教育的表述

教育方针是国家发展教育事业的总的指导思想和根本要求。

《宪法》第四十六条第二款规定:"国家培养青年、少年、儿童在品德智力、体质等方面全面发展。"

《教育法》第五条规定:"教育必须为社会主义现代化建设服务,必须与生产劳动相结合,培养德、智、体等方面全面发展的社会主义事业的建设者和接班人。"

依据《宪法》和《教育法》,《义务教育法》根据义务教育的实际需求,规定了如何贯彻国家的教育方针,该法第三条规定:"义务教育必须贯彻国家的教育方针,实施素质教育,提高教育质量,使适龄儿童、少年在品德、智力、体质等方面全面发展,为培养有理想、有道德、有文化、有纪律的社会主义建设者和接班人奠定基础。"

关于"实施素质教育"的概念与基本要求,《中共中央国务院关于深化教育改革全面推进素质教育的决定》规定:"实施素质教育,就是全面贯彻党的教育方针,以提高国民素质为根本宗旨,以培养学生的创新精神和实践能力为重点,造就'有理想、有道德、有文化、有纪律'的德、智、体、美等方面全面发展的社会主义事业建设者和接班人。"

2. 实施素质教育的意义

《义务教育法》强调实施素质教育,为义务教育发展指明了方向,对新时期义务教育的实施具有重大意义。

《义务教育法》强调"实施素质教育",这是素质教育第一次由政策上升到法律的层面,长期以来,在义务教育领域,应试教育大行其道,过分重视智育,轻视德育等其他教育;重视学生知识积累,忽视学习能力和创新精神的培养;重视书本知识,忽视实践能力的提高。"填鸭式"教学和死记硬背的学习方式,泯灭了学生的学习兴趣,耗费了学生大量时间,师生深受其害,身心疲惫,社会忧心忡忡。因此,把"实施素质教育"写进《义务教育法》,切中时弊,高瞻远瞩。实施素质教育,以促进受教育者全面发展为方向,以提高国民素质为根本宗旨,以培养学生的创新精神和实践能力为重点,以造就有理想、有道德、有文化、有纪律的社会主义建设者和接班人为培养目标,充分体现了素质教育在我国人才培养中的重要地位和作用。

(四)《义务教育法》的实施

《义务教育法》的实施需要明确政府、家长、学校和社会的职责,需要对义务教育的资源均衡配置,需要明确经费筹措和管理体制,需要教育督导和社会监督等。

1. 明确责任

义务教育既是一项公益性事业,又是一项政府工程,需要社会各界的支持和配合,承担各自的责任和义务。

(1)政府责任

《义务教育法》第五条规定:"各级人民政府及其有关部门应当履行本法规定的各项职责,保障适龄儿童、少年接受义务教育的权利。"政府及其有关部门的职责主要在实施义务教育的保障方面,包括教育教学场所保障、师资保障、教育教学保障和经费保障。国家是实施义务教育的主体,在义务教育的步骤制定、制度规划、学校设置、入学管理、经费筹措、师资培养以及监督执法等方面,国家负有重要的职责。

(2)父母责任

《义务教育法》第五条第二款规定:"适龄儿童、少年的父母或者其他法定监护人应当依法保证其按时入学接受并完成义务教育。"该条款规定了适龄儿童、少年的父母或者其他法定监护人的责任和义务。

(3)学校责任

《义务教育法》第五条第三款规定:"依法实施义务教育的学校应当按照规定标准完成教育教学任务,保证教育教学质量。"该条款是对学校实施义务教育的职责和义务的规定,学校是开展教育教学工作、具体实施义务教育的主体。义务教育水平和教育质量与学校的教育教学工作直接相关。

(4)社会责任

《义务教育法》第五条第四款规定:"社会组织和个人应当为适龄儿童、少年接受义务教育创造良好的环境。"该条款明确了社会组织和个人在实施义务教育中的职责和义务,社会组织主要包括企业、事业单位、社会团体等。

2. 资源配置

当前义务教育领域的一个突出问题是义务教育发展不平衡。促进义务教育均衡发展是国务院和县级以上地方人民政府的职责,因此,《义务教育法》第六条规定:"国务院和县级以上人民政府应当合理配置教育资源,促进义务教育均衡发展,改善薄弱学校的办学条件,并采取措施,保障农村地区实施义务教育,保障家庭经济困难的和残疾的适龄儿童、少年接受义务教育。"国家组织和鼓励经济发达地区支援经济欠发达地区实施义务教育。促进义务教育均衡发展,首先,要大力改善薄弱学校的办学条件,县级人民政府教育行政部门应当均衡配置本行政区域内的师资力量,组织校长、教师的培训和流动,加强对薄弱学校的建设;其次,要大力保障农村地区、少数民族地区实施义务教育;再次,要大力保障家庭经济困难的和残疾的儿童、少年接受义务教育。同时,国家出台各项政策,组织和鼓励经济发达地区支援经济欠发达地区实施义务教育,通过努力,使处于弱势地位的地区、学校和适龄儿童、少年接受到良好的义务教育。

3. 管理体制

《义务教育法》第七条第一款规定:"义务教育实行国务院领导,省、自治区、直辖市人民政府统筹规划实施,县级人民政府为主管理的体制。"这是关于义务教育管理体制的新规定,新《义务教育法》进一步明确了地方各级人民政府的管理职责,省级人民政府统筹经费、县级人民政府为主的管理体制能有效地克服县级人民政府负责义务教育的财政困难局面,从而促进义务教育的发展。

《义务教育法》第七条第二款规定:"县级以上人民政府教育行政部门具体负责义务教育实施工作;县级以上人民政府其他有关部门在各自的职责范围内负责义务教育实施工作。"这个规定明确了县级以上人民政府教育行政部门和其他有关部门负责义务教育实施工作的职责。县级以上人民政府教育行政部门包括国务院、省、市、县人民政府教育行政部门。其他部门包括计划财政、人事、劳动等行政部门。

4. 教育督导

《义务教育法》第八条规定:"人民政府教育督导机构对义务教育工作执行法律法规情况、教育教学质量以及义务教育均衡发展状况等进行督导,督导报告向社会公布。"该条款是关于义务教育阶段的督导机构、督导内容和督导报告的规定,有利于进一步建立我国督导制度,促进义务教育发展。"人民政府教育督导机构",明确了教育督导机构隶属于政府。关于义务教育阶段的督导内容,该条规定了三个方面:第一,义务教育阶段执行法律法规的情况;第二,教育教学质量;第三,义务教育均衡发展状况。依据本条规定,人民政府教育督导机构实施督导,应当提出督导报告。督导报告向社会公布,要求督导机构应当以公告、文告等适当形式,发布在网络、报刊等方便公众查阅的媒体上,加强社会对义务教育工作的监督和对教育督导工作的监督。

5. 社会监督

义务教育关系到国家和民族的未来,关系到家庭和学生的希望,意义重大,影响深远。

为了维护和促进义务教育的发展，《义务教育法》第九条规定："任何社会组织和个人有权对违反本法的行为向国家机关提出检举或者控告。"《义务教育法》进一步规定了责任人引咎辞职制度："发生违反本法的重大事件，妨碍义务教育实施，造成重大社会影响的，负有领导责任的人民政府或者人民政府教育行政部门负责人应当引咎辞职。"

6. 表彰奖励

《义务教育法》第十条规定："对在义务教育实施工作中做出突出贡献的社会组织和个人，各级人民政府及其有关部门按照有关规定给予表彰、奖励。"这是《教育法》关于"国家对发展教育事业做出突出贡献的组织和个人，给予奖励"的原则规定在教育领域的具体体现，也是保障义务教育实施的重要法定措施。该条款的实施，能调动社会各界和义务教育工作者的积极性，推进义务教育事业的发展。

拓展阅读

[1] 付世秋. 教育政策法规与教师职业道德[M]. 北京：清华大学出版社，2016.

[2] 吴志宏等. 教育政策与教育法规[M]. 上海：华东师范大学出版社，2003.

[3] 张乐天. 教育政策法规的理论与实践[M]. 上海：华东师范大学出版社，2002.

复习思考题

一、选择题

1.《中华人民共和国义务教育法》属于（　　）。

　A. 教育行政法规　　　B. 教育基本法　　　C. 教育单行法律　　　D. 教育规章

2. 下列情形中，应该承担刑事责任的是（　　）。

　A. 故意不完成教育教学任务对教育教学工作造成损失

　B. 体罚学生

　C. 侮辱、殴打教师造成其重大伤害的

　D. 侵占学校及其他教育机构的校舍、场地及其他财产的

3. 教师张某对学校给予的处分不服，依据相关法律，他可以采取的法律救济途径是（　　）。

　A. 教师申诉　　　B. 刑事诉讼　　　C. 申请仲裁　　　D. 民事诉讼

4. 我国义务教育阶段的中小学实行的是（　　）。

　A. 校长负责制　　　　　　　　　　B. 集体负责制

　C. 党委领导下的校长负责制　　　　D. 党委领导下的集中负责制

5. 某小学生在课堂上吵闹不休，班主任一怒之下用胶带粘住该生的嘴巴，该班主任的做法（　　）。

　A. 正确，班主任有维护班级秩序的职责

　B. 正确，班主任有批评教育学生的权利

　C. 不正确，违反了不得体罚学生的规定

D. 不正确,侵犯了学生的言论自由权

二、材料分析题

阅读下列材料,回答问题。

在南方某市一所学校,青年教师韩某对当今社会上的有些现象不满,但又不能正确对待,在给学生上课时,经常有感而发,对社会上一些问题发表一些不负责任的言论,激化学生的不正确看法,在学生当中产生了消极影响。韩某的这种行为和做法被该校校长知道后,该校长对韩某进行了严肃的批评和教育。韩某对校长的批评和教育不以为然,认为课堂上讲什么是教师自己的事,教师有教学自由的权利,校长无权加以干涉,并继续在教学过程中散布一些错误的言论。鉴于这种情况,学校领导为了维护国家利益,使学生不受不良影响,决定停止韩某的教学工作。韩某不服,向上一级教育行政部门提出申诉,并准备向法院提起诉讼。

问题:依据教育法律法规的相关规定,韩某的做法违背了作为教师的哪项义务?

参考文献

[1] 曹树真,韩冰清.教育学教程[M].武汉:华中科技大学出版社,2012.
[2] 袁仕勋,吴永忠.教育学新编[M].成都:西南交通大学出版社,2016.
[3] 吴康宁.教育社会学[M].北京:人民教育出版社,1997.
[4] 高平叔.蔡元培全集(第四卷)[M].北京:中华书局,1984.
[5] 洛克.教育漫话[M].北京:北京人民教育出版社,1979.
[6] 王彦才,郭翠菊.教育学[M].北京:北京师范大学出版社,2010.
[7] 吴云鹏.教育学综合案例教学[M].北京:中国人民大学出版社,2010.
[8] 桑标.当代儿童发展心理学[M].上海:上海教育出版社,2003.
[9] 伍德勤,杨国龙.新编教育学[M].上海:华东师范大学出版社,2009.
[10] 胡厚培.从弱智到天才:舟舟的故事[M].北京:中国和平出版社,2003.
[11] 王彦才,郭翠菊.教育学[M].北京:北京师范大学出版社,2010.
[12] 柳海民.教育学概论[M].北京:北京师范大学出版社,2015.
[13] 刘剑虹,阎登科.教师教育论丛[M].杭州:浙江大学出版社,2018.
[14] 李尚卫,吴天武.普通教育学[M].北京:北京师范大学出版社,2010.
[15] 阮成武.小学教育概论[M].上海:华东师大出版社,2011.
[16] 王策三.教学论稿(第二版)[M].北京:人民教育出版社,2005.
[17] 钟启泉,崔允漷,张华.为了中华民族的复兴 为了每位学生的发展《基础教育课程改革纲要(试行)》解读[M].上海:华东师范大学出版社,2001.
[18] 丛立新.课程论问题[M].北京:教育科学出版社,2000.
[19] 钟启泉,张华.课程与教学论[M].广州:广东高等教育出版社,1999.
[20] 王道俊,王汉澜.教育学:新编本[M].北京:人民教育出版社,1999.
[21] 林泽玉.教育学[M].合肥:安徽人民出版社,2004.
[22] 张道祥.当代普通教育学[M].长春:吉林大学出版社,2006.

[23] 胡厚福. 德育原理[M]. 沈阳:辽宁大学出版社,2000.

[24] 全国十二所重点师范大学. 教育学基础(第三版)[M]. 北京:教育科学出版社,2014.

[25] 吴式颖. 外国教育史教程[M]. 北京:人民教育出版社,1999.

[26] 徐宝良. 中外学前教育史[M]. 北京:教育科学出版社,2012.

[27] 林崇德. 发展心理学[M]. 北京:人民教育出版社,1995.